Die Verantwortlichkeit des Arztes für fahrlässiges Verhalten anderer Medizinalpersonen
Über die strafrechtliche Verantwortlichkeit des Arztes für fremde Fahrlässigkeit im Rahmen medizinischer Arbeitsteilung

AF150128

Europäische Hochschulschriften

Publications Universitaires Européennes
European University Studies

Reihe II

Rechtswissenschaft

Série II   Series II
Droit
Law

Bd./Vol. 1236

PETER LANG

Frankfurt am Main · Berlin · Bern · New York · Paris · Wien

Hans-Werner Umbreit

Die Verantwortlichkeit des Arztes für fahrlässiges Verhalten anderer Medizinalpersonen

Über die strafrechtliche Verantwortlichkeit des Arztes für fremde Fahrlässigkeit im Rahmen medizinischer Arbeitsteilung

PETER LANG

Frankfurt am Main · Berlin · Bern · New York · Paris · Wien

Die Deutsche Bibliothek- CIP-Einheitsaufnahme

Umbreit, Hans-Werner:

Die Verantwortlichkeit des Arztes für fahrlässiges Verhalten
anderer Medizinalpersonen : über die strafrechtliche
Verantwortlichkeit des Arztes für fremde Fahrlässigkeit im
Rahmen medizinischer Arbeitsteilung / Hans-Werner Umbreit. -
Frankfurt am Main ; Berlin ; Bern ; New York ; Paris ; Wien :
Lang, 1992
    (Europäische Hochschulschriften : Reihe 2, Rechts-
    wissenschaft ; Bd. 1236)
    Zugl.: Kiel, Univ., Diss., 1992
    ISBN 3-631-44934-8

NE: Europäische Hochschulschriften / 02

D 8
ISSN 0531-7312
ISBN 3-631-44934-8

© Verlag Peter Lang GmbH, Frankfurt am Main 1992
Alle Rechte vorbehalten.

"yederman vertrauen ist thorheydt
und leichtfertigkeyt, niemand
vertrauen ist tyrannisch"
(Sebastian Franck <1499-1542>
weise klugreden <1541>)

"Der Mensch ist dem Recht
verantwortlich ... nicht für
das, was ein anderer thut,
sondern für das, was er thut"
(Max Ernst Mayer <1899>
Der Causalzusammenhang
zwischen Handlung und
Erfolg im Strafrecht,104)

Vorwort

Die vorliegende Arbeit entstand auf Anregung meines akademischen Lehrers Herrn Professor Dr. Erich Samson. Ihm habe ich dafür sowie für die umfassende Betreuung zu danken.

Ebenso habe ich für ihre tatkräftige Untersützung beim Lesen der Korrekturen zu danken Monja Liane Kahmke (Paris), Kerstin Peglow (Washington), Angela Rapp (Berlin) und nicht zuletzt Sonja – Luise Bredenkamp (Kiel), die mir darüberhinaus zahlreiche detaillierte Einsichten in medizinischer Hinsicht vermittelt hat. Meinem Onkel, Bernhard Abeling (Westerland), danke ich für seine außerordentlich großzügige finanzielle Unterstützung. Ohne sie hätte die Arbeit in der vorgelegten Form nicht erscheinen können.

Gewidmet meiner Mutter,
Linke Katherine Umbreit, geb. Nahnsen,

GLIEDERUNG

Seite

XII

LITERATURVERZEICHNIS

Badura, Peter: Systematische Erläuterung des Staatsrechts des Grundgesetzes für die Bundesrepublik Deutschland, München 1986.

Baumann, Jürgen: Die Tatherrschaft in der Rechtsprechung des Bundesgerichtshofes, in: Neue Juristische Wochenschrift 1962, 374-377.

Baur, Ulrich: Bringt das Teamarzt-Modell eine sachgerechte Lösung? in: Der Krankenhausarzt 1972, 90 - 96.

Bayer, M.: Organisation der Vorbereitung und Durchführung der Bluttransfusion, in: Arzt und Krankenhaus 1986, 112 - 115.

Binavince, Emilio: Die vier Momente der Fahrlässigkeitsdelikte, Bielefeld 1969.

Binding, Karl: Die Norm und ihre Übertretung, Band II, Schuld, Vorsatz, Irrtum, Leipzig 1914;

ders.: Band IV, Die Fahrlässigkeit, Leipzig 1919.

Blei, Hermann: Strafrecht, Allgemeiner Teil, 18. Auflage, München 1983.

Bockelmann, Paul: Das Strafrecht des Arztes, in: Ponsold, Albert (Hrsg.), Lehrbuch der gerichtlichen Medizin. 3. Auflage, Stuttgart 1967.

Böhm, Hans: Arbeitsgestaltung im Krankenhaus, Recht und Wirklichkeit, Schwäbisch Gmünd 1976.

Böhmer, Emil: Der Vertrauensgrundsatz im Straßenverkehr in der Rechtsprechrechung, in: Juristische Rundschau 1967, 291 - 293.

Brenner, Günter: Arzt und Recht, Stuttgart 1983.

Brenner, Günter, Adelhardt, Margarethe: Rechtskunde für das Krankenpflegepersonal und andere Berufe im Gesundheitswesen, 2. Auflage, Stuttgart 1983.

Buri, Maximilian, von: Über Causalität und deren Verantwortung, Leipzig, 1873.

ders.: Über Causalität und deren strafrechtliche Beziehung, Stuttgart 1885.

Burmester, Helmuth: Die Haftpflicht des Arztes und der Krankenanstalt im Spiegel der Rechtsprechung, Hamburg 1957.

Burgstaller, Manfred: Das Fahrlässigkeitsdelikt im Strafrecht unter besonderer Berücksichtigung der Praxis in Verkehrssachen, Wiener Rechtswissenschaftliche Studien, Band 14), Wien 1974

Carstensen G., Schreiber H.-L.: Arbeitsteilung und Verantwortung, in: Arzt und Patient in Therapie und Recht, Stuttgart 1981, 167 -174.

Carstensem. G.: Arbeitsteilung und Verantwortung in der Chirurgie, in: Langenbecks Archiv für Chirurgie, Band 355 1981), 593 - 595.

Clauß, Karl:	Vertrauen zum Vertrauensgrundsatz, in: Juristische Rundschau 1964, 207 - 210.
Cramer, Peter:	Kommentar zum Straßenverkehrsrecht, Band 1, 2. Auflage, München 1977.
Deutsch, Erwin:	Fahrlässigkeit und erforderliche Sorgfalt, Köln 1963.
ders.:	Medizinische Fahrlässigkeiten, in: Neue Juristische Wochenschrift 1976, 2289 - 2293.
ders.:	Haftungsrecht, Band I, Allgemeine Lehren, Köln 1976.
ders.:	Typen des Arztverschuldens, in: Versicherungsrecht 1977, 101 - 105.
ders.:	Zivilrechtliche Fahrlässigkeit und Delegation ärztlicher Aufgaben an Assistenzärzte, in: Langenbecks Archiv für Chirurgie, Band 355 (1981), 579 - 582.
ders.:	Arztrecht und Arzneimittelrecht, Berlin 1983.
ders.:	Die Anfängeroperation: Aufklärung, Organisation, Haftung und Beweislastumkehr, in: Neue Juristische Wochenschrift 1984, 650 - 651.
Dreher, Eduard, Tröndle, Hermann:	Kommentar zum Strafgesetzbuch, 18. Auflage, München 1989.
Driendl, Johannes:	Wie diskutiert man auf internationaler Ebene das Fahrlässigkeitsdelikt? in: Juristenzeitung 1980, 695 - 704.
Drumm, Julius:	Die Grundsätze der Produzentenhaftung nach § 823 Abs. 1 BGB als Leitbild für die deliktische Haftung des Krankenhausträgers für medizinische Fehlleistung, Frankfurt am Main 1987.
Ebbinghaus, Hermann:	Über das Gedächtnis/Untersuchungen zur experimentellen Psychologie, Amsterdam 1966, Nachdruck der Ausgabe Leipzig 1885.
ders.:	Abriss der Psychologie, 7. Auflage, Berlin 1920.
Ebermayer, Ludwig:	Der Arzt im Recht, Rechtliches Handbuch für Ärzte, Leipzig 1930.
Eckhardt, Wolgang:	Geschichte der Medizin, Weinheim 1988.
Eichholz, Reinhard:	Die Rechtsstellung des Belegarztes, Schriften der Deutschen Krankenhausgesellschaft, Heft 7, Stuttgart 1973.
Engisch, Karl:	Untersuchungen über Vorsatz und Fahrlässigkeit im Strafrecht, Berlin 1930.
ders. :	Die Haftung des operierenden Arztes nach den §§ 222, 230 StGB für Fehler der Operationsschwester, Gutachten in: Langenbecks Archiv für Chirurgie, Band 288 (1958), 573 - 589.

ders.: Wie ist rechtlich die Verantwortlichkeit des Chirurgen im Verhältnis zur
Verantwortlichkeit des Anaesthesisten
bei ärztlichen Operationen zu bestimmen? Gutachten in: Langenbecks Archiv
für Chirurgie Band 297 (1961), 236 -
254.

Ermann, Walter: Handkommentar zum Bürgerlichen
Gesetzbuch, Band 1 (§§ 1 - 853 BGB),
8. Auflage, Münster 1989.

Eser, Albin: Zur strafrechtlichen Verantwortlichkeit
des Sportlers, insbesondere des Fuß-
ballspielers, in: Juristenzeitung 1978,
368 - 374.

Exner, Franz: Das Wesen der Fahrlässigkeit. Eine
strafrechtliche Untersuchung,
Leipzig 1910.

ders.: Fahrlässiges Zusammenwirken, in:
Festgabe für Reinhard von Frank,
Band 1, Tübingen 1930. 569 - 597.

Eyrich, K. : Kriterien der Operabilität aus anae-
sthesiologischer Sicht, in: Der Chirurg
Band 51 (1980), 134 - 139.

Fischer, A.W.: Wieweit können Schwestern oder Pfleger
an Narkosen beteiligt werden? in:
Der Chirurg Band 30 (1959), 535 - 536.

Frank, Reinhard von: Das Strafgesetzbuch für das Deutsche
Reich nebst dem Einführungsgesetz,
18. Auflage, Tübingen 1931.

Franzen, Klaus, Kommentar zum Steuerstrafrecht,
Gast-De Haan, Brigitte, 3. Auflage, München 1985.
Samson, Erich:

Franzki Harald: Rechtsfragen der Anfängeroperation,
in: Medizinrecht 1984, 186 - 189.

Franzki, Harald, Der Belegarzt- Stellung und Haftung im
Hansen, Britta: Verhältnis zum Krankenhausträger, in:
Neue Juristische Wochenschrift
1990, 737 - 743.

Frey, R.: Die Stellung des Anaesthesiologen
zwischen Chirurgie und innerer Medizin,
in: Der Anaesthesist 1963, 270 - 271.

Frisch, Wolfgang: Tatbestandsmäßiges Verhalten und Zurechnung des Erfolges (Mannheimer rechtswissenschaftliche Abhandlungen, Band 1),
Heidelberg 1988.

Gallas, Wilhelm: Pflichtenkollision und Schuldaus-
schließungsgrund, in: Festschrift für
Edmund Mezger, München 1954, 311 - 334.

ders.: Die strafrechtliche Verantwortlichkeit
der am Bau Beteiligten, Heidelberg
1963.

Giesen, Dieter: Wandlungen des Arzthaftungsrechts,
Tübingen, 1983.

Gössel, Karl-Heinz: Alte und neue Wege der Fahrlässigkeits-
lehre, in: Festschrift für Karl Bengl,
München, 1984, 23 - 40.

Grauhan. A.: Probleme des Verhältnisse von Ärzten zu den medizinischen Assistenzberufen, in: Langenbecks Archiv für Chirurgie, Band 355 (1981), 591 - 593.

Gülde, N.N.: Auf dem Wege zu einem nationalsozialistischen Straßenverkehrsrecht, in: Juristische Wochenschrift 1935, 1464 - 1468.

ders.: Vom Vertrauen der Verkehrsteilnehmer auf das verkehrsmäßige Verhalten der anderen, in: Juristische Wochenschrift 1936, 423 - 425.

ders.: Der Vertrauensgrundsatz als Leitgedanke des Straßenverkehrsrechts, in: Juristische Wochenschrift 1938, 2785 - 2790.

Hahn, Bernhard: Die Haftung des Arztes für nichtärztliches Hilfspersonal (Forum der Rechtswissenschaft Band 9) Königstein 1981,

Hälschner, Hugo: Das gemeine deutsche Strafrecht, Band I, Die allgemeinen strafrechtlichen Lehren, Bonn 1881.

Hanack, Ernst-Walter: Die Arbeitsteilung zwischen Arzt und Schwester im Strafrecht, in: Deutsches Ärzteblatt 1959, 497 - 501.

Herzberg, Rolf Dietrich: Die Schuld beim Fahrlässigkeitsdelikt, in: JURA 1984, 402 - 414.

Hippel, Reinhard, von: Gefahrurteil und Prognoseentscheidung in der Strafrechtspraxis, Köln 1972

Hirsch, Hans-Joachim: Der Streit um Handlungs- und Unrechtslehre, in: Zeitschrift für die gesamte Strafrechtswissenschaft, Band 93 (1981), 831 - 862, Band 94 (1982), 239 - 278.

Hollmann, Angela, Hollman, Matthias: Parenterale Arzneimittelapplikation, in: Deutsches Ärzteblatt 1980, 396 - 400.

Jagusch, Heinrich, Hentschel, Peter: Kommentar zum Straßenverkehrsrecht, 30. Auflage, München 1989.

Jakobs, Günther: Studien zum fahrlässigen Erfolgsdelikt, Berlin 1972.

ders.: Das Regreßverbot beim Erfolgsdelikt, in: Zeitschrift für die gesamte Strafrechtswissenschaft, Band 89 (1977), 1 - 35.

ders.: Strafrecht, Allgemeiner Teil, Die Grundlagen der Zurechnungslehre, 2. Auflage, Berlin 1991.

Jescheck, Hans-Heinrich: Lehrbuch des Strafrechts, Allgemeiner Teil, 4. Auflage, Berlin 1988.

Kallfelz, Walter: Sammlung von Entscheidungen der ärztlichen Berufsgerichte Band 1, Geldern 1965.

Kamps, Hans: Ärztliche Arbeitsteilung und strafrechtliches Fahrlässigkeitsdelikt, Berlin, 1981.

ders.: Besprechung von Dorothee Wilhelm, "Verantwortung und Vertrauen bei Arbeitsteilung in der Medizin", in: Ärzteblatt Baden-Württemberg 1984, IX, XXIII.

Kant, Immanuel: Anthropologie in pragmatischer Hinsicht, 1. Auflage Königsberg 1798, Werkausgabe, herausgegeben von Wilhelm Weischedel, Band XII, Frankfurt am Main 1978.

ders.: Kritik der praktischen Vernunft, Riga 1788, Werkausgabe, herausgegeben von Wilhelm Weischedel, Band VII, Frankfurt am Main 1978.

Karlsruher Kommentar: Kommentar zur Strafprozeßordnung, herausgegeben von Gerd Pfeiffer, 2. Auflage, München 1987.

Kaufmann, Arthur: Kritisches zur Risikoerhöhungstheorie, in: Festschrift für Hans-Heinrich Jescheck, Halbband 1, Berlin 1985, 273 - 283.

Kienapfel, Diethelm: Das erlaubte Risiko im Strafrecht. Zur Lehre vom sozialen Handlungsbegriff, Frankfurt am Main 1966.

ders.: Strafrecht, Allgemeiner Teil, 4. Auflage, Berlin 1984.

Kirschbaum, Klaus: Der Vertrauensschutz im deutschen Straßenverkehrsrecht, Strafrechtliche Abhandlungen - Neue Folge Band 37, Berlin 1980.

Kiser, Rupert: Die Haftung des Fuhrparkunternehmers Nach § 831 BGB hinsichtlich der Auswahl und Beaufsichtigung des Fahrers, in: Versicherungsrecht 1984, 213 - 220.

Kohlhaas, Max: Zur Fahrlässigkeit des operierenden Arztes, der Fehler des Operationspersonals nicht beachtet, in: Deutsche Medizinische Wochenschrift 1959, 1491 - 1494.

ders.: Medizin und Recht, München 1969.

Krümpelmann, Justus: Zur Kritik der Lehre vom Risikovergleich bei den fahrlässigen Erfolgsdelikten, in: Goltdammer's Archiv, 1984, 491 - 510.

ders.: Die normative Korrespondenz zwischen Verhalten und Erfolg bei den fahrlässigen Erfolgsdelikten, in: Festschrift für Hans-Heinrich Jescheck, Halbband 1, Berlin 1985, 313 - 335.

ders.: Die Verwirkung des Vertrauensgrundsatzes bei pflichtwidrigem Verhalten in der kritischen Verkehrsssituation, in: Festschrift für Karl Lackner, Berlin 1987, 289 - 306.

Küstner, Otto: Über die Mitschuld des Arztes bei Verstössen von Hilfspersonen, in: Münchener Medizinische Wochenschrift 1911, 2396 - 2398.

Kuhns, Richard R.: Das gesamte Recht der Heilberufe, Berlin 1958.

Lackner, Karl:	Strafgesetzbuch, Kommentar, 19. Auflage, München 1991
Lampe, Ernst-Joachim:	Täterschaft bei fahrlässiger Straftat, in: Zeitschrift für die gesamte Strafrechtswissenschaft, Band 71 (1959), 579 - 616.
Larenz, Karl:	Lehrbuch des Schuldrechts, Band I, Schuldrecht, Allgemeiner Teil, 14. Auflage, München 1987.
ders.:	Band II, Schuldrecht, Besonderer Teil, 12. Auflage, München 1981.
Laufs, Adolf:	Arztrecht, NJW Schriftenreihe, Band 29, 4. Auflage, München 1988.
Leibholz, Gerhard:	Die Gleichheit vor dem Gesetz, 2. Auflage, München 1959.
Leipziger Kommentar:	Großkommentar zum Strafgesetzbuch, herausgegeben von Hans-Heinrich Jescheck, Wolfang Ruß und Günther Willms, bearbeitet von Eckhard von Bubnoff, u.a., 10. Auflage, verschiedene Lieferungen, Berlin 1979 - 1989
Lenckner, Theodor:	Zur Haftung des Arztes für die Tätigkeit des Pflege und Hilfspersonals, in: Hippokrates, Wissenschaftliche Medizin und praktische Heilkunde im Fortschritte der Zeit, 37. Jahrgang, 1966, 829 - 834.
ders.:	Technische Norm und Fahrlässigkeit, in: Festschrift für Karl Engisch, Frankfurt 1969, 490 - 508.
Lilie, Hans:	Haftung für Diagnosefehler, in: Deutsche Medizinische Wochenschrift 1985, 1906 - 1909.
Lorenz, Dieter:	Der Maßstab des einsichtigen Menschen, München 1964.
Maiwald, Manfred:	Zur Leistungsfähigkeit des Begriffs "erlaubtes Risiko" für die Strafrechtssystematik, in Festschrift für Hans-Heinrich Jescheck, Halbband 1, Berlin, 1985, 405 - 425.
Martin, Ludwig:	Das defensive Fahren und der Vertrauensgrundsatz, in: Deutsches Autorecht 1964, 299 - 306.
Maurach, Reinhart:	Adäquanz der Verursachung oder der Fahrlässigkeit?, in: Goltdammer's Archiv 1960, 97 - 104.
Maurach, Reinhardt, Gössel, Karl Heinz, Zipf, Heinz:	Strafrecht, Allgemeiner Teil, Teilband 1, 7. Auflage, Heidelberg 1987.
Mayer, Max Ernst:	Der Causalzusammenhang zwischen Handlung und Erfolg im Strafrecht, Kleine Strafrechtliche Schriften, Band 2, Freiburg 1899.
Medicus, Dieter:	Schuldrecht, Besonderer Teil, 4. Auflage, München 1990.
Merkel, Rudolf:	Die Kollision rechtmäßiger Interessen, Berlin 1895.

Mühlhaus, Hermann Janiszewski, Horst:	Kommentar zur Straßenverkehrsordnung 11. Auflage, München 1988.
Münch, Ingo, von:	Kommentar zum Grundgesetz, Band 1, 3. Auflage, München 1985.
Münchener Kommentar	Kommentar zum Bürgerlichen Gesetzbuch, Band II: Schuldrecht, Allgemeiner Teil (§§ 241 - 432 BGB), Band IV: Schuldrecht Besonderer Teil (§§ 652 - 853 BGB), jeweils 2. Auflage, München 1985, 1986.
Narr, Helmut:	Ärztliches Berufsrecht. Ausbildung - Weiterbildung - Berufsausübung, 2.Auflage, Köln, 5. Ergänzungslieferung, Stand: Oktober 1983.
Nissen, R.:	Die Anaesthesie heute, in: Der Anaesthesist 1963, 265 - 267.
Opderbecke, H.W., Weissauer, Walter:	Die Verantwortung des leitenden An- ästhesisten und die Deligierung von Aufgaben an ärztliche und nichtärzt- liche Mitarbeiter, in: Anästhesiolo- gische Informationen, Band 14 (1973), 216 - 224.
diess:	Ärztliche Dokumentation und Pflege- dokumentation, in: Medizinrecht 1984, 211 - 214.
Opderbecke, H. W.:	Arbeitsteilung und Verantwortung in der Chirurgie - aus der Sicht der Anaesthesie, in: Langenbecks Archiv für Chirurgie, Band 355 (1981), 587 - 589.
Otto, Harro:	Grundkurs Strafrecht, Allgemeine Straf- rechtslehre, 3. Auflage, Berlin 1988.
Palandt, Otto:	Kommentar zum Bürgerlichen Gesetzbuch, 50. Auflage, München 1991.
Perret, Wolfgang:	Arzthaftpflicht. Ärztliche Beurteilungen häufiger Komplikationen bei Diagnostik und Therapie unter Berücksichtigung der bisherigen Rechtsprechung, München 1956.
Petersen, Peter:	Die Haftung des Arztes in der Recht- sprechung des Bundesgerichtshofes, in: Deutsche Richterzeitung 1962, 194 - 199, 264 - 269.
Preuß, Wilhelm:	Untersuchungen zum erlaubten Risiko im Strafrecht, Strafrechtliche Abhand- lungen - Neue Folge, Band 19, Berlin 1974,
Pschyrembel, Willibald:	Klinisches Wörterbuch, 256. Auflage, Berlin 1990.
Puppe, Ingeborg:	Kausalität der Sorgfaltspflichtver- letzung, in: Juristische Schulung 1982, 660 - 665.
Ranft, Otfried:	Berücksichtigung hypothetischer Bedin- gungen bei fahrlässigen Erfolgsde- likten, in: Neue Juristische Wochen- schrift 1984, 1425 - 1433.
Ratajczak, Thomas:	Ein gefährlicher Beruf: Strafver- fahren gegen Ärzte, in: Medizinrecht 1988, 80 - 82.

Ratajczak, Thomas,
Christoph-M. Stegers:

Medizinhaftpflichtrecht,
Heidelberg 1989.

Ratzel, Rudolf:

Die deliktsrechtliche Haftung für ärztliches Fehlverhalten im Diagnosebe-
reich, Europäische Hochschulschriften,
Reihe 2, Band 573, Frankfurt am Main
1986.

Rehberg, Jürg:

Zur Lehre vom "erlaubten Risiko",
Züricher Beiträge zur Rechtswis-
senschaft - Neue Folge, Heft 236,
Zürich 1962.

ders.:

Fremdhändige Täterschaft bei Verkehrs-
delikten, in: Festgabe für Hans
Schultz, Bern 1977, = Schwei-
zerische Zeitschrift für Strafrecht,
Band 94, 72 - 87.

Rieger, Hans-Jürgen:

Zur Sorgfaltspflicht des Arztes bei
Bluttransfusionen, in: Deutsche Medizinische Wochenschrift,
1974, 1423 - 1425.

ders.:

Vornahme ärtzlicher Verrichtungen durch
Medizinstudenten während des praktischen Jahres, in: Deutsche Medizinische Wochenschrift 1978, 12 - 13.

ders.:

Verantwortlichkeit des Arztes für Fehlleistungen von Kollegen bei der Mitbehandlung, in: Deutsche Medizinische
Wochenschrift 1978, 769 - 771.

ders.:

Verantwortlichkeit des Arztes und des
Pflegepersonals bei der Dialysebehand-
lung, in: Neue Juristische Wochenschrift 1979, 582 - 587.

ders.:

Operation durch Assistenzärzte in der
Weiterbildung, in: Deutsche Medizinische Wochenschrift 1980, 113.

ders.:

Lexikon des Arztrechts, Berlin 1984.

ders.:

Verabreichung von Injektionen durch
nichtärztliche Mitarbeiter, in:
Deutsche Medizinische Wochenschrift
1984, 231 - 234.

ders.:

Haftung des Krankenhausarztes bei
unzureichender Pflege des Patienten,
in: Deutsche Medizinische Wochenschrift 1985, 1589 - 1590.

ders.:

Haftung für Diagnosefehler, in:
Deutsche Medizinische Wochenschrift
1985, 1906 - 1909.

Roxin, Claus:

Pflichtwidrigkeit und Erfolg bei fahrlässigen Delikten, in: Zeitschrift für
die gesamte Strafrechtswissenschaft,
Band 74 (1962), 411 - 444.

ders.:

Täterschaft und Tatherrschaft,
1.- 3. Auflage, Hamburg 1963 - 1975.

ders.:

Zum Schutzzweck der Norm bei
fahrlässigen Delikten, in: Festschrift
für Wilhelm Gallas, Berlin 1973, 241 -
259.

ders.:	Gedanken zur Problematik der Zurechnung im Strafrecht, in: Festschrift für Richard Martin. Honig, Göttingen 1970, 133 -150.
ders.:	Strafverfahrensrecht, 21. Auflage, München 1989.
Rudolphi, Hans-Joachim:	Vorhersehbarkeit und Schutzzweck der Norm in der strafrechtlichen Fahrlässigkeitslehre, in: Juristishe Schulung, 1969, 549 - 557.
ders.:	Strafrechtliche Verantwortlichkeit der Bediensteten von Betrieben für Gewässerverunreinigungen und ihre Begrenzung durch den Einleitungsbescheid, in: Festschrift für Karl Lackner, Berlin 1987, 863 - 887.
Rudophi, Hans-Joachim, Horn, Eckard, Samson, Erich:	Systematischer Kommentar zum Strafgesetzbuch, Frankfurt, Band 1 (Stand Juni 1989), Band 2 (Stand Juli 1990).
Samson, Erich:	Hypothetische Kausalverläufe im Strafrecht. Zugleich ein Beitrag zur Kausalität der Beihilfe, Frankfurt am Main 1972.
Schaffstein, Friedrich:	Die Risikoerhöhung als objektives Zurechnungsprinzip im Strafrecht, in: Festschrift für Richard Martin Honig, Göttingen, 1970, 169 - 184.
Schlüchter, Ellen.:	Grundfälle zur Lehre von der Kausalität, in: Juristische Schulung 1977, 104 - 108.
Schmidhäuser, Eberhard:	Strafrecht, Allgemeiner Teil, Lehrbuch, 2. Auflage, Tübingen 1975.
ders.:	Strafrecht, Allgemeiner Teil, Studienbuch, 2. Auflage, Tübingen 1984.
ders.:	Fahrlässige Straftat ohne Sorgfaltspflichtverletzung, in: Festschrift für Friedrich Schaffstein, Göttingen 1975, 129 - 158.
Schmidt, Eberhard:	Der Arzt im Strafrecht, Leipziger rechtswissenschaftliche Studien, Heft 116, Leipzig 1939.
ders.:	Arzt im Strafrecht, in: Ponsold, Albert (Hrsg.): Lehrbuch der gerichtlichen Medizin, 1. Auflage, Stuttgart 1950.
Schönke, Adolf, Schröder, Horst:	Kommentar zum Strafgeseztbuch, 23. Auflage, München 1988.
Schreiber, H.-L.:	Notwendigkeit und Grenzen einer rechtlichen Regelung ärztlicher Tätigkeit, in: Der Chirurg, Band 51 (1980), 411 - 413.
ders.:	Strafrechtliche Verantwortlichkeit bei Arbeitsteilung in der Chirurgie, insbesondere im Verhältnis zwischen niedergelassenem Arzt und Krankenhaus, in: Langenbecks Archiv für Chirurgie, Band 355 (1981), 583 - 585.

Schroeder, Friedrich-Chr.: Die Fahrlässigkeit als Erkennbarkeit der Tatbestandsverwiklichung, in: Juristen-Zeitung 1989, 776 - 780.

Schulz, Georg: Versehen von ärztlichem Hilfspersonal, in: Medizinische Klinik, Band 54 (1959) 1212 - 1215.

ders.: Arztrecht für die Praxis, 3. Auflage, Hannover 1965.

Schumann, Heribert: Strafrechtliches Handlungsunrecht und das Prinzip der Selbstverantwortung der anderen, Tübingen 1986.

Schünemann, Bernd: Neue Horizonte der Fahrlässigkeitsdogmatik, in: Festschrift für Friedrich Schaffstein, Göttingen 1975, 159 - 176.

Soergel, Theodor,
Siebert, Wolfgang: Kommentar zum Bürgerlichen Gesetzbuch, Band 2/1, Schuldrecht, Allgemeiner Teil, (§§ 241 - 432 BGB) 11. Auflage, Stuttgart 1986,

Band 4, Schuldrecht, Besonderer Teil, (§§ 705 - 853 BGB). 11.Auflage, Stuttgart 1985.

Spann, Wolfgang: Ärztliche Rechts- und Standeskunde, München 1962,

Spendel, Günter: Zur Unterscheidung von Tun und Unterlassen, in: Festschrift für Eberhard Schmidt, Göttingen 1961, 183 - 199.

Staudinger, Julius, von: Kommentar zum Bürgerlichen Gesetzbuch, Recht der Schuldverhältnisse (§§ 243-254 BGB, 12. Auflage, Berlin 1983, (§§ 255-327 BGB), 12. Auflage, Berlin 1979.

Stratenwerth, Günter: Arbeitsteilung und ärztliche Sorgfaltspflicht, in: Festschrift für Eberhard Schmidt, Göttingen 1961, 383 - 400.

ders.: Zur Stellung des Anaesthesiologen, in: Der Anaesthesist 1963, 269 - 270.

ders.: Bemerkung zum Prinzip der Risikoerhöhung, in: Festschrift für Wilhelm Gallas, Berlin 1973, 227 - 239.

ders.: Strafrecht, Allgemeiner Teil, 3. Auflage, Köln 1981.

ders.: Zur Individualisierung des Sorgfaltsmaßstabes beim Fahrlässigkeitsdelikt, in: Festschrift für Hans-Heinrich Jescheck, Halbband 1, Berlin 1985, 285 - 303.

Uhlenbruck, Wilhelm: Rechtliche Aspekte des Kontrastmittelzwischenfalles und Strahlenrisikos in der ambulanten Diagnostik, in: Neue Juristische Wochenschrift 1981, 1294 - 1299.

Ulsenheimer, Klaus: Erfolgsrelevante und erfolgsneutrale Pflichtverletzung im Rahmen des Fahrlässigkeitsdeliktes, in: Juristenzeitung 1969, 364 - 369.

ders.:   Aus der Praxis der Arztstrafrechts, in: Medizinrecht 1984, 161 - 167.

ders.:   Pflichtwidrigkeitszusammenhang und Vertrauensgrundsatz in ihrer praktischen Bedeutung für die strafrechtliche Haftung des Arztes, in: Festschrift für Walter Weissauer, Heidelberg 1986, 164 - 173.

ders.:   Ein gefährlicher Beruf: Strafverfahren gegen Ärzte, in Medizinrecht 1987, 207 - 216.

ders.:   Arztstrafrecht in der Praxis, Heidelberg 1988.

Wastl, Christiane: Die Problematik der Arbeitsteilung im Krankenhaus, in: Moderne Medizin und Strafrecht, herausgegeben von Arthur Kaufmann, Vademecum für Ärzte und Juristen, Heidelberg 1989.

Weber, R.:   Überblick über die rechtlichen Probleme, insbesondere unter dem Aspekt der Rechtsprechung des Bundesgerichtshofs, in: Langenbecks Archiv für Chirurgie, Band 355 (1981), 575 - 577.

Weissauer, Walter: Arbeitsteilung und Abgrenzung der Verantwortung zwischen Anaesthesist und Operateur, in: Der Anaesthesist 1962, 239 - 256.

ders.:   Die rechtliche Verantwortung des leitenden Anästhesisten, in: Der Anaesthesist 1964, 385 - 395.

ders.:   Zwischenfälle bei ambulanten Eingriffen in rechtlicher Sicht, in: Münchener Medizinische Wochenschrift 1969, 1353 - 1361.

ders.:   Der Anästhesist und das Recht, in: Frey-Hügin-Mayrhofer,Lehrbuch der Anästhesiologie, Reanimation und Intensivtherapie, 3. Auflage, Heidelberg 1972, 994 - 1002.

Welzel, Hans: Studien zum System des Strafrechts, in: Zeitschrift für die gesamte Strafrechtswissenschaft Band 58 (1939), 491 - 566.

ders.:   Das Deutsche Strafrecht. 11. Auflage, Berlin 1969.

Wessels, Johannes: Strafrecht, Allgemeiner Teil, 20. Auflage, Heidelberg, 1990.

ders.:   Strafrecht, Besonderer Teil, Teilband 1, 13. Auflage, Heidelberg 1990.

Westermann, Harm Peter: Zivilrechtliche Verantwortlichkeit bei ärztlicher Teamarbeit in: Neue Juristische Wochenschrift 1974, 577 - 584.

Wilhelm, Dorothee: Probleme der medizinischen Arbeitsteilung aus strafrechtlicher Sicht, in: Medizinrecht 1983, 45 - 51.

diess.:   Verantwortung und Vertrauen bei Arbeitsteilung in der Medizin, Stuttgart 1984.

diess.:   Strafrechtliche Fahrlässigkeit bei der
                         Arbeitsteilung in der Medizin, in: JURA
                         1985, 183 - 188.

Zipf, Heinz: Rechtskonformismus und sozialadäquates
                         Verhalten im Strafrecht, in Zeitschrift
                         für die gesamte Strafrechtswissenschaft
                         Band 82 (1970), 633 - 654.

1. Teil:

Einleitung

Seit der Mitte des letzten Jahrhunderts hat sich das Arbeitsbild der medizinischen Versorgung grundlegend geändert.[1] Während früher der Arzt den um Hilfe suchenden Patienten von der Diagnose bis zur Therapie und restlosen Ausheilung allein betreute, sind heute regelmäßig eine Vielzahl von Medizinalpersonen beteiligt. Hierfür sind hauptsächlich zwei Gründe zu nennen.

Mit der erfolgreichen Bekämpfung der Säuglingssterblichkeit und der stetigen Verbesserung der durchschnittlichen Lebenserwartung[2] hat der Personenkreis, der medizinischer Hilfe bedarf, erheblich zugenommen. Dieser Entwicklung Rechnung tragend wurden, nicht zuletzt aus Gründen der Rationalisierung medizinischer Arbeitsabläufe, die medizinischen Einrichtungen in immer größeren Einheiten, in Krankenhäusern, Universitätskliniken, aber auch Ärzte- und Praxisgemeinschaften organisiert. Es wurden neue organisatorische Formen notwendig, um die medizinischen Institutionen verantwortlich leiten und das medizinische Personal sinnvoll zum Wohle der Patienten einsetzen zu können. Dies war nur im Wege der Arbeitsteilung möglich.

Der andere Grund für die Veränderung des medizinischen Arbeitsbildes beruht in erster Linie auf dem seit der Mitte des 19. Jahrhunderts einsetzenden enormen Wissenszuwaches in allen medizinischen Teilbereichen, ermöglicht durch eine naturwissenschaftliche Methodik sowie grundlegende technische Fortschritte auf allen Gebieten des ärztlichen Diagnose- und Therapieinstrumentariums.[3]

Die großen Fortschritte auf dem Gebiet der Bakteriologie und Serologie, die Zunahme der chemischen, physikalischen und mikroskopischen Untersuchungen sowie die Anwendung von Röntgen – und Radiumstrahlen in der Medizin erweiterten einerseits den theore-

---

[1] Eine kurze Darstellung der geschichtlichen Entwicklung der Medizin, insbesondere der Hinzuziehung von medizinischem Hilfspersonal, liefert Spann, 188 ff.
[2] Nach Pschyrembel, Stichwort "Lebenserwartung", lag um 1900 im Gebiet der Bundesrepublik die mittlere Lebenserwartung für Frauen bei 48, für Männer bei 45 Jahren. Heute dagegen liegt sie bei 76,7 beziehungsweise 69,9 Jahren.
[3] So bewirkte beispielsweise die erstmals im Oktober 1848 von Waren am Massachussets General Hospital in Boston öffentlich durchgeführte Operation in Äthernarkose, daß noch im selben Jahr der Mediziner Snow am St. Georgs Hospital in London sich fortan ausschließlich auf die Anästhesiologie spezialisierte. Vgl. Nissen, Der Anaesthesist 1963, 265, 266.

tischen Horizont des medizinisch Machbaren. Andererseits wurden und werden hierdurch in der medizinischen Praxis ständig höhere Anforderungen an die technische Fertigkeit und vor allem an den Zeitaufwand der Ärzte gestellt.

So wurden etwa durch die Anästhesiologie die Grenzen der Operabilität weit hinausgeschoben und die Chancen auf Heilung des Patienten oft erheblich erhöht. Hierbei sind besonders die Erfolge der Transplantations- sowie der Thoraxchirurgie zu nennen. Die Versorgung des Patienten ist heute ohne die medizinische Arbeitsteilung nicht mehr denkbar. Dies führte neben den klassischen Großfächern Innere Medizin, Chirurgie, Geburtshilfe und Gynäkologie zur Bildung völlig neuer eigenständiger Disziplinen, wie etwa der Urologie, Anästhesiologie, Radiologie, Orthopädie, Pädiatrie, Augenheilkunde, Dermato- und Venerologie, Hals- Nasen- Ohrenheilkunde, Neurologie und Psychatrie.[4] Diese Spezialisierung ist freilich noch nicht abgeschlossen. Sie wird auch in der Zukunft zu vielerlei weiteren Aufspaltungen führen. Hierdurch entstand das Bedürfnis nach speziell ausgebildetem medizinischen Personal, das über besondere Kenntnisse und Fertigkeiten verfügte, wie sie durch Ausbildung, etwa in der Krankenpflege, allein nicht vermittelbar waren. Aus der schlichten Erkenntnis heraus, daß jeder in seinem Leistungsvermögen beschränkt ist,[5] konnte dieser Bewältigung des immer komplexer werdenden medizinischen Wissens nur durch die Aufspaltung der medizinischen Versorgung in verschiedene Bereiche und die Übertragung der Einzelaufgaben auf speziell ausgebildetes Fachpersonal Rechnung getragen werden.[6]

Als Prof. Dr. Christiaan Barnard im Dezember 1967 am Groote Schuur Hospital in Kapstadt[7] in einer fünfstündigen Operation die erste Herztransplantation durchführte, stützte er sich auf 56 Mitarbeiter aus insgesamt 12 Fachdisziplinen.[8] Zwanzig Jahre später, im Herbst 1987, wurde am John Hopkins Hospital in Baltimore während einer

---

[4]Einen guten Überblick über die Aufspaltung der medizinischen Disziplinen, verbunden mit der chronologischen Darstellung der wichtigsten medizinischen Entdeckungen des 19. und 20. Jahrhunderts gibt Eckart, Geschichte der Medizin, 59 ff.
[5]Bereits Macrobius (um 400 n. Chr), Saturnalien, 6. Buch 1, 35. faßte dies mit den Worten zusammen: "non omnia possumus omnes" = "nicht alle können wir alles".
[6]Vgl. Spann, 189
[7]Der SPIEGEL 1967 Nr.51, 155 ff.; 1968, Nr.3, 89 ff.
[8]Vgl. Carstensen in: Langenbecks Archiv für Chirurgie, Band 355 (1981), 571.

über 22 Stunden dauernden Operation ein siamesisches Zwillingspaar
erfolgreich getrennt. 70 Experten, Herz-, Hirn- und Gefäßchirurgen,
Neurologen, Anästhesisten und Röntgenfachärzte waren unmittelbar an
der Operation beteiligt. Noch einmal 70 Spezialisten befanden sich
in Bereitschaft um notfalls einzuspringen.[9]

Indem die Medizin so von der einzelnen Medizinalperson ein immer
höheres Maß an spezifischer Qualifikation abverlangt, nimmt zwangsläufig die Fähigkeit ab, die außerhalb ihres eigenen Aufgabenfeldes
liegenden medizinischen Behandlungsabläufe, die sich mit dem eigenen Verhalten notwendig verbinden, umfassend zu verstehen und
kritisch einschätzen zu können.

A.   Abgrenzung des Problemkreises

In rechtlicher Hinsicht bringen diese Veränderungen, hin zu einer
stärker an die Prinzipien der Arbeitsteilung orientierten medizinischen Versorgung, eine Reihe von Gefahren mit sich. Der arbeitsteilige Prozeß setzt notwendig die sachgerechte Kommunikation und
Koordination unter den Beteiligten voraus. Insbesondere Fehler auf
dieser Ebene sowie Unklarheiten über die Verantwortlichkeiten
untereinander können den medizinischen Erfolg vereiteln und für den
Patienten verhängnisvolle Konsequenzen haben.

Hierbei entsteht das Problem, inwieweit dem einzelnen Arzt das
Fehlverhalten von Kollegen oder nachgeordneten nichtärztlichen
Medizinalpersonen selbst zum Vorwurf gemacht werden kann. Im
Bereich vorsätzlichen Handelns bereitet dies keine nennenswerten
Schwierigkeiten. Zum einen stellen Fälle vorsätzlicher Körperver-
letzung oder Tötung durch Medizinalpersonen ohnehin die Ausnahme
dar. Zum anderen hat der Gesetzgeber für das vorsätzliche mehrheit-
liche Zusammenwirken durch die §§ 25- 27 StGB die Problematik der
Verantwortlichkeit positivrechtlich erschöpfend geregelt. In dem
verbleibenden Bereich des fahrlässigen Handlungsunrechts stellt das
Zivilrecht mit den § 278 BGB bzw. § 831 BGB positivrechtlich ein
effektives Instrumentarium bereit, das dem Richter ermöglicht, die
Verantwortlichkeit des Arztes für das sorgfaltswidrige Verhalten
anderer Medizinalpersonen, sei es in vertraglicher oder delik-
tischer Hinsicht, hinreichend zu beantworten.

---

[9]DER SPIEGEL 1987, Nr.38, 263 ff.

Im Bereich des strafrechtlichen Fahrlässigkeitsdeliktes dagegen fehlt insoweit jegliche gesetzliche Regelung. Die Strafrechtsdogmatik kennt beim Fahrlässigkeitsdelikt keine Unterscheidung zwischen Täterschaft und Teilnahme.[10] Die Verantwortlichkeit für fahrlässiges Verhalten ist nach heutigem Verständnis[11] an dem isoliert handelnden Einzeltäter ausgerichtet.[12] Dies hat historische Gründe. Noch um die Mitte des letzten Jahrhunderts spielte das fahrlässig verwirklichte Unrecht kriminalpolitisch nur eine untergeordnete Rolle.[13] Dementsprechend wurde der Frage, inwieweit dem sich mit fremden fahrlässigen Verhalten verbindenden eigenen Verhalten ein selbständiger strafrechtlich relevanter Unrechtsvorwurf zukommt, seinerzeit keine größere Bedeutung beigemessen.

Die zum Teil aufschlußreichen Lösungsansätze der Rechtsprechung[14] sind von der Natur der Sache her einzelfallbezogen und liefern daher nur beschränkt verallgemeinerungsfähige Kriterien, um diese Lücke zu schließen. Aber auch die von Seiten des Schrifttums vereinzelt entworfenen Lösungsmodelle vermögen nicht vollends zu überzeugen. Zum einen sind einige Ansätze bereits von ihrer Fragestellung auf Einzelgebiete medizinischer Arbeitsteilung begrenzt.[15] Andererseits vermag der methodologische Weg einzelfallorientiert Antworten[16] zu suchen, nicht zu befriedigen, da die

---

[10] Rudolphi, Festschrift für Lackner (1987), 863, 872.
[11] Anders noch Exner, Festgabe I für Frank (1930), 569, 571: "Auch in derartigen Fällen wird man ... meist bedenkenlos von fahrlässiger mittelbarer Täterschaft sprechen."
[12] Vgl. Stratenwerth, Festschrift für Eb. Schmidt (1961), 383, 384.
[13] Erst mehrere Dekaden nach dem Inkrafttreten des Strafgesetzbuches von 1871, nämlich mit Beginn des zwanzigsten Jahrhunderts haben sich die Verurteilungen wegen fahrlässiger Tötung annähernd verzehnfacht, wegen fahrlässiger Körperverletzung sogar mehr als verzwanzigfacht. Vgl. Wessels, AT §15 I 1; zum Stand der internationalen Diskussion: Driendl JZ 1980, 695 ff.
[14] BGHSt 3, 91 ff.; BGHSt 6, 283 ff.; BGH NJW 1955, 1487 f.; BGH MDR 1980, 155; 156; BGH NSTE Nr.5 zu §230 StGB = Der Strafverteidiger 1988, 251 f.
[15] Weissauer, "Arbeitsteilung und Abgrenzung der Verantwortung zwischen Anaesthesist und Operateur", Der Anaesthesist 1962, 239 ff.; ders., "Die rechtliche Verantwortung des leitenden Anaesthesisten", Der Anaesthesist 1964, 385 ff.; Engisch, "Die Haftung des operierenden Chirurgen nach den §§ 222, 230 StGB für Fehler der Operationsschwester", Langenbecks Archiv für Chirurgie, Band 288 (1958), 573 ff .; ders, "Wie ist rechtlich die Verantwortlichkeit des Chirurgen im Verhältnis zur Verantwortlichkeit des Anaesthesisten bei ärztlichen Operationen zu bestimmen und zu begrenzen?", Langenbecks Archiv für Chirurgie Band 297 (1961), 236 ff.
[16] Kamps, Ärztliche Arbeitsteilung und strafrechtliches Fahrlässigkeitsdelikt.

übergreifenden dogmatischen Zusammenhänge, die zum näheren Verständnis und zur Lösung der Problematik unerläßlich sind, letztlich nicht herausgearbeitet wurden. Auch in jüngerer Zeit vorgeschlagene Ergebnisse[17] sind sowohl mit den medizinischen als auch den juristischen Realitäten nur äußerst schwer in Einklang zu bringen.

Das Ziel der vorliegenden Arbeit ist es daher, die Frage zu beantworten, unter welchen Voraussetzungen der Arzt sich mit Erfolg darauf berufen kann, das den Patienten treffende Unrecht stelle sich aus seiner Sicht als schicksalhafte Verkettung unglücklicher Umstände, nicht aber als eigene Sorgfaltswidrigkeit dar.

Es gilt, allgemeingültige Parameter herauszuarbeiten, die es ermöglichen, die strafrechtliche Verantwortlichkeit des Arztes sinnvoll zu begrenzen, die zugleich aber auch den schutzwürdigen Interessen des Patienten umfassend Rechnung tragen. Die entscheidend erst durch die Macht der medizinischen Arbeitsteilung erreichbaren Vorteile der Medizin sind dabei mit den Pflichten, die Risiken der medizinischen Arbeitsteilung in Rechnung zu stellen und beherrschen zu müssen, in sowohl für den Arzt als auch dem Patienten erträglicher Weise, in praktische Konkordanz zu bringen.

B.   **Gang der Untersuchung**

Zunächst soll im Kontext der Darstellung der Dogmatik des strafrechtlichen Fahrlässigkeitsdelikts untersucht werden, inwieweit dessen herkömmlichen Elemente geeignet sind, eine sinnvolle Restriktion der Haftung des im arbeitsteiligen Prozeß agierenden Arztes zu ermöglichen. Hieran schließt sich die Erörterung der bisherigen von Literatur und Rechtsprechung konzipierten Lösungsmodelle an.

Danach soll versucht werden, einen eigenen Lösungsweg zu begründen, der den spezifischen Strukturen medizinischer Arbeitsteilung Rechnung trägt. Dabei wird zunächst die Verantwortlichkeit des vorgesetzten Arztes innerhalb des wohl bedeutendsten Form medizinischer Arbeitsteilung, nämlich der klinischen Organisation, zu untersuchen sein. Mit den dort gewonnenen Erkenntnissen soll im Anschluß daran

---

[17] Hier ist insbesondere Wilhelm, 93, zu nennen, die den vorgesetzten Arzt grundsätzlich nicht für verpflichtet hält, nachgeordnete Medizinalpersonen zu überwachen. Im Bereich horizontaler Arbeitsteilung hält sie (117, 131) eine Haftung für weitgehend ausgeschlossen.

versucht werden, verbindliche Aussagen für die strafrechtliche Verantwortlichkeit des Arztes in den übrigen Bereichen arbeitsteilig strukturierter Behandlungsabläufe zu gewinnen. Außerdem soll die Verantwortlichkeit des Arztes im Belegarztsystem untersucht werden.

Den Abschluß der Arbeit bildet eine Synopsis, welche die hier herausgearbeiteten an den Arzt gerichteten jeweiligen Verhaltensanforderungen zusammenfaßt.

2. Teil:

Wesen und Struktur des Fahrlässigkeitsdeliktes

A.   Unterscheidung vom Vorsatzdelikt

Das Fahrlässigkeitsdelikt stellt eine besondere Art strafbaren Verhaltens dar. Vom Vorsatzdelikt unterscheidet es sich insbesondere in der Struktur des Unrechts.[1] Der vorsätzlich handelnde Täter setzt die zu seiner Dispostion stehenden Steuerungsmöglichkeiten zur Vornahme der verbotenen Handlung in Kenntnis derjenigen Tatumstände ein, die unter die Tatbestandsmerkmale fallen. Dagegen verhält sich der Täter des Fahrlässigkeitsdeliktes hinsichtlich der den Tatbestand ausfüllenden Tatumstände sorgfaltswidrig.[2] Der Handlungsunwert des Fahrlässigkeitsdeliktes besteht somit in der auf unsorgfältigem Verhalten beruhenden zurechenbaren Verursachung des tatbestandsmäßigen Erfolges.[3]

Das bedeutet, strafrechtliche Verantwortung begründet das Außerachtlassen der gebotenen Sorgfalt lediglich dann, wenn derjenige, der den Sorgfaltsanforderungen nicht entsprochen hat, den Eintritt des Unrechtserfolgs entweder vorhergesehen hat (bewußte Fahrlässigkeit) oder nach seinen persönlichen Fähigkeiten und Kenntnissen hätte vorhersehen können (unbewußte Fahrlässigkeit).[4]

B.   Dogmatik des Fahrlässigkeitsdeliktes

Bevor nach neuen Wegen zur Lösung der Problemfälle arbeitsteiligen Zusammenwirkens im medizinischen Bereich gesucht wird, ist vorrangig zu klären, ob nicht bereits durch die Anwendung der anerkannten Voraussetzungen des Fahrlässigkeitsdeliktes dem Bedürfnis nach einer Haftungsrestriktion hinreichend Rechnung getragen werden kann. Deshalb ist zunächst die Dogmatik des Fahrlässigkeitsdeliktes näher zu untersuchen.

---

[1]SK Samson, Anh. zu §16 Rn. 6; Wessels, AT §15 I.
[2]Vgl. LK Schroeder, §16 Rn. 3, Rn. 122 f.
[3]Vgl. LK Schroeder, §16 Rn. 122 f.; Schönke/Schröder/Cramer, §15 Rn. 114.
[4]Vgl. Schönke/Schröder/Cramer, §15 Rn. 201.

I.   **Der Tatbestand des Fahrlässigkeitsdeliktes**

1.   **Das Handlungsunrecht**

a.   **Abgrenzung zum Zivilrecht**

Die strafrechtliche Inanspruchnahme für fahrlässiges Verhalten unterscheidet sich von der zivilrechtlichen Fahrlässigkeitsdogmatik in mehrfacher Weise. Vor allem sind dabei Abweichungen bezüglich des Begriffs der Kausalität sowie der Fahrlässigkeit zu nennen.

aa.   **Unterschiedlicher Kausalitätsbegriff**

Zivilrechtlich gilt als für den Schaden bedeutsame Ursache nur diejenige Handlung des Arztes, die mit dem Schaden im adäquaten Zusammenhang steht.[5] Dieser Zusammenhang ist zu verneinen, wenn der Eintritt des Erfolgsunrechts außerhalb jeder menschlichen Erfahrung liegt.

Im Strafrecht dagegen gilt die durch von Buri[6] begründete Äquivalenztheorie. Sie besagt, daß Ursache jedes menschliche Verhalten ist, welches nicht hinweggedacht werden kann, ohne daß der Unrechtserfolg entfällt. Diese extrem weite Definition der Kausalität wird im Strafrecht dabei durch die subjektiven Tatbestandskomponenten, nämlich Vorsatz und Fahrlässigkeit, auf das gesellschaftspolitisch erträgliche Maß reduziert.

bb.   **Unterschiedlicher Fahrlässigkeitsbegriff**

Das Strafrecht und das Zivilrecht gehen von zwei verschiedenen Fahrlässigkeitsbegriffen aus, wobei nach ganz herrschender Auffassung für das strafrechtliche Fahrlässigkeitsdelikt ein doppelter Maßstab gilt.[7] Zum einen ist ein objektiver Maßstab insofern relevant, als von jedem nur die im Verkehr erforderliche Sorgfalt, das heißt, die Einhaltung der durchschnittlichen Sorgfaltsanforderungen, zu verlangen ist.

Zum anderen kommt ein subjektiver Maßstab insoweit zum Tragen, als dem Täter ein Vorwurf nicht gemacht werden kann, wenn er nach seiner persönlichen Leistungsfähigkeit nicht imstande war, die im Verkehr erforderliche objektive Sorgfalt zu erbringen. Im Zivil-

---

[5] Vgl. Staudinger/Medicus, §249 BGB Rn. 33 f., 43 f.; Palandt/Heinrichs, vor §249 BGB Anm. 5 A b.
[6] von Buri, Über Causalität und deren Verantwortung, 1 ff.; ders., Über Causalität und deren strafrechtliche Beziehung, 4 f.
[7] Vgl. Wessels, AT §15 I 1a.

recht ist nach einem objektiven Maßstab[8] zu ermitteln, welche Sorgfalt im konkreten Fall außer Acht gelassen wurde. Dabei ist gemäß § 276 Abs. 2. Satz 2 BGB nicht die – größere oder geringere – individuelle Fähigkeit zur Voraussicht und Vermeidung des mißbilligten Erfolges, sondern nur die im Verkehr verlangte Sorgfalt entscheidend.

Die individuellen Fähigkeiten und Kenntnisse des einzelnen Schädigers bleiben im Zivilrecht unberücksichtigt.[9] Der erfahrene Rallyefahrer, der als normaler Teilnehmer am Straßenverkehr in eine schadensverursachende gefährliche Situation gerät, die von dem durchschnittlichen Verkehrsteilnehmer nicht, wohl aber von ihm, hätte beherrscht werden können, ist nach dem BGB nicht haftbar zu machen. Vielmehr wird angeknüpft an einen durchschnittlich besonnenen und gewissenhaften Angehörigen der jeweiligen Gruppe. Im hier interessierenden ärztlichen Bereich wird beispielsweise nach den Fachrichtungen differenziert.[10]

b. **Erforderlichkeit einer Sorgfaltspflichtverletzung zur Herleitung des Handlungsunrechts ?**

Bereits frühzeitig wurde in der deutschen Strafrechtswissenschaft das fahrlässige Verhalten als die "Außerachtlassung der erforderlichen Sorgfalt" umschrieben. Gemäß § 276 Abs 1 Satz 2 BGB wurde schon bei Einführung des Bürgerlichen Gesetzbuches zum Beginn des 20. Jahrhunderts als fahrlässig dasjenige Verhalten definiert, daß nicht im Einklang mit der im Verkehr erforderlichen Sorgfalt stand. Alsbald wurden, unter anderem von Engisch,[11] Begriffe wie "Pflichtwidrigkeit" und "Sorgfaltspflichtverletzung" verwendet.

Etwa seit der Mitte diesen Jahrhunderts wurde verstärkt vom Merkmal der "objektiven Sorgfaltspflichtverletzung" gesprochen. Seitdem definiert der größte Teil der Literatur die Fahrlässigkeit als die objektive Sorgfaltspflichtverletzung und die Erkennbarkeit der

---

[8] Vgl. Soergel/Wolf, §276 BGB Rn. 75; Staudinger/Löwisch, § 276 BGB Rn. 16; RGZ 95, 16, 17; 127, 313, 315; 152, 129, 140; BGHZ 24, 21,27; BGH NJW 1983, 676; Larenz, Schuldrecht AT, § 20 III; Deutsch, Haftungsrecht I, 279.
[9] Vgl. Soergel/Wolf, §276 BGB, Rn. 75.
[10] Deutsch, VersR. 1977, 101, 104; ders., Fahrlässigkeit und erforderliche Sorgfalt, 132 ff.
[11] Engisch, Untersuchungen über Vorsatz und Fahrlässigkeit (1930), 195 ff., 291 ff., 306 ff., 332 ff.

Tatbestandsverwirklichung.[12]

Unklar bleibt jedoch, wie diese wie auch immer geartete "objektive Sorgfaltspflichtverletzung" determiniert werden soll. So ist beispielsweise die Umschreibung von Engisch,[13] auf den sich die Vertreter der "objektiven Sorgfaltspflichtverletzung"[14] hauptsächlich berufen, extrem mehrdeutig, wenn er ausführt, hierunter sei die "wirkliche" Sorgfalt, im Gegensatz zu der aus der Sicht des Täters zu beurteilenden "subjektiven" Sorgfalt, zu verstehen. Engisch nennt hier lediglich, neben der Rechtsbeachtungspflicht, die allgemeine Pflicht, gefährliche Handlungen zu unterlassen.[15]

Den Vertretern dieser Ansicht ist einzuräumen, daß es wenig Sinn macht, die Sorgfaltspflicht allein als negatives Gegenstück zu der vom Täter vorgenommenen gefährlichen Handlung aufzufassen.[16]

Gegen die Anknüpfung der Fahrlässigkeit an die objektive Sorgfaltspflichtverletzung spricht zudem, daß systemwidrig eine Verlagerung von der Verursachung des Erfolgsunrechts hin zur Gefährung des Rechtsguts vorgenommen wird. Letztlich wird hierdurch das Wesen der Fahrlässigkeit generell umgedeutet in die Sorgfalt durch Unterlassen. Die Existenz des fahrlässigen Begehungsdelikts vermögen die Anhänger dieser Lehre nicht zu erklären.

Diesem Merkmal kann daher eine eigenständige Funktion nicht zugesprochen werden. Zum einen ist es in zahlreichen Tatbeständen des StGB, wie etwa den §315 Abs. 4,5, §315 a Abs. 2, §315 b Abs. 4, 5, §315 c Abs. 3, 326 StGB, ohnehin abschließend umschrieben. Zum anderen fehlt es an hinreichend bestimmbaren Kriterien zur Umschreibung der "Außerachtlassung der objektiven Sorgfalt". Gesetzlich exakt determinierte Sorgfaltspflichten liegen nur in wenigen Lebensbereichen, wie etwa dem Straßenverkehrsrecht, vor. Eine abschließende Umschreibung der Sorgfaltspflichten gehört, gerade bei der hier interessierenden arztrechtlichen Thematik, mit den

[12] Vgl. Jescheck, AT, (4. Aufl.), 508 ff.; Lackner, § 15 StGB, Anm. III 1; Burgstaller, 16 f., 207; Roxin, Täterschaft und Tatherrschaft (4. Aufl.) 527.
[13] Engisch, Untersuchungen (1930), 306 ff., 332 ff.
[14] Vgl. etwa Jescheck, AT, 508 ff.; Lackner, §16 StGB, Anm. III 1.; Burgstaller, 16 f., Roxin, Täterschaft und Tatherrschaft, (4. Aufl.) 527; Welzel, Lehrbuch, 130 ff.; Wessels AT, §15 II, vor 3 a.
[15] Engisch, Untersuchungen (1930), 283 ff., 290 ff.
[16] Vgl. Wessels, AT, §15 II 3 (vor a.)

Wort von Hirsch[17] formuliert, "als Planwirtschaft des Sozialverhaltens vorerst in den Bereich dogmatischer Utopie".

Festzuhalten ist somit, daß der Täter des fahrlässigen Begehungsdelikts primär nicht sorgfältig zu handeln hat, sondern unsorgfältiges Handeln zu unterlassen hat.[18] So ist beispielsweise nicht der sorgfältige Umgang mit Feuerwerkskörpern geboten, sondern sorgloser Umgang verboten; eine Pflicht zum Umgang mit Feuerwerkskörpern besteht nicht.[19] Daher ist bei der strafrechtlichen Beurteilung der Fahrlässigkeit auf das Merkmal der Sorgfaltspflichtverletzung zu verzichten.[20]

Wenn nun im folgenden gelegentlich von der Sorgfaltspflichtwidrigkeit des Arztes beziehungsweise dem Verstoß gegen Verhaltensgebote gesprochen wird, so ist dies lediglich im Sinne der erstgenannten Ansicht zu verstehen und nicht als Konzession an die abgelehnte oben dargestellte Auffassung. Dies geschieht aus mehreren Gründen.

Zum einen ist die geschilderte Problematik zur Frage der objektiven Sorgfaltspflichtverletzung ist zwar grundlegender Natur. Für die hier zu beurteilende Thematik stellt sie sich jedoch nicht in der gleichen Brisanz dar. Denn im Gegensatz zu dem oben genannten Beispiel mit den Feuerwerkskörpern, ist ein Handeln des Arztes, soweit es medizinisch irgendwie indiziert ist, prinzipiell geboten. Insofern wird bei den hier einzig interessierenden Fallgestaltungen generell eine Garantenpflicht auszumachen sein, die dem Arzt die Pflicht zum Handeln zum Wohle des Patienten auferlegt.

Darüberhinaus wird zum anderen von den noch darzustellenden Vertretern verschiedener Lösungswege, aus arztrechtlicher Sicht leider nicht in der für die Fahrlässigkeitsdogmatik wünschenswerten Form begrifflich sauber unterschieden zwischen der Sorgfaltswidrigkeit einerseits und der Annahme einer Sorgfaltspflichtverletzung andererseits.

---

[17] Hirsch, ZStW 1983, 140, 164.
[18] Vgl. Jakobs, Studien, 67 f.; ders. Lehrbuch, 9. Abschn., Rn. 6; LK-Schroeder, §16 Rn. 157 f.; Maurach/Gössel, AT II, §43, Rn. 19; Schmidhäuser, Festschrift für Schaffstein (1975), 129 ff.; ders., Lehrbuch 10/82 sowie Studienbuch 7/93.
[19] Deutlich insbes. Jakobs, Lehrbuch, 9. Abschn., Rn. 6,.
[20] Vgl. auch Jakobs, Studien, 56 ff.; ders.; Lehrbuch, 9. Abschn. Rn. 6; Schmidhäuser, Lehrbuch AT, 10/82; ders., Studienbuch 7)93; LK- Schroeder, § 16, Rn. 157; ders., JZ 1989, 776, 780.

c. **Sorgfaltswidrigkeit**

Das Strafrecht[21] legt einen subjektiven Fahrlässigkeitsmaßstab zugrunde, da die Kriminalstrafe nach ihrem Zweck der Sühne und Spezialprävention enger an die individuelle Vorwerfbarkeit beim Täter anknüpfen muß.[22] Die Diskussion ist hier noch nicht abgeschlossen. Bezüglich des strafrechtlichen Begriffs der Sorgfaltswidrigkeit werden unterschiedliche Auffassungen vertreten. Im wesentlichen geht es darum, ob die Sorgfaltswidrigkeit der Handlung allein nach einem objektiven Maßstab oder auch unter Berücksichtigung individueller Fähigkeiten des Täters zu beurteilen ist.

aa. **Theorie von der objektiven Sorgfaltswidrigkeit**

Die wohl herrschende Meinung im Schrifttum[23] will die das Handlungsunrecht begründende Sorgfaltswidrigkeit objektiv bestimmen. Demnach sei eine Handlung bereits dann sorgfaltswidrig, wenn eine fiktiv erdachte und mit bestimmten Kenntnissen ausgestattete Person sie als für das Schutzobjekt gefährlich erkannt hätte. Dabei sei die individuelle Fähigkeit des Täters, die Gefahr für das Schutzobjekt erkennen zu können, für die Frage, ob ein unrechtmäßiges Verhalten vorliege, unerheblich.

So meint etwa Jescheck,[24] bei dem Täter, dem die subjektive Vorhersehbarkeit fehle, sei dies erst im Rahmen der Schuld zu berücksichtigen. Andere, wie etwa Gössel,[25] spalten die Vorherrsehbarkeit in generelle objektive und individuelle Vorhersehbarkeit auf und ordnen die erstere dem objektiven, die letztere dagegen dem subjektiven Tatbestand des Fahrlässigkeitsdelikts zu. Nach Gössel kommt es für die objektive Sorgfaltswidrigkeit auf das Leitbild eines "einsichtigen" Menschen in der Situation des Täters an. Es sei dabei entscheidend auf einen gedachten, besonnenen und umsichtigen Teilnehmer des Verkehrskreises, dem der Täter angehört, abzustellen. Maßgebend sei, ob beispielsweise ein umsichtiger Chirurg, Architekt, Apotheker, Baustatiker oder – für den bedeutenden Bereich des Verkehrsstrafrechts – ein besonnener Kraftfahrer

---

[21] Teilweise auch das Steuerrecht, vgl. §173 Abs.1 Nr. 2 AO, dazu: BFH DB 1983, 1077.
[22] Vgl. Schönke/Schröder/Cramer, §15, Rn. 193.
[23] Welzel Lb. 131 f.; Hirsch, ZStW 94 (1982), 239, 266; Jescheck, AT §55 II.
[24] Jescheck, AT §55 II 2b.
[25] Maurach/Gössel, AT/2, §43 Rn. 23 ff; ders., Festschrift für Bengl (1984), 23, 39 f.

mit dem rechtsgutsverletzenden Erfolg gerechnet hätte.[26]

Besitzt der Täter ein überlegenes Sonderwissen, welches über dem der Teilnehmer des konkreten Verkehrskreises hinausgehe, so müsse er dies gegen sich gelten lassen. Wer etwa die besondere Gefährlichkeit einer Straßenkreuzung kenne oder wisse, daß jemand an der Bluterkrankheit leide, müsse sich darauf einstellen und sich vorsichtiger verhalten als der Durchschnitt. Ebenso seien bei der von der medizinischen Koryphäe vorzunehmenden Operation deren Kenntnisse und nicht die eines durchschnittlichen Chirurgen für die Vorhersehbarkeit maßgebend.

Dies solle aber nur für Sonderkenntnisse des Täters, nicht aber für sonstiges Sonderkönnen gelten.[27] Demnach sei der Profirennfahrer, als Teilnehmer am normalen Straßenverkehr, der die im allgemeinen Straßenverkehr geltenden Sorgfaltsanforderungen beachte, nicht aber seine besonderen Fähigkeiten zur Gefahrvermeidung einsetze, nicht ein sorgfaltswidriges Verhalten vorzuwerfen.[28] Diese Einschränkung wird unter Berufung auf den in Art 3 Abs. 1 GG festgelegten Gleichheitsgrundsatzes für geboten gehalten.

bb. **Theorie von der subjektiven Sorgfaltswidrigkeit**

Insbesondere Stratenwerth,[29] Jakobs[30] und Samson[31] wollen die Sorgfaltswidrigkeit allein aufgrund der Kenntnisse und Fähigkeiten des Täters bestimmen. Ein Verhalten sei dann sorgfaltswidrig, wenn der Täter im Zeitpunkt der Handlung deren Gefährlichkeit für das Rechtsgut hätte erkennen können. Besitze der Täter überdurchschnittliche Fähigkeiten, so müsse er diese auch einsetzen, denn größeres individuelles Leistungsvermögen verpflichte zu größerer Umsicht und rechtfertige entsprechend höhere Leistungsanforderungen.[32]

Liegen seine Fähigkeiten dagegen unter dem Durchschnitt der am Verkehrskreis beteiligten Personen, so beseitige dies bereits das

---

[26] Lorenz, 57, 169; Wessels, AT §15 II 3b, Welzel, Lb. 132; Jescheck, AT §55 I 2b; Blei, AT 103; vgl. auch OLG Braunschweig VRS 13, 286.
[27] Hirsch, ZStW 94 (1982), 239, 273.
[28] LK Schroeder, §16 Rn. 147; Jescheck, AT §55 I 2b.
[29] Stratenwerth, AT Rn. 1096 ff, ders., Festschrift für Jescheck (1985), 285, 300; ähnlich: Otto, Grundkurs AT §10 I 3.
[30] Jakobs, AT 9/5 ff.; ders., Studien, 58 f.
[31] SK Samson, Anh. zu §16, Rn. 13.
[32] Vgl. auch Schönke/Schröder/Cramer, §15 Rn. 135, 139.

Handlungsunrecht und nicht erst die Schuld, soweit der Täter hierdurch gehindert war, die Gefährlichkeit seiner Handlung zu erkennen.[33] Dabei soll der durch die individuelle Sorgfaltswidrigkeit abgesteckte Rahmen nach den Grundsätzen des erlaubten Risikos eingeschränkt werden.[34]

cc. Stellungnahme

Denjenigen, welche die das Handlungsunrecht begründende Sorgfaltswidrigkeit objektiv bestimmen wollen, ist entgegenzuhalten, daß ein praktikabler Maßstab für die Entwicklung des Leitbildes des "einsichtigen Menschen" von ihnen nicht geliefert wird. Ebensowenig vermögen ihre Vertreter die Notwendigkeit für die Zwischenstufe der objektiven Sorgfaltswidrigkeit zu begründen. Der Begriff der objektiven Sorgfaltswidrigkeit liefert nur eine scheinbare Sicherheit.

Grundsätzlich ist zwar das Bemühen um die Ermittlung objektiver, also allgemeingültiger Begriffsmerkmale — nicht zuletzt wegen der verstärkt generalpräventiven Wirkung — zu befürworten. Dies setzt aber voraus, daß es sich hierbei nicht nur um eine Etikettierung mit dem Merkmal der Objektivität handelt, sondern daß der Begriff sich im Kern auch tatsächlich aus objektiven Kriterien zusammensetzt. Dies ist aber gerade bei der "objektiv" ermittelten Sorgfaltswidrigkeit nicht der Fall. Denn der anhand allgemeingültiger Erfahrungswerte gewonnene Sorgfaltsmaßstab ist das Ergebnis einer mehr oder weniger willkürlichen Auswahl der Kriterien, die den Begriff der objektiven Sorgfaltswidrigkeit ausfüllen sollen. Entscheidende Faktoren wie Alter, Konzentrationsfähigkeit, Intellekt, Gesundheitszustand und Routine können entweder mit in den Begriff einbezogen oder aber auch weggelassen werden.

Wenn die Sorgfaltspflichten einerseits zwar nach Berufsgruppen, Lebenskreisen und konkreter Situation unterschieden werden,[35] nicht aber nach der Person des Verpflichteten, so bedeutet dies letztlich, daß beispielsweise ein Autofahrer, dessen Reaktionsvermögen infolge fortgeschrittener Zerebralsklerose entscheidend gemindert ist, tatbestandsmäßig rechtswidrig handelt, wenn er einen für ihn unvermeidbaren Unfall herbeiführt. Weiter wird keine überzeugende

---

[33] Stratenwerth, AT Rn. 1097; Jakobs, Studien, 64 ff.
[34] Vgl. SK Samson, Anh. zu §16, Rn. 16 f.
[35] Jescheck, AT §54 I; Welzel, Lb. 131 f.

Begründung dafür gegeben, weshalb hier nicht ein individueller Maßstab gelten soll, während dies andererseits beim Unterlassungsdelikt ohne weiteres zu gelten habe. Dort wird vorausgesetzt, daß der Täter fähig war, sich in der rechtlich gebotenen Weise zu verhalten,[36] da das Gebot überhaupt nur dahin gehen könne, das dem einzelnen Mögliche zu tun.

Weiter vermag das Argument nicht zu überzeugen, ein objektiver Maßstab sei notwendig, um besonders befähigte Personen vor übertrieben hohen Anforderungen zu schützen.[37] Beim Begehungsdelikt kann es überhaupt nur um die besondere Fähigkeit zur Prognostizierung einer Tatbestandsverwirklichung gehen. Das Inrechnungstellen dieser Fähigkeit ist also bereits ein Problem des erlaubten Risikos.[38] Sie entscheidet sich nach der Zuständigkeit des Täters für den schadensträchtigen Umstand, also nach einem normativen Prinzip.

So führt Jakobs[39] mit Recht aus, daß ein Wissenschaftler eine riskante Versuchsanordnung mit Hilfe seiner Sonderfähigkeiten beherrschen muß, und ein Student der Architektur dagegen seine akademische Sonderfähigkeit nicht zu aktivieren brauche, wenn er in den Semesterferien als Handlanger auf der Baustelle arbeitet und erkennt, daß die von ihm herzustellende Betonmischung nicht tragfähig sein wird.

Weiter verstößt es nicht gegen den Gleichheitsgrundsatz, wenn ein subjektiver Sorgfaltsmaßstab herangezogen wird. Lediglich Art 3 Abs. 3 GG regelt für die dort enumerativ aufgezählten Merkmale wie Geschlecht, Abstammung, Rasse, Sprache, Heimat, Herkunft, Glauben und politischer Anschauung, daß eine Benachteiligung oder Bevorzugung wegen eines dieser Merkmale verfassungswidrig ist. Das besondere persönliche Können fällt nicht hierunter.

Nach der Rechtsprechung des Bundesverfassungsgerichtes[40] folgt aus

---

[36] Vgl. Jescheck, §59 II 2; Welzel, Lb. 205, 212 f.
[37] Vgl. Jescheck, AT §54 I 3 (a.E.); Schünemann JA 1975, 435, 511 ff., 513 ff.; ders., Festschrift für Schaffstein (1975), 159 ff., 165 f.
[38] Vgl. auch Jakobs 7/35, 49 ff.
[39] Jakobs, AT 9/11.
[40] BVerfGE 4, 114, 155; 18, 38, 46; 27, 304, 321; 46, 55, 62.

dem Gleichheitssatz[41] die Pflicht des Staates, bei steter Orientierung am Gerechtigkeitsgedanken, Gleiches gleich, Ungleiches seiner Eigenart entsprechend verschieden zu behandeln.[42] Eine staatliche Maßnahme verletzt daher nur dann den Gleichheitsgrundsatz, wenn sich für sie keine vernünftigen Erwägungen finden läßt, die sich aus der Natur der Sache ergeben oder sonstwie einleuchtend sind.[43]

Die Zugrundelegung eines individuellen Sorgfaltsmaßstabes stellt folglich keinen Verstoß gegen den Gleichheitsgrundsatz dar, wenn es darum geht, unterschiedliche Sachverhalte ihrer Eigenart entsprechend auch unterschiedlich zu bewerten.

Schließlich sprechen auch generalpräventive Gründe für die Theorie der subjektiven Sorgfaltswidrigkeit. Der Einzelne, der durch die Existenz der §§ 222 und 230 StGB von der fahrlässigen Verwirklichung von Unrecht abgehalten werden soll, wird in der Regel besser wissen, was er selbst zu leisten in der Lage ist, als was der durchschnittlich begabte Beteiligte eines ohnehin nicht klar abgrenzbaren Verkehrskreises hypothetisch zu leisten vermag.

Den Vertretern der objektiven Theorie ist freilich zu konzedieren, daß in prozessualer Hinsicht der Nachweis der Sorgfaltswidrigkeit leichter zu führen ist, wenn "objektive" Kriterien herangezogen werden. Bei der Zugrundelegung eines subjektiven Sorgfaltsmaßstabes mag es vereinzelt schwierig sein, dem Täter konkret nachzuweisen, daß er subjektiv in der Lage war, den Eintritt des Erfolgsunrechts vorherzusehen. Hierbei handelt es sich jedoch um ein im Strafrecht generell existierendes Problem der Beweisführung.[44]

Gelingt es beim Fahrlässigkeitsdelikt nicht, dem Angeklagten die Verletzung der individuellen Sorgfalt nachzuweisen, so ist er von dem Vorwurf des fahrlässigen Verhaltens, unter Berücksichtigung des Grundsatzes in "dubio pro reo", freizusprechen. Dies ist ein strafrechtlich und nicht zuletzt verfassungsrechtlich eher hinnehmbares

---

[41] –die im wesentlichen auf Leibholz, Die Gleichheit vor dem Gesetz, 2. Aufl., 1959, zurückgeht und weitgehend Zustimmung gefunden hat–
[42] Vgl. von Münch, Art 3 GG, Rn. 10, m.w.N.
[43] Vgl. Badura, 99 f.
[44] So ist es etwa insbesondere im Bereich des Betrugs (§263 StGB) häufig schwierig, dem Angeklagten die subjektiven Voraussetzungen des Betrugstatbestandes nachzuweisen.

17

Ergebnis, als die über die realitätsferne Konstruktion eines objektiven Sorgfaltswidrigkeitsmaßstabs erlangte Verurteilung. Daher ist für die Beurteilung, ob ein fahrlässiges Verhalten vorliegt, vom Maßstab der Sorgfaltswidrigkeit nach den subjektiven Fähigkeiten und Kenntnissen des Täters auszugehen.[45]

Für die spezielle Problematik des arbeitsteiligen Zusammenwirkens kann dieser subjektive Maßstab aber nur die Ausgangsbasis für die Ermittlung der Sorgfaltswidrigkeit bilden. Denn grundsätzlich wird es jedem Arzt möglich sein, auch in der individuellen Situation gerade wegen der hohen Komplikationsdichte medizinischer Behandlungsabläufe den aus fremder Sorgfaltswidrigkeit sich entwickelnden Unrechtserfolg vorherzusehen. Für sich allein vermag dieses Merkmal daher eine befriedigende Haftungsrestriktion nicht zu gewährleisten.

2. Das Erfolgsunrecht des Fahrlässigkeitsdeliktes

Der Erfolgsunwert beim Fahrlässigkeitsdelikt besteht in der Verursachung eines zurechenbaren tatbestandsmäßigen Erfolges.[46] Dieser Erfolgsunwert kann sowohl als Gefährdungserfolg (§§ 315-315c StGB) als auch als der hier allein interessierende Verletzungserfolg (§§ 222, 230 StGB) eintreten. Voraussetzung der Zurechnung des Erfolgsunrechts ist, daß die sorgfaltswidrige Handlung den tatbestandsmäßigen Erfolg verursacht hat. Dabei ist mit der im Strafrecht herrschenden Äquivalenztheorie[47] eine Handlung für einen Erfolg dann kausal, wenn sie seine gesetzmäßige Bedingung war.

Jedoch reicht es nicht aus, wenn die sorgfaltswidrige Handlung den tatbestandsmäßigen Erfolg allein verursacht hat. Vielmehr muß sich zusätzlich die durch die Handlung begründete Gefahr im Erfolg auch realisiert haben. Dies setzt dreierlei voraus. Zunächst darf der konkret eingetretene Erfolg nicht bei dem hypothetisch zu unterstellenden pflichtgemäßem Alternativverhalten ausbleiben (Pflichtwidrigkeits- bzw. Rechtswidrigkeitszusammenhang /a.). Weiter muß die durch die sorgfaltswidrige Handlung verletzte Norm gerade den

[45] Ebenso: Jakobs, AT 9/13; ders., Studien, 68 ff. SK Samson, Anh. zu §16, Rn. 13 ff; Otto, AT §10 I 3; Maurach/Gössel, AT/2 §43 IV A 1 u. 2; Stratenwerth, AT Rn.1098; ders., Festschrift für Jescheck (1985), 285, 300.
[46] Siehe hierzu: SK Samson, vor §1 Rn. 40 ff.
[47] Vgl. Stratenwerth AT, Rn. 218 f; SK Samson, Anh. zu §16 Rn. 23; Lackner, III 1 c vor §13; Schönke/Schröder/Stree, vor §13 Rn. 73 ff; Jescheck, §28 II 1, §61 IV 1.

Zweck haben, den konkret eingetretenen Erfolg zu vermeiden (Schutzbereich der Norm /b.). Schließlich muß der tatsächlich eingetretene Kausalverlauf vorhersehbar gewesen sein (c.). Wie bereits eingangs erwähnt, sind dabei gerade diese drei Elemente aus dem Bereich des Erfolgsunrechts darauf zu überprüfen, ob sie für die Lösung der Einschränkung der Verantwortlichkeit für das fahrlässige Verhalten anderer Personen im Bereich medizinischer Arbeitsteilung herangezogen werden können.

a.   **Pflichtwidrigkeitszusammenhang**

es ist allgemein anerkannt,[48] daß Verstöße gegen ärztliche Sorgfalt nicht um ihrer selbst Willen interessieren. Vielmehr ist stets darauf abzustellen, ob die Pflicht zur Sorgfältigkeit in einem bestimmten Sinne, beispielsweise der gehörigen Ausdehnung diagnostischer Maßnahmen, auch gerade den konkreten Verletzungserfolg verhindern sollte und konnte.[49]

Relativ problemlos läßt sich dieser Pflichtwidrigkeitszusammenhang verneinen, wenn etwa infolge der Nachlässigkeit eines Beteiligten eines chirurgischen Eingriffs ein Operationstuch in der Operationswunde zwar zurückgelassen wurde, der Patient aber während des Eingriffs an akutem Herz- und Kreislaufversagen stirbt. Hier ist die Kausalität zwischen dem sorgfaltswidrigem Verhalten und dem Tod des Patienten zu verneinen.[50] Weitaus schwieriger sind dagegen die Fälle zu lösen, bei denen feststeht, daß gerade dasjenige Verhalten, in dem die Verletzung der Sorgfaltspflicht zu sehen ist, den Erfolg zwar herbeigeführt hat, es aber fraglich ist, ob er nicht auch ohne diese Pflichtverletzung eingetreten wäre.

So hatte in dem vom Reichsgericht entschiedenen berühmten Ziegenhaarfall[51] der Hersteller von Pinseln es sorgfaltswidrig unterlassen, die zu verarbeitenden chinesischen Ziegenhaare zu desinfi-

---

[48] Vgl. bereits Eb. Schmidt, Der Arzt im Strafrecht, 181; RGSt 67, 12, 20; Frank, §59 VIII 6.
[49] Zutreffend führt das Reichsgericht, RGSt 67, 12, 20, hierzu aus, es genüge nicht, daß das den schädlichen Erfolg verursachende Verhalten "nach irgend einer Richtung schuldhaft war", sondern es müsse zusätzlich "noch gefordert werden, daß der Täter bei pflichtgemäßer Sorgfalt den eingetretenen Erfolg als mögliche Folge seines Verhaltens hätte voraussehen können".
[50] Vgl. Weissauer, Münchener Medizinische Wochenschrift 1969, 1353, 1356.
[51] RGSt 63, 211, 213, instruktiv hierzu Ranft, NJW 1984, 1425, 1430 f.

zieren. Einige der bei ihm beschäftigten Arbeiterinnen infizierten sich mit Milzbrandbakterien und starben an Milzbrand. Von den zur Tatzeit zugelassenen Desinfektionsverfahren wäre aber aller Voraussicht nach keines erfolgreich gewesen. Die Arbeiterinnen wären also auch bei sorgfaltsgemäßer Desinfizierung der Ziegenhaare an Milzbrand gestorben.

Von der Thematik ähnlich lag der im Novokainfall[52] ebenfalls vom Reichsgericht zu entscheidende Sachverhalt. Bei einem chirurgischen Eingriff unter Lokalanästhesie verwendete der Arzt Kokain, obwohl fachmännisch richtig Novokain zu verwenden gewesen wäre. Infolge des dosierten Kokains und der schlechten Konstitution starb der Patient. Nach dem Ergebnis der Sachverständigen wäre er aufgrund seiner schlechten körperlichen Verfassung auch bei Verwendung von Novokain gestorben.[53]

Nach der Auffassung der wohl herrschenden Meinung im Schrifttum[54] und der höchstrichterlichen Rechtsprechung[55] fehlt es am Pflichtwidrigkeitszusammenhang, wenn der Täter durch sein sorgfaltswidriges Verhalten den Erfolg zwar verursacht hat, aber besondere Anhaltspunkte vorliegen, die den Schluß zulassen, daß der Erfolg möglicherweise oder sogar wahrscheinlich auch bei sorgfaltsgerechtem Verhalten eingetreten wäre. Dann sei der Täter nach dem im Straf- prozeßrecht geltenden Grundsatz "in dubio pro reo" trotz eindeutig nachgewiesener Sorgfaltswidrigkeit freizusprechen.[56] Für die Rechtsprechung käme eine Verurteilung nur dann in Betracht, wenn die ernsthafte Möglichkeit eines im wesentlichen gleichen Erfolgseintritts bei sorgfältigem Handeln nicht bestehe.[57]

Die Vertreter dieser Auffassung verlangen, daß Pflichtverletzung und Erfolg in einem über den reinen Kausalzusammenhang hinausgehenden spezifischen Zusammenhang stehen. Dies sei aber nur dann der

---

[52] RG JR 1926, Bd. II Sp. 1636 Nr. 2302; siehe hierzu: Exner Festgabe I für Frank (1930), 583, 587.
[53] Vgl. dazu: Eb. Schmidt, Der Arzt im Strafrecht, 161 f.
[54] Vgl. Schlüchter, JuS 1977, 104, 108; Schönke/Schröder/Cramer, §16 Rn. 191 ff.; SK Samson, Anh zu §16 Rn. 25; ders., Hypothetische Kausalverläufe, 47, 153 ff.; Ulsenheimer JZ 1969, 304 ff; ders. Medizinrecht 1984, 161, 163; ders. in Festschrift für Weissauer (1986), 164, 170 f. Welzel, Lb. 135 f.; Wessels, AT §15 II 6.
[55] Vgl. RGSt 63, 211, 213; BGHSt 11, 1, 4; 21, 59, 61; 24, 31,36.
[56] Vgl. Ulsenheimer, Festschrift für Weissauer (1986), 164, 167.
[57] BGHSt 33, 61, 64; BGH NJW 1982, 292; BGH VRS 21 391; vgl. hierzu auch: Puppe, JuS 1982, 660, 665; Ranft, NJW 1984, 1425.

Fall, wenn der Erfolg bei Aufwendung der gebotenen Sorgfalt mit an Sicherheit grenzender Wahrscheinlichkeit nicht eingetreten wäre. Liegt diese haftungsbegründende Prämisse nicht vor, weil zumindest die Möglichkeit besteht, daß der Erfolg auch bei pflichtgemäßem Verhalten eingetreten wäre, so habe der Grundsatz "in dubio pro reo" zu gelten.

Dieser Ansatz wird im Schrifttum von den Vertretern der sogenannten Risikoerhöhungstheorie abgelehnt,[58] da es nicht um ein Problem der Kausalität, sondern um eine Wertung gehe.[59] Angesichts der von der höchstrichterlichen Rechtsprechung ansonsten konsequent angewendeten Äquivalenztheorie halten sie den von ihr hier eingeschlagenen Weg, hypothetische Kausalverläufe heranzuziehen, für dogmatisch inkonsequent. Die von der Rechtsordnung aufgestellten Sorgfaltsmaßstäbe seien auch dann zu beachten, wenn nicht sicher sei, ob durch die Beachtung Gefahren vermieden werden oder nicht.

Erst wenn mit Sicherheit der Erfolg auch bei rechtmäßigem Verhalten eingetreten wäre, könne davon ausgegangen werden, daß sich die verbotene Gefährdung im konkreten Erfolg nicht realisiert habe. Eine Gefahrrealisierung nehmen sie bereits dann an, wenn durch das unsorgfältige Verhalten eine Gefahrenerhöhung über das erlaubte Risiko hinaus bewirkt worden ist.

Allein auf den Äquivalenzaspekt rekurrierend, wird von einer Mindermeinung[60] in der Literatur schließlich vertreten, der Täter sei selbst dann für den durch sein fahrlässiges Verhalten verursachten Erfolg zur Verantwortung zu ziehen, wenn sogar sicher sei, daß der Erfolg auch bei pflichtgemäßem Verhalten eingetreten wäre. Die Zurechnung des Erfolges ergebe sich bereits aus dem Umstand, daß bei Wegdenken der pflichtwidrigen Handlung der Erfolg entfiele.

---

[58] Vertreten von Burgstaller, 129, 135, 145; Dreher/Tröndle, vor §13 Rn. 17 c; Otto, AT §10 I 4: ders., JuS 1974, 702, 708; 1980, 417; Roxin, ZStW 74 (1962), 411, 430 ff.; Schaffstein, Festschrift für Honig (1970), 169, 171 f.; Stratenwerth, Festschrift für Gallas (1973), 227, 230 f.; ders., AT, Rn. 219, 1025 ff.; SK-Rudolphi, vor §1 Rn. 65 ff.; ders., JuS 1969, 549, 553 f.
[59] Rudolphi, JuS 1969, 549, 553; Lackner, §15 III 2b cc); Stratenwerth, AT Rn. 224f; ders., Festschrift für Gallas (1973), 227, 230 ff.; Jescheck, §55 II 2b; Wolf, Kausalität, 24 f., 27.
[60] Binavince, 220 f.; Reinelt, NJW 1968, 2152, 5153; Eb. Schmidt, Der Arzt im Strafrecht, 200 f.; Spendel, Festschrift für Eb. Schmidt(1961), 183, 194 ff.

Diese Auffassung ist abzulehnen, da sie sinnwidrige Konsequenzen hat, weil sie selbst dort strafen müßte, wo das fahrlässige Verhalten das Risiko mit Sicherheit in keiner Weise gesteigert oder sogar ausnahmsweise verringert hat. Letztlich läuft diese Konstruktion auf eine Bestrafung unter dem im Strafrecht unzulässigen Gesichtspunkt der versari in re illicita hinaus.[61] Der Täter wird bestraft, weil er sich "irgendwie" pflichtwidrig verhalten hat, und in einem nicht näher bestimmbaren Zusammenhang ein Unrechtserfolg eingetreten ist.

Gegen die Risikoerhöhungslehre spricht vor allem, daß sie den Grundsatz "in dubio pro reo" zu stark einschränkt, wenn von einer strafrechtlich zu ahndenden Risikoerhöhung bereits dann ausgegangen wird, wo offenbleibt, ob das fahrlässige Verhalten überhaupt zu einer das erlaubte Risiko übersteigenden Gefahrerhöhung geführt hat. Weiter legen ihre Vertreter zu wenig Gewicht auf die Tatsache, daß der Zusammenhang zwischen Pflichtwidrigkeit und Erfolg – die Vermeidbarkeit des Erfolges durch pflichtgemäßes Verhalten – eine haftungsbegründende Voraussetzung des Fahrlässigkeitsdeliktes ist. Bestehen im konkreten Fall Zweifel, so ist zu Gunsten des Beschuldigten vom Fehlen dieser Voraussetzung auszugehen. Zweifel bestehen bereits dann, wenn die Möglichkeit besteht, daß der Erfolg auch bei pflichtgemäßem Verhalten eingetreten wäre.

Graduelle Unterscheidungen hinsichtlich der Anwendbarkeit des in dubio-Grundsatzes sind sachlich nicht zu rechtfertigen. Weiter macht die Risikoerhöhungslehre contra legem aus den Verletzungsdelikten, wie etwa den §§ 222, 230 StGB, Gefährdungsdelikte, wenn schon der bloße Nachweis der Gefahrenerhöhung für die Erfolgszurechnung ausreichen soll.[62] Daher ist der Ansicht zu folgen,[63] die eine Bestrafung wegen fahrlässigen Verhaltens nur dann zuläßt, wenn der Erfolg mit Sicherheit bei pflichtgemäßem Verhalten entfallen

---

[61] Jescheck, AT §26 II 1a.
[62] Vgl. Samson, Hypothetische Kausalverläufe, 144, zustimmend Wessels, AT §6 II 2c: "Diese Bedenken sind nur schwer auszuräumen." Weiter dazu Dencker, JuS 1980, 210, 212; Ebert, JURA 1979, 561, 572.
[63] Lehrreich hierzu OLG Koblenz OLGSt §222 StGB, 63, 67.

wäre.[64]

–   **Brauchbarkeit als haftungsrestriktives Korrektiv**

Mit dem Merkmal des Pflichtwidrigkeitszusammenhanges werden für die medizinische Arbeitsteilung auch nach der hier vertretenen Ansicht nur diejenigen Fälle ausgeschieden, wo in der Person des vorstehenden[65] Arztes trotz seines fahrlässigen Verhaltens Zweifel an dessen Ursächlichkeit für den eingetretenen Erfolg bestehen. Beschränkt sich der Pflichtenkreis des Arztes nur in der Beaufsichtigung der sachgemäßen Ausführung der angeordneten Maßnahme als solcher und nicht in der Vermeidung von Verwechslungen und ergreift eine nachgeordnete Kraft[66] die einen Glyzerineinlauf vornehmen soll, versehentlich eine verwechslungsfähige Flasche mit ätzender Flüssigkeit,[67] so kann ihm – wegen der Zweifel am ursächlichen Zusammenhang zwischen seinem Fehlverhalten und dem eingetretenen Erfolg – selbst dann kein Vorwurf gemacht werden, wenn er den Einlauf wegen der unzureichenden Qualifikation der nichärztlichen Hilfskraft selbst hätte überwachen müssen.

Dieses Haftungskorrektiv ist aber nicht geeignet, der hier zu untersuchenden Problematik hinreichend gerecht zu werden. Die Prüfung des Pflichtwidrigkeitszusammenhanges setzt bereits eine Sorgfaltswidrigkeit des Arztes voraus. Anhand der Prüfung, ob aufgrund konkreter Anhaltspunkte der Erfolg möglicherweise auch bei sach- und fachgerechter Behandlung eingetreten wäre, wird dann der Pflichtwidrigkeitszusammenhang verneint. Hier geht es aber darum, diejenigen Voraussetzungen herauszuarbeiten, aus denen die eigene Sorgfaltswidrigkeit des vorstehenden Arztes im Verhältnis zum fahrlässigen Verhalten anderer Medizinalpersonen folgt, beziehungsweise unter welchen Voraussetzungen sie zu verneinen ist. Es kann daher nicht primär um die Frage der Zurechnung eines konkreten

---

[64] Ebenso Baumann/Weber, AT §17 III 4; Dencker, JuS 1980, 210, 212; Jakobs, AT 7/98ff; Arthur Kaufmann, Festschrift für Jescheck (1985), 273, 283; LK Schroeder, §16 Rn. 190; SK Samson, Anh. zu §16 Rn. 26f; ders., Hypothetische Kausalverläufe, 47, 153; Wessels, AT §6 II 2 c; §15 II 6 a); Ebert, JURA 1979, 561, 572; Krümpelmann, Goldtdammer's Archiv 1984, 491, 509 ; ders., differenzierend, Festschrift für Jescheck (1985), 313, Ulsenheimer, JZ 1969, 364, 366.
[65] Im folgenden ist, wenn vom vorstehenden Arzt gesprochen wird, der in der hierarchischen Struktur vorgesetzte (übergeordnete) Arzt gemeint.
[66] Beispiel von Stratenwerth, Festschrift für Eb. Schmidt (1961), 383, 396.
[67] Hier soll unterstellt werden, daß für die Möglichkeit einer Verwechslung keine Anhaltspunkte bestanden.

Erfolgsunrechts zu einem bestimmten unsorgfältigen Verhalten des Arztes gehen, sondern ob das Verhalten des Arztes überhaupt als sorgfaltswidrig einzuschätzen ist.

b.   Schutzbereich der Norm

Weitere Voraussetzung ist, um den Erfolg dem unsorgfältigen Verhalten des Täters zuzurechnen, daß die verletzte Norm von ihrem Schutzbereich her gerade die Vermeidung eines Unrechtserfolges wie dem konkret eingetretenen bezweckt.[68] Unter diesem Problembereich wurde vom Bundesgerichtshof[69] beispielsweise das Verhalten eines Zahnarztes erörtert, der einer fettsüchtigen Patientin, die zudem über Herzbeschwerden geklagt hatte, unter Chloräthyl-Vollnarkose zwei Backenzähne zog, ohne, was allein fachgerecht gewesen wäre, einen Anästhesisten einzuschalten.

Die Patientin erlitt einen tödlichen Narkoseschock. Der Obduktionsbefund ergab aber, daß sie an einer chronischen Herzmuskelentzündung[70] gelitten hatte. Hätte der beschuldigte Zahnarzt die an sich gebotene Untersuchung auf Narkoseverträglichkeit von einem Internisten vornehmen lassen, so hätte dieser die Patientin für narkosefähig erklärt, da auch ihm der Herzfehler verborgen geblieben wäre. Die Patientin wäre dann ebenfalls an den Folgen der Narkose verstorben. Der Eingriff wäre aber um die Dauer der erforderlichen Untersuchung der Narkosefähigkeit einige Tage später vorgenommen worden.

Der konkrete Todeserfolg wäre zwar bei sorgfaltmäßigem Verhalten des Zahnarztes nicht eingetreten. Daher wäre der Pflichtwidrigkeitszusammenhang an sich zu bejahen gewesen. Den konkret eingetretenen Erfolg sah der Bundesgerichtshof jedoch nicht als vom Schutzbereich der Norm umfaßt an. Denn der Schutzzweck der Sorgfaltsnorm, den Patienten auf seine Narkoseverträglichkeit zu untersuchen, bezwecke nicht die Verschiebung des Todeszeitpunktes um die Dauer der Untersuchung.

---

[68] Siehe dazu insbesondere: Roxin, Festschrift für Gallas (1973), 227, 241 ff.
[69] BGHSt 21, 59, 61, (Myokarditisfall).
[70] Einer isolierten Myokarditis, welche die Narkoseempfindlichkeit ganz unverhältnismäßig erhöht..

- **Brauchbarkeit als haftungsrestriktives Korrektiv**

Übertragen auf den Sektor medizinischer Arbeitsteilung kommt dem Merkmal vom Schutzbereich der Norm nur eine eingeschränkte Bedeutung zu. Als Beispiel hierfür sei der in neuerer Zeit vom 1. Strafsenat des Bundesgerichtshofs[71] entschiedene Fall der nicht rechtzeitig erkannten Zwillingsschwangerschaft, entsprechend abgewandelt, genannt. Dort hatte der an der Klinik für Entbindungen zuständige Facharzt für Frauenheilkunde und Geburtshilfe nach einer zweimaligen Ultraschalluntersuchung eine normale Einlingsschwangerschaft diagnostiziert. Der die Patientin während ihrer Schwangerschaft über 7 Monate betreuende Facharzt hatte zuvor ebenfalls nach zweimaliger Ultraschalluntersuchung dieselbe Diagnose gestellt. Nach der Geburt des ersten Kindes wurde zur vorzeitigen Einleitung der Periode der Nachgeburt das Präparat "Methergin" injiziert. Dies führte zu einer Beeinträchtigung der Sauerstoffversorgung des noch im Mutterleib befindlichen, vorher gesund entwickelten, zweiten Kindes, das dadurch schwerste irreversible Hirnschäden erlitt.

Der Chefarzt selbst hatte eine weitere Kontrolle vorgenommen und keine Auffälligkeit festgestellt. Unterstellt, dies wäre nicht geschehen,[72] so wäre dem die Entbindung durchführenden Arzt bereits in der Nichthinzuziehung des Chefarztes ein sorgfaltswidriges Verhalten vorzuwerfen. Ergäbe sich nun im nachhinein, daß der Chefarzt aufgrund seiner Untersuchungen keine Anhaltspunkte gefunden hätte, von einer Zwillingsschwangerschaft auszugehen, dann wäre hierdurch bei sorgfaltsgemäßem Verhalten der konkrete Erfolg nicht eingetreten, der Rechtswidrigkeitszusammenhang also ebenfalls zu bejahen gewesen. Jedoch würde der Erfolg dann wiederum nicht in den Schutzbereich der Norm fallen; denn die Sorgfaltsnorm, den Chefarzt hinzuzuziehen, bezweckt nicht die Verschiebung der Körperverletzung des Neugeborenen um die Zeitspanne, die die zusätzliche Untersuchung dauern würde. Insoweit wäre dem die Entbindung durchführenden Arzt nicht der Vorwurf der fahrlässigen Körperverletzung zu machen.

---

[71] BGH Der Strafverteidiger 1988, 252 f. = NStE Nr. 5 zu §230 StGB, hierzu aus zivilrechtlicher Sicht, Ratajczak/Stegers, Rn. 660.
[72] Wobei hier zusätzlich zu unterstellen ist, daß keine sonstigen Besonderheiten vorgelegen haben.

Wie dieser Beispielsfall zeigt, kann mit dem Merkmal vom Schutzbereich der Norm im Bereich arbeitsteiligen Zusammenwirkens die strafrechtliche Ahndung von an sich sorgfaltswidrigen Verhaltens nicht erfolgen, wo die Hinzuziehung anderer Medizinalpersonen zwar fachgerecht gewesen wäre, wo andererseits aber feststeht, daß bei deren Mitwirkung der Erfolg ebenso nur unter zeitlicher Verzögerung eingetreten wäre.

Hier geht es jedoch nicht um die Frage, inwieweit der nicht hinzugezogene vorgesetzte Arzt für diese Fahrlässigkeit ihm nachgeordneter Medizinalpersonen selbst verantwortlich ist, sondern inwieweit die konkrete Zusammenarbeit mit bestimmten Medizinalpersonen als eigene Fahrlässigkeit zu werten ist. Daher ist auch dieses Merkmal für eine brauchbare Haftungsrestriktion im Bereich arbeitsteiligen medizinischen Zusammenwirkens nicht geeignet.

c.   **Vorhersehbarkeit des Kausalverlaufes**

Schließlich wird in der Literatur diskutiert, die Erfolgszurechnung nur dann zu bejahen, wenn der tatsächliche Kausalverlauf, der letztlich zum Erfolg geführt hat, auch vorhersehbar war.

So betonen etwa Jescheck,[73] Maurach[74] und andere,[75] es genüge nicht, wenn lediglich der rechtsgutsverletzende Erfolg vorhersehbar war. Vielmehr müßten auch die wesentlichen Stationen des Kausalverlaufes vom Standpunkt eines durchschnittlichen Beobachters des Geschehens vorhersehbar gewesen sein. Von dessen Wissenshorizont aus sei es beispielsweise nicht vorhersehbar, wenn dem Opfer durch einen Steinwurf zunächst nur eine geringfügige Verletzung zugefügt werde, es hieran aber wegen seiner unerkennbaren besonderen konstitutionellen Veranlagung, wie etwa der Bluterkrankheit, sterbe.[76]

Für die Rechtsprechung ist es für die Zurechnung ausreichend, wenn der Erfolg in seinem Endergebnis vorausgesehen werden konnte. In Fallkonstellationen, bei denen dieser weite Zurechnungsspielraum zu offenbar unbilligen Härten führt, wendet sie die Adäquanztheorie an, um ihre Ergebnisse abzumildern.[77] Dieser Ansatz der Recht-

---

[73] Jescheck, AT §55 II 2.
[74] Maurach/Gössel, AT/2 §43 Rn. 93.
[75] Welzel, Lb. 136; Schönke/Schröder/Cramer, §15 Rn. 178.
[76] Vgl. RGSt 54, 349, 351.
[77] RGSt 73, 370, 372; BHGSt 3, 62, 63 f; 4, 360, 363; 12, 75, 77; BGH Goldtammer's Archiv 1960, 111; OLG Stuttgart JZ 1980, 618, 620.

sprechung leidet daran, daß er die Vorhersehbarkeit der Gefährlichkeit eines Verhaltens ohne Zuhilfenahme normativer Kriterien allein
nach der Lebenserfahrung beurteilt und somit nicht in der Lage ist,
zwischen erlaubten und unerlaubten Gefährdungen durch ein und
dasselbe Verhalten zu unterscheiden.[78]

Sie übersieht, daß die Vorhersehbarkeit ein Element ist, welches
das Urteil über die Vermeidbarkeit ermöglichen soll.[79] Den Erfolgsunwert kann der Täter aber bereits dann vermeiden, wenn er seinen
Eintritt vorhersehen konnte. Dabei kommt es nicht darauf an, ob er
den Kausalverlauf vorhersehen konnte. Dies ist für die Frage der
Vermeidbarkeit ohne Relevanz. Es ist vielmehr die Ausrichtung der
Verursachung des Erfolges an der von dem Täter verletzten Sorgfaltsnorm maßgebend. Denn diese werden nicht aufgestellt, um einen
Erfolg schlechthin, sondern um bestimmte Arten seiner Verursachung
abzuwenden.

Daher ist primär der konkrete, den tatbestandsmäßigen Erfolg verursachende Geschehensverlauf mit der vom Täter verletzten Sorgfaltsnorm wertend zu vergleichen. Es kommt dabei darauf an, ob es
gerade die sorgfaltswidrige Gefährdung ist, die sich in dem
späteren Unrechtserfolg realisiert hat, das heißt, ob das konkrete
erfolgsverursachende Geschehen noch in den Schutzbereich der verletzten Sorgfaltsnorm fällt oder nicht.[80] Dies ist dann zu verneinen, wenn der Erfolg aber auf Umständen beruht, die für das
Gefahrenurteil entbehrlich sind.

Bei den Fallgruppen, die von dem überwiegenden Teil der Rechtsprechung[81] und einem Teil der Literatur[82] unter dem Begriff der
Vorhersehbarkeit des Kausalverlaufs erörtert werden, handelt es
sich im Kern ebenfalls um eine Frage, die mit dem Schutzbereich
der Norm zu beantworten ist. Es ist daher darauf abzustellen, ob
der Täter gerade dasjenige Risiko erkennen konnte, das sich

---

[78] Rudolphi, JuS 1969, 549, 552.
[79] Vgl. SK Samson, Anh. zu §16 Rn. 30.
[80] Vgl. SK Samson, Anh. zu §16 Rn. 30; OLG Stuttgart NJW 1982, 295, 296.
[81] BGH LM Nr. 1 zu §222 beim Zusammenstoß zweier Radfahrer kam einer von beiden, der an einer unerkennbaren Rückgradverstei- fung litt, zu Tode. OLG Hamm VRS 21 ,426, Opfer leidet unter Arteriosklerose. Über die Aufregung beim Verkehrsunfall stirbt es an einer Gehirnblutung. Siehe im übrigen zu weiteren Nachweisen: SK Samson, Anh. zu §16 Rn. 29, sowie zur Kritik der Rechtsprechung Maurach Goldtsammer's Archiv 1960, 97, 101.
[82] Schünnemann, JA 1975, 581 f. m.w.N.

verwirklicht hat.[83] Dabei ist nach den oben dargestellten Grundsätzen vom Schutzbereich der Norm, die Verantwortlichkeit des Arztes
nicht primär auf jede vom Täter geschaffene Gefahrenlage zu
erstrecken, sondern nur auf das ihm erkennbare Risiko zu begrenzen.

An einer vorhersehbaren Risikoverwirklichung fehlt es also, wenn
die dem Täter erkennbaren Risiken die Schadensneigung des tatsächlichen Verlaufes nicht erklären. Wenn der Täter beispielsweise in
der Nähe einer mit Stroh gefüllten Scheune arglos eine brennende
Zigarette wegwirft, die in eine Benzinlache fällt und nur deshalb
ein Brand verursacht wird, ist er wegen fahrlässiger Brandstiftung
nur dann zu verurteilen, wenn ihm nicht allein das Risiko des
Zusammentreffens von brennender Stroh und Zigarette, sondern
zusätzlich auch das Zusammentreffen von dieser mit dem Benzin
erkennbar war.[84]

–   **Brauchbarkeit als haftungsrestriktives Korrektiv**
Welcher der soeben dargestellten Ansichten zur Vorhersehbarkeit
des Kausalverlaufes man auch folgen mag: Es lassen sich aus ihnen
für die Klärung der strafrechtlichen Verantwortlichkeit des Arztes
für das fahrlässige Fehlverhalten anderer Beteiligter im Rahmen
arbeitsteiligen Zusammenwirkens keine befriedigenden Ansätze herleiten, da es um eine grundlegend andere Problemkonstellation geht.
Die dort abgehandelten Fälle zeichnen sich durch die Besonderheit
aus, daß es etwa um eine besondere unerkennbare Veranlagung des
Opfers[85] oder sonstige unerkennbare besonderen Umstände[86] ging.

Bei der hier zu untersuchenden Problematik geht es aber um das
Fehlverhalten von Medizinalpersonen im Bereich medizinischer
Arbeitsteilung. Das Fehlverhalten von Kollegen oder nichtärztlichen
Medizinalpersonen ist aber generell vorhersehbar. Es geht nicht um
die Verantwortlichkeit für unvorhersehbare Situationen oder uner-
kennbare Veranlagungen von Menschen, sondern um die Veranwortlich-

---

[83] Ebenso Jakobs, Studien, 90 f; ders., AT 9/16; SK Samson, Anh.
zu §16 Rn. 29f; Rudolphi, JuS 1969, 549, 552.
[84] Vgl. Jakobs, AT 9/16.
[85] Siehe OLG Stuttgart NJW 1956, 1451, wo das verletzte Opfer
unerkennbar zur Bildung von Thrombosen neigte oder OLG
Karlsruhe NJW 1976, 1683, Tod des Verkehrsopfers aus Aufregung
über den Unfall, da es unter Herzinsuffizienz litt.
[86] BGHSt 12, 75, 79, bei einem risikanten Überholmanöver kippt
ein LKW um, weil einige seiner Federn unerkennbar gebrochen
waren. Dabei werden mehrere Fußgänger von herabfallenden
schweren Eisenröhren erschlagen.

keit für generell menschliches Fehlverhalten, das vorhersehbar ist.[87]

II. Die Rechtswidrigkeit des Fahrlässigkeitsdeliktes

Bei den Fahrlässigkeitsdelikten kann die mit der Erfüllung des objektiven Tatbestandes indizierte Rechtswidrigkeit, wie auch beim Vorsatzdelikt, durch Rechtfertigungsgründe ausgeschlossen werden.[88]

So kommen einmal die allgemeinen Rechtfertigungsgründe in Betracht.[89] Beispielsweise kann bei fahrlässigen Sportverletzungen die Rechtswidrigkeit durch Einwilligung in den sportlichen Wettkampf ausgeschlossen sein.[90]

Für den arbeitsteiligen medizinischen Bereich kommt den Rechtfertigungsgründen nur geringe Bedeutung zu. Anders als bei den eben genannten Fällen der Teilnahme an riskanten Sportarten kann hier von einer möglichen Einwilligung des Patienten, auch in eine sorgfaltswidrige medizinische Versorgung, nicht ausgegangen werden. Die von ihm abgegebene Einwilligung ist beschränkt auf den medizinisch indizierten und lege artis durchgeführten Eingriff im Rahmen der Umstände, die der Aufklärungspflicht unterliegen und über die er auch tatsächlich aufgeklärt worden ist.

Zwar können Notsituationen ein arbeitsteiliges Zusammenwirken gemäß § 34 Satz 1 StGB rechtferigen, das unter normalen Umständen nicht zulässig wäre.[91] Hierunter fallen jedoch nicht solche Fallkonstellationen, in denen das Handlungsunrecht auf der ohne Not, entgegen der lex artis ausgeführten Behandlung des Patienten beruht.

Mit der Prämisse, daß die die Rechtswidrigkeit ausschließende wirksame Einwilligung an die Einhaltung der lex artis anknüpft, ist bei einer sorgfaltswidrigen, also nicht der lex artis entsprechen-

---

[87] Einen solchen Fall hat der 1. Strafsenat des Bundesgerichtshofes, Deutsche Medizinische Wochenschrift 1968, 92, 93, etwa dort angenommen, wo von einer nicht näher bekannten Medizinalperson eigenmächtig die Blutkonserve angeschlossen wurde. Es handelte sich aber um einen Fall, wo ein solches Verhalten für einen derart außergewöhnlichen Vorfall, für keinen der Beteiligten erklärbar war.
[88] Vgl.nur: Schönke/Schröder/Lenckner, vor §32 StGB Rn. 92 ff.
[89] Vgl. SK Samson, Anh. zu §16 Rn. 31; Schönke/Schröder/Cramer, §15 Rn. 188; Dreher/Tröndle, §15 Anm.15; Eser, JZ 1978, 368.
[90] Welzel, Lb. 97, 138; Schönke/Schröder/Stree, §226a Rn. 160; a.A: Maurach/Gössel/AT/2, 93 f., wonach bereits auf der Tatbestandsebene infolge Sozialadäquanz die Sorgfaltswidrigkeit entfallen solle.
[91] Vgl. Deutsch, Arztrecht und Arzneimittelrecht, Rn. 225. 228.

den Behandlung, die Möglichkeit der Rechtfertigung des Eingriffs nicht gegeben. Für die strafrechtliche Problematik der Verantwortlichkeit des Arztes für das Fehlverhalten anderer Medizinalpersonen kommt daher die Rechtfertigungsebene als effektives Haftungskorrektiv nicht in Betracht.

III. Die Schuld des Fahrlässigkeitsdeliktes

Die Schuld des Fahrlässigkeitsdeliktes weist nach der hier vertretenen Ansicht gegenüber dem vorsätzlichen Delikt keine grundsätzlichen Besonderheiten auf. Da die individuelle Vorhersehbarkeit dem Unrecht zuzuordnen ist, beurteilt sich die Schuld des fahrlässig Handelnden nach seiner Fähigkeit, das Unrecht der Tat zu erkennen[92] und sich nach dieser Erkenntnis entsprechend normgemäß zu verhalten.[93]

Vom Schwerpunkt her werden im Rahmen der Schuld des Fahrlässigkeitsdeliktes von Literatur[94] und Rechtsprechung[95] die Kriterien der Zumutbarkeit/Unzumutbarkeit normgemäßen Verhaltens als Haftungskorrektiv erörtert. Es geht dabei im Schwerpunkt um Fälle, in denen — wie Welzel[96] es nennt — das Recht Nachsicht gegenüber menschlicher Schwäche im Zusammenhang mit fahrlässigem Verhalten übt.

Hierzu zählen etwa Fälle, in denen durch unverschuldete Übermüdungs- oder Erregungszustände ein Fehlverhalten hervorgerufen wird[97] oder wo durch das Unterlassen einer entfernten Rechtsgutsgefährdung wegen der damit für den Täter verbundenen nachteiligen Konsequenzen[98] nicht zumutbar ist.[99] Im Kern geht es dabei aber nicht um zu entschuldigende Sachverhalte, sondern es fehlt vielmehr entweder an der Vermeidbarkeit,[100] oder aber das Verhalten befindet sich noch innerhalb der Grenzen des erlaubten Risikos.[101]

---

[92] Vgl. SK Samson, Anh. zu §16 StGB Rn. 34.
[93] Vgl. Stratenwerth, AT Rn. 1124 ff.; Jakobs, Studien, 127 ff., 138. f.
[94] Vgl. Wessels, AT §15 III 2.
[95] BGH VRS 10, 213.
[96] Welzel, Lb. 183 f.
[97] BGH VRS 10, 213.
[98] Unzulässig weit ist allerdings die Interpretation von Kamps, 270, der die Entscheidung auch für Fälle heranzieht, wo der Arzt aus Karrieregründen Skrupel unterdrückt und bewußt gegen die Regeln der ärztlichen Kunst handelt.
[99] RGSt 30, 25, 28 (Leinenfängerfall).
[100] Jakobs, Studien 147.
[101] Maurach/Gössel, AT/2, §44 Rn. 30 ff.; umfassend hierzu: Gallas, Festschrift für Mezger (1954), 311, 313 ff.

Als Besonderheit der Fahrlässigkeitsschuld ist hervorzuheben, daß
sie schon bei geringerem als den in den §§ 33, 35 StGB für das
Vorsatzdelikt vorausgesetzten Motivationsdruck entfällt. Ursache
hierfür ist, daß es weit schwieriger für den Fahrlässigkeitstäter
ist, den von ihm nicht erkannten Erfolg zu vermeiden als für den
Täter des Vorsatzdeliktes, der durch die strafrechtlichen Verbotsnormen konkret vorgeschrieben bekommt, welche Verhaltensweisen er
zu unterlassen hat.

Den Motivationsdruck zum normgemäßen Verhalten innerhalb medizinischer Behandlungsabläufe wird der Arzt regelmäßig dann eher zu
befolgen haben, je weniger ein vitaler Anlaß zum Eingriff hic et
nunc bestand. Während der Arzt, der beispielsweise eine Vielzahl
von Opfern einer Katastrophe zu versorgen hat, eher nur auf die
konkreten Umstände reagiert, kann sich der Arzt, der einen auf
lange Sicht planbaren Eingriff ausführen will, entsprechend geringer darauf berufen, es sei ihm nicht zumutbar gewesen, sich
normgemäß zu verhalten. Er ist in der Lage, sich von langer Hand
auf den Eingriff einzustellen und mögliche ausschaltbare spezifische gefahrbringende Unwägbarkeiten, wie sie aus arbeitsteiligem
Zusammenwirken drohen, besser entgegenzuwirken als sein Kollege,
der einen vital indizierten Eingriff aus dem Stand heraus vornehmen
muß. Erst recht hat dies zu gelten für Eingriffe, die aus
medizinischer Sicht nicht indiziert, sondern ausschließlich aus
kosmetischen Gründen vorgenommen werden. Dem Motivationsdruck zum
normgemäßen Verhalten hat der Arzt hier am ehesten nachzukommen.

Es ist unbefriedigend, haftungsrestriktive Kriterien erst im Bereich der Schuld zu verankern, um so die Verantwortlichkeit des
Arztes für das Fehlverhalten anderer am arbeitsteilig strukturierten Prozeß mitwirkender Medizinalpersonen einzuschränken. Dies
würde zunächst ein bereits tatbestandsmäßiges rechtswidriges Verhalten des Arztes voraussetzen, wobei die Frage der Zumutbarkeit
normgemäßen Verhaltens einzelfallbezogen und auf die individuellen
Umstände des Fahrlässigkeitstäters auszurichten wäre. Dies würde
aber einerseits eine nicht hinnehmbare und auch gesellschaftspolitisch nicht wünschenswerte Anprangerung des Arztes darstellen,
tatbestandliches und rechtswidriges Unrecht begangen zu haben.
Andererseits wäre es, da über die Zumutbarkeit normgemäßen Verhal-

tens notwendigerweise individuell zu urteilen ist, nicht möglich, allgemeingültige, der Rechtssicherheit dienende Aussagen zu treffen.[102]

---

[102] Ebenso Wilhelm, 30.

3. Teil:

Bisherige Lösungsmodelle

Bevor ein eigener Weg zur Bestimmung der Verantwortlichkeit des Arztes für andere Medizinalpersonen im Rahmen medizinischer Arbeitsteilung beschritten werden kann, sind vorweg die bisherigen Lösungsmodelle in Literatur (A.) und Rechtsprechung (B.) aufzuzeigen und auf ihre Verwertbarkeit zur Lösung der Problematik zu untersuchen.

A.   **Lösungsmodelle in der Literatur**

I.   **Exner**

Bereits Exner[1] stellte 1930 – primär im Hinblick auf die seinerzeit im Straßenverkehr besonders aktuelle Problematik[2] – die Frage, "unter welchen Umständen es pflichtwidrig" sei, "darauf zu vertrauen, daß der andere seine Pflicht tun werde?".[3] Aus dem Kreis der pflichtwidrigen Handlungen schieden für ihn vorweg diejenigen aus, die lediglich eine "so geartete Gefahr herbeiführen würden, wie sie unter den obwaltenden Umständen typisch" seien, wo es also um eine solche Gefahr ginge, " mit der im gegebenen Lebensverhältnis regelmäßig gerechnet" werde.[4] Exner verstand hierunter diejenigen Gefahren, die sich von der Natur der Sache her ergeben, wenn etwa ein Kraftfahrzeughalter seinen Wagen an einen Bekannten verleihe und dieser damit einen Dritten verletze. Zwar sei ein Unfall für ihn vorhersehbar, doch müsse der Wagenbesitzer sein Verhalten nicht unter allen Umständen von der Vorstellung dieser Möglichkeit bestimmen lassen.

Die durch die amtliche Prüfung erworbene Fahrerlaubnis legitimiere den Fahrer, im Straßenverkehr zu fahren, und sie legitimiere daher jeden Dritten, ihn fahren zu lassen. Das Verkehrsrisiko, das ein geprüfter Fahrer schaffe, sei etwas durchaus Typisches, ein erlaubtes Risiko.[5] Erst dem Halter, der etwa den Wagen an eine ungeprüfte Person überläßt, sei ebenso wie der Arzt, der ein falsches Rezept schreibe, der Vorwurf sorgfaltswidrigen Verhaltens zu machen, da

---

[1] Exner, Festgabe für Frank I (1930), 569, 577.
[2] Exner, Festgabe für Frank I (1930), 569.: "Die Statistik für 1926 zeigt neuerdings eine Vermehrung der fahrlässigen Körperverletzungen von 36% gegenüber dem Vorjahr, ungefähr parallel laufend einer Erhöhung des Kraftwagenbestandes von 28% im gleichen Zeitraum."
[3] Exner, Festgabe für Frank I (1930), 569, 577.
[4] Exner, Festgabe für Frank I (1930), 569, 577.
[5] Exner, Festgabe für Frank I (1930), 569, 578.

hierdurch eine Handlung von ungewöhnlicher Gefährlichkeit gesetzt werde.[6]

Gegen Exner ist einzuwenden, daß er mit seiner Eingrenzung der Verantwortlichkeit indem darauf abstellt, ob lediglich eine für die "obwaltenden Umstände" typische Gefahr herbeigeführt wurde, die anstehenden Probleme nur zu einem geringen Teil löst. Ihm ist einzuräumen, daß die Typizität des Schadenseintritts freilich eine gewisse Aussage über die Vorhersehbarkeit des Schadens gibt. Mit ihr kann aber nicht verläßlich ermittelt werden, ob der Arzt auch für jede sich außerhalb dieser typischen Gefährdungen von Leib und Leben des Patienten verantwortlich gemacht werden kann. Hierauf gibt Exner keine Anwort.[7]

Zudem versteht er die Typizität der Gefährlichkeit gerade als ein Merkmal, das trotz der in ihr enthaltenen Aussage über die Vorhersehbarkeit der für den Patienten schädlichen Folge zum Haftungsausschluß führen sollte. Letztlich ist dies aber nichts anderes als – worauf Merkel bereits 1896[8] hinwies – der schon von Binding[9] seinerzeit formulierte Gedanke des erlaubten Risikos,[10] der im Kern ebenso vom Reichsgericht im Leinenfängerfall[11] vertreten worden ist. Er besagt, daß bestimmte vorhersehbare und vermeidbare Rechtsgutsverletzungen in bestimmten Grenzen nicht sorgfaltspflichtwidrig sein sollen.[12]

Im übrigen liefert Exner keine brauchbare Kriterien zur Konkretisierung, wie die "obwaltenden Umstände" beschaffen sein müssen, um eine verläßliche Aussage darüber treffen zu können, bis wann noch von einer typischen, und somit strafrechtlich nicht relevanten und ab wann von einer untypischen, also strafwürdigen Gefahrenentwicklung auszugehen sei.

Sein Verdienst ist es aber, daß im Anschluß an seine Untersuchungen das Problem der Ermittlung der den Arzt von der strafrechtlichen Verantwortlichkeit für fremdes Verhalten entbindenden Kriterien

---

[6]Exner, Festgabe für Frank I (1930), 569, 579.
[7]Kritisch dazu Eb. Schmidt, Der Arzt im Strafrecht, 192 f.
[8]Merkel, 61.
[9]Vgl. außerdem: Binding, Band 4, 432 ff.
[10] Vgl. Stratenwerth, Festschrift für Eb. Schmidt (1961), 383, 385; Wastl, 243, 244.
[11] RGSt 30, 25, 27.
[12] So bereits Exner im Jahre 1910, Das Wesen der Fahrlässigkeit, 193 ff.

zumeist unter dem, freilich recht unbestimmten, Schlagwort[13] des
Vertrauensgrundsatzes diskutiert wird.

II.   **Eberhard Schmidt**

Eberhard Schmidt[14] setzte sich bereits Ende der 30-iger Jahre
ausschließlich mit der Verantwortlichkeit des Arztes auseinander.
Bediene dieser sich öffentlich zugelassener, unter staatlicher
Kontrolle stehender Einrichtungen, insbesondere Apotheken und Kliniken, so stehe seine strafrechtliche Verantwortlichkeit als ein-
weisender Arzt für Fehlhandlungen, die dort verschuldet würden,
grundsätzlich nicht in Rede.[15] Schmidt meint, es könne nicht
zweifelhaft sein, daß sie für jedermann als Einrichtungen zu gelten
haben, von denen einwandfreie Leistungen zu erwarten seien. Hier
fehle es an der Erfolgsabwendungspflicht des den Patienten in die
Klinik einweisenden Arztes. Dem Einwand, daß auch in solchen Einrichtungen Fehler vorkommen können, hält er entgegen, daß dies
Sinn, Bedeutung und sozialer Funktion solcher staatlichen Einrichtungen und ihrer staatlichen Überwachung zuwiderlaufen würde.[16]

Nur wenn der Arzt ausnahmsweise eine wirkliche Kontrollmöglichkeit
über die von jenen Stellen getroffenen Maßnahmen erhalten hätte und
nun bei dieser Kontrolle einen Fehler mache, sei ihm der Vorwurf
eigener Fahrlässigkeit zu machen. Ziehe der Arzt jedoch einen
freipraktizierenden Facharzt hinzu, seien die Dinge anders zu
beurteilen. Mit der Anerkennung als Facharzt[17] könnten diesem
gegenüber nicht automatisch jene Vermutung einer ordnungsgemäßen
fehlerfreien Leistung Platz greifen, da hier erst der besondere
Vertrauensbeweis hinzukommen müsse, der in der "obrigkeitlichen
Beauftragung" im Rahmen der staatlichen Institutionen[18] zu sehen
sei.

Wähle der Arzt einen Facharzt aus, dessen ärztliche Maßnahme sich
später als verfehlt erweise, so sei er dafür nur dann verantwortlich, wenn ihm entweder die normale Erfahrung oder seine besonderen

---

[13] Kritisch dazu: Schreiber, Langenbecks Archiv für Chirurgie,
Band 355 (1981), 583, 584.
[14] Eberhard Schmidt, Der Arzt im Strafrecht (1939), 188 ff.;
ders. bei Ponsold, 52 ff.
[15] Schmidt, Der Arzt im Strafrecht, 190.
[16] Schmidt, Der Arzt im Strafrecht, 190 (FN. 141).
[17] -obgleich dieser seine Anerkennung von staatlicher Seite
erhält und in gleicher Weise wie ein Apotheker der staatlichen
Aufsicht unterliegt-
[18] Schmidt, Der Arzt im Strafrecht, 192.

Wissensmöglichkeiten das Vertrauen in die fehlerfreie Arbeit des Kollegen hätten erschüttern müssen.[19] Einem jungen Facharzt dürfe der normalen Erfahrung nach nicht ohne weiteres ein komplizierter Fall anvertraut werden. Weiß der überweisende Arzt, daß der zur Auswahl stehende Facharzt unzuverlässig, unsorgfältig oder nicht mehr auf der Höhe seines Wissens und Könnens sei, so liege hierin eine besondere Wissensmöglichkeit vor, demzufolge die von dem Facharzt gemachten Fehler und die hierdurch am Patienten verursachten Schädigungen für den überweisenden Arzt vorhersehbar waren.

Entsprechendes habe seiner Ansicht nach für den Arzt im Verhältnis zu dem von ihm hinzugezogenen Hilfspersonal zu gelten. Es drehe sich auch hier alles um die Frage, "ob die Hilfsperson als für die konkret in Betracht kommenden Maßnahmen so geschult, erprobt, erfahren und zuverlässig angesehen werden dürfe, daß bei Erteilung richtiger und von ihr auch richtig aufgefaßter Anweisungen ein von ihr begangener Fehler der konkreten Art in der konkreten Situation als außerhalb des Rahmens gewöhnlicher Lebenserfahrung und der besonderen Wissensmöglichkeit des Arztes liegend"[20] anzusehen sei. Dabei dürfe und solle sich der Arzt nicht "blind" auf sein Hilfspersonal verlassen. Vielmehr müsse er sich über deren Ausbildungsstand orientieren und auch kontrollieren, ob seine Anordnungen richtig erfaßt worden seien.

Der Auffassung von Schmidt ist entgegenzuhalten, daß nicht einzusehen ist, weshalb er das Vertrauen in die sorgfältige medizinische Vorgehensweise nur gegenüber öffentlichen Institutionen stärker ausdehnen will, gegenüber den privaten Kliniken und anderer privatrechtlich organisierter Einrichtungen dagegen nicht. Für die doch recht ausgeprägte Überbetonung des Vertrauens in die prinzipielle Unfehlbarkeit staatlicher Institutionen mögen historische Gründe ausschlaggebend gewesen sein. In heutiger Zeit ist jedenfalls sowohl einer Privatklinik als auch einer in öffentlich-rechtlicher Trägerschaft betriebenen Klinik in grundsätzlich gleichem Maß Vertrauen entgegenzubringen.

---

[19] Schmidt, Der Arzt im Strafrecht, 193.
[20] Schmidt, Der Arzt im Strafrecht, 193.

Es ist nicht die Institution, sondern die sie repräsentierenden und in ihr arbeitenden Menschen, denen letztlich Vertrauen entgegengebracht werden kann.[21] Die Klinik verdient nicht mehr Vertrauen als die Medizinalpersonen, die dort arbeiten. Der Grund, einer solchen Einrichtung[22] ein höheres Maß an Vertrauen entgegenbringen zu dürfen, beruht nicht entscheidend auf der Rechtsform, in der die Institution betrieben wird.

Der tragende Grund ist vielmehr, daß der Arzt regelmäßig auf die konkrete inhaltliche Ausgestaltung der von diesen Einrichtungen zu erbringenden medizinischen Leistungen nur gering, meist überhaupt nicht zu steuern vermag. Der einweisende Arzt hat hier als Außenstehender nicht mehr die faktische Möglichkeit, lenkend und beherrschend auf den weiteren arbeitsteiligen Prozeß Einfluß zu nehmen. Dies spricht dafür, daß Vertrauen tendenziell dort als haftungsrestriktives Kriterium verstärkt in Betracht kommen muß, wo der Arzt nicht die Möglichkeit hat, Art, Umfang und Ablauf der weiteren medizinischen Behandlung beherrschend zu beeinflussen. Deshalb erscheint es prinzipiell nicht zulässig, den außenstehenden Arzt für innerhalb des von ihm generell nicht beherrschbaren klinischen Behandlungsablaufs auftretende Fehlleistungen verantwortlich zu machen. Mit der Rechtsform, in der die Klinik betrieben wird, hat dies jedoch nichts zu tun.

Die von Schmidt im weiteren vorgenommene Determinierung der Verantwortlichkeit des Arztes nach Maßgabe der für ihn im Einzelfall jeweiligen faktischen Kontrollmöglichkeit fremder Arbeitsschritte ist ebenfalls abzulehnen. Der Schwerpunkt der Verantwortlichkeit innerhalb arbeitsteiligen Zusammenwirkens liegt nicht in dem anhand faktischer Kriterien ermittelbaren Beherrschenkönnen fremder Arbeitsschritte. Seine Verantwortlichkeit ist vielmehr mit der Frage auszumachen, ob es für ihn aufgrund seiner Einbindung in den

---

[21] Für die Gleichbehandlung spricht zudem, daß die Medizinalpersonen an privaten Institutionen nach den gleichen Grundsätzen, wie an öffentlichen Einrichtungen ausgebildet werden. Die rechtlichen Grundlagen sind identisch. Außerdem bedürfen private Krankenanstalten gemäß §30 Abs. 1 GewO einer Konzession. Zweck dieser Vorschrift ist es, die Allgemeinheit vor Gefahren zu schützen, die eine nicht ordnungsgemäße Führung, Einrichtung oder Lage einer Privatkrankenanstalt für die Patienten mit sich bringen kann. Vgl. VG Hannover, Gew. Archiv 1978, 56, 57; Rieger, Lexikon des Arztrechts, Rn. 1445.
[22] Schmidt, Der Arzt im Strafrecht, 189 f., zählt auch die Apotheken zu solchen Institutionen.

arbeitsteiligen Prozeß zu seinen Verantwortlichkeiten gehörte, ein bestimmtes fremdes sorgfaltswidriges Verhalten in Rechnung zu stellen und entsprechende Gegenmaßnahmen einzuleiten.

Gibt der Apotheker auf ein fehlerfreies Rezept ein falsches Medikament[23] heraus und gelangt es wieder in die Praxis des Arztes, wo es der Patient später wieder abholen soll, so hat zwar der Arzt die faktische Möglichkeit zur Kontrolle. Damit ist aber noch nicht ausgesagt, daß er auch die Pflicht hierzu hat. Zwar ist für die Feststellung, ob jemand verpflichtet war, für den bestimmten Ablauf eines Behandlungsprozesses zu sorgen, notwendig die Aussage enthalten, daß er auch faktisch in der Lage war, diesen zu beherrschen. Denn Unmögliches zu leisten, kann nicht zur Pflicht erhoben werden. Diese Aussage ist aber nicht umkehrbar. Das bedeutet: nicht bereits aus der faktischen Beherrschbarkeit allein, sondern erst mit der anhand der aus den spezifischen Verantwortungsbereichen abzuleitenden Pflichten, kann eine Aussage darüber getroffen werden, ob der Arzt mögliches Fehlverhalten anderer Medizinalpersonen hätte in Rechnung stellen müssen.

Für den Apothekerfall bedeutet dies, daß danach zu fragen ist, ob der Arzt verpflichtet war, die fehlerfreie Ausführung seiner Rezeptur zu kontrollieren. In diesem Zusammenhang kommt es entscheidend darauf an, weshalb überhaupt das Medikament zunächst in die Praxis des Arztes gelangt ist. Erfolgte dies, um dem Arzt – etwa weil es ein hochgefährliches Medikament[24] ist – die nochmalige Kontrolle zu ermöglichen, und unterläßt der Arzt dies oder nimmt er keine ordentliche Kontrolle vor, so ist er für den dem Patienten aus der falschen Herrichtung des Medikaments entstehenden Schaden mitverantwortlich.

Gleiches hat dann zu gelten, wenn der Apotheker dem Arzt unbekannt oder als unzuverlässig bekannt ist, und der Arzt deshalb das Medikament noch einmal sehen wollte, bevor es in die Hände des Patienten gelangt. Gelangt es dagegen aus anderen Gründen in den faktischen Beherrschungsbereich des Arztes, etwa durch ein Mißver-

---

[23] Z.B. statt eines bestimmten Medikaments in Tablettenform gibt der Apotheker die fünffach stärkere Version des Medikaments als Kapsel heraus.
[24] – oder weil er durch Einsicht des aktuellen Beipackzettels die genaue Zusammensetzung, Wirkstoffkonzentration sowie möglicher Kontraindikationen des Medikaments erfahren will –

ständis des Apothekers oder weil der Patient es auf seinem Heimweg
beim Arzt abholen wollte, um sich den Weg zur Apotheke zu sparen,
dann erwächst für den Arzt aus der ihm hier zufällig eingeräumten
faktischen Kontrollmöglichkeit keine Kontrollpflicht.[25] Die bloß
zufällige Beherrschbarkeit begründet nicht gesteigerte Pflichten.

Als besonderen Verdienst von Schmidt ist aber hervorzuheben, daß er
sich – zur Determinierung haftungsrestriktiver Kriterien, deutlich
um die Ermittlung der Verhaltensgebote bemüht hat, die im Einzelfall maßgebend die Voraussicht bestimmter Gefahren gebieten.[26]

III.   Stratenwerth

Ausgehend davon, daß im Bereich vorsätzlichen Handelns mehrerer an
einer Straftat beteiligter Personen, die Abgrenzung der Verantwortlichkeit ausschließlich durch die Beherrschung des tatbestands-
erfüllenden Geschehensablaufes bestimmt werde, hält Stratenwerth[27]
eine *entsprechende*[28] Abgrenzung der Verantwortungsbereiche anhand
tatherrschaftsrechtlicher Kriterien auch beim Fahrlässigkeitsdelikt
für praktikabel.[29] Die Beherrschbarkeit setze sich aus der Vorhersehbarkeit und Vermeidbarkeit des Erfolgsunrechts zusammen.[30] Dieses Merkmal der Beherrschbarkeit habe seinen eigentlichen Bezugs-
punkt in den Geschehensverläufen der Sachwelt, in rechtsgutsverletzenden Kausalprozessen.[31]

In Anlehnung an die von Frank[32] begründete Regreßverbotslehre[33]
differenziert er hinsichtlich der den Arzt treffenden strafrechtlichen Verantwortung für das Fehlverhalten anderer Medizinalpersonen entscheidend zwischen primären und sekundären Sorgfaltspflich-

---

[25] Vgl.Giesen, Wandlung des Arzthaftungsrechts, 33; BGH VersR
1975, 952, 953.
[26] Schmidt, Der Arzt im Strafrecht, 173 f, 175 ff.
[27] Stratenwerth, Festschrift für Eb. Schmidt (1961), 383 ff.;
ders. AT, Rn. 1010, 1155 ff.; ähnlich insgesamt auch Engisch,
Langenbecks Archiv für Chirurgie, Band 288 (1958), 573 ff.;
ders. Band 297 (1961), 237 ff. der freilich die Erkenntnisse
seines ersten Gutachtens, welches sich ausschließlich mit der
Verantwortlichkeit des Chirurgen für die Fehlleistungen hin-
zugezogner nichtärztlicher Hilfspersonen befaßt, ohne adä-
quate Differenzierungen auf das arbeitsteilige Zusammenwirken
zwischen Chirurg und Anästhesist einfach überträgt. Kritisch
dazu: Weissauer, Der Anaesthesist 1962, 239, 242.
[28] Die Hervorhebung stammt von Stratenwerth , 390 selbst.
[29] Stratenwerth, Festschrift für Eb. Schmidt (1961), 383, 390.
[30] Stratenwerth, Festschrift für Eb. Schmidt (1961), 383, 391.
Ähnlich auch Lampe, ZStW, 71 (1959), 579, 615f., der sich
speziell mit der Frage der Täterschaft beim Fahrlässigkeitsdelikt auseinandersetzt.
[31] Stratenwerth, Festschrift für Eb. Schmidt (1961), 383, 390.
[32] Frank, §1 III 2a.
[33] Stratenwerth, AT Rn. 1162.

ten.[34] Die die strafrechtliche Verantwortlichkeit begründende primäre Sorgfaltspflicht komme dann nicht mehr in Betracht, wenn der
Geschehensablauf von einer anderen Person, die ihn ihrerseits zu
beherrschen vermag, weitergeführt werde.[35]

Eine allgemeine Sorgfaltspflicht, die es dem Arzt gebieten würde,
Sorgfaltsmängel anderer Medizinalpersonen in Rechnung zu stellen,
gäbe es nicht, selbst wenn diese zwar möglich oder sogar häufig und
deshalb vorhersehbar, aber erst durch konkrete Umstände des Einzelfalls indiziert würden.[36] Demnach sei beim fahrlässigen Zusammenwirken neben der Frage der Vorhersehbarkeit zusätzlich die Frage zu
beantworten, in welchen Grenzen überhaupt auf die Möglichkeit
fremder Sorgfaltsmängel Rücksicht genommen werden müsse.[37] Beim
Zusammenwirken im sozialen Leben dürfe jeder der Beteiligten darauf
vertrauen, der andere werde sich sorgfaltsgemäß verhalten, da es
allein der Charakter des anderen als einer verantwortlichen Persön-
lichkeit sei, der zu der Erwartung berechtigte, daß dieser seiner
Verantwortung gemäß handeln, also seine Sorgfaltspflichten erfüllen
werde. [38]

Für den Arzt komme daher nur noch ein Verstoß gegen *abgeleitete* [39]
– sekundäre – Sorgfaltspflichten in Betracht,[40] "die sich, analog
der Teilnahmeregelung, auf die fremde Sorgfaltspflichtverletzung
selbst (und nur mittelbar auf den tatbestandsmäßigen Erfolg)
beziehen" würden.[41] Diese letztgenannten sekundären Sorgfaltspflichten könnten nur auftreten, sofern "die Erwartung sorgfaltsgemäßen Verhaltens durch konkrete, in der Situation oder der
Person des anderen liegende Umstände entkräftet würden."[42]

---

[34] Stratenwerth , a.a.O. 392f.; ebenso Weissauer Der Anaesthesist
1962, 239, 247, der zwar zwischen unmittelbaren und mittel-
baren Sorgfaltspflichten differenziert, damit aber, wie er
selbst (FN. 29) einräumt, im Ergebnis dasselbe meint. Vgl.
auch Engisch, Langenbecks Archiv für Chirurgie Band 297
(1961), 237, 246, Stratenwerths Ergebnis "wird man gutheißen
müssen".
[35] Stratenwerth, Festschrift für Eb. Schmidt (1961), 383, 391;
ebenso Engisch, Langenbecks Archiv für Chirurgie, Band 288
(1958), 573, 584.
[36] Vgl. Weissauer, Der Anaesthesist 1964, 385, 392.
[37] Stratenwerth, Festschrift für Eb. Schmidt (1961), 383, 391;
ders. AT Rn. 1162.
[38] Ähnlich Weissauer, Der Anaesthesist 1964, 385, 392; Engisch,
Langenbecks Archiv für Chirurgie, Band 288 (1958), 573,
582 f.; ders., Band 297 (1961), 237, 243.
[39] Die Hervorhebung stammt von Stratenwerth.
[40] Vgl. Stratenwerth, AT Rn. 1159.
[41] Stratenwerth, Festschrift für Eb. Schmidt(1961), 383, 391.
[42] Stratenwerth, Festschrift für Eb. Schmidt (1961), 383, 392
unter ausdrücklicher Bezugnahme auf RGSt 70, 71, 74.

Dies sei etwa der Fall, wenn durch einen fremden Sorgfaltsmangel eine Gefahr bereits entstanden oder durch äußere Ablenkung, Gebrechlichkeit, Körperbehinderung oder jugendliche Unerfahrenheit ein Sorgfaltsverstoß zu befürchten sein würde.[43] Diesen für das arbeitsteilige medizinische Zusammenwirken spezifischen Gefahrenquellen,[44] insbesondere den Qualifikations-, Kommunikations- sowie Koordinationsmängeln, geht Statenwerth dann im einzelnen nach.[45]

Besteht etwa für den Arzt ein besonderer Anlaß, an der Qualifikation der anderen Medizinalperson zu zweifeln, so muß er hiergegen Vorsorge treffen, um Gefahren für den Patienten zu vermeiden. Wo auf der Kommunikationsebene Fehler auftreten können, beispielsweise bei der Anordnung ähnlich klingender oder optisch leicht verwechselbarer Präparate, seien entsprechende Kontrollmaßnahmen zu installieren. Wo Koordinationsfehler auftreten können, wie etwa bei Unklarheiten über die Kompetenzen der Beteiligten, müßten die geeigneten Anweisungen erfolgen, um den sekundären Sorgfaltspflichten gerecht zu werden. Dabei betont er, daß es bei dieser Einschränkung nicht um die Frage der Vorhersehbarkeit gehe,[46] sondern darum, daß man sich in aller Regel auf das sorgfaltsgemäße Verhalten anderer verlassen dürfe, das auf deren Eigenverantwortlichkeit beruhe.[47]

Stratenwerths Bemühen um eine sachgerechte, auf breiterer dogmatischer Grundlage stehende Umschreibung der Verantwortlichkeit des Arztes im Bereich medizinischer Arbeitsteilung verdient prinzipielle Zustimmung. So ist die von ihm vorgenommene Differenzierung

---

[43] Vgl. Stratenwerth, AT Rn. 1155.
[44] Vgl. auch Weissauer, Der Anaesthesist 1962, 239, 247 f.
[45] Stratenwerth, Festschrift für Eb. Schmidt (1961), 383, 393 ff.; vgl. auch: Weissauer, Der Anaesthesist 1962, 239, 250; 1964, 385, 394, der sich insbesondere mit der Abgrenzung der Verantwortlichkeit zwischen Chirurg und Anästhesist auseinandersetzt. Ebenso: Engisch Langenbecks Archiv für Chirurgie, Band 288 (1958) 573, 579f.; Band 297 (1961) 236, 246; Stratenwerth, Der Anästhesist 1963, 269, räumt ein (FN. 1), daß er bei Abfassung seiner Abhandlung aus dem Jahre 1961 den Aufsatz von Engisch, Langenbecks Archiv für Chirurgie, Band 288 (1958) 573 ff. übersehen habe, der seine Ergebnisse praktisch vorwegnehme, mit denen er "in den allgmeinen Grundsätzen, nach denen die strafrechtliche Verantwortlichkeit bei arbeitsteiligem Zusammenwirken zu beurteilen ist, völlig übereinstimme."
[46] Stratenwerth, Festschrift für Eb. Schmidt (1961), 383, 400; ders. Der Anaesthesist 1963, 269, 270.
[47] Stratenwerth, Festschrift für Eb. Schmidt (1961), 383, 393. Hierauf weisen unter anderem auch Weissauer, Der Anaesthesist und das Recht, 994 und Rieger, Deutsche Medizinische Wochenschrift 1978, 769; ebenso wie Schumann, 6, mit Recht hin.

zwischen primären und sekundären Sorgfaltspflichten zwar von der Sache her geboten, begrifflich ist sie allerdings verfehlt, da sie zu Mißverständnissen führt. Die sachlich nicht gerechtfertigte Kritik Baumanns, der hierin eine Aufgabe der Äquivalenztheorie sehen will, belegt,[48] daß der Eindruck entstehen könnte, es handele sich bei den sekundären Sorgfaltspflichten des Arztes um zweitrangige Sorgfaltspflichten. Zwischen den beiden Arten der Sorgfaltspflichten besteht aber kein Stufenverhältnis. Vielmehr handelt es sich lediglich um eine Unterscheidung in bezug auf den Grund der Pflicht, nicht aber in bezug auf die Ernsthaftigkeit mit der der Pflicht zu entsprechen ist. Sowohl der Verstoß gegen die primäre als auch die sekundäre Pflichtenkategorie vermag in gleicher Weise bezüglich des fahrlässigen Verhaltens einer anderen Medizinalperson die Verurteilung des Arztes wegen eigener Fahrlässigkeit zu begründen.

Seinem Ansatz, die Verantwortlichkeit des Arztes maßgebend über eine dem Tatherrschaftsprinzip "entsprechende" Abgrenzung vorzunehmen, ist die Berechtigung nicht abzusprechen. Dabei weicht seine Auffassung grundlegend, von den bisherigen Versuchen ab,[49] die vom Vorsatzdelikt her entwickelten tatherrschaftsrechtlichen Gesichtspunkte für das Fahrlässigkeitsdelikt fruchtbar zu machen. Stratenwerth geht es nicht darum, die Unterscheidung von Täterschaft und Teilnahme beim Vorsatzdelikt auf das Fahrlässigkeitsdelikt zu übertragen, sondern allein darum, das der Tatherrschaft korrespondierende dogmatische Erfordernis, nämlich das der Vorhersehbarkeit und Vermeidbarkeit, sinngemäß *entsprechend* zu begrenzen.[50]

---

[48] Baumann NJW 1962, 374, 375, der sich beklagt, daß sich die Tatherrschaftslehre "wie Flugsand verbreitet" habe und nun sogar schon bei schwierigen Problemen des Fahrlässigkeitsdelikts " aushelfen" solle. Bauman verkennt jedoch, daß Stratenwerth keineswegs die direkte Übertragung der Tatherrschaftslehre beabsichtigt, sondern expressis verbis von einer *entsprechenden* Abgrenzung der Verantwortungsbereiche spricht. Vgl. hierzu auch Stratenwerth .Festschrift für Eb. Schmidt (1961), 383, 390, (letzter Absatz).
[49] Hier ist insbesondere Exner Festgabe I für Frank (1930), 568, 571 ff. zu nennen.
[50] Stratenwerth, Festschrift für Eb. Schmidt (1961), 383, 390.

IV.   Roxin

Roxin bewertet die Vorgehensweise Stratenwerths um eine Differenzierung der Pflichtanforderungen, sowie die Herausarbeitung besonderer Erscheinungsformen fahrlässiger Täterschaft grundsätzlich als
"verdienstvoll und methodisch richtig".[51] Die von Stratenwerth
vorgeschlagene *entsprechende* Gleichsetzung des Merkmals der
Tatherrschaft des Vorsatzdeliktes mit dem der Beherrschbarkeit
beim Fahrlässigkeitsdelikt lehnt er jedoch ab.

Roxin wendet insbesondere ein, die Interpretation Stratenwerths,
derzufolge die unmittelbare Verantwortlichkeit des Arztes aus-
scheide, sobald der Geschehensablauf von einer anderen Person
weitergeführt werde, die ihn ihrerseits zu beherrschen vermag,
verkenne, daß die fahrlässige Täterschaft nicht davon abhängt, ob
jemand den Erfolg nach dem Dazwischentreten eines anderen noch
vermeiden kann oder ob nun die Beherrschbarkeit ein Ende hat.

Entscheidend sei in erster Linie, ob der Arzt es überhaupt so weit
kommen lassen durfte und in welchen Grenzen er überhaupt auf die
Möglichkeit fremder Sorgfaltsmängel hätte Rücksicht nehmen müssen.[52] Die Antwort hierauf könne sich, da es um eine Frage nach dem
Sollen handele, nur aus den gesetzgeberischen Pflichtenanforderungen ergeben. Fehle eine Pflicht zur Rücksichtnahme auf fremde
Sorgfaltswidrigkeiten, so könne auch der Umstand, daß der Erfolg
ausgeblieben wäre, wenn man gleichwohl Rücksicht genommen hätte,
die fahrlässige Täterschaft nicht begründen.

Der Beherrschbarkeit des Geschehensablaufes im Sinne Stratenwerths
als maßgebendes Kriterium hält er entgegen, daß sie dogmatisch
weder der Tatherrschaft bei den Vorsatzdelikten entspreche noch
überhaupt das für die fahrlässige Täterschaft in allen Fällen
entscheidende Merkmal liefere. Die Abgrenzung der Verantwortungsbereiche, auf die Stratenwerth hinauswolle, lasse sich deshalb durch
Begriffe, die der Tatherrschaftslehre entnommen oder nachgebildet
sind, nicht adäquat umschreiben. Verzichte man allerdings auf diese
"terminologischen Verhüllungen",[53] so trete hervor, was den Verantwortungsbereich des einzelnen ausfülle, nämlich die Summe seiner

---

[51] Roxin, Täterschaft und Tatherrschaft (1. Auflage), 557.
[52] Roxin, Täterschaft und Tatherrschaft (1. Auflage), 558.
[53] Roxin, Täterschaft und Tatherrschaft (1. Auflage), 559.

Sorgfaltspflichten. Zusammenfassend betont er, daß das Merkmal welches der Tatherrschaft bei den vorsätzlichen Delikten korrespondierende, beim Fahrlässigkeitsdelikt die Beachtung der Sorgfaltspflicht sei und "sonst nichts".[54]

Die Kritik Roxins ist berechtigt. Der von Stratenwerth für das Fahrlässigkeitsdelikt verwendete Begriff der Beherrschbarkeit beruht wohl eher auf einem begrifflichen Versehen, was die – wenn auch überzogene – Kritik Baumanns von der Sache her verständlich macht. Das terminologische Versehen besteht darin, daß Stratenwerth von der Beherrschbarkeit spricht, dabei aber das Beherrschen-Müssen, also den konkreten Pflichtenmaßstab meint.

Wenn er die Frage aufwirft, "unter welchen Voraussetzungen es prinzipiell berechtigt" sei, "jemandem ein Verhalten zum Vorwurf zu machen," das an die von einer anderen Person begangene fahrlässige ... Rechtsgutsverletzung anknüpft, so verneint er die unmittelbare strafrechtliche Verantwortlichkeit des Arztes dort, wo der Geschehensablauf von einer anderen Person, die ihn ihrerseits zu beherrschen vermag, weitergeführt werde.[55]

Hiermit meint er im Ergebnis aber nichts anderes, als welche Verhaltenspflichten dem Arzt innerhalb des arbeitsteiligen strukturierten medizinischen Prozesses von der Rechtsordnung abverlangt werden. Letztlich unterliegt er hier dem gleichen Mißverständnis wie Exner, der allein von der konkreten faktischen Beherrschbarkeit auf die Pflicht zur Beherrschung schließt, obwohl zusätzlich nach der Pflicht zum Beherrschenmüssen zu fragen ist. Entscheidend ist, aufgrund welcher Umstände der Arzt mit Recht darauf vertrauen durfte, daß sie den Geschehensverlauf übernehmen werde und sich dabei auch fehlerfrei verhalten werde.

Diese Frage des Sollens ist aber, wie Roxin mit Recht fordert, nur durch eine genaue Analyse der Summe der Sorgfaltspflichten des Einzelnen zu beantworten. Dort, wo sich im sozialen Leben, wie Stratenwerth es nennt, die Verhaltensweisen mehrerer Personen berühren, müsse jeder der Beteiligten in der Regel darauf vertrauen, daß die anderen sich sorgfaltsgemäß verhalten, "weil auch sie unter

---

[54] Roxin, Täterschaft und Tatherrschaft (1. Auflage), 559.
[55] Stratenwerth, Festschrift für Eb. Schmidt (1961), 383, 391.

den Anforderungen der Rechtsordnung" stünden.

Dies setzt aber als erstes voraus, daß zwischen den am arbeitsteilig strukturierten medizinischen Prozeß Beteiligten Klarheit über die Kompetenzen für die einzelnen Aufgabenbereiche und den hieraus folgenden Sorgfaltspflichten besteht. Nur dann, wenn der Arzt positiv weiß, daß die andere Medizinalperson eine bestimmte Verrichtung vorzunehmen hat, und er darüberhinaus mit Recht darauf vertrauen darf, daß sie diese auch fehlerfrei ausführen wird, endet seine Verantwortlichkeit, weiteren Einfluß auf den Geschehensverlauf nehmen zu müssen. Auf die Frage der konkreten faktischen Beherrschbarkeit kommt es dann nicht mehr an. Der Arzt braucht dort nicht mehr zu handeln, wo es für ihn keine konkrete Pflicht zum Handeln gibt.

V. .Kamps

Monographisch war es erstmals Kamps,[1] der sich umfassender mit der Problematik unter dem Aspekt medizinischer Arbeitsteilung auseinandergesetzt hat. Lediglich vom Ansatz her versucht auch er die Haftungsrestriktion primär im Bereich der "Verdeutlichung der Sollensanforderungen" für die in der arbeitsteilig organisierten ärztlichen Heilbehandlung tätigen Personen zu finden.[2]

Hierbei differenziert er[3] zwischen den spezifischen Risiken arbeitsteiligen Zusammenwirkens und den hieraus folgenden spezifischen Sorgfaltspflichten.[4] Die rechtsdogmatisch maßgebenden Kriterien, die für den Maßstab der Sollensanforderungen entscheidend sein sollen, werden jedoch nicht in allgemeingültiger Weise, sondern isoliert, auf den Einzelfall bezogen, abgehandelt. Dabei greift er vereinzelt auf die Komplikationsdichte einzelner Verrichtungen[5] oder auf den durch psychische Kausalität[6] vermittelten Zurechnungszusammenhang als haftungsrestriktive Elemente zurück.

So hält er – sich mit der Verantwortlichkeit für das Zurücklassen von Fremdkörpern[7]in der Operationswunde befassend[8] – die Unterscheidung für geboten, ob es um kleinere[9] oder größere[10] Fremdkörper gehe. Erfolgversprechender erscheint es aber, vorrangig mit Roxin[11] systematisch zu untersuchen, aufgrund welcher Kriterien der Arzt oder eine andere Medizinalperson zur Vermeidung solcher Fehler verpflichtet ist.

Im Rahmen einzelfallbezogener Betrachtungen setzt Kamps sich unter anderem mit der Verantwortlichkeit des Apothekers auseinander, der auf ein ordentlich ausgefülltes Rezept des Arztes[12] diesem ein falsches Präparat aushändigt. Der Apotheker, der mit der Etikettierung psychisch die Art des Präparates vermittele, dürfe darauf

---

[1]Kamps. "Ärztliche Arbeitsteilung und strafrechtliches Fahrlässigkeitsdelikt" (1981)
[2]Kamps, 167.
[3]Kamps, 176 f., 193 f., 217 f., 227 f., 231 f.
[4]Deutlicher allerdings bereits Stratenwerth, Festschrift für Eb. Schmidt (1961), 383, 393 f.
[5]Kamps, 181, 187, 197, 230.
[6]Kamps, 135, 143.
[7]– wie etwa Mulltupfer, Mulltücher, Gazeservietten oder chirurgischer Instrumente –
[8]Kamps, 195 f.
[9]Kamps, 196.
[10] Kamps, 198.
[11] Roxin, Täterschaft und Tatherrschaft (1. Auflage), 558.
[12] Kamps, 210 f.

vertrauen, daß der Arzt im Rahmen des Erforderlichen seine Pflicht tun und nochmals eine Etikettenkontrolle vornehmen werde. Die entscheidende übergreifende Frage aber, wie der "Rahmen des Erforderlichen" zu bestimmen sei, läßt Kamps allerdings auch hier offen.

Zudem legt Kamps der Tatsache zu geringe Bedeutung bei, daß der Apotheker durch sein pflichtwidriges Handeln den gefahrbringenden Prozeß in Gang gesetzt hat. Es gibt generell keinen anerkennenswerten Grund, demjenigen, der durch sein unsorgfältiges Verhalten einen gefahrbringenden Geschehensverlauf in Gang gesetzt hat, ein irgendwie geartetes Vertrauen dahingehend zu attestieren, daß andere Personen durch gesteigerte Anstrengung[13] ihrerseits diese Sorgfaltswidrigkeit wieder aus der Welt schaffen werden. Dies kann anders zu beurteilen sein, wenn auch sorgfältiges Verhalten wegen der spezifischen Komplikationsdichte einzelner Verrichtungen, zu Fehlleistungen führt, so daß unter den Beteiligten die Pflicht zur gegenseitigen Kontrolle besteht. Eine derartige Pflicht ohne konkreten Anhalt generell in Rechnung zu stellen, erscheint bedenklich.

Erst wenn zwischen den Beteiligten eine spezifische Aufgabenverteilung mit spezifischen Pflichtenkreisen besteht, kann überhaupt ein Vertrauen in die Erfüllung dieser Pflicht in Betracht gezogen werden. Die Beurteilung der Verantwortlichkeit setzt daher voraus, zunächst die konkreten Pflichtenkreise zu ermitteln.

Daß dies für Kamps kein zufälliges Ergebnis ist, zeigt auch seine Auffassung, daß ein Arzt, der den Patienten durch Außerachtlassen der erforderlichen Sorgfalt in eine gefährliche Lage bringe, gleichwohl in dem Vertrauen gerechtfertigt sei, das ausgebildete Personal werde seine Sorgfaltspflichtverletzung korrigieren. Bei dem von ihm hierfür herangezogenen "Organisationsvertrauen" handelt es sich letztlich aber um nichts anderes, als um den von Exner, Schmidt, Stratenwerth und Engisch entwickelten und vertretenen

---

[13] Das ist allgemeine Meinung. Vgl. BGHSt 7, 118, 119; 9, 92, 93; 13, 168, 172; OLG Oldenburg VRS 32, 270, 273; Cramer, Straßenverkehrsrecht, §1 StVO Rn. 51; Jagusch/Hentschel, §1 StVO Rn. 22; Jakobs, AT 7/55; Kienapfel, AT, 418; Kirschbaum, 118 f; Krümpelmann, Festschrift für Lackner (1987), 289, 292 f.; LK Schroeder, §16 Rn. 168, 174; Schönke/Schröder/Cramer, §15 Rn. 212a; Stratenwerth, AT Rn. 1161; Wessels, AT §15 II 3b, die sämtlich im eigenen sorgfaltsgemäßen Verhalten eine Grundprämisse für den Vertrauensschutz sehen.

Vertrauensgrundsatz.

Die von Kamps gelieferte Begründung,[14] es würden auf diese Weise die Rechtsbeziehungen zwischen dem Arzt und den Patienten "institutionell entlastet" und so die Gewähr für eine vertrauens- volle Zusammenarbeit im Rahmen der Heilbehandlung geschaffen, ist lebensfremd. Der Patient, der durch Fehlleistung von Medizinalper- sonen Schaden genommen hat, wird nach allgemeiner Lebenserfahrung kein nennenswertes Interesse an der weiteren "vertrauensvollen" Zusammenarbeit haben.[15] Er geht eher zu einem anderen Arzt oder in eine andere Klinik. Selbst unterstellt, der Patient würde sich wieder in die Hände des Arztes begeben, der in den für den Patienten schadensbringenden Vorfall mit einbezogen war, so wäre weiter zu fragen, wie bei dem Patienten mit dem Konstrukt des "Organisationsvertrauens" die Überzeugung geweckt werden sollte, daß der Arzt mit der ganzen Angelegenheit nichts zu tun gehabt habe, obwohl er sich dabei unstreitig selbst nicht sorgfältig verhalten hat.

Nicht weniger überraschend ist der Lösungsansatz in dem von Kamps entwickelten Fall,[16] wo ein Oberarzt, der sich wegen der bevor- stehenden Vakanz des Chefarztplatzes begründete Hoffnung auf die Amtsnachfolge macht, und er nur deshalb wider besseren Wissens eine vom noch amtierenden und die Nachfolgefrage entscheidenden Chef- arzt bevorzugte, aber nicht ganz zuverlässige Hilfsperson, zur Mitarbeit bei seiner Operation heranzieht und der Patient hierdurch Schaden nimmt.[17]

Hier hält es Kamps[18] für schlechthin unzumutbar, den Oberarzt dem Vorwurf der fahrlässigen Körperverletzung auszusetzen. Die Moti- vation zur Erhaltung der Eigeninteressen des Oberarztes sei hier derart stark gewesen, daß man gegenüber seiner sorgfaltspflicht- widrigen Auswahl des nicht voll qualifizierten Mitarbeiters

---

[14] Kamps, 185.
[15] Das es erst recht auf eine "institutionelle Entlastung" der Rechtsbeziehung zwischen Patient und Arzt sowie ein Bedürfnis an weiterer vertrauensvoller Zusammenarbeit in Fällen mit letalem Ausgang nicht ankommen kann, dürfte auch Kamps nicht in Frage stellen.
[16] Kamps, 270.
[17] Dabei beruft sich Kamps unter freilich unzulässig großzügiger Interpretation auf die Entscheidung des Reichsgerichts im Lei- nenfängerfall, RGSt 30, 25, 28.

[18] - wiederum vom Ergebnis her argumentierend -

"Nachsicht üben sollte".[19]

Weshalb aber derjenige, der erkannte fundierten Bedenken gegen die
konkrete medizinische Versorgung des Patienten aus eigensüchtigen
Motiven, wie dem beruflichen Fortkommen, ohne weiteres zurückstel-
len darf, ohne für die hierdurch beim Patienten verursachten
Schädigungen strafrechtlich einstehen zu müssen, ist nicht einzusehen. Bei der hier Kamps vorschwebenden Interessenabwägung hat das
Wohl des Patienten auf jeden Fall vor dem Interesse des Arztes am
eigenen beruflichen Fortkommen den Vorrang. Sollte er sich tatsächlich in einer "Konfliktsituation" befunden haben, so kann ihm dies
allenfalls im Rahmen der Strafzumessung gemäß § 46 Abs. 2 StGB als
besonderer Beweggrund strafmildernd zugute kommen, nicht aber als
Schuldausschließungs- oder Rechtfertigungsgrund.

Zwar rekuriert Kamps - in Anlehnung an Weissauer[20]- auf die für die
Ermittlung der arbeitsteiligen Verantwortlichkeiten bedeutende
Unterscheidung zwischen vertikaler[21] und horizontaler[22] Arbeitstei-
lung, jedoch setzt er sich nicht näher mit deren rechtsdogmatischen
Grundstrukturen in befriedigender Weise auseinander.

Der Forderung Roxins, die Haftungsrestriktion in der Verdeutlichung
der für den Arzt verbindlichen Sollensanforderungen herauszuarbeiten, stimmt er zwar zu.[23] Sein methodischer Ansatz besteht jedoch
primär dahin, Wege zu finden, damit der bereits sorgfaltswidrig
handelnde Arzt der Verurteilung wegen fahrlässigen Fehlverhaltens
entgeht. Zwar ist dem Bestreben von Kamps, den Arzt vor einer
überspannten strafrechtlichen Verantwortlichkeit Sorgfaltsanforderungen zu schützen und ihm einen weitgehenden (Be-) Handlungsspiel-
raum zu verschaffen - der nicht zuletzt dem Wohle des Patienten
dient - prinzipiell zuzustimmen. Mag er so im Einzelfall auch zu
vertretbaren Resultaten gelangen, so kann allerdings die methodische Vorgehensweise insgesamt weder den Interessen der Ärzte-

[19] Kamps, 271. Auf die Frage, ob es dem Patienten zuzumuten ist,
solche Risiken weiter auf sich zu nehmen, geht Kamps nicht
ein.
[20] Weissauer, Münchener Medizinische Wochenschrift 1969,
1353,1357. Weissauer faßt die horizontale Arbeitsteilung
zutreffend freilich weiter auf. Kamps, 217, sieht sie auf "das
Verhältnis aller Krankenhausabteilungen einer Krankenhausver-
waltungeinheit" beschränkt.
[21] Kamps, 218, 222, 242.
[22] Kamps, 217 ff.
[23] Kamps, 163.

schaft noch denen der forensischen Praxis und nicht zuletzt denen der Patienten hinreichend gerecht werden.

Kamps entwickelt primär haftungsrestriktive Korrektive, die eingreifen, nachdem in der Person des Arztes bereits ein sorgfaltswidriges Verhalten zu bejahen ist. Der für alle Beteiligten bessere Lösungsansatz ist aber, dem Arzt von vornherein unmißverständlich aufzuzeigen, welche spezifischen Risiken arbeitsteiligen Zusammenwirkens strafrechtliche Konsequenzen für ihn haben können. Erst wenn der Arzt von vornherein darauf hingewiesen wird, welches Maß an strafrechtlich relevanter Sorgfalt die Rechtsordnung von ihm im Rahmen arbeitsteiligen Zusammenwirkens fordert, wird er in die Lage versetzt, sich darauf einzustellen und sich darum zu bemühen, die spezifisch arbeitsteiligen Risiken für den Patienten zu vermeiden. Es handelt sich dabei um einen Ansatz, der von Kamps zwar selbst mehrfach[24] angesprochen und gefordert, aber nicht in voller Konsequenz von ihm verfolgt wird.

Dabei wird der von der Literatur[25] bereits zuvor mehrfach problematisierte Vertrauensgrundsatz von ihm partiell zwar in seine Überlegungen einbezogen.[26] Die dort gewonnenen Ergebnisse werden meist jedoch ohne nennenswerte Auseinandersetzung übernommen.[27] Das von Kamps nach einer eingehenden Auseinandersetzung mit der ärztlichen Arbeitsteilung und ihrer dogmatischen Struktur,[28] sowie ihrer Untersuchung im Lichte moderner Fahrlässigkeitsdogmatik[29] erlangte Resultat, der Richter habe "zunächst einmal eine umfassende Unrechtsprüfung" vorzunehmen, wird daher von Wilhelm[30] mit Recht kritisiert, denn dies ist die ständige Aufgabe des Strafrichters in jedem der von ihm zu entscheidenden Fälle und keine Besonderheit

---

[24] Kamps, 165, 167.
[25] Hierzu gehören insbesondere Stratenwerth, Festschrift für Eb. Schmidt (1961), 383 ff.; Engisch, Langenbecks Archiv für Chirurgie, Band 288 (1958), 573, 582 f.; ders., Band 297 (1961), 237, 243; Welzel, Lb. 131 f.; Weissauer, Der Anaesthesist 1962, 239, 249 f.
[26] Vgl. Kamps, 135, 142, 153 ff., 172 ff., 194 ff., 209 ff., 224 ff., 235., 242, 267, 278.
[27] Vgl. etwa Kamps, 135: "Mit Günter Stratenwerth soll hier der Vertrauensgrundsatz gelten, der gleichfalls auf der Eigenverantwortlichkeit beruht, so daß selbst im Bereich der Fahrlässigkeit ein Regreßverbot Geltung beanspruchen kann."
[28] Kamps, 151 ff.
[29] Kamps, 163 ff.
[30] Wilhelm, 41, die dies als "freilich recht banale Empfehlung" qualifiziert.

des arbeitsteiligen Zusammenwirkens.[31] Letztlich vermag Kamps keine allgemeinverbindlichen, für die forensische Praxis verwertbaren Schlüsse aus der Vielzahl der von ihm vorgestellten Fälle herauszubilden.

VI.   Wilhelm

Im Anschluß an Kamps war es Dorothee Wilhelm, die sich ausführlich mit derselben Thematik befaßt hat.[32] Der Schwerpunkt ihrer Arbeit besteht in der eingehenderen Analyse des Vertrauensgrundsatzes als haftungsbeschränkendem Prinzip.[33] Wilhelm weist erstmals deutlich darauf hin, daß es den einen unveränderlichen Vertrauensgrundsatz nicht gibt, sondern daß er sowohl im Hinblick zu anderen Problembereichen als auch innerhalb der verschiedenen Ebenen arbeitsteiligen medizinischen Zusammenwirkens unterschiedlich strukturiert sein muß.[34]

Dabei stellt sie fest, daß dieses Prinzip von der Rechtsprechung de facto – wenn auch nicht ausdrücklich – akzeptiert und praktiziert wird.[35] Ausgehend von einer näheren Analyse der durch partnerschaftliche Gleichordnung der Beteiligten geprägten horizontalen Arbeitsteilung,[36] arbeitet sie – im Anschluß an die auch von Kamps propagierte Differenzierung der Behandlungsabläufe in vertikal und horizontal strukturierte Verantwortungssysteme[37] – zunächst deren dogmatische Unterschiede heraus[38] und weist ihnen jeweils spezifische Pflichtenkreise zu, um so praktisch verwertbare Kriterien zu erhalten.[39]

Dabei differenziert sie im Unterschied zu Kamps den Bereich medizinischer Arbeitsteilung weiter hinsichtlich der Delegation ärztlicher Aufgaben.[40] Diese wird von ihr als Unterfall der vertikalen Arbeitsteilung verstanden, bei der strengere Voraussetzungen an den Vertrauensgrundsatz zu stellen seien, als an die

---

[31] Zu dieser von Wilhelm erhobenen Kritik hat Kamps in seiner Besprechung der Arbeit von Wilhelm, Ärzteblatt Baden-Württemberg 1984, Heft 9, IX, XXIII. nicht Stellung genommen.
[32] Wilhelm, Verantwortung und Vertrauen bei Arbeitsteilung in der Medizin; diess. Medizinrecht 1983, 45–51; JURA 1985, 183–187.
[33] Wilhelm, 55 ff.
[34] Wilhelm, 66 f.
[35] Wilhelm, 75 ff.
[36] Wilhelm, 91 f.
[37] Wilhelm, 128.
[38] Wilhelm, 95 ff.
[39] Siehe auch Wilhelm, Medizinrecht 1983, 45, 46.
[40] Wilhelm, 3, 5 f. die sich hier allerdings unzutreffend auf Stratenwerth, Der Anaesthesist 1963, 269 f. beruft.

sonstigen Fälle vertikaler Zusammenarbeit. Hinsichtlich der einzelnen Formen arbeitsteiligen Zusammenwirkens, hält sie den spezifischen Inhalt des jeweiligen Vertrauensgrundsatzes – also der
Grenzziehung zwischen schutzwürdigem Vertrauen und strafbarkeits-
begründender Sorgfaltspflichtverletzung – für nur graduell bestimm-
bar.[41] Je mehr dabei die vertikale Arbeitsteilung sich der Delegation annähere, desto intensiver würden die Kontroll- und Aufsichtspflichten des vorstehenden Arztes werden.[42] Innerhalb horizontal strukturierter, also durch auf Gleichordnung unter den
Beteiligten geprägter Behandlungsabläufe habe der Vertrauensgrundsatz uneingeschränkt zu gelten.[43]

Richtigerweise handelt es sich bei der Delegation nicht um eine
Unterform arbeitsteiligen Zusammenwirkens, sondern um einen Fall
der Übertragung von Kompetenzen. Die Delegation von Arbeit spaltet
nicht ursprünglich einheitlich strukturierte Arbeitsprozesse auf,
sondern überträgt die ursprünglichen Aufgaben ungespalten auf einen
anderen neuen Träger der Kompetenz. Die Delegation ist letztlich
kein Phänomen der Arbeitsteilung.

Wilhelm stellt weiter primär auf die Korellation von Vorhersehbarkeit und Wissen ab und schränkt hierdurch den Anwendungsbereich
des Vertrauensgrundsatzes für den Bereich vertikaler Arbeitsteilung
dahingehend ein, daß der Arzt, je qualifizierter er im Verhältnis
zu den ihm nachgeordneten Medizinalpersonen ist, um so eher in der
Lage sei, Gefahren vorherzusehen und auf deren Vermeidung hinzuwirken.[44] Angesichts seiner regelmäßig größeren fachlichen Kompetenz
sowie gründlicherer Berufsausbildung und seiner ranghöheren Position habe er diesen Wissens- und Anordnungsvorsprung für die
Verhütung der typischen arbeitsteiligen Risiken einzusetzen. Je
mehr jemand wisse, um so mehr könne er an Gefahren vorhersehen und
um so eher seien von ihm Maßnahmen zur Gefahrenabwehr zu verlangen.[45] Damit verfolgt Wilhelm letztlich einen subjektiven Sorgfaltsmaßstab, ohne dies allerdings expressis verbis zu erkennen zu
geben. Der vorstehende Arzt könne erst gegenüber dem nachgeordneten
Personal dann als sorgfaltsgerecht handelnd erscheinen, wenn deren

---

[41] Wilhelm, 128.
[42] Wilhelm, 129 f.
[43] Wilhelm, 128.
[44] Wilhelm, 129.
[45] Wilhelm, 129.

Befähigung und Zuverlässigkeit als erwiesen gelten dürfe.

Die damit verbundene Frage, welches Maß an Sorgfalt der vorgesetzte Arzt zu beachten habe, um sich auf den Vertrauensgrundsatz berufen zu können, beantwortet sie unter analoger Anwendung der in § 831 Abs. 1 Satz 2 BGB[46] normierten Sorgfaltspflichten.[47] Dabei macht sie deutlich, daß eine laufende Überwachung der nachgeordneten Medizinalperson nicht zu fordern sei.[48] Dies hält sie für unvereinbar mit dem Grundsatz der Arbeitsteilung, demzufolge die einzelne Medizinalperson weitgehend freizustellen sei für die Konzentration auf den ihrer besonderen Qualifikation entsprechenden Arbeitsleistung.[49] Falls jedoch für den vorgesetzten Arzt – und hier werden Anklänge an die bereits insbesondere von Exner,[50] Eberhard Schmidt,[51] Engisch[52] und Stratenwerth[53] vorgenommenen Unterscheidungen deutlich – besondere Gefahrenmomente erkennbar[54] werden, müsse er eingreifen. Unterläßt er dies dennoch, so finde der Vertrauensgrundsatz keine Anwendung.

Für das Ausmaß der bei der Auswahl und Anleitung nachgeordneten Personals erforderlichen Sorgfalt, sei besonderes Gewicht auf die Qualität der Aufgabenwahrnehmung zu legen. Je mehr es sich um eine Aufgabe handele, die sich dem Typus der Delegation annähere, desto größer sei der Pflichtenkreis des vorgesetzten Arztes. Umgekehrt sei dessen Pflichtenkreis hin zum Bereich horizontaler Arbeitsteilung um so geringer, je näher die von der nachgeordneten Medizinalperson wahrgenommene Aufgabe den ihrem Berufsbild entsprechenden typischen Aufgabengebiet nahekomme.[55]

---

[46] Wilhelm, 107 ff.
[47] Siehe auch Wilhelm, Medizinrecht 1983, 45, 51 und JURA 1985, 183, 187.
[48] Wilhelm, 112 f., 117, 131.
[49] Ähnlich auch Jakobs, 7/ Rn.53, der richtig ausführt: "Wenn jeder alles Kontrollierbare kontrollieren müßte, schlösse zumindest die kontrollierende Zuwendung zu fremder Tätigkeit eine volle Zuwendung zur eigenen Tätigkeit aus."
[50] Exner, Festgabe für Frank I (1930), 569, 579.
[51] Eb. Schmidt, Der Arzt im Strafrecht, 193.
[52] Engisch, Langenbecks Archiv für Chirurgie, Band 288 (1958), 573, 584.
[53] Stratenwerth, Festschrift für Eb. Schmidt (1961), 383, 400; ders., Der Anaesthesist 1963, 269, 270.
[54] Wilhelm, 112.
[55] Wilhelm, 131.

Im Falle der fehlerhaften Anweisung[56] setzt Wilhelm sich primär mit der Verantwortlichkeit der angewiesenen Medizinalperson auseinander. Diese sei nach Maßgabe des in § 56 BBG als allgemeingültigen Rechtsgedanken bei offenkundigen Fehlern oder begründeten Zweifeln zur Remonstration der angeordneten Maßnahme verpflichtet.[57] Diese Wertung ist im Ergebnis richtig. Allein hierzu hätte es nicht des analogen Rückgriffs auf § 56 BBG bedurft.

Jede Medizinalperson ist bereits regelmäßig aus ihrem Arbeitsvertrag verpflichtet, mit der Erledigung medizinischer Behandlungsabläufe verbundene Bedenken, dem Vorgesetzten vorzutragen.[58] Die Verantwortlichkeit, auf erkannte Gefahrenlagen hinzuweisen oder erkennbar fehlerhafte Anordnung nicht auszuführen, sondern den anordnenden Arzt beziehungsweise dessen Vorgesetzten auf den Fehler hinzuweisen, ergibt sich zudem aus der auch für die nachgeordnete Medizinalperson gegenüber dem Patienten bestehenden Pflicht,[59] diesen nicht zusätzlichen medizinisch nicht indizierten Gefahren auszusetzen und dem damit verbundenen Prinzip der Eigenverantwortlichkeit.[60]

Der methodische Vorzug des Ansatzes von Wilhelm im Vergleich zu dem von Stratenwerth besteht darin, daß es ihr eher gelingt, praktisch brauchbare konkrete Maßstäbe für die unterschiedlichen Formen medizinischer Arbeitsteilung zu erzielen, indem sie das entscheidende Gewicht auf die besonderen strukturellen Unterschiede medizinischer Arbeitsteilung legt.

Der Vorgehensweise von Wilhelm, durch eine systematische Analyse der Grundgedanken des Vertrauensgrundsatzes, allgemeingültige Kriterien zur sachgerechten Bestimmung für die verschiedenen Bereiche medizinischer Arbeitsteilung herauszuarbeiten, ist grundsätzlich zuzustimmen. Im Detail kann ihr allerdings nicht immer gefolgt werden. So bedarf die von ihr uneingeschränkt propagierte[61] Anwendbarkeit des Vertrauensgrundsatzes im Bereich horizontaler Arbeitsteilung zunächst der differenzierenden Analyse dieses Sektors,

---

[56] Wie etwa im Chloroformkurfall, BGHSt 3, 91 ff.
[57] Wilhelm, 121 f.
[58] Schumann, 31 f.
[59] Dies scheint Wilhelm, 131 selbst zu erkennen.
[60] Allgemein hierzu: Krümpelmann, Festschrift für Lackner (1987), 289, 296, m.w.N.
[61] Wilhelm, 130, einschränkend 93.

bevor eine engültige Beantwortung dieser Frage möglich ist. Im weiteren erscheint, insbesondere ihre Ablehnung von Überwachungspflichten des Arztes gegenüber nachgeordneten Medizinalpersonen, bedenklich.[62]

VII. Andere Autoren

Andere Autoren[63] sehen in dem Vertrauensgrundsatz – jedoch ohne eingehendere Begründung[64]– ein allgemeingültiges haftungsrestriktives Prinzip. So hält Welzel[65] den Vertrauensgrundsatz ausdrücklich für allgemeingültig bei jedem mehrheitlichen Zusammenwirken von Menschen, also auch im Bereich medizinischer Arbeitsteilung. Einige, wie etwa Schumann,[66] halten ihn zumindest auf die medizinische Arbeitsteilung für anwendbar. Wessels[67] wendet ihn ohne weiteres im Zusammenhang mit Operationen, wissenschaftlichen Experimenten und Rettungsaktionen, innerhalb der betrieblichen Organisation[68] oder im Verhältnis zwischen Steuerpflichtigem und Steuerberater an.[69]

Wieder andere verstehen unter dem Vertrauensgrundsatz schließlich eher ein primär dem Straßenverkehr zuzuordnendes haftungsbeschränkendes Prinzip, dessen Grundsätze auf andere Formen menschlichen Zusammenwirkens zu übertragen seien.[70] Allein Schmidhäuser[71] hält eine Anwendung des Vertrauensgrundsatzes im Bereich der ärztlichen Arbeitsteilung zwar für "höchst fragwürdig". Er meint, es handele sich um Momente, die nicht die Zulässigkeit gefährlichen Handelns betreffen würden, sondern die Erkennbarkeit fremden Verhaltens im

---

[62] Aufschlußreich Wilhelm, 112: "Gerichtliche Entscheidungen oder Stellungnahmen in der juristischen Literatur zur Anwendung des §831 BGB im medizinischen Bereich heranzuziehen, würde...kaum weiterführen." Allein bereits die Auseinandersetzung mit der zivilrechtlichen Judikatur hätte aber offengelegt, daß sie sowohl den Inhalt als auch den Anwendungsbereich von §831 BGB verkennt. Vgl. bereits RG Münchener Medizinische Wochenschrift 1932, 1139 (Novalgin/Novocainfall).
[63] Siehe beispielsweise Welzel, Lb. 132; Wessels, AT §15 II 3b; Kienapfel, AT 418;
[64] Vgl. ebenso SK Samson, Anh. zu §16 Rn. 21; LK Schröder, §16 Rn. 170; Schönke/Schröder/Cramer, §15 Rn. 147.
[65] Welzel, Lb. 132.
[66] Schumann, 24.
[67] Wessels, AT §15 II 3b.
[68] Vgl.hierzu Rudolphi in Festschrift für Lackner (1987), 863, 870
[69] Hierzu Samson in Franzen/Gast/Samson, §378 AO Rn. 34 m.w.N. aus dem Bereich des Steuerrechts.
[70] Rehberg, Züricher Beiträge zur Rechtswissenschaft, Heft 236 (1962), 225; Frisch, 189.
[71] Schmidhäuser, Lehrbuch AT 9/42; ders., Studienbuch AT 6/114 ff., 188.

Rahmen der Fahrlässigkeitsschuld.[72] Letztlich räumt jedoch auch er
ein, daß eine Übertragung des Vertrauensgrundsatzes auf derartige
Sachverhalte, zumindest nach "gründlicher Analyse" der besonderen
Gegebenheiten, möglich ist.[73]

VIII. Zwischenergebnis

Die Ansichten des Schrifttums lassen sich dahingehend zusammen-
fassen, daß es prinzipiell für zulässig erachtet wird, anderen
Medizinalpersonen Vertrauen entgegen zu bringen, um somit den
strafrechtlich relevanten Fahrlässigkeitsvorwurf des Arztes in
bezug auf das fahrlässige Verhalten anderer an der medizinischen
Behandlung Beteiligter, sinnvoll eingrenzen zu können. Trotz der
Unterschiede im Detail und in den verwendeten Formulierungen wird
allgemein die Notwendigkeit akzeptiert, die arbeitsteilig zu erledigenden Behandlungsabläufe vor übersteigerten Sorgfaltsanforderungen zu schützen, damit die medizinische Versorung nicht lahm
gelegt wird.[74]

Der in diesem Kontext immer wieder angesprochene "Vertrauensgrundsatz" wird – bis auf Wilhelm – jedoch nur als Schlagwort verwendet,
welches, wie alle juristischen Begriffe, zwar von hoher Abstraktheit ist, ohne aber für sich ergiebig zu sein. Letztlich umschreibt
er nur das juristische Problem.[75] Die vielfältigen strukturellen
Unterschiede innerhalb arbeitsteiliger medizinischer Behandlungsabläufe können jedoch nicht ohne Einfluß auf den spezifischen Inhalt
des Vertrauensgrundsatzes sein. Ohne eingehendere Analyse ist er
deshalb wenig ergiebig.

B. Lösungsmodelle in der Rechtsprechung
I. Das Reichsgericht

Bereits der 5. Strafsenat des Reichsgerichts hatte im Jahre 1909[76]
die Verantwortlichkeit eines Hausarztes wegen fahrlässiger Körperverletzung zu beurteilen, der zwar fehlerfrei ein Rezept ausge-
stellt hatte, dem Apotheker aber dann bei der Herstellung des

---

[72] Zweifelnd auch: Bockelmann (bei Ponsold) 43, (FN. 32): ...
insoweit gilt in der Tat etwas Ähnliches wie ein
<<Vertrauensgrundsatz>>".
[73] Schmidhäuser, Lehrbuch AT 9/42 (a.E.).
[74] Vgl. auch Hollmann/Hollmann, Deutsches Ärzteblatt, 1980, 396,
398; diess., Niedersächsisches Ärzteblatt, 1979, 402.
[75] Zutreffend Schreiber, Langenbecks Archiv für Chirurgie, Band
355 (1981), 583, 584.
[76] Goltdammers Archiv Band 56 (1909), 216, 217.

Präparates ein Fehler unterlief. Ohne dabei auf den rechtsdogmatischen Ansatz näher einzugehen, hat es den Arzt freigesprochen, da
ihn nicht ohne weiteres die Verpflichtung treffe, die auf seine
Anordnung hergestellten Präparate vor ihrer Weitergabe oder Verwendung darauf zu prüfen, ob sie auch wirklich die von ihm verordnete
Zusammensetzung aufwiesen, und ob vielleicht andere, gegebenenfalls
schädliche Stoffe hinzugesetzt worden seien.

Vielmehr hätte sich der Arzt wegen der staatlichen Kontrolle über
das Apothekerwesen darauf verlassen dürfen, daß in der Apotheke die
von ihm gegebene Verordnung entsprechend hergestellt werde. Er
brauche daher nicht ohne weiteres mit der Möglichkeit zu rechnen,
daß der Apotheker der Arznei andere als die von ihm verordneten
Stoffe hinzufügen werde. Dies sei erst dann der Fall, wenn ihm
Tatumstände bekannt gewesen oder infolge eines schuldhaften Verhaltens unbekannt geblieben wären, die bei ihm den Verdacht hätten
entstehen lassen müssen, daß das Präparat abweichend von seiner
Verordnung hergestellt und zusammengesetzt sei.

Etwas eingehender hat das Reichsgericht sich mit der Problematik
mehrheitlichen Zusammenwirkens in einer Entscheidung aus dem Jahre
1927[77] auseinandergesetzt. Dort hatte der Leiter eines Röntgeninstituts eine Röntgenassistentin mit der selbständigen Durchführung einer Röntgenbestrahlung, einschließlich der Einlegung des
Filters, beauftragt. Weil aber während der Bestrahlungsdauer tatsächlich kein Filter eingelegt worden war, erlitt der Patient
schwere Verbrennungen.

Für die Frage, ob dem Arzt eine Verletzung der ihm obliegenden
Sorgfaltspflicht vorzuwerfen war, hat das Reichsgericht maßgebend
darauf abgestellt, ob er gerade im konkreten Fall darauf vertrauen
durfte, daß die Assistenzkraft den wichtigen Handgriff (das Einle-
gen des Filters) auch tatsächlich ausführen werde. Der Arzt hätte
sich nur dann von dem Patienten entfernen dürfen, wenn er entweder
die Assistenzkraft bei der Filtereinlegung überwacht oder sie
wenigstens auf die Notwendigkeit der Einlegung des Filters ausdrücklich hingewiesen hätte. Dem Arzt könne sein Vertrauen auf die
sorgfältige Vorgehensweise der Assistenzkraft nur dann haftungs-

---

[77] RG JW 1927, 2699, 2700 , mit zustimmender Anm. v. Bohne.

einschränkend zugebilligt werden, wenn diese in der selbständigen Handhabung der konkreten Verrichtung bereits Übung und dabei die notwendige und ruhige Sicherheit bewiesen hätte. Bestehe aber Unklarheit über die konkrete Aufgabenverteilung, so dürfe der Arzt nicht schlicht auf die reibungslose Zusammenarbeit vertrauen.

Für selbstverständlich hat es das Reichsgericht in einem 1932 ergangenen Urteil[78] erachtet, daß sich ein Arzt bei tagtäglichen Hilfeleistungen und Hantierungen auf seine Schwestern und Gehilfen verlassen dürfe. Voraussetzung hierfür sei nur, daß sie dementsprechend vorgebildet, angeleitet und auch in angemessenen Grenzen allgemein überwacht würden. Bei einem seit Jahren bewährten Betäubungsmittel brauche der Arzt sich nicht in jedem einzelnen Fall zu überzeugen, ob die Operationsschwester die richtige Mischung herstellen werde.

Bezeichnend für diese, wie auch für viele andere Entscheidungen der höchstrichterlichen Rechtsprechung ist, daß hier zumeist mit extrem unbestimmten Begriffen gearbeitet wird. So bleibt ebenso offen, was unter "tagtäglichen Hilfeleistungen und Hantierungen" zu verstehen, als auch, wie der Maßstab für die Überwachung in "angemessenen Grenzen" zu ermitteln ist.

II.   **Der Bundesgerichtshof**

Im Chloroformkurfall[79] meint der 5. Strafsenat des Bundesgerichtshofs, der Arzt dürfe zwar "im allgemeinen" davon ausgehen, daß andere geprüfte Medizinalpersonen diejenigen Kenntnisse besitzen, die in der Prüfung nachzuweisen seien. Insbesondere habe dies zu gelten für das Verhältnis zwischen Arzt und Apotheker sowie möglicherweise auch für geprüfte Krankenschwestern. Diese Aussage schränkt er jedoch wieder mit dem freilich recht allgemeinen Hinweis ein, daß "besondere Umstände aber zu Ausnahmen führen" könnten.[80] Dabei wird jedoch nicht auf die begriffsbestimmenden Merkmale dieser besonderen Umstände eingegangen.

---

[78] RG Münchener Medizinische Wochenschrift 1932, 1139; mitgeteilt auch von Perret, 36 (Perkainfall).
[79] BGHSt 3, 91 ff. = NJW 1952, 1102 ff.
[80] BGHSt 3, 91, 96.

In der wenige Jahre später ergangenen Entscheidung zum Rouxhakenfall setzte sich der 1. Strafsenat des Bundesgerichtshofs[81] bei
der Beurteilung der Verantwortlichkeit des Arztes erstmals maßgebend mit dem besonderen Sinn und Zweck medizinischer Arbeitsteilung
auseinander. Dort ging es um die Frage, ob der Chirurg darauf
vertrauen dürfe, daß die Operationsschwester eine vorherige Voll-
zähligkeitskontrolle der Instrumente vornehmen werde. Das Gericht
hat dabei im Kern darauf abgestellt, daß vom Chirurgen eine solche
Prüfung in eigener Person im allgemeinen schon deshalb nicht
verlangt werden könne, weil dies eine Aufgabe sei, die ihm gerade
vor schwierigen Eingriffen, die seine Sammlung auf die eigentliche
Aufgabe erfordere, nur in Ausnahmefällen zugemutet werden dürfe.

Exemplarisch deutlich wird die vorsichtige Vorgehensweise der
Rechtsprechung sich zum Vertrauensgrundsatz nicht allgemeinverbind-
lich zu äußern, bei der vom 1. Strafsenat des Bundesgerichtshofes
in dem Aspirationspneumoniefall[82] getroffenen Entscheidung. Dort
ging es um die Abgrenzung der Verantwortlichkeit zwischen Chirurg
und Anästhesist. Wenn der Bundesgerichtshof in seiner Begründung
auch vom Vertrauensgrundsatz spricht, so geschieht dies unter einem
bedeutsamen Vorbehalt.[83] Hier sei die entscheidende Passage wörtlich wiedergegeben.[84] Das Gericht nimmt zunächst zu den Ausführungen der Vorinstanz Stellung und fährt dann weiter fort:

> *"Die Strafkammer geht damit bei ihren Überlegungen
> ersichtlich davon aus, daß bei der ärztlichen Zusammen-
> arbeit im Operationssaal der Vertrauensgrundsatz zur
> Anwendung kommt. Dieser Grundsatz besagt, daß im Inter-
> esse eines geordneten Ablaufs der Operation sich die
> beteiligten Fachärzte grundsätzlich auf die fehlerfreie
> Mitwirkung des Kollegen aus der anderen Fachrichtung
> verlassen können."*

Unmittelbar hieran nimmt der 1. Strafsenat die Subsumtion des
Sachverhalts unter den von der Strafkammer angewendeten Ver-
trauensgrundsatz. Ob die rechtlicht Ausführungen der Vorinstanz zum
Vertrauensgrundsatz seine uneingeschränkte Zustimmung findet, läßt

---

[81] BGH NJW 1956, 1487, 1488.
[82] BGH MDR 1980,155 f. = NJW 1980 649 f.
[83] Unzutreffend daher Schumann, 20, der meint, der BGH spreche
mittlerweile ausdrücklich vom Vertrauensgrundsatz.
[84] Weber, Langenbecks Archiv für Chirurgie Band 355 (1981), 575,
576, zitiert diese Stelle unzutreffend wie folgt: "Bei der
Zusammenarbeit im Operationssaal kommt der Vertrauensgrundsatz
zur Anwendung." Hierdurch wird der Eindruck vermittelt, als
bekenne sich der 1. Strafsenat ohne jeden Vorbehalt im Bereich
medizinischer Arbeitsteilung zum Vertrauensgrundsatz. Dies ist
aber nicht der Fall.

der Bundesgerichtshof, wohl nicht ohne Absicht, offen. Wenn er sich
verbindlich zum Vertrauensgrundsatz hätte äußern wollen, dann hätte
er dies auch getan.

Dies zeigt auch die jüngste zu dieser Thematik veröffentlichte
Entscheidung des 4. Strafsenats des Bundesgerichtshofs[85] aus dem
Jahre 1988. Dort ging es um die Verantwortlichkeit des Chefarztes
für die schädlichen Folgen einer Zwillingsschwangerschaft, die
weder vom dem die Patientin über 7 Monate während der Schwangerschaft betreuenden Arztes noch den nachgeordneten Ärzten der
Klinik, in der die Entbindung durchgeführt wurde, rechtzeitg
erkannt wurde.

Sich mit dem Verantwortungsbereich des Chefarztes eingehend auseinandersetzend, führt der Strafsenat aus, es sei grundsätzlich nicht
dessen Aufgabe, bereits vorgenommene Untersuchungen stets durch
eigene zu überprüfen. Ansonsten würde der Grundsatz der horizontalen (im Verhältnis zum einweisenden Arzt) und vertikalen Arbeitsteilung (in bezug auf die nachgeordneten Stationsärzte) aufgegeben.

Hierbei bezieht sich das Gericht ausdrücklich auf Wilhelm[86] sowie
eine Entscheidung des 1. Strafsenats aus dem Jahre 1979.[87] Diese
letztgenannte Entscheidung befaßt sich zwar mit der Abgrenzung der
Verantwortlichkeit zwischen Chirurg und Anästhesisten in der postoperativen Phase. In ihr sind jedoch keine grundsätzlichen Aussagen
über eine Unterscheidung der Verantwortungsbereiche nach horizontaler und vertikaler Arbeitsteilung zu entnehmen. Es wird so der
Eindruck einer Kontinuität in der Rechtsprechung erweckt, die

---

[85] BGH Strafverteidiger 1988, 251 f. = NStE Nr. 5 zu §230
StGB.
[86] Wilhelm, Medizinrecht 1983, 45, 46 sowie Narr, Rn. 891.
[87] BGH NJW 1980, 650, 651 ("Reithosenplastikoperation").

jedoch tatsächlich nicht existiert.[88] Bemerkenswert ist, daß in dieser Entscheidung der Vertrauensgrundsatz mit keinem Wort erwähnt wird.

Stattdessen wird, ohne näherer auf die Problematik einzugehen, ausgeführt, daß eine Verantwortlichkeit des Leitenden Arztes entfalle, da sonst der Grundsatz der vertikalen beziehungseise horizontalen Arbeitsteilung aufgegeben würde. Welchen Inhalt dieser "Grundsatz" aber hat, welchen Ursprung er hat und welche Voraussetzungen erfüllt sein müssen, um sich auf ihn berufen zu können, wird nicht dargestellt.[89] Hinsichtlich dieser Unklarheiten besteht insoweit in der Rechtsprechung des Reichsgerichts und der des Bundesgerichtshofes eine freilich nicht zu begrüßende Kontinuität.

III.   Zwischenergebnis

Wenn auch – in den Formulierungen variierend – die Rechtsprechung hinsichtlich der Bestimmung der Verantwortlichkeit für das fahrlässige Verhalten anderer Medizinalpersonen darauf abstellt, der Arzt brauche "nicht ohne weiteres mit der Möglichkeit zu rechnen",[90] er dürfe "mit Recht darauf vertrauen",[91] er "sich verlassen dürfe",[92] er "im allgemeinen davon ausgehen dürfe",[93] "von ihm nicht verlangt werden dürfe"[94] oder er schließlich sich "verlassen könne",[95] so ist dies in der Sache letztlich nichts grundlegend anderes als der

---

[88] In diesem Zusammenhang ist darauf hinzuweisen, daß am Bundesgerichtshof seit mehreren Jahrzehnten für zivilrechtliche Verfahren mit arztrechtlichem Einschlag ausschließlich der 6. Zivilsenat zuständig ist. Dagegen gibt es keinen Strafsenat der allein für arztstrafrechtliche Verfahren zuständig ist. So wurden beispielsweise die folgenden, gerade in arbeitsteiliger Hinsicht strafrechtlich besonders bedeutsamen Fälle entschieden vom:
5. Strafsenat (Chloroformkurfall)   BGHSt 3,   91 ff.;
3. Strafsenat (Cholin/Decholinfall)   BGHSt 6, 282 ff.;
1. Strafsenat (Rouxhakenfall)   BGH NJW 1955 1487 f.;
2. Strafsenat (Phäochromozytomfall)   BGH NJW 1979,1258 f.;
5. Strafsenat (Steißbeinfistelfall)   BGH NStZ 1983, 134 f.;
4. Strafsenat (Bluttransfusionsfall) BGH AuKh 1986, 112 f.;
4. Strafsenat (Dynericfall)   BGH StrV 1988, 251 f.
Eine gleiche Vorgehensweise für die Strafgerichtsbarkeit erscheint sowohl im Interesse der Vereinheitlichung der höchstrichterlichen Rechtsprechung als auch zu Gewährleistung einer bestmöglichen wirklichen Kontinuität in der Rechtsprechung wünschenswert. In anderen Teilbereichen, wie Militär-, Steuer-, Verkehrs- und Zollstrafsachen, existieren bereits Spezialsenate. Näheres hierzu: Karlsruher Kommentar/ Salger, §130 GVG Rn. 3.
[89] Vgl. BGH Der Strafverteidiger 1988, 251.
[90] Goltdammers Archiv Band 56 (1909), 216, 217; ähnlich BGHSt 6, 282, 286.
[91] RG JW 1927, 2699, 2700.
[92] RG Münchener Medizinische Wochenschrift 1932, 1139.
[93] BGHSt 3, 91, 96.
[94] BGH NJW 1955, 1487, 1488.
[95] BGH MDR 1980, 155, 156.

vom Schrifttum weitgehend anerkannte Vertrauensgrundsatz.[96] Bestätigt wird dies zudem durch die neueren Entscheidungen des Bundesgerichtshofs,[97] in denen er sich ausdrücklich auf Vertreter des
Vertrauensgrundsatzes für den Bereich medizinischer Arbeitsteilung,
insbesondere Stratenwerth, Welzel und Wilhelm, bezieht. Letztlich
ist festzustellen, daß die Rechtsprechung zwar zum größten Teil zu
vertretbaren Ergebnissen gelangt, die jeweils tragenden Gründe
jedoch unklar bleiben.

C.   Zusammenfassung/Stellungnahme

Zusammenfassend ist festzuhalten, daß gegen die Anwendbarkeit des
Vertrauensgrundsatzes im Bereich medizinischer Arbeitsteilung, sei
es direkt oder unter entsprechender Anwendung, keine grundlegenden
Differenzen im Schrifttum und der Rechtsprechung gibt. Gemeinsamer
Grundgedanke ist dabei, daß die medizinische Versorgung im Wege
arbeitsteiligen Zusammenwirkens durch übersteigerte Sorgfaltsanforderungen nicht überspannt werden, sondern vielmehr auf ein für
alle Beteiligten erträgliches und zumutbares Maß zu beschränken
sind.[98]

Die Zurückhaltung der Rechtsprechung sich nicht expressis verbis
zum Vertrauensgrundsatz zu bekennen, dürfte letztlich darauf zurückzuführen sein, daß kein rechtes Vertrauen zum Vertrauensgrundsatz im Bereich medizinischer Arbeitsteilung besteht und
allerdings verständliche Vorbehalte gegen eine pauschale Anwendung
existieren. Inwieweit diese Bedenken begründet sind, wird noch zu
untersuchen sein.

Am überzeugendsten und erfolgversprechendsten erscheint der Ansatz
Roxins, der eine Verantwortlichkeit des Arztes erst aufgrund der
Ermittlung der konkreten Pflichten zur Rücksichtnahme auf fremde
Sorgfaltswidrigkeiten bejaht.[99] Liegen derartig manifestierte
Pflichtenanforderungen nicht vor, so muß das Vertrauensprinzip

---

[96] Vgl. auch LK Schroeder, §16 Rn. 127 f., 169.
[97] Vgl. BGH NJW 1980, 650, 651; BGH Strafverteidiger 1988, 251,
252 = NStE Nr. 5 zu §230 StGB, Bl. 52.
[98] So hob bereits Hälschner, Das gemeine deutsche Strafrecht,
(1881) Band 1, 317f., hervor, daß "eine unbeschränkte Pflicht,
jede Handlung zu unterlassen, aus der sich als möglich
erkennbare üble Folgen ergeben können" den Menschen "zu absolu-
ter Unthätigkeit verurteilen" würde; denn sein Handeln sei
"überall von Gefahren umgeben."
[99] Ebenso Bockelmann (bei Ponsold) 43, der die Verantwortlickeit
des Arztes danach beurteilt, ob der Arzt das fremde Fehlverhalten "hätte verhindern können und müssen".

Anwendung finden. Außerhalb dieser Pflichtenanforderungen endet die Verantwortlichkeit des Arztes.

Der konstruktive Lösungsweg zur Ermittlung der jeweiligen Verantwortlichkeit des Arztes kann aber – entgegen Kamps – nicht darin bestehen, für jeden denkbaren Bereich medizinischer Arbeitsteilung detaillierte Sorgfaltsmaßstäbe herauszuarbeiten. Denn die medizinische Arbeitsteilung ist kein statisches, sondern ein dynamisches Phänomen. In der Vergangenheit oder Gegenwart maßgebende Formen der Arbeitsteilung müssen und werden nicht für die Zukunft in gleicher Weise strukturiert bleiben. Weit wichtiger ist es daher, von diesen Veränderungen unabhängig, die dogmatischen Prinzipien abstrakt herauszuarbeiten, die für die Ermittlung der Verantwortlichkeit des Arztes von entscheidender Bedeutung sind.

4. Teil:
Der Vertrauensgrundsatz als Lösungsmodell

Um die für die medizinische Arbeitsteilung maßgebenden Voraussetzungen des Vertrauensgrundsatzes bestimmen zu können, muß zuvor
seine dogmatische Einordnung innerhalb der Systematik des Fahrlässigkeitsdeliktes geklärt werden (A.). Im Anschluß hieran ist seine
Entstehungsgeschichte zu untersuchen, (B.) um danach abklären zu
können, inwieweit die dort entwickelten Grundsätze für den hier
interessierenden Anwendungsbereich verwertbar sind (C.). Diese
Frage wird letztlich erst dann beantwortet werden können, wenn die
wesentlichen strukturellen Unterschiede zwischen dem herkömmlichen
Anwendungsbereich des Vertrauensgrundsatz, nämlich dem Zusammenwirken im Straßenverkehr und der medizinischen Arbeitsteilung herausgearbeitet sind (D.).

A.   **Standort des Vertrauensgrundsatzes im**
              Aufbau des Fahrlässigkeitsdeliktes

I.   **Der Vertrauensgrundsatz als Variante**
              des erlaubten Risikos

Ganz überwiegend[1] wird die Ansicht vertreten, daß es sich bei dem
Vertrauensgrundsatz um einen Unterfall des erlaubten Risikos handelt, weil es um die haftungsrechtliche Restriktion in bezug auf
solche Verhaltensformen geht, die wegen ihrer generellen sozialen
Nützlichkeit von der Gemeinschaft grundsätzlich toleriert werden,
ja gewollt sind. Jedoch besteht Uneinigkeit, an welcher Stelle des
Verbrechensaufbaus das erlaubte Risiko einzuordnen ist. Dabei
werden sowohl Ansichten vertreten, die das erlaubte Risiko jeweils
der Tatbestands-, der Rechtswidrigkeits- oder erst der Schuldebene
zuordnen wollen.

---

[1] BGHSt 3, 49, 51; 7, 118, 124 f; 12, 81, 83; 13, 169, 176 f;
14, 201, 210; Böhmer, JR 1967, 291, 292; Burgstaller, 63; LK
Hirsch, Vorbem. vor §32 Rn. 32; ders., ZStW 74, 95, der zwar
vom unverbotenen Risiko spricht, letztlich aber dasselbe
meint; Jagusch/Hentschel, §1 StVO Rn.20; Jakobs, AT 7/51;
Schmidhäuser,AT 6/114; Schönke/Schröder/Lenckner, Vorbem. vor
§§32 f. Rn. 94; Schreiber, Langenbecks Archiv für Chirurgie,
Band 355 (1981), 582, 583; SK Samson, Anh. zu §16 Rn. 21;
Stratenwerth, Festschrift für Eb. Schmidt (1961), 383, 386;
ders., AT Rn. 1101 f.; Welzel, Lb. 132; Wessels, AT §15 II 3b;
Wilhelm, JURA 1985, 183, 186; ebenso jetzt auch Jescheck (4.
Aufl.) AT, §36 I, 360 f. unter Aufgabe seiner bisherigen
Auffassung, die das erlaubte Risiko als selbständigen Recht-
fertigungsgrund ansah.(3. Aufl. 323 f.).

1. **Das erlaubte Risiko als Problem
    der Tatbestandsebene**

Von Welzel[2] und einigen anderen Autoren, wird das erlaubte Risiko als ein Problem des Tatbestandes aufgefaßt.[3] Sie sehen das risikoreiche Handeln bereits als sorgfaltsmäßig oder – aufgrund einer funktionalen, den strafrechtssystematischen Aspekt außer acht lassenden Betrachtungsweise – als irgendwie unrechtsausschließend an.[4] Jakobs meint zwar, die Grundlagen des erlaubten Risikos seien der Interessenabwägung beim Notstand ähnlich, jedoch will er es, trotz dieses, für die Einordnung auf Rechtfertigungsebene sprechenden Elements, der Tatbestandsebene zuordnen. Die innerhalb der Grenzen des erlaubten Risikos vorhersehbare und vermeidbare Rechtsgutsbeeinträchtigung sei daher bereits nicht sorgfaltswidrig.[5]

2. **Das erlaubte Risiko als Problem
    der Rechtfertigungsebene**

Andere dagegen, insbesondere Engisch,[6] sehen in dem erlaubten Risiko ein Problem der Rechtswidrigkeitsebene. Ihre Vertreter begründen dies durchweg mit dem Argument von der Einheit der Rechtsordnung und der sich hieraus ergebenden Einheit der Rechtswidrigkeit. Dabei wird unter anderem von der Rechtsprechung,[7] allerdings lediglich vom Rechtsgefühl her argumentierend, ausgeführt, daß es nicht angehen könne, ein Verkehrsverhalten, welches den Ge– und Verboten voll Rechnung trage, trotzdem mit dem Makel der Rechtswidrigkeit zu versehen.[8]

---

[2] Welzel, Lb.132 ff.; ders., ZStW Band 58 (1939), 491, 516 ff.; ders., Fahrlässigkeit und Verkehrsdelikt, 8 ff., insbes. 14 ff.
[3] Dies ist wohl die herrschende Meinung. Vgl. auch Wessels, AT § 8 IV 1, der in dem erlaubten Risiko einen Sammelbegriff für strukturell unterschiedliche Fallgestaltungen sieht, bei denen es insbesondere bei den Fahrlässigkeitsdelikten mangels Mißachtung der im Verkehr erforderlichen Sorgfalt bereits an einem strafrechtlich relevanten Verhalten fehle.
[4] Näheres dazu bei Rehberg, Züricher Beiträge zur Rechtswissenschaft, Heft 236 1962), 235 f.; LK Schroeder, §16 Rn. 159, Schönke/Schröder/Cramer, §15, Rn. 192 ff.
[5] Vgl. Schreiber, Langenbecks Archiv für Chirurgie, Band 355 (1981), 582, 583.
[6] Engisch, Untersuchungen, 285 f., 287; Maurach/Gössel, AT/1 (6.Aufl.), §28 Rn. 20; AT/2 (7. Aufl.) §44 Rn. 11.
[7] BGHZ 24, 21, 23.
[8] Näher dazu: Rehberg, Züricher Beiträge zur Rechtswissenschaft, Heft 236 (1962), 150 ff.

3. **Das erlaubte Risiko als**
ein Problem der Schuld

Eine Minderansicht[9] schließlich sieht das erlaubte Risiko als ein
Problem der Schuld an. Sie meinen, nur dort sei die Vermeidbarkeit
des Gefährdungserfolges ausschließlich vorzunehmen.

II. **Stellungnahme**

Unabhängig von der Frage, ob man das Unrecht des Fahrlässigkeitsdeliktes in der reinen Erfolgsverursachung oder der objektiv beziehungsweise subjektiv vorhersehbaren Verursachung des Erfolges
sieht, so ist doch die mit nur diesen Merkmalen vorgenommene
Abgrenzung zu weit gefaßt. Obwohl bei vielfältigen Verhaltensweisen
die Gefahr einer Rechtsgutsverletzung erkennbar ist, können sie
trotzdem im Interesse anderer Rechtsgüter nicht unterbunden werden.
Bestimmte Handlungen, wie der Betrieb einer Fabrik, die Teilnahme
am Straßenverkehr, die Errichtung von Gebäuden, die technische
Wartung von Flugzeugen und gerade auch die medizinische Versorgung,
sind in bezug auf die Rechtsgüter Leib und Leben anderer Personen,
von der Natur der Sache her vorhersehbar gefährliche Unterneh-
mungen.[10]

Daß diese Verhaltensformen in der Regel nicht verboten sind, beruht
entscheidend auf ihrem wirklichen oder auch nur vermeintlichen
sozialen Nutzen. Aus der Unrechtskonzeption, derzufolge sich das
Unrecht aus der normativen Übertretung der Verbotsnormen herleitet,
folgt, daß das erlaubte Risiko den Bereich der verbotenen Verhaltensformen einschränkt und deshalb lediglich das Unrecht, nicht
aber die Schuld, determiniert. Der Ansicht, das erlaubte Risiko als
Problem der Schuld aufzufassen, ist daher nicht zu folgen.

Die im weiteren an sich zu stellende Frage, ob eine Einordnung auf
der Tatbestands- oder Rechtsfertigungsebene angezeigt ist, muß
offen bleiben. Zum einen würde dies den Rahmen der vorliegenden
Arbeit sprengen. Zum anderen geht es hier primär um die Herausarbeitung haftungsrestriktiver Parameter und nicht um die grundsätzliche Klärung allgemeiner Probleme der herkömmlichen Fahrlässigkeitsdogmatik.

---

[9]Kienapfel, Das erlaubte Risiko im Strafrecht, 21, 27 f.;
Binding Band IV, 432 ff.; von Hippel, 361 ff.
[10] Vgl. Schreiber, Langenbecks Archiv für Chirurgie, Band 355
(1981), 582, 583.

B.   **Entstehungsgeschichte des Vertrauens-
       grundsatzes im Straßenverkehrsrecht**

Noch zu Beginn des 20. Jahrhunderts galt, insbesondere im Straßenverkehrsrecht der Grundsatz, daß bei mehrheitlichem unabhängigen
Zusammenwirken verschiedener Personen der Einzelne stets mit der
Unbesonnenheit und dem verkehrswidrigen Verhalten seiner Mit-
menschen zu rechnen habe,[11] soweit dies der täglichen Lebenserfahrung entspreche und nicht gänzlich aus dem Rahmen falle.[12] Zur
Begründung dieses extrem weiten Haftungsmaßstabes führte der
1. Strafsenat des Reichsgerichts letztmalig noch in seiner Entscheidung vom Februar 1931[13] unmißverständlich[14] aus, es könne
"nicht davon abgesehen werden, daß die Sicherheit des Menschenle-
bens den Wünschen des Verkehrs vorzugehen" habe. Unzuträglichkei-
ten, die sich hieraus für den Kraftfahrzeugverkehr ergeben könnten,
seien hinzunehmen.

Die nach dem Ende des 1. Weltkrieges stetig zunehmende Automobilisierung sowie die damit verbundene immer größer werdende Verkehrsdichte[15] führte aber bei konsequenter Anwendung dieses äußerst
strengen Sorgfaltsmaßstabes dazu, eine sinnvolle und praktikable
Regelung des Verkehrs letztlich illusorisch werden zu lassen.[16] Da
mit der Zunahme der Verkehrsdichte automatisch die generelle
Möglichkeit irgendeines verkehrswidrigen Verhaltens der übrigen
Verkehrsteilnehmer ständig zunahm, führte dies automatisch zu einem
immer strengeren Sorgfaltsmaßstab für den einzelnen Verkehrsteilnehmer.[17] Der Grundsatz, dessen Befolgung den Verkehr sichern

---

[11] RGSt 59, 317, 320; 61, 120, 121; 65. 135, 139; RG JW 1926,
     1191; 1927, 1522; 1928,879 f, 3187; 2325, 2990, 3187; 1930,
     2870.
[12] RG I D 1164/27; I D 1118/28; vgl. auch Gülde, JW 1935, 1466,
     mit zahlreichen w.N.; Exner, Festgabe für Frank (1930), Band
     I, 569, 579.
[13] RGSt 65, 135, 139.
[14] Zu den sich im Anschluß an diese Entscheidung aufkommenden
     Unstimmigkeiten unter den einzelnen Strafsenaten des Reichsge-
     richt siehe: Kirschbaum, 52 f.
[15] Exner, Festgabe für Frank I (1930), 569 teilt mit, daß
     beispielsweise im Jahre 1926 die Verurteilungen wegen fahrläs-
     siger Körperverletzung im Verhältnis zum Vorjahr um 36%
     angestiegen waren. Während desselben Zeitraumes nahm der
     Kraftwagenbestand fast parallel, nämlich um 28%, zu.
[16] So bestand 1896 in England für jeden Lenker eines Motorfahr-
     zeugs die Pflicht, daß eine Person mit einer roten Fahne dem
     Wagen voranzugehen hatte, um auf die von dem Wagen ausgehende
     Gefahr aufmerksam zu machen, vgl. Gülde, JW 1935, 1464.
[17] Vgl. auch Welzel, Lb. 134.

sollte, führte letztlich dazu, diesen zu unterbinden.[18]

Dieser Entwicklung Rechnung tragend, wurde zunächst von der Rechtsprechung für das Straßenverkehrsrecht der Vertrauensgrundsatz
entwickelt.[19] Erstmals in seiner Entscheidung vom Dezember 1935
vertrat der 2. Strafsenat des Reichsgerichts[20] unmißverständlich[21]
den Standpunkt, ein Kraftfahrer müsse zwar auch auf ein unvor-
schriftsmäßiges und törichtes Verhalten der übrigen Verkehrsteilnehmer gefaßt sein, doch gelte dies nur in den Grenzen, die sich
aus den Bedürfnissen des täglichen Lebens und aus der Rücksicht auf
Wesen, Eigenheiten und Erfordernissen des Kraftfahrzeugverkehrs
ergeben würden.

Damit war gemeint, daß der sich selbst verkehrsgerecht verhaltende
Verkehrsteilnehmer in der Regel auf das verkehrsgerechte Verhalten
der übrigen Verkehrsteilnehmer vertrauen dürfe.[22] Eingeschränkt
wurde diese Aussage für den Fall, in dem der Verkehrsteilnehmer
nach seinen vorangegangenen Beobachtungen des Verkehrsverhaltens
Anlaß hatte, hieran zu zweifeln,[23] oder bei genügender Sorgfalt
dies hätte bemerken können.

Im Bereich der hier zu untersuchenden Problematik ist es weder
möglich noch notwendig, die seither entwickelte unüberschaubare
Kasuistik, in welcher der Vertrauensgrundsatz für alle denkbaren
Verkehrssituationen konkretisiert worden ist, im einzelnen darzustellen. Es ist ausreichend, einige der typischen Konsequenzen
dieses Prinzips zu nennen.[24] So muß bei jemandem, der sich

---

[18] Eindrucksvoll deutlich macht dies der von Exner, Festgabe I
für Frank (1930), 569, 580 mitgeteilte Sachverhalt, demzufolge
in Wien noch gegen Ende der zwanziger Jahre die zulässige
Höchstgeschwindigkeit bei 15 km/h lag.[18] Um auf die Unmöglichkeit dieser Anforderung aufmerksam zu machen, fuhren auf
Initiative des örtlichen Automobilclubs einige hundert Wagen
mit der vorgeschriebenen Geschwindigkeit durch die Haupt-
straßen der Stadt und verursachten hierduch ein Verkehrschaos.
Die mit der Demonstration manifestierte Androhung sich
"verkehrsgerecht" zu verhalten, veranlaßten den Gesetzgeber
die Bestimmung alsbald zu ändern und die Mindestgeschwindig-
keit heraufzusetzen.
[19] RGSt 70, 71, 74; 71, 25, 28; 72, 55, 56; 73, 239, 241; BGHSt
4, 47, 52; 12, 81, 83.
[20] RGSt 70, 71, 73 f.
[21] Vgl. zu den anfänglichen Unstimmigkeiten in der höchstrichterlichen Rechtsprechung Gülde, JW 1938, 2785, 2786 m.w.N.
[22] BGH DAR 1954, 58; BGHSt 9, 92, 94 = NJW 1956, 800; OLG Hamburg
VM 1955, 23; vgl. dazu: Jagusch, § 1 StVO Rn. 22 c; Cramer, §1
StVO Rn. 38 ff.; Böhmer, JZ 1967, 291, 292 f.
[23] OLG München VRS 31, 329.
[24] Eingehend: Kirschbaum, 104 ff. sowie Schönke/Schröder/Cramer,
§15 StGB, Rn. 209 ff.

erkanntermaßen verkehrswidrig verhält, mit weiteren Verkehrsverstößen gerechnet werden.[25] Weiter kann der Verkehrsteilnehmer sich
nicht auf den Vertrauensgrundsatz berufen, sobald es um Verhaltensweisen von erkennbar verkehrsungewandten beziehungsweise gebrech-
lichen Personen oder von Kindern gehe.[26] Schließlich wird der
Grundsatz dahingehend eingeschränkt, daß unklare Verkehrslagen kein
Vertrauen begründen können. So ist kein Verkehrsteilnehmer berechtigt, unter Berufung auf den Vertrauensgrundsatz davon auszugehen,
seine Beurteilung der Verkehrslage sei richtig und der andere werde
sie respektieren. Weiter findet der Vertrauensgrundsatz nur dann
Anwendung, wenn eine normale Verkehrslage bestand.

Zu betonen ist, daß der Vertrauensgrundsatz primär das Ergebnis
einer sachlichen Notwendigkeit ist, um durch Überspannung der
Sorgfalt an einzelne Verkehrskreise den Verkehr nicht lahmzulegen.
Dies hier abschließend besonders hervozuheben ist, wie das folgende, vom nationalsozialistischen Zeitgeist stark geprägte Zitat
aus einem Aufsatz von Gülde[27] aus dem Jahre 1936 zeigt, erforderlich.[28]

> *Das aus dem lebendigen Bewußtsein der Zusammengehörigkeit*
> *erwachsende gegenseitige Vertrauens- und Treueverhältnis*
> *ist die höchste Blüte der Gemeinschaft, deren Lebensquel-*
> *len wieder in Blut und Boden gefunden zu haben, eine der*
> *folgenreichsten Revolutionstaten des Nationalsozialismus*
> *gewesen ist. Dieses Vertrauen der Angehörigen der Gemein-*
> *schaft zueinander schließt das Vertrauen eines jeden*
> *Volksgenossen darauf in sich, daß der andere in der*
> *gleichen Weise gemäß der Lebens- und Rechtsordnung seines*
> *Volkes lebt und handelt wie er selbst. Klee (RKraftf.*
> *1932,309) hat einmal darauf hingewiesen, daß die Idee des*
> *rechtlich geordneten Zusammenlebens der Menschen schlecht-*
> *hin darin wurzele, daß der rechtmäßig handelnde Rechtsge-*
> *nosse auch vom anderen Rechtsgenossen ein solches Handeln*
> *erwarten dürfe. Diese Idee ist untrennbar von der natio-*
> *nalsozialistischen Auffassung der Volksgemeinschaft".*

Gülde versucht hiermit die durch die stetige Automobilisierung
entstandene praktische Notwendigkeit der Neubestimmung der Verhaltensmaßstäbe im Straßenverkehr für die Entwicklung des Vertrauens-

---

[25] Jagusch/Hentschel, §2 StVO, Rn. 24; BGH VRS 5, 133; Frisch,
189 f..
[26] LK Schröder, §16 StGB Rn. 173; BGHSt 12, 162, 165 f.; 13, 169,
173; 14, 97, 99; BGH NJW 1986, 183, 184,1987, 2375, 2376.
[27] Gülde, JW 1936, 423 ff.; ders., JW 1935, 1464 ff.; JW 1938,
2785 ff.
[28] So zitiert etwa LK Schroder, §16 StGB Rn. 168 aus einem
anderen Aufsatz Güldes (JW 1938, 2785) und stellt dem Zitat
unzutreffend voran, der Vertrauensgrundsatz sei im Jahre 1938
von Gülde entwickelt worden. Dabei wird zusätzlich nicht
berücksichtigt, daß Gülde bereits mehrere Jahre zuvor, nämlich
in dem hier zitierten Aufsatz (JW 1936, 423 ff. sowie JW 1935,
1464 ff.) den Vertrauensgrundsatz als nationalsozialistische
Errungenschaft ausgab.

grundsatzes zu kaschieren. Daß es aufgrund der seit dem Anfang
dieses Jahrhunderts immer rascher fortschreitenden Automobilisierung und der damit verbundenen kontinuierlich zunehmenden Verkehrsdichte im Straßenverkehrsrecht ein erhebliches kriminal- und
gesellschaftspolitisches Bedürfnis einer sinnvollen Haftungsbe-
schränkung entstand, um den Verkehr als solchen nicht durch
unrealistische Verhaltsmaßstäbe lahmzulegen, wird von Gülde ver-
schwiegen.

Stattdessen belegt er den Begriff sinnentstellend mit Gemeinplätzen
des nationalsozialistischen Gedankenguts.[29] um ihn als systemima-
nenten Verdienst ausgeben zu können. Wenn der Vetrauensgrundsatz
auch nahezu synchron mit der nationalsozialistischen Machtergrei-
fung entstand, so ist er doch, wie gezeigt, nicht primär ein
Produkt dieser Ideologie, sondern auf die praxisorientierte Einsicht der Rechtsprechung zurückzuführen, den grundlegend gewandel-
ten praktischen Gegebenheiten und Bedürfnissen des Straßenverkehrs
Rechnung zu tragen.[30]

C.   Uneingeschränkte Übertragbarkeit
       auf die medizinische Arbeitsteilung?

Wenn auch bereits geklärt wurde, wie das Vertrauensprinzip im
Straßenverkehrsrecht angewendet wird und daß im Bereich medizinischer Arbeitsteilung weitgehende Übereinstimmung über seine Her-
anziehung zur Beurteilung der Verantwortlichkeit des Arztes
herrscht, so steht damit keineswegs fest, inwieweit die dortigen
Überlegungen unbesehen zur Lösung der hier anstehenden Problematik
herangezogen werden können.

Die Tatsache, daß der Vertrauensgrundsatz historisch zunächst nur
für den Bereich des Straßenverkehrsrecht vom Schrifttum diskutiert
und von der Rechtsprechung praktiziert wurde, spricht nicht von
vornherein gegen seine Anwendbarkeit innerhalb arbeitsteilig strukturierter Rechtsgebiete.

---

[29] Siehe hierzu auch die im Kern berechtigte Kritik von Clauß, JR
1964, 207, 210.
[30] Dies wird zudem durch den von Kirschbaum, 54, gegebenen
Hinweis bestätigt, daß mit der zu Beginn des 2. Weltkrieges
einhergehenden Drosselung des zivilen Verkehrs das Problem des
Vertrauensgrundsatzes in der Rechtsprechung in den Hintergrund
trat.

Denjenigen,[31] die Bedenken gegen die Anwendbarkeit des Vertrauensgrundsatzes im Bereich medizinischer Arbeitsteilung haben, ist
allerdings einzuräumen, daß – wenn auch der Gedanke der Haftungsrestriktion identisch ist – dies nicht zugleich die Identität in
den Voraussetzungen, die an den Vertrauensgrundsatz jeweils zu
stellen sind, nach sich ziehen muß. Hierfür spricht nicht zuletzt
die Tatsache, daß bereits von der Natur der Sache her zwischen der
allgemeinen Teilnahme am Straßenverkehr und der arbeitsteilig zu
bewältigenden medizinischen Versorgung vielfache strukturelle
Unterschiede bestehen.[32]

D. **Strukturelle Unterschiede zwischen der
Teilnahme am Straßenverkehr und
der medizinischen Arbeitsteilung**

Diese Unterschiede sind, um die entsprechenden Voraussetzungen des
Vertrauensgrundsatzes bei der medizinischen Arbeitsteilung überhaupt näher umschreiben zu können, im folgenden zu untersuchen.

I. **Unterschiede in der normativen
Strukturierung der Rechtsgebiete**

Erstens leitet sich die Vertrauensbasis im Straßenverkehr aus
anderen Umständen ab als bei der medizinischen Arbeitsteilung. Die
Teilnahme am Straßenverkehr wird durch ein weit umfassenderes
Normeninstrumentarium, nämlich durch die Vorschriften der StVO,
StVZO und des StVG geregelt. Die dort normierten Verhaltensregeln
werden ergänzt durch die im Strafgesetzbuch speziell auf den
Straßenverkehr ausgerichteten Verbotsnormen der §§ 315 b, 315 c,
316, 316 a StGB. Hinzu kommen die allgemeinen Verbotsnormen (§§
211, 212, 222, 223 f. sowie 230 StGB), Leib oder Leben anderer
weder fahrlässig noch vorsätzlich im Straßenverkehr zu verletzen.

Das Vertrauen des sich selbst verkehrsgerecht verhaltenden Ver-
kehrsteilnehmers, die anderen Beteiligten werden sich ihrerseits
verkehrsgerecht verhalten, beruht entscheidend auf der Annahme, daß
diese sich von den Verhaltensgeboten und Verbotsnormen leiten
lassen. Das dicht strukturierte Normeninstrumentarium des Straßenverkehrsrechts determiniert die Vertrauensbasis in maßgeblicher

---

[31] Schmidhäuser, Lehrbuch AT, 9/44; ders., Studienbuch AT, 6/114,
118.
[32] Dies deutet Schreiber, Langenbecks Archiv für Chirurgie, Band
355 (1981), 583, 584, an, der kritisch hervorhebt, daß der
Vertrauensgrundsatz "nur ein Schlagwort" und, "wie alle
juristischen Begriffe von hoher Abstraktheit, für sich wenig
ergiebig" sei.

Weise.

Die arbeitsteilige medizinische Versorgung ist dagegen nicht vergleichbar positiv-rechtlich durchstrukturiert. Zwar haben "Normen-
flut" und "Gesetzespositivismus" auch vor dem Gesundheitsbereich
nicht halt gemacht[33] und diesen in ein "immer dichter werdendes
Netz von Gesetzen, Erlaßen und sonstigen Vorschriften amtlicher
oder halbamtlicher Natur" eingeengt.[34] Jedoch enthält das ärztliche
Berufsrecht keine[35] eindeutige Durchnormierung der Aufgaben- und
Verantwortungsbereiche.[36] Ein speziell auf die medizinische
Arbeitsteilung ausgerichtetes Normengefüge als bestimmende Grundlage der Vertrauensbasis besteht nicht.[37]

Dies ist zum einen auf die Unmöglichkeit, den hochkomplexen Bereich
medizinischer Versorgung in allgemeingültiger Weise regeln zu
können, zurückzuführen.[38] Zum anderen ließe sich dies weitgehend
mit der in der Medizin anerkannten sogenannten Therapiefreiheit[39]
nicht vereinbaren, also der Auswahl unter mehreren gleichvielver-
sprechenden Formen medizinischer Versorgung. Der Grund besteht
darin, daß es sich bei dem straßenverkehrsrechtlichen Bereich im
Verhältnis zur arbeitsteiligen medizinischen Versorgung um ein weit
einfacher strukturiertes Rechtsgebiet handelt. Es ist eben wesentlich leichter normativ zu regeln, wie beispielsweise die Wegstrecke
von (A) nach (B) mit dem Auto im Straßenverkehr verkehrsgerecht
zurückzulegen ist, als etwa genau festzulegen, wie ein chirurgischer Eingriff, einschließlich seiner Vorbereitung und Nachbehandlung, auszuführen ist.

---

[33] Dazu Starck, ZRP 1979, 209, 210; Sendler ZRP 1979, 227, 228.
[34] Vgl. Hahn, 22.
[35] Eine Ausnahme hiervon ist etwa das gemäß §1 Abs. 2 Zahnheil-
kundegesetz positivrechtlich fixierte Aufgabengebiet des Zahnarztes.
[36] Dies kann allenfalls indirekt aus dem in der ApproboA.
geregelten inhaltlichen Anforderungen an die Ausbildung gefolgert werden. Vgl. Hahn, 23.
[37] Hierauf haben bereits das Reichsgericht, RGSt 67, 12, 20 f.,
25; sowie Eberhard Schmidt, Der Arzt im Strafrecht, 176,
hingewiesen
[38] Vgl. Eb. Schmidt, Der Arzt im Strafrecht, 176; RGSt 67, 12,
21.
[39] Weissauer, Münchener Medizinische Wochenschrift 1969, 1353,
1356.

II.   **Einheitliches Ziel der Beteiligten
des arbeitsteiligen medizinischen
Prozesses**

Zweitens ziehen die am arbeitsteiligen Prozeß beteiligten Medizinalpersonen an "einem Strang". Dieser Strang wird geknüpft durch
den gemeinsamen Auftrag, die eigene Arbeitskraft bestmöglich zum
Wohle und zum Schutze des Patienten einzusetzen.[40] Dieses Ziel eint
die Beteiligten über den isolierten Beitrag hinaus in der Weise,
daß sie, sobald sie Anzeichen vom fehlerhaften Verhalten der
Mitarbeiter erkennen, darauf hinzuwirken haben, daß dies abgestellt
wird. Bei positiver Kenntnis vom fehlerhaften Arbeitsbeitrag des
Kollegen oder der Hilfskraft hat der Arzt auf jeden Fall einzuschreiten.[41] Hierüber besteht allgemeine Übereinstimmung.[42]

Im Straßenverkehr trifft den einzelnen Verkehrsteilnehmer eine
vergleichbare Pflicht nicht. Bei positiver Kenntnis vom verkehrswidrigen Verhalten anderer Verkehrsteilnehmer sind die übrigen
Verkehrsteilnehmer nicht verpflichtet, hiergegen einzuschreiten.
Diese haben sich lediglich defensiv darauf einzurichten, daß sich
aus der erkannten fremden Verkehrswidrigkeit nicht durch das eigene
Verhalten noch größere Gefahren entwickeln. Regelmäßig hat der
normale Verkehrsteilnehmer auch faktisch nicht die Möglichkeit,
andere Verkehrsteilnehmer zu verkehrsgerechtem Verhalten zurückzuführen oder sie unverzüglich "aus dem Verkehr zu ziehen".[43]

III.   **Unterschiede in der Einschätzbarkeit
fremden Verhaltens**

Damit ist zugleich der dritte markante Unterschied angesprochen:
Die am Straßenverkehr beteiligten Personen sind regelmäßig einander
fremd. Die Zusammensetzung der am konkreten Verkehrsgeschehen
beteiligten Personen kann von keinem der am öffentlichen Straßenverkehr Teilnehmenden beeinflußt werden. Abgesehen von seltenen
Ausnahmen, wie etwa dem Fahren auf Sicht im Verband,[44] besitzt der

---

[40] Ebenso Schumann, 21.
[41] Ulsenheimer, Arztstrafrecht in der Praxis, Rn. 145.
[42] Vgl. Carstensen, Langenbecks Archiv für Chirurgie, Band 355
(1981), 571, 573; Krümpelmann, Festschrift für Lackner (1987),
289, 296, m.w.N.; Rieger, Deutsche Medizinische Wochenschrift
1978, 769, 770.
[43] Zudem dürfte dies auch nicht erwünscht sein, da sich dann
einzelne Verkehrsteilnehmer aus falschverstandenem Ordnungs-
sinn zu Hütern der Moral im Straßenverkehr aufschwingen
könnten.
[44] -wie etwa bei Feuerwehr, Rotes Kreuz, Bundeswehr, mehrere
Firmenwagen, Taxen, etc., wo sich einzelne Verkehrsteilnehmer untereinander kennen und darüberhinaus etwa per Funk
miteinander Kontakt aufnehmen können-

einzelne Verkehrsteilnehmer über die Qualifikationen und sonstigen relevanten Umstände der anderen Verkehrsteilnehmer keinerlei Informationen. Insbesondere hat er keinerlei Möglichkeit, Einfluß auf das Verhalten und das Fahrniveau der übrigen Verkehrsteilnehmer zu nehmen oder sich Informationen hierüber zu verschaffen.

Das Zusammenwirken im Straßenverkehr beruht auf Zufälligkeiten. Derartige Zufälligkeiten sind in der regulären medizinischen Versorgung nicht auszumachen. Ihr Zusammenwirken wird durch eine planende Zusammenarbeit geprägt, ohne die eine verantwortungsvolle medizinische Versorgung nicht denkbar ist. Je nach der konkreten Art der Arbeitsteilung kennen sich die bei der Zusammenarbeit beteiligten Medizinalpersonen untereinander mehr oder weniger gut, jedenfalls aber weit besser als dies unter den Beteiligten im Straßenverkehr möglich wäre. Kennen sich die Beteiligten einmal nicht untereinander, so besteht doch generell die Möglichkeit, sich vor dem konkreten arbeitsteiligem Zusammenwirken über sie die notwendigen Information zu verschaffen.

IV.   **Unterschiede im Status der
        Beteiligten untereinander**

Viertens besteht zwischen den am allgemeinen Straßenverkehr teilnehmenden Kraftfahrern, anders als in einem Teilbereich medizinischer Arbeit, kein Überordnungs- bezeihungsweise Unterordnungsverhältnis. Es gibt keine Verkehrsteilnehmer, denen im Verhältnis zu den Übrigen besondere Aufgaben, Pflichten oder Rechte zukommen, die es rechtfertigen, ihnen gegenüber prinzipiell mehr oder weniger Vertrauen entgegenzubringen.[45] Die isoliert handelnden Verkehrsteilnehmer stehen zueinander im Verhältnis der Gleichordnung. Der einzelne Verkehrsteilnehmer hat regelmäßig keinerlei Möglichkeit, Einfluß zu nehmen auf die am konkreten Geschehen im Straßenverkehr beteiligten Kraftfahrer, geschweige denn auf eine Auswahl nach dem Maß ihrer Qualifikation.

---

[45] Von den Inhabern von Sonderrechten, wie Bundeswehr, Feuerwehr, Bundesgrenzschutz, Polizei, Katastrophenschutz, nach §35 StVO abgesehen.

V. **Unterschiede hinsichtlich der Möglichkeit, sich auf fremdes Fehlverhalten einzustellen**

Schließlich steht fünftens dem Verkehrsteilnehmer regelmäßig weit weniger Zeit – meist nur wenige Sekunden – zur Verfügung, um das fremde Fehlverhalten zu erkennen, sich hierauf einzustellen und adäquat reagieren zu können. Er hat bei einer sich plötzlich ergebenden kritischen Verkehrssituation keine Möglichkeit einzuschätzen, ob der oder die hierin verwickelten übrigen Kraftfahrer "blutige" Anfänger, "Sonntagsfahrer" oder routinierte Berufskraftfahrer sind, und wie sie mit den konkreten Verkehrsverhältnissen zurecht kommen werden.

Dagegen steht bei der medizinischen Arbeitsteilung den Beteiligten meist mehr Zeit zur Verfügung. Durch dieses mehr an Zeit sind sie eher in der Lage, lenkend in den gesamten medizinischen Ablauf einzugreifen. Sei es, daß sie nur auf erkannte Mißstände hinweisen, sei es, daß sie konkrete Anordnung erteilen, um Mißstände abzustellen. Der Chirurg, der sich etwa zur Vornahme eines Eingriffs entscheidet, kann sich nicht darauf berufen, von dem Qualifikationsstand der anderen Mitarbeiter überhaupt keine Vorstellung gehabt zu haben. Ebenso hat er in Rechnung zu stellen, daß er – wenn er bei einer Operation(A), die ihm seit vielen Jahren als erfahren, gewissenhaft und tüchtige Operationsschwester bekannte Kraft hinzuzieht, in der ansonsten gleichstrukturierten Operation (B) aber die noch unerfahrene, ihm nahezu völlig unbekannte Kraft einsetzt – beiden nicht gleiches Vertrauen entgegenbringen darf, wenn auch beide formal die gleichen Prüfungsnachweise vorlegen können.

VI. **Konsequenzen aus den Unterschieden für den Vertrauensgrundsatz in der medizinischen Arbeitsteilung**

Die bedeutend engeren beruflichen Beziehung der Medizinalpersonen untereinander, die fehlende Anonymität sowie die Tatsache, daß sie nicht lediglich zufällig zusammenwirken, sondern planend zusammenarbeiten, bewirkt eine grundlegend andere Vertrauensbasis unter den am arbeitsteiligen medizinischen Prozeß Beteiligten. Sie besitzen per se die bessere, das heißt umfassendere Möglichkeit, das Verhalten der Mitarbeiter vorhersehen und dementsprechend auch besser beherrschen zu können. Vertrauen erscheint jedoch zumindest dann berechtigt, wenn die Beherrschbarkeit fremden Verhaltens endet.[46] Bereits aus diesem Grunde müssen die Grenzen des Vertrauensgrundsatzes bei medizinischer Arbeitsteilung enger gezogen werden.[47]

Es besteht zwar eine vergleichbare Interessenlage, denn es geht hier wie dort darum, grundsätzlich sozialnützliches Verhalten nicht durch Überspannung der Sorgfaltsmaßstäbe ad absurdum zu führen.[48] Hier wie dort geht es, mit den Worten von Engisch[49] gesprochen, um die Begrenzung strafrechtlicher Verantwortlichkeit für das sich dem eigenen Verhalten kausal verschwisternde fremde Verhalten. Diese Gemeinsamkeiten allein vermögen, angesichts der übrigen grundlegend verschieden strukturierten Sachverhalte, nicht die pauschale Übertragung der Voraussetzungen des einen Vertrauensgrundsatzes auf den anderen Bereich zu rechtfertigen.

Aufgrund der dargestellten vielfältigen Unterschiede kann den Ansichten im Schriftum und in der Rechtsprechung, die den Vertrauensgrundsatz auch in der medizinischen Arbeitsteilung pauschal für anwendbar halten, ohne dabei nähere begriffsbestimmende Kriterien zu benennen,[50] nicht gefolgt werden. Zugestimmt werden kann ihnen nur insoweit, als es in beiden Bereichen sowohl ein erhebliches gesellschafts- als auch kriminalpolitisches Bedürfnis gibt, die Verantwortlichkeit für fahrlässiges Verhalten anderer Beteiligter in vernünftigen Grenzen zu halten.

Aus den Besonderheiten auf dem Gebiet der medizinischen Arbeitsteilung folgt, daß der Vertrauensgrundsatz, in der Form, wie er im Straßenverkehrsrecht existiert, nicht unverändert auf den Bereich der medizinischen Arbeitsteilung übertragen werden kann. Der kardinale Unterschied besteht letztlich darin, daß im Straßenverkehrsrecht der Vertrauensgrundsatz das Maß der Sorgfalt für den konkreten Fall bestimmt. Im Bereich medizinischer Arbeitsteilung dagegen wird mit ihm ermittelt, welche Pflichten die einzelnen Beteiligten in bezug auf Leistung beziehungsweise Arbeitsergebnisse anderer

---

[46] Stratenwerth, Festschrift für Eb. Schmidt (1961), 383, 390.
[47] Weber, Langenbecks Archiv für Chirurgie, Band 355 (1981), 575, 576.
[48] Vgl. Schreiber, Langenbecks Archiv für Chirurgie, Band 355 (1981), 583, 584.
[49] Engisch, Langenbecks Archiv für Chirurgie, Band 297 (1961), 236, 238.
[50] Wie etwa Wessels, AT §15 II 3b.

haben, die sie in dem eigenen Handeln mit wirksam werden lassen.[01,51]

VII. Modifikationen des Vertrauensgrundsatzes innerhalb medizinischer Arbeitsteilung

Arbeitsteiliges medizinisches Zusammenwirken tritt in vielfältigen Formen in Erscheinung. Es gibt nicht die eine, für alle Arten medizinischer Behandlungsabläufe allgemeinverbindliche Form arbeitsteiliger Zusammenarbeit. Der wesentliche strukturelle Unterschied innerhalb der medizinischen Arbeitsteilung tritt dann deutlich hervor, wenn gefragt wird nach dem eigentlichen Grund für die Aufspaltung der Arbeitsabläufe.

Bereits in der Einleitung wurde darauf hingewiesen, daß es einerseits die stetig zunehmende rapide Nachfrage nach medizinischen Leistungen war, welche die medizinische Versorgung in immer größeren medizinischen Einheiten erforderte. Den markantesten Typ dieser medizinischen Einheiten stellt die Klinik dar. Dort werden Arbeitsabläufe, die theoretisch auch vom Arzt allein beherrscht werden könnten, auf nachgeordnete, weniger umfassend ausgebildete Medizinalpersonen übertragen, um ihm den Kopf für die Konzentration auf besonders wichtige ärztliche Aufgaben frei zu halten.[52] Diese Form der Arbeitsteilung wird entscheidend geprägt durch die Anordnungs- und Weisungskompetenz des vorstehenden Arztes gegenüber den ihm nachgeordneten Kräften.[53]

Die strukturellen Beziehungen der Beteiligten untereinander wird durch ein Überordnungs- Unterordnungsgefüge bestimmt. Es liegt eine hierarchische Struktur vor.[54] Dieses Überordnungs-Unterordnungsverhältnis wird daher zutreffend als vertikale Arbeitsteilung bezeichnet.[55] Vertikal strukturierte Arbeitsabläufe sind jedoch nicht nur an der Klinik anzutreffen. Vom Prinzip her bestehen sie ebenfalls zwischen dem freipraktizierenden Arzt und den ihm nachgeordneten Kräften. Der andere Grund medizinischer Arbeitsteilung bestand

---

[51] Vgl. Schumann, 21.
[52] Dies deutet bereits der 1. Strafsenat des Bundesgerichtshofs BGH NJW 1955, 1487, 1488, in seiner Entscheidung zum Rouxhakenfall an.
[53] Erstmals deutlich ausgesprochen von Weissauer, Münchener Medizinische Wochenschrift 1969, 1353, 1357. Vgl. auch Kamps, 222, Wilhelm, 3 f., 95 f.; dies., Medizinrecht 1983, 45, 46, JURA 1985, 183, 184.
[54] Vgl. Stratenwerth, Der Anaesthesist 1963, 269.
[55] Weissauer, Münchener Medizinische Wochenschrift 1969, 1353, 1357.

darin, daß die großen Fortschritte der medizinischen Wissenschaft
zu einer immensen Komplexität medizinischen Fachwissens geführt
hat.[56] Dieses konnte nur durch Spezialisierung auf einzelne medizinische Teilbereiche, die sich zu selbständigen Disziplinen entwickelt haben, beherrscht werden. Dies bedeutete aber gleichzeitig
einen fachspezifischen Wissensvorsprung des einzelnen ärztlichen
Fachmannes gegenüber den anderen Kollegen. Dauer, Umfang und
Ausgestaltung der Ausbildung unter den Beteiligten dieses durch
Gleichordnung geprägten Bereiches medizinischer Arbeitsteilung ist
absolut gesehen annähernd gleichwertig.

Der Unterschied besteht aber in dem spezifischen Inhalt des
jeweiligen Wissens. Der einzelne Arzt verfügt im Verhältnis zu
Kollegen anderer Fachrichtungen nicht über deren Spezialwissen, das
diese besitzen müssen, um ihr Fachgebiet beherrschen zu können. Er
ist daher generell nicht in gleicher Weise, wie der vorstehende
Arzt, in der Lage, die fremde Arbeit auf ihre sorgfältige Erledigung einzuschätzen. Dementsprechend sind sowohl die faktischen als
auch die rechtlichen Einwirkungsmöglichkeiten des Arztes gegenüber
gleichgeordneten Kollegen regelmäßig weit geringer, wenn nicht
überhaupt nicht gegeben als in dem oben genannten Fall vertikaler
Arbeitsteilung.

Die innerhalb dieser arbeitsteiligen Struktur zusammenwirkenden
Beteiligten stehen vielmehr zueinander in einem Verhältnis der
Gleichstufigkeit.[57] So stehen sich etwa der freipraktizierende Arzt
und der zur medizinischen Behandlung des Patienten aus dia-
gnostischen Gründen hinzugezogene Röntgenologe prinzipiell gleich-
geordnet gegenüber.[58] Sie sind untereinander frei von Weisungen.
Sie handeln innerhalb ihres Aufgaben und Verantwortungsbereichs
grundsätzlich eigenverantwortlich.[59] Diese Form arbeitsteiligen
Zusammenarbeitens läßt sich dementsprechend als horizontale
Arbeitsteilung bezeichnen.[60] Der in diesem Zusammenhang verwendete
Begriff vom arbeitsteiligem Teamwork ist jedoch weder ausschließlich der vertikalen noch der horizontalen Arbeitsteilung zuzu-

[56] Eckardt, 59 ff.
[57] Vgl. Rieger, Lexikon des Arztrechts, Rn. 314 ff.; Wilhelm 4 f.
[58] Erstmals deutlich: Weissauer, Münchener Medizinische
Wochenschrift 1969, 1353, 1357.
[59] Rieger, Lexikon des Arztrechts, Rn. 315.
[60] Vgl. Kamps, 217 f.; Wilhelm, 91 f.; dies., Medizinrecht 1983,
45, 46; JURA 1985, 183, 184.

schreiben. Vielmehr können beispielsweise in einem Operationsteam beide Formen angetroffen werden. Im Verhältnis Chirurg/Anästhesist gilt die erstgenannte, im Verhältnis von Chirurg und Anästhesist gegenüber den ihn assistierenden nichtärztlichen Hilfskräften die letztgenannte Organisationsform.[61]

Diese beiden Hauptunterschiede für die Existenz medizinischer Arbeitsteilung bewirken folglich eine grundlegend andere Verantwortlichkeitsstruktur innerhalb der medizinischen Arbeitsteilung.[62] Ob und gegebenfalls in welcher Weise dies zu Modifikationen des Vertrauensgrundsatzes innerhalb der einzelnen Formen medizinischer Arbeitsteilung führt, kann verbindlich aber erst dann gesagt werden, wenn zuvor die strukturellen Besonderheiten beider Hauptformen medizinischer Arbeitsteilung näher untersucht worden sind.

---

[61] Deutlich der 4. Strafsenat des Bundesgerichtshofs, Strafverteidiger, 1988, 251.
[62] BGHSt 3. 91, 96 nimmt eine solche Differenzierung nicht vor. Dort wird die berufliche Stellung zwischen Arzt und Apotheker im selben Zusammenhang mit der Position des Arztes gegenüber den ihm nachgeordneten Medizinalpersonen genannt.

5.Teil:

Die Verantwortlichkeit des Arztes im
Rahmen vertikaler Arbeitsteilung

A.   **Die Struktur der vertikalen Arbeitsteilung
am Beispiel der klinischen Organisation**

Um die Verantwortlichkeit des Arztes für das fahrlässige Verhalten nachgeordneter Medizinalpersonen ermitteln zu können, sind als erstes die strukturellen Besonderheiten dieser Form der Zusammenarbeit und die hieraus folgenden spezifischen Sorgfaltspflichten herauszuarbeiten.

Den Prototyp vertikaler Arbeitsteilung stellt die medizinische Versorgung innerhalb der Kliniken dar.[1] Deshalb ist die Verantwortlichkeit des Arztes für das auf Fahrlässigkeit beruhende Fehlverhalten ihm nachgeordneter Medizinalpersonen in erster Linie am Beispiel dieser Erscheinungsform vertikaler Arbeitsteilung auszumachen.

Historisch bedingt wird die klinische Organisation durch eine streng hierarchische Struktur geprägt.[2] An oberster Stelle der medizinischen Leitung steht für den ärztlichen Bereich einerseits der Chefarzt, andererseits für den pflegerischen Bereich die leitende Krankenpflegekraft. Jeder steht jeweils dem eigenen Bereich vor. Daneben kommt dem einzelnen Arzt für die konkret zu erledigende medizinische Behandlung ein Weisungsrecht gegenüber dem Pflegepersonal zu. Folglich nimmt es die unterste Stufe in der klinischen Hierarchie ein.[3]

I.   **Das ärztliche Personal**

Der Verantwortungsbereich der Ärzte umfaßt entsprechend ihrer Fachausbildung die diagnostische Auswertung der Untersuchungsbefunde sowie die Entscheidungen über die therapeutischen Maßnahmen.

---

[1] Für den Begriff der Klinik gibt es keine einheitliche Begriffsbestimmung. Je nach dem Rechtsgebiet, in dem er vorkommt, hat er einen verschiedenen Inhalt. Der allgemeine Sprachgebrauch macht häufig keinen Unterschied zwischen Klinik und Krankenhaus. Rieger, Lexikon des Arztrechts, Rn. 951 hält den Begriff der Klinik gegenüber dem Krankenhaus insofern für enger, als das Krankenhaus nicht nur der stationären, sondern auch ambulanten medizinischen Behandlung diene. Da aber auch von den Kliniken die ambulante Versorgung wahrgenommen wird, kann dies kein begriffsbestimmendes Kriterium sein. Die Begriffe Klinik und Krankenhaus werden daher im folgenden, im Einklang mit dem allgemeinen Sprachgebrauch, sinnidentisch verwendet.
[2] Drumm, 96.
[3] Kritisch zu diesem System mit neuen Lösungsansätzen: Böhm, 30 f.

Eine solche Ausbildung fehlt den nichtärztlichen Medizinalpersonen. Daher gehört zu deren Verantwortungsbereich prinzipiell nicht[4] die selbständige Durchführung diagnostischer oder therapeutischer Maßnahmen.[5] Ihr Verantwortungsbereich umfaßt die Grund- und Behandlungspflege. Diese Tätigkeiten erfordern zwar ein eigenverantwortliches Handeln. Sie hängen aber von den therapeutischen Anordnungen sowie den diagnostischen Einschätzungen des Arztes ab. Es gibt also für das Krankenpflegepersonal weder bei der Grund- noch bei der Behandlungspflege einen arztfreien Bereich.

So sind bei der vom nichtärztlichen Personal zu verantwortenden Nahrungsversorgung, beispielsweise bei der Behandlung eines Patienten mit diabetis mellitus, die diätischen Anordnungen des Arztes zu beachten. Ebenso kann das vom Krankenpflegepersonal zu verantwortende Betten der Patienten durch die speziellen Anordnungen, wie sie etwa für die Lagerung von Patienten mit schweren Verbrennungen oder Wirbelverletzungen erforderlich sind, eingeschränkt werden. Überschneiden sich derart ärztliche und pflegerische Aufgabenbereiche, so liegt beim Arzt, der in den Aufgabenbereich der ihm nachgeordneten nichtärztlichen Kräfte anordnend eingreift, die sogenannte Anordnungsverantwortung.[6] Stellt sich später heraus, daß die diätische Verordnung oder die besondere Lagerung für den Patienten schädlich war, so hat dies ausschließlich der Arzt zu verantworten, wenn der Mitarbeiter seine Anordnungen befolgt hat.

Dagegen trifft das Krankenpflegepersonal die Verantwortung für die fach- und sachgerechte Durchführung der ärztlichen Anordnungen im Bereich der Pflege (sogenannte Durchführungsverantwortung).[7] Für die ärztliche Behandlung des Patienten trifft den Arzt die Gesamtverantwortung. Er bedient sich des Krankenpflegepersonals lediglich zur Erfüllung seiner eigenen gegenüber den Patienten bestehenden Pflichten. Folglich kann der Arzt auch dann grundsätzlich strafrechtlich verantwortlich sein, wenn das Personal dem Patienten

---

[4]Eine Ausnahme hiervon gilt nur im Notfall. So wäre es beispielsweise rechtlich zulässig (§ 34 StGB), wenn bei akuten vital bedrohlichen Vergiftungserscheinungen eines Arbeiters in einem Chemieunternehmen, eine vom Werksarzt geschulte und mit der intravenösen Injektionstechnik vertraute Kraft das lebensrettende Gegengift appliziert und ärztliche Hilfe nicht erreichbar ist (Beispiel nach Brenner, Arzt und Recht, 269).
[5]Brenner, Arzt und Recht, 267.
[6]Vgl. Brenner, Arzt und Recht, 269.
[7]Vgl. Brenner, Arzt und Recht, 270.

einen Schaden zufügt. Dies ist neben der Anordnung rein ärztlicher Maßnahmen prinzipiell dann möglich, wenn er anordnend in der oben geschilderten Weise in den an sich ausschließlich krankenpflegerischen Teil der Behandlung eingreift.

1. Der Chefarzt

Der Träger der Klinik ist verpflichtet, für die Klinik oder bei größeren Einrichtungen bereits für die einzelnen selbständigen Abteilungen einen ärztlichen Leiter, den Chefarzt,[8] anzustellen.[9] Wie aus den durch § 1 Abs. 2 BAO begrenzten[10] Weisungsrecht des Dienstherrn im Angestellten- oder Beamtenverhältnis folgt, ist der Chefarzt im medizinischen Bereich nicht an Weisungen des Trägers der Klinik gebunden.[11] Sein Verantwortungsbereich erstreckt sich auf den gesamten medizinischen Bereich der Klinik, einschließlich der ihm unterstellten Abteilungen. Meist ist er ein Facharzt. Da er die Gesamtverantwortung für die Behandlung der Patienten und damit auch ihre pflegerische Betreuung trägt, ist der Chefarzt im Verhältnis zu dem nachgeordneten ärztlichen und nicht ärztlichen Dienst ausschließlich und uneingeschränkt weisungsbefugt.[12]

Zusätzlich treffen ihn erhebliche Organisations-[13] und Überwachungspflichten.[14] So ist er verpflichtet darauf hinzuwirken, daß die erforderlichen sachlichen und personellen Mittel vom Träger

---

[8] Für den Chefarzt gibt es keine festgelegte Definition. Unter Chefarzt versteht man allgemein einen Arzt, der in einer Klinik eine leitende Funktion wahrnimmt. Vereinzelt wird dabei nicht unterschieden, ob es sich um die ärztlich-organisatorische Leitung einer Klinik als ganzes oder um die ärztliche Leistung einer klinischen Abteilung, wie etwa der "Inneren Abteilung" oder "Chirurgischen Abteilung" handelt.
[9] Vgl. auch Rieger, Lexikon der Arztrechts, Rn. 504, wonach heute nur der ärztliche Leiter einer Klinikabteilung als Chefarzt, "Leitender Abteilungsarzt" bezeichnet, während für den ärztlich-organisatorischen Leiter die Bezeichnung "Ärztlicher Direktor" üblich geworden sei.
[10] Brenner, Arzt und Recht, 255; Laufs, Rn. 14; Rieger, Lexikon des Arztrechts, Rn. 123.
[11] Drumm, 99, BVerfG NJW 1963, 1667, 1668; Weissauer, Der Anaesthesist 1964, 385, 386 f.
[12] Seine Kompetenzen sowie das Verhältnis zu den ihm nachgeordneten Kräften ist meist durch eine Klinikordnung (Dienstordnung) festgelegt, vgl.Schulz, Arztrecht für die Praxis, 190 f.
[13] Vgl. bereits BGHZ 8, 138, 140.
[14] Vgl. BVerfGE 57, 79, 98 f. = Arztrecht 1981, 288, 294, hebt besonders hervor, daß das umfassende Weisungsrecht des Chefarztes zur Aufrechterhaltung eines leistungsfähigen Klinikbetriebes und einer bestmöglichen Behandlung und Versorgung der Patienten erforderlich ist. Vgl. auch Palandt/Thomas, §823 BGB, Rn. 67.

bereitgestellt werden.[15] Seine Verantwortung hierfür erschöpft sich grundsätzlich darin, den Krankenhausträger auf eventuelle Mängel aufmerksam zu machen und nachdrücklich – aus Beweisgründen am besten schriftlich[16] – Abhilfe zu fordern.[17] Ist das nicht beziehungsweise nicht sofort möglich oder verschließt der Träger sich den von ihm aufgezeigten Mängeln, so hat er in extrem liegenden Fällen, die erforderlichen Vorkehrungen zu treffen, um den Patienten vor Schaden zu bewahren. Beispielsweise hat er den ärztlichen Betrieb einzuschränken oder einzelne Abteilungen zu schließen und den Patienten notfalls an eine andere Klinik zu überweisen.[18]

Soweit der Chefarzt den ihm untergeordneten Ärzten Behandlungsaufgaben überträgt, hat er für die entsprechende eindeutige Kompetenzverteilung, also der zweifelsfreien Abgrenzung der Verantwortungsbereiche, Sorge zu tragen. Sein Verantwortungsbereich umfaßt außerdem die Organisation, die Zusammenarbeit und den Einsatz des ärztlichen Dienstes innerhalb der von ihm geleiteten Einheit. Insbesondere ist er verpflichtet, die zur Vermeidung von Koordinations- und Kooperationsfehlern beim Zusammenwirken der Medizinalpersonen erforderlichen organisatorischen Maßnahmen zu treffen.[19]

So hat er dafür zu sorgen, daß für jeden Patienten eine Krankengeschichte angelegt und die erforderlichen Krankenunterlagen in einer Weise geführt werden, die es jedem mit – oder nachbehandelnden Arzt ermöglicht, die durchgeführten ärztlichen Maßnahmen zu erkennnen, damit dieser sie seinen Entscheidungen über die weitere Behandlung zugrunde legen kann. Weiter ist er verantwortlich für die ordnungsgemäße Durchführung des Bereitschaftsdienstes[20] und der Rufbereitschaft[21] Er muß bei der Diensteinteilung und Aufgabenzu-

---

[15] Für den Personalbedarf sind die DKG-Empfehlungen "Anhaltszahlen für die Besetzung der Krankenhäuser mit Ärzten und Pflegekräften vom 19. 9. 1969 und 9.9.1974, veröffentlicht in: Das Krankenhaus 1969, 419 f.; 1974, 420, 427, maßgebend, denen von der Rechtsprechung besonderes Gewicht beigemessen wird, obwohl diese Parameter aufgrund der zwischenzeitlich medizinischen bzw. medizinisch-technischen Veränderung im klinischen Betrieb erneuerungsbedürftig wären. Vgl. hierzu: OVG Münster Das Krankenhaus 1981, 485, 486.
[16] Vgl. Ulsenheimer, Medizinrecht 1984, 161, 166; ders., Arztstrafrecht in der Praxis, Rn. 154.
[17] Vgl. Weissauer, Der Anaesthesist, 1964, 385, 386, der mit Recht darauf hinweist, daß hierzu auch die Pflicht gehört, den Träger zur Vermeidung von Gerätemängeln zum Abschluß geeigneter Wartungsverträge zu veranlassen; BGH VersR 1960, 416.
[18] Brenner, Arzt und Recht, 260.
[19] Deutsch, Arztrecht und Arzneimittelrecht, Rn. 124.
[20] Rieger, Lexikon des Arztrechts, Rn. 353 ff.
[21] Rieger, Lexikon des Arztrechts, Rn. 1523 ff.

weisung beachten, daß die Medizinalpersonen die für ihr Tätig-
keitsgebiet fachliche, praktische und charakterliche Eignung
besitzt. Mit der Durchführung eigenständiger Maßnahmen darf er
keine Medizinalpersonen betreuen, die auf dem für die Behandlung
erforderlichen Gebiet unerfahren oder unterdurchschnittlich qualifiziert sind.[22]

Zu seinen Überwachungspflichten gehört, allgemein dafür Sorge zu
tragen, daß die ihm nachgeordneten Ärzte den Patienten unter
Beachtung der anerkannten medizinischen Erkenntnisse auf thera-
peutischem und diagnostischem Gebiet eine ausreichende, zweckmäßige
Behandlungsweise zukommen lassen.[23] Grundsätzlich kann er zur
Erfüllung dieser Pflicht, den ihm nachgeordneten Oberärzten und
Stationsärzten diese Aufgaben übertragen, wobei er jedoch sich
auch hier von deren Eignung zuvor zu überzeugen hat.[24]

2.   Der Oberarzt

Dem Chefarzt steht der Oberarzt zur Seite. Bei dessen Abwesenheit
ist er sein Vertreter. Er muß Facharzt des Fachgebietes sein, in
dem er seine Tätigkeit ausübt, und er muß über eine langjährige
Erfahrung in den wichtigsten Teilgebieten seines Faches verfügen.[25]
Er trägt neben dem Chefarzt die Gesamtverantwortung für die
Abteilung.[26] Auf dem medizinischen Sektor unterliegt er den Anweisungen des Chefarztes, sowie des ärztlichen Direktors der Klinik.[27]
Wegen seiner überragenden Sachkunde und längeren Berufserfahrung
obliegt es ihm, die ihm nachgeordneten Ärzte in seinem Aufgabenbereich in Fragen der Diagnostik und Therapie zu beraten. Er ist
ferner verpflichtet, die ärztlichen sowie pflegerischen Tätigkeiten
zu kontrollieren und zu überwachen. Er hat sich durch regelmäßige
Visiten auf den Stationen von dem Krankheitszustand der Patienten
selbst zu überzeugen und bei schwerkranken Patienten bezüglich der
diagnostischen und therapeutischen Entscheidungen mitzuwirken.

---

[22] BGH NJW 1978, 1681.
[23] BGH, Arzt und Krankenhaus 1986, 112; Brenner, Arzt und Recht,
Rn. 257.
[24] Brenner, Arzt und Recht, Rn. 259.
[25] Brenner, Arzt und Recht, 261.
[26] Laufs, Arztrecht Rn. 14.
[27] Drumm, 100.

3. Der Stationsarzt

Als Stationsarzt bezeichnet man einen Arzt, dem die ärztliche Leitung und Beaufsichtigung der untersten Klinikeinheit, der Station, übertragen ist.[28] Zu seinen Aufgaben gehören unter anderem die Aufnahme der Patienten, die Aufnahme der Vorgeschichte, die Diagnose, die Anordnung und Überwachung der Therapie, die Vorstellung der Patienten bei den Visiten, die Führung der Krankengeschichte und des ärztlichen Schriftwechsels sowie schließlich die Entlassung der Patienten.[29]

Er ist ebenfalls meist Facharzt oder befindet sich in der Ausbildung zum Facharzt.[30] Die dort untergebrachten Patienten behandelt er sowohl nach den allgemeinen Richtlinien des Chefarztes als auch nach den speziellen Anweisungen des Oberarztes.[31]

4. Sonstige Ärzte an der Klinik

An sonstigen Ärzten der Klinik sind die Assistenzärzte zu nennen. Sie befinden sich in der Weiterbildung zum Facharzt. Die von ihnen zu erbringenden ärztlichen Verrichtungen führen sie von Fall zu Fall nach den speziellen Anweisungen der übergeordneten Ärzte aus.[32]

II. Das nichtärztliche Personal

1. Die leitende Krankenpflegekraft

Zum Verantwortungsbereich der leitenden Pflegekraft, der Oberschwester beziehungsweise Oberin, gehört primär die Organisation des Pflegedienstes sowie zum Teil die des Reinigungs-, Desinfektions- und Küchenpersonals. Bestimmte die Oberin früher den gesamten Krankenhausbetrieb, so sind die heutigen Aufgaben der leitenden Krankenpflegekraft weitgehend eingeschränkt durch die Verantwortungs- und Kompetenzbereiche der Ärzte sowie der Krankenhausverwaltung.[33] Sie ist verantwortlich für den krankenpflegerischen Teil der Patientenversorgung. In diesem Zusammenhang hat sie ein umfassendes Aufsichts-, Kontroll- und Weisungsrecht über den gesamten

---

[28] Schmelcher (bei Kuhns) I/836.
[29] Schulz, Arztrecht in der Praxis, 432.
[30] Mißverständlich insoweit Drumm, 100, der zwischen Stationsarzt und Assistenzarzt unterscheidet, ohne auf die Möglichkeit hinzuweisen, daß eben auch ein Assistenzarzt die Funktion als Stationsarzt wahrnehmen kann.
[31] Brenner, Arzt und Recht, 254 f.
[32] Drumm, 100; Brenner, Arzt und Recht, 254 f.
[33] Vgl. zur geschichtlichen Entwicklung: Jung, 11, 24.

Bereich der traditionell zur Pflegetätigkeit zählenden Verrichtungen.[34] Hierzu gehört vor allem die Sorge für das Waschen,
Betten, Füttern der Patienten.

Darüber hinaus trägt sie die Verantwortung dafür, daß die ärztlichen Anordnungen durch das ihr unterstellte Pflegepersonal sach-
und fachgerecht ausgeführt werden.[35] Schließlich ist sie verantwortlich für die selbständige Organisation des Einsatzes aller
nichtärztlichen Pflegekräfte, ebenso wie für die Koordination des
pflegerischen Dienstes mit dem dem Chefarzt unterstehenden ärztlichen Dienst.[36]

2. Stationsschwester/Stationspfleger

Die Pflege der Patienten auf einer Station wird von der Stationsschwester geleitet.[37] In ihren Verantwortungsbereich fällt die
Organisation und Überwachung der Krankenpflege auf den einzelnen
Stationen, um den reibungslosen Ablauf der anfallenden pflegerischen Aufgaben zu gewährleisten. Dabei werden von ihr vereinzelt
auch selbst unmittelbar pflegerische Tätigkeiten am Patienten
ausgeführt. Nach ihren Weisungen führen die einzelnen, ihr nachgeordneten Schwestern und Pfleger sowie das stationszugehörige
Krankenpflegehilfspersonal die pflegerischen Tätigkeiten aus.[38] Die
Stationsschwester ist gegenüber dem ihr unterstellten Pflege-,
Funktions- und Hauspersonal weisungsbefugt, aufsichtspflichtig und
verantwortlich für den funktionellen Ablauf des Stationsbetrie-
bes.[39]

Neben diesen primär pflegerischen Tätigkeiten ist sie für die
Vorbereitung, Ausführung und Mithilfe bei diagnostischen und therapeutischen Maßnahmen verantwortlich. Ferner hat sie darüber zu
wachen, daß die Krankenunterlagen sorgfältig geführt werden. Um
einen ständigen Überblick über die auf der Station untergebrachten
Patienten zu haben, nimmt sie an den Visiten teil. Im Anschluß
hieran gibt sie dem ihr nachgeordneten Personal, wenn diesem nicht
bereits ärztliche Anweisungen unmittelbar erteilt wurden, die
Anordnungen weiter. Sie hat dafür auch Sorge zu tragen, daß die

---

[34] Drumm, 101.
[35] Brenner/Adelhardt, 246.
[36] Brenner, Das Krankenhaus 1975, 84; Drumm, 102.
[37] - oder dem Stationspfleger -
[38] Brenner, Arzt und Recht, 283.
[39] Brenner, Arzt und Recht, 283.

angeordneten ärztlichen Maßnahmen ordnungsgemäß durchgeführt werden. Die gleiche Funktion nimmt sie auch außerhalb der Visiten wahr.[40]

3. Krankenschwester/Krankenpfleger

Die Aufgabe der Krankenschwester und des Krankenpflegers ist es, durch die Pflege dem Patienten in der Verwirklichung der Lebensbedingungen beizustehen, die dieser zur Wiederherstellung und Bewahrung seiner Gesundheit oder einem humanen Sterben bedarf.[41] Hierzu zählt die Grundpflege (Betten, Lagern des Patienten sowie Hilfe beim Aufstehen, Durchführung prophylaktischer Pflegemaßnahmen, wie etwa Vorbeugen gegen Wundliegen) sowie die Behandlungspflege (Hilfestellung bei Rehabilitationsmaßnahmen).[42]

4. Sonstiges nichtärztliches Personal

Als sonstiges nichtärztliches Hilfspersonal steht das Krankenpflegehilfspersonal zur Verfügung. Diese Berufsgruppe kann von der Verantwortung her nur unter unmittelbarer Aufsicht und Anleitung der Krankenschwester/des Krankenflegers oder eines Arztes in der Krankenpflege eingesetzt werden.[43]

III. Zwischenergebnis

Als Zwischenergebnis ist festzustellen, daß die vertikal strukturierte klinische Organisation streng hierarchisch strukturiert ist. Neben der sich aus der überragenden fachlichen Kompetenz herleitenden Befähigung, die Arbeit ihm nachgeordneter Medizinalpersonen einschätzen zu können, erlangt der vorgesetzte Arzt zusätzliche Einflußmöglichkeiten durch die ihm von der klinischen Organisation eingeräumten institutionelle Beherrschungsmacht über den nachgeordneten Behandlungsablauf.

Dies gilt selbst dann, wenn etwa der Chefarzt von der Fachrichtung her Urologe oder Anästhesist ist und die Kompetenz eines ihm nachgeordneten Chirurgen oder Strahlenmediziners nicht aus eigener Sachkunde heraus umfassend fachlich beurteilen kann. Hier gibt ihm die klinische Organisation die Möglichkeit, diese Kontrolle von einer anderen fachlich versierten Kraft ausführen zu lassen. Diese

---

[40] Brenner, Arzt und Recht, 284.
[41] Brenner, Arzt und Recht, 273.
[42] Vgl. Brenner, Arzt und Recht, 274 f.
[43] Vgl. Brenner, Arzt und Recht, 273.

ihm zur Verfügung stehenden Beherrschungsmechanismen besitzen keinen Selbstzweck.

Sinn dieser Kontroll-, Überwachungs- und Anweisungsmechanismen ist
es, ihm ein effektives Instrumentarium in die Hand zu geben, um die
arbeitsteilig aufgegliederte medizinische Versorgung sach- und
fachgerecht gewährleisten zu können. Aufgrund der ihm durch die
klinischen Organisation verliehenen Herrschaftsmacht ist er in der
Lage, anders als etwa der einweisende Arzt, in den konkreten
arbeitsteiligen Ablauf der klinischen Organisation, lenkend und
gestaltend einzugreifen, diesen also zu beherrschen. Dieser dem
Arzt zur Seite stehenden umfassenden potentiellen Herrschaftmacht
gegenüber dem ihm nachgeordneten Medizinalpersonen korrespondiert
die Pflicht, von diesen Beherrschungsmöglichkeiten auch faktischen
Gebrauch zu machen.

Der vorstehende Arzt hat deshalb die Pflicht, seine fachliche und
hierarchisch fundierte Autorität zum Wohle und zum Schutze des
Patienten sach- und fachgerecht einzusetzen. Ohne Autorität und
Hierachie wäre ansonsten die arbeitsteilige medizinische Versorgung
im immer komplizierter werdenden klinischen Betrieb nicht zu
verantworten.[44]

Da der Fahrlässigkeitsvorwurf die sorgfaltswidrige Nichtverhinderung eines vorhersehbaren gefährlichen Geschehensverlaufs vor-
aussetzt, folgt hieraus, daß den vorstehenden Arzt einerseits
aufgrund seiner überragenden Sachkunde sowie seiner faktischen und
institutionellen Beherrschungsmacht, andererseits grundsätzlich die
Verantwortlichkeit trifft, dafür zu sorgen, daß die Patienten nicht
durch die Nachlässigkeiten nachgeordneter Kräfte zu Schaden kommen.

B.   **Grundlagen der Ermittlung der Verantwortlichkeit**
       des Arztes für fremdes Fehlverhalten

Bereits bei der Darstellung der Dogmatik des Fahrlässigkeitsdeliktes wurde darauf hingewiesen, daß das fehlerhafte Fremdverhalten
im Rahmen medizinischer Arbeitsteilung durchaus vorhersehbar ist.
Daß Medizinalpersonen gelegentlich bei der Wahrnehmung arbeitsteiliger Aufgaben Fehler begehen, ist nicht unvorstellbar, sondern

---

[44] Vgl. Carstensen/Schreiber, Therapie und Recht 1981, 167, 170.

wegen der Fehlbarkeit menschlichen Verhaltens im allgemeinen und der Komplexität medizinischer Behandlungsabläufe im besonderen generell möglich und somit vorhersehbar.[45] Auch die geschickteste Medizinalperson arbeitet "nicht mit der Sicherheit einer Maschine"[46] und trotz aller Fähigkeit und Sorgfalt kann ihr ein Griff, ein Schnitt, ein Stich mißlingen, der ihr an sich regelmäßig gelingt.[47]

Ein lediglich durch das faktische Vorhersehenkönnen fremder Sorgfaltswidrigkeiten ausgerichteter Pflichtenmaßstab würde deshalb zu einer unvertretbaren Ausuferung der strafrechtlichen Verantwortlichkeit des Arztes führen. er Arzt wäre verpflichtet, in sowohl für ihn als auch den Mitarbeitern und nicht zuletzt dem Patienten unzumutbarer Weise gegen jede irgendwie vorhersehbare fremde Sorglosigkeit, entsprechende Vorkehrungen zu treffen. Dem Arzt einen solchen Verhaltsmaßstab aufzuerlegen, wäre zudem mit dem Sinn und Zweck der Arbeitsteilung nicht zu vereinbaren. Denn wenn er im medizinischen Alltag sich in jedem konkreten Einzelfall arbeitsteiligen Zusammenwirkens auf alles an sich theoretisch Vorhersehbare einzustellen hätte,[48] dann würde die hierdurch bedingte Mehrbelastung für die Zuwendung zu fremder Tätigkeit ihm die volle Zuwendung zur eigenen Tätigkeit erheblich erschweren, wenn nicht gar unmöglich machen.[49] Die Medizin wäre allgemein nicht mehr in der Lage, das zu leisten, was sie kann, wenn den Beteiligten mit den Instrumenten des Strafrechts Verhaltensvorgaben auferlegt würden,[50] die hin zur defensiven Medizin führen würde.[51]

---

[45] Vgl. RG JW 1930, 1597, 1598: "Es ist indes eine allgemeinkundige Erfahrungstatsache, daß auch an sich durchaus zuverlässige Menschen in einem Einzelfalle, sei es infolge körperlichen, ihre Aufmerksamkeit beeinträchtigenden Übelfindens oder aus sonstigen Gründen einmal ... die ihnen obliegende Pflicht zu unausgesetzter Aufmerksamkeit vernachlässigen können."

[46] RGZ 78, 432, 435.

[47] Vgl. Ulsenheimer, Festschrift für Weissauer (1986), 164, 165.

[48] Vgl. bereits Binding, 560 f.

[49] Vgl. Jakobs, AT, 7/53; Wilhelm, JURA 1985, 183, 184; Der BGH NJW 1955, 1487, 1488, sieht die Pflicht des vorstehenden Arztes fremde Sorgfaltspflichtwidrigkeiten in Rechnung zu stellen als eine Aufgabe an, "die ihm gerade vor schwierigen Eingriffen, die seine Sammlung auf die eigentliche Aufgabe erfordern, nur in Ausnahmefällen wird zugemutet werden dürfen."

[50] BGH NJW 1980, 649, 650; Weissauer, Der Anaesthesist, 1962, 239, 249; Ulsenheimer, Arztstrafrecht in der Praxis, Rn. 148.

[51] Siehe dazu: Ulsenheimer, Festschrift für Weissauer (1986), 164, 165.

Bereits im Leinenfängerfall hat das Reichsgericht[52] darauf abgestellt, daß das generelle Bewußtsein von Gefahren, die sich aus
bestimmten Situationen ergeben können, für den Fahrlässigkeitsvorwurf allein nicht ausreicht. Es hat ausdrücklich der Auffassung
widersprochen, daß zur Vermeidung der strafrechtlichen Verantwortlichkeit jede Handlung unterlassen werden müsse, bei der die
Möglichkeit gegeben und vorhersehbar sei, daß sie für einen
rechtswidrigen Erfolg kausal werden könne, da dies zu Konsequenzen
führen würde, die mit den bestehenden Lebensverhältnissen und den
Bedürfnissen des Verkehrs unvereinbar seien.

Täglich und stündlich würden ungezählte Handlungen vorgenommen, die
für jeden Menschen erkennbar die Möglichkeit der Kausalität für die
Verletzung der körperlichen Integrität oder sogar das Leben anderer
Personen in sich tragen würden. Bei ihnen sei sich der Handelnde
regelmäßig auch bewußt, daß selbst bei der Anwendung der von ihm
beachteten größten Aufmerksamkeit die Verwirklichung der mit der
Handlung verbundenen Gefahren nicht völlig auszuschließen sei.[53]
Sämtliche dieser Handlungen unterschiedslos als strafrechtlich
relevantes fahrlässiges Unrecht zu qualifizieren, entspräche nicht
der Absicht des Gesetzgebers.[54]

Aus diesen Gründen muß es für den in arbeitsteilige Prozesse
integrierten Arzt prinzipiell zulässig sein, nicht jede mögliche
fremde Nachlässigkeit in Rechnung stellen zu müssen, indem ihm ein
gewisses Maß an Vertrauen in die sorgfältige Zusammenarbeit zugebilligt wird. Ohne ein solches grundsätzliches Recht zum Vertrauen
kann er nicht den praktischen Anforderungen des medizinischen
Alltags gerecht werden. Zudem ist der Anspruch auf Vertrauen ein
eminent wichtiger Faktor effektiver Zusammenarbeit. Vertrauen kann
auch motivieren. Wo es generell unerlaubt wäre, einander Vertrauen
entgegenbringen zu dürfen, wäre die Motivation zur verantwortungsvollen Mitarbeit nur schwer realisierbar, da das versagte Vertrauen
leicht als der medizinischen Arbeitsteilung keineswegs dienliche
schikanöse Bevormundung oder gar "tyrannische" Vorgehensweise em-
pfunden werden könnte..[55]

---

[52] RGSt 30, 25, 27.
[53] RGSt 30, 25, 27.
[54] RGSt 30, 25, 27.
[55] Siehe hierzu das der Arbeit vorangestellte Zitat von Sebastian
Franck.

Mit der exemplarischen Untersuchung der organisatorischen Struktur
im Bereich vertikaler Arbeitsteilung ist zunächst nur die Art und
Weise umschrieben, wie dort medizinische Arbeitsabläufe aufgeglie-
dert sind. Für den konkreten strafrechtlich relevanten Fall fahrlässigen Verhaltens anderer Medizinalpersonen ist damit aber allein
nicht die Grundlage bereitet, um zuverlässige Aussagen darüber zu
treffen, ob und weshalb der vorstehende Arzt im Einzelfall mit
Recht auf deren sorgfältige Mitwirkung vertrauen durfte.

Die Bestimmung der drittbezogenen Pflichtenmaßstäbe des Arztes wird
zudem erschwert durch die Tatsache, daß nicht jedes unbefriedigende
medizinische Resultat zugleich Aufschluß darüber gibt, ob eine
Sorgfaltswidrigkeit von Medizinalpersonen überhaupt vorliegt. Der
fehlende medizinische Erfolg ist nicht stets auf ein vorwerfbares
fehlerhaftes Verhalten der beteiligten Medizinalpersonen zurückzuführen. Dies beruht auf der besonderen Eigenart der Medizin
überhaupt. Ob eine medizinische Behandlung, wie etwa die Applikation von Zytostatika in der Tumortherapie, anschlägt, hängt mitunter von Faktoren ab, wie etwa der allgemeinen gesundheitlichen
Konstitution, dem Lebenswillen, den Vorschädigungen des Patienten
oder dem Zeitpunkt, zu dem die Therapie erstmals aufgenommen werden
kann. Dies sind Umstände, die zwar für den Heilungserfolg von
elementarer Bedeutung sind, die aber auch von dem noch so geschick-
ten und verantwortungsvollen Arzt nicht beherrscht werden können.

Ferner kann ein bestimmter medizinischer Behandlungsprozeß, wie
etwa die Pockenschutzimpfung, obwohl sie bei einer Vielzahl von
Personen in exakt der gleichen Weise durchgeführt wird, zu den
unterschiedlichsten unerwünschten Reaktionen führen, ohne daß hierfür irgendeiner Medizinalperson ein Vorwurf gemacht werden kann.
Der fehlende medizinische Erfolg ist mithin nicht per se als Indiz
für Fehlverhalten von Medizinalpersonen geeignet.[56]

Als entscheidendes differenzierendes Kriterium für die Beurteilung
der Verantwortlichkeit des vorstehenden Arztes für fremde Fehlleistungen bietet sich daher an, mit Roxin[57] zunächst danach zu
fragen, ob für ihn die konkrete Pflicht bestand, mit einem

---

[56] Vgl. BGH NJW 1978 1681; Ulsenheimer, Festschrift für Weissauer
(1986), 164, 165.
[57] Roxin, Täterschaft und Tatherrschaft (1. Auflage), 559;

bestimmten Fehlverhalten rechnen zu müssen, sich hierauf einstellen und es beherrschen zu müssen. Dies ist im Ergebnis gleichbedeutend mit der von Stratenwerth aufgeworfenen Frage, innerhalb welcher Grenzen überhaupt auf die Möglichkeit fremder Sorgfaltsmängel Rücksicht genommen werden muß.[58] Die Verantwortlichkeit des vorgesetzten Arztes für Fehler innerhalb arbeitsteiligen Zusammenwirkens kann daher erst dann in Frage stehen, wenn — aus ex ante Sicht[59] — überhaupt ein Fehler irgendeiner Medizinalperson in Erwägung zu ziehen war.[60]

Das Verbot "neminem laede" bezieht sich grundsätzlich nur auf das eigene Verhalten des Täters. Es bedeutet, jeder hat zwar dafür Sorge zu tragen, daß er mit seinem Verhalten nicht fremde durch das Strafrecht geschütze Rechtsgüter verletzt.[61] Im Bereich der Fahrlässigkeitsdogmatik hat jeder Täter die für ihn maßgebenden Verhaltensnormen zu beachten, die ihn veranlassen sollen, fremde Rechtsgüter nicht zu verletzen.[62] Er muß sich aber grundsätzlich nicht darum sorgen, daß auch andere Personen sich entsprechend verhalten. Dafür sind jene als eigenverantwortliche Wesen prinzipiell allein zuständig.[63] Wie das der Arbeit vorangestellte Zitat von Max Ernst Mayer deutlich macht, kann einem Menschen in bezug auf die fremde Fahrlässigkeit nur dann der Vorwurf eigenen fahrlässigen Verhaltens gemacht werden, wenn er selbst zugleich gegen ein für ihn verbindliches Verhaltensgebot verstoßen hat.[64]

Es muß also zu der Voraussetzung der Vorhersehbarkeit — mit den Worten des Reichsgerichts im Leinenfängerfall formuliert — einschränkend hinzukommen, daß die Vornahme der Handlung im konkreten Fall eine Nichterfüllung desjenigen Maßes an Aufmerksamkeit und Rücksicht auf die Interessen der Allgemeinheit darstellt, deren Befolgung von dem Handelnden in zumutbarer Weise generell abverlangt werden darf.[65]

---

[58] Stratenwerth, Festschrift für Eb. Schmidt (1961), 383, 391, 400.
[59] Stratenwerth, Festschrift für Eb. Schmidt (1961), 383, 398.
[60] Stratenwerth, Festschrift für Eb. Schmidt (1961), 383, 396; BGHSt 11, 1, 4.
[61] Schönke/Schröder/Lenckner, vor §§13 ff. Rn. 101.
[62] Allgemein hierzu: Krümpelmann, Festschrift für Lackner (1987), 289, 301.
[63] Schönke/Schröder/Cramer, vor §15 Rn.146; Lenckner, Festschrift für Englisch (1969),490, 506; Schumann, 6.
[64] Mayer, 104.
[65] RGSt 30. 25, 28.

Der Bereich medizinischer Arbeitsteilung bildet von diesem Prinzip keine Ausnahme. Vielmehr haben hier diese Überlegungen erst recht zu gelten.[66] Denn hier handelt es sich um Formen menschlichen Verhaltens, die zwar im höchsten Maße sozial nützlich sind, gleichzeitig aber – per se eine exzeptionelle Komplexität,[67] verbunden mit einer erheblichen Gefahrgeneigtheit, aufweisen.[68]

Folglich kann dem vorgesetzten Arzt der strafrechtliche Fahrlässigkeitsvorwurf erst dann gemacht werden, wenn für ihn die spezifische Pflicht bestand, ein bestimmtes fremdes Fehlverhalten mit in Rechnung zu stellen und zu vermeiden. Das bedeutet, daß es nicht auf die generelle Vorhersehbarkeit[69] ankommt, ob er Nachlässigkeiten von nachgeordneten Medizinalpersonen voraussehen konnte. Ebenfalls ist nicht die faktische Beherrschbarkeit des Geschehensablaufs allein maßgebend für die Bestimmung der Verantwortlichkeit des vorstehenden Arztes. Entscheidend ist vielmehr, ob für ihn die individuelle, die Voraussicht bestimmter Gefahren gebietende Pflicht bestand, damit rechnen zu müssen.[70] Es kommt also nicht auf das theoretische generelle Vorhersehenkönnen an, sondern vielmehr, ob im konkreten Einzelfall, aufgrund bestimmte Umstände mit der fremden Sorglosigkeit gerechnet werden mußte. Maßgebend ist deshalb mit Roxin, allein die Frage nach der spezifischen Sorgfalt des Arztes und "sonst nichts".[71]

Bei der Aufstellung von eigenen Sorgfaltsmaßstäben, denen keine tatsächliche ärztliche Übung entspricht, hat der regelmäßig selbst nicht medizinische sachkundige Richter generell Zurückhaltung zu wahren.[72] Dem Arzt kann daher prinzipiell nur dort ein eigenes fahrlässiges Verhalten vorgeworfen werden, wo er gegen eine bereits zur Tatzeit existierende anerkannte Regel der ärztlichen Kunst, sich hinsichtlich der Folgen und Wirkungen seiner gesetzten oder

---

[66] Vgl. RGSt 67, 12, 19.
[67] Ratajczak, Medizinrecht 1988, 80, 82.
[68] Aufschlußreich und zutreffend RG JW 1930, 1597, 1598,: "Es bedarf keiner Ausführung, daß der leitende Arzt einer größeren Klinik ebenso wie der Leiter eines größeren industriellen Unternehmens nicht schlechthin für jedes Vorkommnis in dem Betriebe strafrechtlich verantwortlich gemacht werden kann, das zum Tode oder zu körperlichen Verletzungen von Menschen geführt hat; vielmehr ist in jedem Falle zu prüfen, ob insoweit den Leiter ein eigenes Verschulden trifft." (mit zustimmender Anmerkung von Bohne)
[69] Kritisch zum Begriff der Vorhersehbarkeit: Frisch 231 f.
[70] Vgl. auch Bockelmann, (bei Ponsold), 43.
[71] Roxin, Täterschaft und Tatherrschaft (1. Auflage), 559.
[72] BGH VersR 1979, 43, 44.

unterlassenen Maßnahmen ein der Wirklichkeit entsprechendes Vorstellungsbild zu machen, verstoßen hat. Es müssen für ihn also spezifische Verhaltensnormen vorliegen.

Diese sind auf ihre Herkunft und ihren Inhalt zu untersuchen. Dabei ist zwischen zwei Hauptelementen zu unterscheiden.[73] Zum einen können konkrete Regelungen unterschiedlichster Art für den Arzt bestehen (I.). Liegen diese nicht vor, so kann sich für den Arzt aufgrund allgemeiner Lebenserfahrung die Verantwortlickeit ergeben, bestimmte negative Geschehensabläufe vorherzusehen und zu vermeiden (II.).[74]

I. Verantwortlichkeit wegen der spezifischen Pflicht, fremde Sorgfaltswidrigkeiten zu eliminieren/korrigieren

Welche konkreten Voraussichtsgebote für den vorstehenden Arzt zur Tatzeit bestanden, kann der Richter nur dann ermitteln, indem er die für den Arzt verbindlichen Verhaltensgebote daraufhin untersucht, ob sie Regelungen enthalten, aus denen die Pflicht zur Beachtung fremder Fehlleistungen folgt.[75] Ihm wird mitunter die Feststellung einer fehlerhaften Nichtvoraussicht des tatbestandsmäßigen Erfolges erleichtert durch gesetzliche Bestimmungen,[76] Polizeiverordnungen und Dienstvorschriften,[77] Unfallverhütungsvorschriften der Berufsgenossenschaften,[78] deren Sinn und Zweck es gerade ist, den mit bestimmten Tätigkeiten verbundenen Gefahren und den aus ihnen erfahrungsgemäß sich entwickelnden Schädigungen entgegenzuwirken.[79]

Mithin enthalten diese Bestimmungen neben ihrer Intention, den Pflichtadressaten zur Beachtung der spezifischen Regeln anzuhalten, zugleich die Warnung vor schädlichen Folgen, wenn er das Verhal-

---

[73] Vgl.RGSt 56, 343, 349; 67, 12, 19; BGHSt 4, 182, 185; Exner, Fahrlässigkeit, 200; Bohnert, JR 1982, 6,7.
[74] LK Schröder, §16 Rn. 138, Engisch, Untersuchungen, 368 f.; Dreher/Tröndle, §222 Rn. 15.
[75] Vgl. Bohnert, JR 1982, 6, 8; Bay ObLG Beschluß v. 19.08.1988 RReg −1 St 123/88− = NStE Nr. 14 zu §222 StGB.
[76] Bereits Binding, Band 2, 241, wies allgemein darauf hin, daß etwa die Pflicht, nicht zu töten, den Verpflichteten implicite mit der Achtsamkeit verbunden ist, nicht zu töten.
[77] Vgl. Eb. Schmidt, Der Arzt im Strafrecht, 175; ders., Lehrbuch der gerichtlichen Medizin, 48 f.; Frank, §59 VIII 4.
[78] Vgl. dazu Bohnert, JR 1982, 6 ff.; Gallas, Die strafrechtliche Verantwortlichkeit der am Bau Beteiligten, 36; Lackner, §15 Anm. III 2a bb.
[79] Vgl. Exner, Fahrlässigkeit, 197; Weissauer, Der Anaesthesist 1964, 385, 389; Rieger, Lexikon des Arztrechts, Rn. 307. Der BGH Urt. v. 12.02.1980 −VI ZR 170/78 sieht die so manifestierten Verhaltensgebote als anerkannte ärztliche Kunstregeln an.

tensgebot ignoriert.[80] Sollen sie ihn warnen, so folgt hieraus, daß bei ihrer Nichtbeachtung der Eintritt bestimmter zu vermeidender Gefahren wahrscheinlich, mithin vorhersehbar ist. Dabei muß der besondere Sinn und Zweck dieser Normen aber gerade darin bestehen, das konkrete, von fremder Hand beeinflußte Unrechtsgeschehen vorherzusehen und zu vermeiden.[81]

1. Spezifische Verhaltensgebote aus dem Gesetz

Zunächst könnten sich für den Arzt Verhaltensgebote aus dem Gesetz ergeben. Die ein bestimmtes Verhalten vorschreibenden Gesetze sind das Ergebnis einer auf langer Erfahrung beruhenden umfassenden Voraussicht möglicher Gefahren.[82] So untersagt etwa § 9 Abs. 2 Nr. 1 GeschlKG die Fernbehandlung. Da bei der "Ferndiagnose" nicht eigentlich der behandelnde Arzt, sondern der zu behandelnde Patient selbst die Diagnose stellt, der Erfolg der Behandlung aber in erster Linie durch eine richtige Diagnose bedingt ist, wird vom Gesetzgeber vor den spezifischen Gefahren, die durch die Mißachtung der Vorschrift drohen, gewarnt.

Der Arzt, der diese Norm ignoriert, stellt sich mithin einer gesetzlichen Voraussichtsnorm zuwider den eingetretenen schädigenden Erfolg nicht vor. Zugleich wird davor gewarnt, daß bei Mißachtung der Gebotsnorm die Gefahr einer Verletzung fremder Rechtsgüter im Bereich des Möglichen liegt.[83] Für den arbeitsteilig strukturierten Sektor liegen für den Arzt derzeit keine spezifischen gesetzlichen Verhaltensgebote bezüglich des Verhaltens nachgeordneter Medizinalpersonen vor.

2. Ausbildungs/Berufsbild

Am naheliegendsten erscheint es daher, die Pflichten mit den ihnen korrespondierenden Vorhersehbarkeitsgeboten zunächst aufgrund der jeweiligen Ausbildungsrichtungen der einzelnen am arbeitsteiligen Zusammenwirken beteiligten Medizinalpersonen zu bestimmen.[84] Aus dem Grundsatz "impossibilium nulla est obligatio" folgt, daß nur

---

[80] Vgl. RGSt 67, 12, 20.
[81] BGHSt 4, 182, 185; Wessels, AT §6 II 2c; Bohnert, JR 1982, 6, 8.
[82] BGHSt 12, 75, 78, Jescheck, AT §55 II 1d; Bohnert, JR 1982, 6, 10.
[83] Vgl. RGSt 56, 343, 349; 58, 27, 30; 73, 370, 373; 76, 1, 2; BGHSt 4, 182, 185; 12, 75, 78; Jescheck, AT §55 II 1d.
[84] Hierauf stellt auch der BGH MDR 1980, 155, neben dem Inhalt des Dienstvertrages entscheidend ab.

demjenigen, der über eine bestimmte theoretische berufliche Ausbildung verfügt, eine berufspezifische Pflicht, sich in bestimmter Weise zu verhalten, auferlegt werden kann.[1] Jedoch ist dieses Abgrenzungskriterium wegen seiner Unbestimmtheit allein nicht aussagekräftig genug.

Die Ausbildungsrichtung kann nicht vorausschauend den konkreten späteren praktischen Erfordernissen umfassend Rechnung tragen. Die nähere Umschreibung des Verantwortungsbereichs, aus dem sich die spezifischen Verhaltensgebote ergeben, kann erst im Hinblick auf die konkrete spätere Funktion näher definiert werden. So wird der Anästhesist in seiner Ausbildung zwar eingehend auch mit dem Anlegen von Kathetern vertraut gemacht. Hieraus allein kann aber für den konkreten Fall nicht gefolgert werden, daß nur er, nicht aber der Chirurg, für die Kontrolle dieses Arbeitsschrittes verantwortlich ist, zumal dieser denselben Arbeitsschritt ebenfalls in seiner Ausbildung vermittelt bekommt.

Umgekehrt enthalten etwa die Ausbildungsordnungen für Krankenschwestern und Krankenpfleger[2] keine deutlichen Angaben über die Berechtigung zur eigenständigen Applikation von Spritzen. Dies kann, muß aber nicht bedeuten, daß ihnen diese Aufgabe nicht eigenverantwortlich übertragen werden darf.[3] Das Berufsbild stellt daher nur einen äußerst groben Maßstab für die Bestimmung der spezifischen Verhaltensgebote dar. Von seinem Schwerpunkt her ist das Berufsbild daher primär nicht geeignet, positiv bestimmte Pflichten zu determinieren. Seine Bedeutung besteht vielmehr in der Ausgrenzung bestimmter Verantwortlichkeiten, indem negativ festgestellt wird, daß den Arzt eine bestimmte Pflicht nicht treffe, weil dies mit seinem Berufsbild unvereinbar ist.

3.   Arbeitsvertrag

Als weiteres, den individuellen Gegebenheiten bereits eher Rechnung tragendes Kriterium kommt zur Bestimmung der für den vorgesetzten

---

[1] Exner, Fahrlässigkeit, 137 f.
[2] Gemäß §1 Abs. 1 der Ausbildungs- und Prüfungsordnung für die Berufe in der Krankenpflege iVm Anl. 1 A 8.7.3 gehören zur theoretischen Ausbildung nunmehr Injektionen sowie die Vorbereitung von Venenpunktionen, Infusionen und Transfusionen (v. 16.10.1985, iVm §11 Krankenpflegegesetz v. 4.6.1985, BGBl I/893). Über die Berechtigung zur eigenständigen Durchführung solcher Verrichtungen besagen die Vorschriften aber nichts.
[3] Drumm, 169.

Arzt verbindlichen Verhaltensgebote die rechtliche Grundlage seiner beruflichen Tätigkeit innerhalb der klinischen Organisation in Betracht. Grundlage des Anstellungsverhältnisses zwischen Arzt und Träger der Klinik ist der Arbeitsvertrag. Vereinzelt werden in ihm detaillierte Aufgabenfelder[4] und die damit verbundenen Pflichten des Arztes im Verhältnis zu den ihm nachgeordneten Medizinalpersonen umschrieben.[5]

Aber auch in ihm können die Aufgabenfelder meist nur grob umrissen werden, da bei Begründung des Arbeitsverhältnisses meist nicht vorausschauend geregelt werden kann, welche spezifischen Anforderungen sich im Verlaufe des Arbeitsverhältnisses ergeben werden. Technische, personelle oder organisatorische Veränderungen können Anlaß geben, die Verhaltensgebote der am arbeitsteiligen Prozeß Beteiligten neu zu definieren.

Zudem ist der Inhalt des Arbeitsvertrages von seinem Schwerpunkt her bezogen auf die Interessen der jeweiligen Vertragspartner. Der Träger der Klinik als Arbeitgeber hat zivilrechtlich nur eingeschränkt die Möglichkeit, durch den Abschluß des Vertrages mit einer bestimmten Medizinalperson zugleich für einen anderen seiner Angestellten verbindliche Regelungen zu treffen.[6] Dies würde bereits zivilrechtlich mit der Privatautonomie des Schuldrechts nicht zu vereinbaren sein, da es einen Vertrag zu Lasten Dritter darstellen würde. Aus diesem Grunde wird der Träger der Klinik mit guten Gründen äußerst zurückhaltend bei der Abfassung von Arbeitsverträgen vorgehen, wenn es darum geht, die Verhaltensgebote anderer Mitarbeiter in Arbeitsverträgen detailliert zu fixieren. Hierzu wird er vielmehr einen Weg wählen müssen, auf dem er in allgemeiner Weise allen Angestellten in gleicher Weise bestimmend gegenüber tritt. Für den Arzt ergeben sich deshalb seine auf das arbeitsteilige Zusammenarbeiten bezogenen berufspezifischen Verhaltenspflichten auch nicht entscheidend aus dem Arbeitsvertrag.

4.   Ausdrückliche Anordnungen der Klinikleitung

Weit bedeutsamer für die Präzisierung der einzelnen Aufgabengebiete ist in der medizinischen Praxis für die Beteiligten die auf

---

[4] Vgl. BGH MDR 1980, 155.
[5] Weissauer, Der Anaesthesist 1964, 385, 387.
[6] – und zwar nur soweit ihm dieses Recht durch §315 Abs. 1 BGB eingeräumt ist –

klinikinterner Ebene geregelte Abgrenzung der Verantwortungsbereiche durch Anordnungen der Klinik. Im Rahmen des ihm obliegenden
Aufgabenfeldes, die sachgemäße Versorgung der Patienten sicherzu-
stellen und der damit notwendig in Sachzusammenhang stehenden
Leitungs-, Organisations- und Aufsichtspflichten, hat der Träger
der Klinik für die Beachtung der erforderlichen allgemeinen Schutz-
maßnahmen zu sorgen.[7] So hat er dem ärztlichen Direktor, den
leitenden Abteilungsärzten sowie dem gesamten übrigen Personal die
erforderlichen Weisungen zu erteilen und deren Beachtung zu überwachen.

Innerhalb des ärztlich-organisatorischen Bereichs ist es Sache des
ärztlichen Direktors, die den klinischen Gesamtbetrieb betreffenden
Weisungen zu erteilen. Er hat die Organisation des Operationsbe-
triebes und die Zusammenarbeit zwischen den verschiedenen Abteilungen und Fachdisziplinen zu regeln.[8] Dabei gibt es nicht die
eine, für alle Zukunft verbindliche Anweisung. Entsprechend den
Veränderungen in den Erkenntnissen sowohl der medizinischen Wissenschaft als auch der medizinischen Praxis, werden sie kontinuierlich auf aktuellem Stand gehalten. Erst mit dem Instrument
der Anordnung kann im einzelnen geregelt werden, wer etwa bei einem
chirurgischen Eingriff in Vollnarkose die Entscheidung über die
Wahl der Narkoseform zu tragen hat, und wer in den einzelnen
Operationsphasen welche bestimmten Aufgaben generell auszuführen
hat.

Wenn eine Klinik im Rahmen der von ihr angebotenen Leistungen
Blinddarmoperationen anbietet, so muß klar festgelegt werden,
welche Person (Chirurg, Anästhesist, OP-Schwester etc.) mit welcher
Qualifikation (Fach- oder Assistenzarzt unter Leitung) tätig werden
soll. Zusätzlich müssen die zur Behandlung erforderlichen Nebenauf-
gaben, wie etwa begleitende Laboruntersuchungen, für jeden Behand-
lungstyp eindeutig geregelt sein.[9] Diese Anordnungen sind auf die
Besonderheiten des jeweiligen klinischen Betriebes auszurichten und
beständig zu aktualisieren. Sie können in genereller Weise erteilt
werden. Durch sie wird dem einzelnen Chirurgen, Anästhesisten,

---

[7] Weissauer, Der Anaesthesist 1964, 385, 386.
[8] Vgl. BGH Urt. v. 9.1.1986 -4StR 650/85- mitgeteilt und
besprochen von Bayer, Arzt und Krankenhaus 1986, 112 ff.
[9] Drumm, 169; Weissauer, Der Anaesthesist 1964, 385, 386.

Urologen etc. zumeist detailliert vorgegeben, welche Arbeiten welche Person wie und wann zu erbringen hat. Der klinikinternen Anordnung kommt deshalb wegen ihrer starken Sachbezogenheit für die Erledigung medizinischer Aufgaben bei der Bestimmung der Verhaltens- und Voraussehbarkeitsgebote ein hoher Stellenwert zu.

In diesem Zusammenhang stellt sich die Frage, in welcher Form die Anweisung zu erfolgen hat. Zwar kann die Anordnung mündlich erteilt werden, jedoch sollte hiervon nur ausnahmsweise und nur in besonders gelagerten Fällen Gebrauch gemacht werden. Weissauer[10] räumt ein, die schriftliche Erteilung von Anweisungen möge dem leitenden Arzt den Nachweis organisatorischer Vorkehrungen erleichtern. Dessenungeachtet hält er sie nicht für geeignet, die sorgfältige theoretische und praktische Unterweisung des Personals über die Grenzen ihrer Verhaltenspflichten hinreichend zu informieren. Seiner Auffassung nach könne die schriftliche Unterweisung niemals die viel eindrucksvollere unmittelbare Ausbildung ersetzen. Es sei unmöglich, allen individuellen Bedürfnissen des Einzelfalles Rechnung zu tragen.

Er verkennt dabei, daß es nicht nur darum geht, dem leitenden Arzt den Nachweis zu erleichtern, daß er ausreichende Vorsichtsmaßnahmen angeordnet hat und seinen Pflichten nachgekommen ist, sondern primär darum, von vornherein Fehlerquellen am Entstehen zu hindern, indem hier die schriftliche Form der Anweisung gewählt wird. Weissauer meint, die schriftliche Anordnung berge auch Gefahren, da in der Medizin bekanntlich jeder Fall anders liege. So müsse eine im Regelfall einfache Pflegetätigkeit bei besonderen Komplikationen unter Umständen vom Arzt selbst ausgeführt werden. Es sei daher schwierig, wenn nicht sogar unmöglich, in einer schriftlichen Anordnung diese Fälle, in denen die normale Fixierung der Verhaltensgebote nicht gelten könne, hinreichend klar abzugrenzen. Zudem bestünden auch innerhalb der Mitarbeitergruppen wieder deutliche Unterschiede im Ausbildungsniveau, der Erfahrung und Zuverlässigkeit des Einzelnen. Den Wert einer notwendig generalisierenden schriftlichen Anordnung schätzt er daher von vornherein nur gering ein.[11]

---

[10] Weissauer, Der Anaesthesist 1964, 385, 389.
[11] Vgl. Weissauer, Der Anaesthesist 1964, 385, 389.

Dem ist entgegenzuhalten, daß die unbestreitbare Möglichkeit, von Ausnahmefällen die Abweichung von der üblichen Anordnung erfordern können, nicht zugleich die verantwortlichen Ärzte von der Verpflichtung entbinden kann, den medizinischen Regelfall schriftlich zu regeln. Denn aus der eingestandenen Unmöglichkeit, die Verhaltensgebote für Ausnahmefälle bis in das letzte Detail zu regeln, folgt keinesfalls die Unmöglichkeit, die Verantwortlichkeiten klar, unmißverständlich und verbindlich für den medizinischen Regelfall festzulegen.

Zudem zeigt die strafrechtliche Praxis, daß es in erster Linie nicht die medizinischen Extremfälle sind,[12] die zu Fehlleistungen führen, sondern vielmehr die zur Routine gewordenen medizinischen Arbeitsschritte.[13] Weiter zeigen Sachverhalte, wie der Reithosenplastikfall,[14] daß es im klinischen Betrieb durchaus vorkommen kann, daß über entscheidende Fragen bei der verantwortlichen Betreuung des Patienten keinerlei Absprachen —im dortigen Fall für die postoperative Phase der frischoperierten Patientin — weder mündlich noch schriftlich getroffen wurden.

Liegen keine schriftlichen Abgrenzungen der Verantwortlichkeiten vor, obwohl der Zwang dazu besteht, so gibt ihr Nichtvorhandensein den Beteiligten einen deutlichen Hinweis darauf, daß Unklarheiten bestehen und Abhilfe geschaffen werden muß. Zudem werden durch die schriftlichen Anweisungen über die Verteilungen der Kompetenzen und den sie implizierenden Verhaltensgeboten Mißverständnisse bei der Übermittlung der Informationen besser vermieden. So kann beispielsweise der Oberarzt aus Konzentrationsschwäche oder Vergeßlichkeit seinem Assistenzarzt bei der nur mündlichen Einweisung in das Aufgabengebiet einen wesentlichen Punkt vergessen. Ebenso besteht die Gefahr von auf Übermittlungsfehlern beruhenden Mißverständnissen.

---

[12] So wird in den Entscheidungsgründen zum Steißbeinfistelfall, (BGH NStZ 1983, 134 f.) vom 5. Strafsenat ausdrücklich festgestellt, daß der Eingriff ein Routineeingriff war.
[13] Ebenso handelt es sich im Chloroformkurfall (BGHSt 3, 91 ff.), wo es um die Beseitigung von Cestodes (Bandwürmern) ging oder im Cholin/Decholinfall (BGHSt 6, 282 ff.), dort ging es um ein Gallenblasenleiden, daß es nicht gerade die extremen Fälle medizinischer Behandlung sind, die der Abklärung der Verantwortlichkeiten bedürfen.
[14] BGH MDR 1980, 156 f.

Außerdem ist die schriftliche Fixierung der Verhaltensgebote ein effektives Mittel, um die durch Fluktuation im Personalbestand beständig bedrohte Kontinuität in der Qualität der medizinischen Versorgung zu gewährleisten.[15] Verläßt der frühere leitende Arzt seinen Posten endgültig oder auch nur vorübergehend, und nimmt nun sein Nachfolger bzw. Stellvertreter die mündliche Erteilung der Verhaltenspflichten vor, so wird ohne Not das Risiko vergrößert, daß sich hier Abweichungen ergeben zwischen den bisherigen Regelungen und der neuen Regelung. Schließlich nimmt die schriftliche Festlegung der Verhaltensgebote dem Arzt, was Weissauer wohl auch andeuten will,[16] nicht die Möglichkeit, seinen Anordnungen mündlich zusätzlichen Nachdruck zu verleihen.

Der hier vertretenen Ansicht mag man entgegenhalten, sie führe zu einer weiteren Bürokratisierung in der Medizin. Andererseits gilt es aber, den mit der medizinischen Arbeitsteilung freigesetzten systemimmanenten Fehlerquellen Herr zu werden und den Patienten so wirksam wie möglich vor ihren Gefahren zu schützen, um ihm letztlich nur ihre Vorteile zukommen zu lassen.

Das dies keine unzumutbare Anforderung an die Organisation der medizinischen Praxis darstellt, zeigt der Vergleich mit dem Aufwand, der zur Erfüllung der gegenüber den Patienten bestehenden Aufklärungspflicht erforderlich ist. Dort wird jeder Patient in kombinierter Form, sowohl mündlich als auch schriftlich über Art und Ausmaß sowie mögliche Komplikationen des Eingriffes aufgeklärt. Derartige Aufklärungen kommen an jeder Klinik tagtäglich vor. Die schriftliche Fixierung der Verhaltensgebote dagegen wird von der Natur der Sache her weit seltener erforderlich sein. Im Verhältnis zu dem organisatorischen Aufwand, der für die Erfüllung der Aufklärungspflicht entsteht, fällt der hier notwendige Aufwand der schriftlichen Abgrenzung der Verantwortungsbereiche kaum ins Gewicht.

Erst wenn der vorgesetzte Arzt hierdurch besser in die Lage versetzt wird, den für ihn verbindlichen Sorgfaltspflichten nachzukommen, wird erst wesentlich sein Vertrauen begründet, daß

---

[15] Vgl. Siegrist, 45 f.
[16] Weissauer, Der Anaesthesist 1964, 385, 389 (linke Spalte, Mitte).

bestimmte andere Aufgaben von einer anderen Medizinalperson eigenverantwortlich und sorgfältig wahrgenommen werden und er selbst
insoweit nicht weiter tätig werden muß. Erst wenn der Vertrauensadressat exakte Vorgaben erhalten hat, wo er sich mit welcher
Kompetenz wie zu verhalten hat, können die übrigen Beteiligten im
Umkehrschluß hieraus folgern, welche Aufgaben nicht von ihnen noch
wahrgenommen werden müssen.

Angesichts der spezifischen Haftungsträchtigkeit des arbeitsteiligen medizinischen Zusammenwirkens haben daher zur Verhinderung von
Zwischenfällen und Strafverfahren, die Festlegung der berufspezifischen arbeitsteiligen Verhaltensgebote generell schriftlich zu
erfolgen.[17] Die Anordnungen der ärztlichen Leitung und der Klinik-
verwaltung sind deshalb eines der entscheidendsten Kriterien für
die Bestimmung der Verhaltens- und Voraussichtsgebote des Arztes.
Liegt eine solche ausdrückliche Abgrenzung der Aufgabenbereiche
nicht vor, so darf der Arzt nicht auf die bloße Vermutung, es gebe
eine derartige Anordnung oder eine bestimmte, aber unklare Anordnung regele den konkreten Fall der Bestimmung des Verantwortungsbereichs, sein Vertrauen gründen.

5.   Die stillschweigende klinische Übung
Die konkrete Frage, von wem die spezifisch medizinische Verrichtung
in welcher Art und Weise auszuführen ist, wird beim Fehlen
ausdrücklicher Anordnungen nicht selten, durch die Berücksichtigung
der an der Klinik bestehenden informellen ständigen Übung, zu
beantworten sein.

Ebenso wie es in der alltäglichen medizinischen Praxis mit der
negativen Erscheinung des nachlässigen, "schlampigen" Verhaltens
gerechnet werden muß,[18] existiert quasi als Widerpart hierzu das
positive Phänomen der stillschweigenden klinischen Übung. Durch
die Häufigkeit bestimmter arbeitsteilig zu erledigender Behandlungsabläufe wird sich an fast jeder Klinik eine individuelle

---

[17] Ebenso Ulsenheimer, Medizinrecht 1984, 161, 166; ders. Arztstrafrecht in der Praxis, Rn. 154, der aus seiner umfassenden
Praxis als Strafverteidiger in arztrechtlichen Strafverfahren
den Hinweis gibt, daß schrifliche Anweisungen "dringend zu
empfehlen" sind.
[18] Dies ist keine Besonderheit unter den an der medizinischen
Arbeitsteilung Beteiligten, sondern überall dort anzutreffen,
wo menschliches Verhalten in besonders geordneten Bahnen
abzulaufen hat.

Vorgehensweise herauskristallisieren, die am besten geeignet erscheint, eine optimale Behandlung des Patienten zu gewährleisten. Sie zeichnet sich dadurch aus, daß sie nicht ausdrücklich
förmlich angeordnet wurde, sondern sich von selbst im stillschweigenden Einvernehmen unter den Beteiligten entwickelt hat.

Ihre spezifische Verbindlichkeit kann sich aus der kontinuierlichen
faktischen Anwendung dieser Sicherheitssysteme durch den Arzt
selbst oder durch Kollegen in gleicher Position ergeben. So hatte
sich in dem vom Bundesgerichtshof entschiedenen Cholin/Decholin-
Fall[19] an der Klinik die Gewohnheit herausgebildet, daß der
anordnende Arzt die richtige Ausführung der von ihm angeordneten
Spritzenmedikation durch Überprüfung der beigelegten leeren Ampullen zu kontrollieren hatte. Eine ausdrückliche oder förmliche
Anordnung war nicht ergangen. Zweck dieser stillschweigenden klinischen Übung war es, Verwechslungen auszuschalten. Der Arzt
dagegen ignorierte diese eingespielte Übung.

Zutreffend hat die Strafkammer und ihr zustimmend der Bundesgerichtshof den Verstoß gegen die klinikinterne Abgrenzung der
Verantwortungsbereiche als fahrlässiges Verhalten eingeschätzt.[20]
Wenn auch die Überwachung von Art und Dosierung der Injektionsmit-
tel nicht ausdrücklich von der Klinikleitung vorgeschrieben worden
sei, sondern lediglich als Übung bestand, so stelle sie jedoch das
Ergebnis einer auf Überlegung und langer Erfahrung aufgebauten,
umfassenden Voraussicht möglicher Gefahren dar.[21] Schon durch das
bloße Bestehen einer solchen Übung werde deutlich, daß bei Verab-
säumung eingängiger Vorsichtsmaßnahmen die Gefahr eines Unfalls im
Bereich der Möglichkeiten liege.[22]

Durch die stillschweigende klinische Übung der Spritzenkontrolle
wurde somit dem die Spritzenapplikation anordnenden Arzt das
Verhaltensgebot auferlegt, Fehler der die Spritze herrichtenden
Schwester und die hieraus drohenden Gefahren, vorherzusehen.

---

[19] BGHSt 6, 282 ff. = NJW 1954, 1536, 1537.
[20] BGHSt 6, 282, 287.
[21] Vgl. BGHSt 12, 75, 78, der fast dieselbe Formulierung
verwendet, sich allerdings nicht auf die Entscheidug BGHSt 4,
282 ff., sondern auf einschlägige verkehrsrechtliche Entscheidungen bezieht (siehe dazu die nächste FN).
[22] BGHSt 6, 282, 287 (Cholin/Decholinfall); ähnlich wie bereits
56, 343, 346; 73, 370, 373; 76, 1, 2; BGHSt 4, 182, 185, BGH
VRS 10, 282, 285.

Deshalb bestand für ihn das Verhaltensgebot, den fremden Arbeitsschritt darauf zu kontrollieren, ob die Ausführung seiner Anordnung
auch tatsächlich fehlerfrei erfolgt ist. Selbst wenn der Arzt der
Schwester gegenüber ordnungsgemäß die Zubereitung der Spritze
angeordnet, es aber im weiteren unterlassen hätte, den kontrol-
lierenden Blick auf die beigelegte Ampulle zu werfen, hätte er
gegen das für ihn durch die klinikinterne Übung begründete
Verhaltensgebot verstoßen, das ihm die Voraussicht der spezifischen
Gefahr von Verwechslungen aufgab.

Zusammenfassend ist daher festzuhalten, daß sich auch aus der
stillschweigenden klinischen Übung spezifische Gefahren signali-
sierende Verhaltensgebote ergeben können. Wenn die Übung etwa
dahingeht, daß der spezifische Arbeitsbeitrag, wegen seiner außergewöhnlichen Gefährlichkeit, unabhängig von der Qualifikation der
Mitarbeiter, zu erfolgen hat, dann kommt es als entlastendes Moment
für den vorgesetzten Arzt nicht in Betracht, wenn er sich auf die
besondere Gewissenhaftigkeit, Tüchtigkeit, Erfahrenheit etc. der
ihm nachgeordneten Medizinalperson beruft. Dort, wo die Verhaltensgebote per se Mißtrauen unterstellen, kann vermeintliches
besonderes Vertrauen keinen Anlaß geben, von der vorgegebenen
Verhaltensweise abzusehen.

In diesem Kontext stellt sich die Frage, wie diejenigen Fälle zu
behandeln sind, in denen ausdrückliche und stillschweigende klinische Regelungen verschieden strenge Verhaltensgebote vorschreiben. So kann es vorkommen, daß die einschlägigen ausdrücklichen
Vorgaben der Klinikleitung hinsichtlich der Verifizierung nachgeordneten Verhaltens, wie etwa der Ampullenkontrolle, dem Arzt
umfassendere Verhaltensgebote auferlegt, als die informelle klinische Übung.

Verbindlich ist grundsätzlich die schriftliche Anweisung. Soll sie
künftig keine Gültigkeit mehr besitzen, dann endet ihre Verbindlichkeit grundsätzlich erst dann, wenn die Änderung quasi in einem
actus contrarius – also ebenfalls schriftlich – erfolgt. Grundsätzlich muß daher die schriftliche Anordnung immer den Vorrang vor der
informellen klinischen Übung haben. Die stillschweigende gegen-
läufige Übung vermag daher prinzipiell nicht die ausdrücklichen
Anordnungen der Klinik außer Kraft zu setzen.

Doch darf diese Regel nicht zu starr aufgefaßt werden. So mag es Ausnahmefälle geben, wo die formelle klinische Regelung durch fortschrittliche Entwicklungen auf dem technischen oder organisatorischen Gebiet an der Klinik keinen praktischen Sinn mehr haben. Wird dann durch die informelle klinische Übung stillschweigend eine sinnvolle Anpassung an die veränderten Umstände praktiziert und von den Beteiligten konsequent beachtet, dann wäre es ein nicht zu rechtfertigender Formalismus, ihnen wegen dieses Verstoßes gegen die zwar ausdrückliche, aber faktisch überholte klinikinterne Anweisung den Vorwurf sorgfaltswidrigen Verhaltens zu machen.

Desweiteren werden als Ausnahme hierzu die Fälle zu gelten haben, in denen der einzelne Arzt mehr leistet, als die klinikinternen Verhaltensgebote an sich von ihm verlangen, und er sie hierdurch faktisch außer Kraft setzt. Wird von ihm etwa bereits seit mehreren Jahren an der Klinik aufgrund eigener Einschätzung der arbeitsteiligen Situation ein bestimmtes Sicherheitssystem praktiziert, dann schafft dies einen Pflichtentatbestand, der ihm aufgibt, sich auch weiterhin in gleicher Weise zu verhalten.

Treten beim Arzt durch Veränderung des arbeitsteiligen Ablaufes Überlastungen auf, die es ihm nicht mehr zumutbar erscheinen lassen, die bisher von selbst wahrgenommene Aufgabe, weiterhin auszuführen, so wird er dieser spezifischen Verhaltensanforderung nur dann ledig, wenn er eine ausdrückliche Regelung des Problems herbeiführt. Durch die faktische Übernahme eines bestimmten Arbeitsschrittes und seiner fortlaufenden Befolgung hat er einen Tatbestand geschaffen, der für ihn zum spezifischen Verhaltensgebot erstarkt.

Er steht im arbeitsteiligen Prozeß, wie jede andere Medizinalperson, nicht isoliert. Sein beständiges, im wesentlichen gleichartiges Verhalten gibt den übrigen Beteiligten Grund, davon auszugehen, daß er sich auch künftig nicht anders verhalten werde. Durch bisheriges, für ihn an sich nicht verbindliches Verhalten, tritt für den vorstehenden Arzt, verstärkt durch seine besonders verantwortungsvolle vorrangige Stellung innerhalb der klinischen Organisation, somit eine Selbstbindung an sein bisheriges Verhalten ein. So wird der leitende Chirurg, der über einen längeren Zeitraum, unter besonderer Anspannung an seine Leistungsfähigkeit bei einer Vielzahl von gleichartigen Operationen die Instrumenten- und oder Tupferkontrolle mit übernommen hat, nicht ohne weiteres von dieser Verpflichtung frei.

Der Arzt kann daher nicht stillschweigend, weil die einzelne Operation sich für ihn derart außergewöhnlich schwierig gestaltet, und ihm die freiwillig übernommene Aufgabe nicht mehr möglich ist, davon ausgehen, die an sich verpflichtete Person werde den Arbeitsschritt wieder in der Weise übernehmen, wie er für sie durch die klinikinternen Verhaltensgebote vorgeschrieben ist.

Wenn für den Arzt durch sein bisheriges Verhalten zwar eine Selbstbindung hinsichtlichtlich eines bestimmten vorhersehbarkeits- begründenen Verhaltensgebotes entstanden ist, so ist die Nichtbe- achtung der selbst aufgestellten Verhaltensmaßstäbe zwar sorg- faltswidrig. Jedoch hat das Gericht dies, wenn nicht schon im Rahmen der Schuld unter der Frage der Zumutbarkeit normgemäßen Verhaltens, so doch jedenfalls im Bereich der Strafzumessung nach § 46 Abs. 2 StGB zu seinen Gunsten zu berücksichtigen. Maßgebend ist dabei die Intensität der Umstände, die ihn veranlaßten, von seinem bisherigen Verhalten abzuweichen.

6.   **Anordnungen der Aufsichtsbehörde**

Als weiteres die Verhaltensgebote des Arztes bestimmendes Kriterium können von den Fachaufsichtsbehörden auf kommunaler Ebene erteilte Verfügungen in Betracht kommen.

So gab es im Novalgin/Novocainfall[23] eine von der zuständigen Behörde auf kommunaler Ebene erlassene Verfügung über den Verkehr mit Arzneimitteln innerhalb der Krankenanstalten. Dort war gere- gelt, daß der Arzt durch die Herrichtung der Spritzen seitens der Schwestern nicht von seiner Pflicht zur Prüfung der Richtigkeit des angewandten Mittels befreit werde. Hierzu habe er vor der Injektion anhand der entleerten, den Spritzen beigelegten Ampullen nachzuprü- fen, ob auch das angeordnete Mittel in die Spritze aufgezogen worden sei. Der Chefarzt wies für die Einleitung der Lumbalanästhe- sie die ihm assistierende Schwester an, eine Spritze mit 5% Novocain aufzuziehen. Diese versah sich jedoch und zog eine Lösung

---

[23] OLG Hamburg VersR 1954, 125 f.= Der Krankenhausarzt 1954, 240 f.

mit 5% Novalgin auf. Die Schwester reichte ihm von hinten die
Spritze in die Hand. Der Arzt injizierte den Inhalt der Spritze dem
Patienten in den Duralsack des Rückenmarks. Als Folge hiervon
erlitt dieser Lähmungen in beiden Beinen. Sinn und Zweck der aus
Gründen der Gefahrenabwehr ergangenen Dienstanweisung war es,
Fehler bei der Herrichtung von Spritzen und den damit verbundenen
Gefahren zu vermeiden.

Dem Arzt wurde also durch die Existenz der für ihn verbindlichen
Dienstanweisung besonders auf die Gefährlichkeit hingewiesen, die
aus dem arbeitsteiligem Zusammenwirken sich hier entwickeln können.
Die Dienstanweisung gebot ihm daher besondere Vorsicht.

Der Arzt hat sich mit dem Einwand zu entlasten versucht, eine
Überprüfung des Spritzeninhalts sei nicht üblich und könne auch
nicht von einem operierenden Arzt gefordert werden.[24] Dies ist
angesichts der klaren Dienstanweisung unbeachtlich.[25] Sie ist zwar
kein in Gesetzesform gekleidetes Verhaltensgebot. Dennoch ergibt
sich aus ihr ein entscheidender Anhalt für die Bestimmung der vom
Arzt zu beobachtenden Sorgfalt. Als Arzt hat er die für ihn
verbindlichen Richtlinien nicht nur zu kennen, sondern sie auch zu
beachten.

Hält er sie für überzogen, so hat er auf dem Dienstwege dagegen
anzugehen. Wenn er den Inhalt der für ihn verbindlichen Verfügung
für eine Überspannung der zu stellenden Anforderungen hält, dann
dürfte es ihm aufgrund seiner Fachkompetenz nicht schwer fallen,
die Behörde mit guten Argumenten von der Richtigkeit seiner Sicht
der Dinge zu überzeugen. Zur schlichten Ignoranz von Vorschriften,
die ihm nicht passen, ist er keinesfalls berechtigt. Auch für diese
Konstellation, in der sich verschiedene Auffassungen über das Maß
der im Verkehr zu beachtenden Sorgfalt gegenüber stehen, handelt
der Arzt erst dann pflichtgemäß und somit nicht fahrlässig, wenn er
das ernsthaft geforderte höchste Verhaltensgebot angewandt hat.[26]

---

[24] Vgl. OLG Hamburg Der Krankenhausarzt 1954, 240, 241.
[25] Darüberhinaus lag die zu überprüfende Verrichtung zeitlich
unmittelbar vor dem chirurgischen Eingriff.
[26] Vgl. RG HRR 32, 1828; BGHZ 8, 138, 140; OLG Hamburg Der
Krankenhausarzt 1954, 240, 242; Weissauer, Münchener
Medizinische Wochenschrift 1969, 1353, 1356..

Besonders hervorzuheben ist hier, daß sein weiterer Vortrag, die
ihm unterstützende Schwester sei eine ausgebildete und bewährte
Hilfskraft, auf die er sich hätte verlassen dürfen, ihn ebenfalls
nicht entlastet. Auf deren persönliche Befähigung kommt es für die
Ermittlung eines spezifischen Verhaltensgebotes dann nicht entscheidend an, wenn eine unmißverständliche verbindliche Pflicht für
den vorgesetzten Arzt besteht, den fremden Arbeitsschritt auf jeden
Fall zu kontrollieren, bevor dessen Ergebnisse an den Patienten
herangelangen dürfen.[27] Die Dienstvorschrift durfte von ihm keineswegs dahingehend eingeschränkt interpretiert werden, er sei zur
Ampullenkontrolle nur dann verpflichtet, wenn ihm ungeschickte,
nicht voll ausgebildtete Kräfte zur Seite stehen.

Denn die Anordnung bezweckte auch das bei guten und eingearbeiteten
Fachkräften mögliche Versagen bei der Durchführung der ärztlichen
Anordnung und die damit verbundenen schlimmen Folgen für den
Patienten zu vermeiden. Das gelegentliche Versagen auch guter und
eingearbeiteter Medizinalpersonen liegt noch im Bereich erfahrungs-
gemäßer Möglichkeiten. Es handelt sich hierbei nicht etwa um Folgen
aus besonders eigenartigen, ganz unwahrscheinlichen und nach dem
regelmäßigen Geschehensablauf außer Betracht zu lassenden Umständen.[28]

7.   Verbandsinterne Erklärungen

Teilweise wird die Verantwortlichkeit für die Erledigung der
arbeitsteilig strukturierten medizinischen Behandlung auf Bundes-
oder Landesebene einseitig durch Stellungnahmen einzelner Berufsverbände erklärt. So hat beispielsweise der Vorstand der Bundes-
ärztekammer im Jahre 1974 in einem Rundschreiben Stellung genommen
zur· Verteilung der Verantwortlichkeiten bei der Hinzuziehung von
Krankenpflegepersonal für die Durchführung von Injektionen, Infusionen und Blutentnahmen. Gleichfalls hat sich zu dieser Frage die
Gewerkschaft "ÖTV" für das Krankenpflegepersonal sowie aus der
Sicht der Krankenhausträger die "Deutsche Krankenhausgesellschaft"
geäußert.

---

[27] Vgl. OLG Hamburg Der Krankenhausarzt 1954, 240, 242.
[28] Vgl. OLG Hamburg , Der Krankenhausarzt 1954, 240, 242, unter
allerdings unzutreffender Berufung auf RGZ 146, 165.

Bei den beiden erstgenannten veröffentlichten Erklärungen auf höchster Verbandsebene handelt es sich um die Einschätzung der Abgrenzung von Verantwortlichkeiten aus der jeweiligen Interessenlage heraus. Sie sind allenfalls als Anregungen zur Diskussion für die Bestimmung der Verantwortlichkeiten zu verstehen. Verbindlichkeit kommt ihnen somit nicht zu. Weicht die eine oder andere Ansicht des Interessenverbandes von den an der Klinik bestehenden Abgrenzung der Verantwortungsbereiche ab, so ist dies für die Verbindlichkeit der klinikinternen Regelung, sei sie formeller oder informeller Art, ohne Einfluß.

Die Stellungnahme der "Deutschen Krankenhausgesellschaft" dagegen legt in einer verbindlicheren Form fest, welche Sorgfaltsmaßstäbe im Rahmen welcher Verantwortlichkeitsbereiche von welcher Medizinalperson wahrzunehmen sind. Durch entsprechenden Umsetzungsakt kann der Träger der Klinik diese Regelungen durch einseitige Erklärung für an der Klinik verbindlich erkären. Um ein Höchstmaß an Akzeptanz der Verhaltensgebote zu erzielen und Friktionen unter den verschiedenen Fachdisziplinen und nichtärztlichen Mitwirkenden zu vermeiden, wird er dabei den Interessenvertretern auf der Klinikebene die Möglichkeit geben, sich hierzu vorher zu äußern.[29] Verbindlichkeit erlangen die verbandsinternen Lösungsvorschläge für die Bestimmung der Verhaltensgebote des Arztes erst mit ihrer einseitigen Umsetzung durch die Klinikleitung.

8. **Interdisziplinäre Absprachen**

Fehlen an der Klinik eindeutige Regelungen für die Bestimmung seiner Verhaltensgebote, so muß der vorgesetzte Arzt sich grundsätzlich durch Rückfrage beziehungsweise durch gezielte Absprache die notwendige Gewißheit verschaffen, wie das arbeitsteilige Zusammenwirken zu organisieren ist, und welche konkreten Verhaltensgebote von ihm im Verhältnis zu dem Verhalten ihm nachgeordneter Medizinalpersonen beachtet werden sollen. Hiervon wird er nur dann absehen können, wenn diese Abgrenzungslücken ausgefüllt werden durch klinikübergreifende interdisziplinäre Abmachungen, wie sie etwa seit Anfang der siebziger Jahre zwischen vielen Standesorgani-

---

[29] Vgl. Hopf, Der Krankenhausarzt 1972, 55, 58.

sationen zunehmend getroffen werden.[30]

Fraglich ist, welcher Stellenwert den als Stellungnahme, Vereinbarung oder schlicht als Empfehlung bezeichneten interdisziplinären
Abgrenzungen im rechtstechnischen Sinne zukommt. Sie sind keine
Regelungen mit Gesetzeskraft.[31] Ihr erkennbarer Sinn und Zweck ist
es, die durch das interdisziplinäre Zusammenwirken bedingten Fehlerquellen auszuschalten. Die fixierten Leitsätze sollen Antworten
geben auf die in der täglichen Arbeit aufgetretenen Zweifelsfragen
und Meinungsverschiedenheiten und so die arbeitsteilig bedingten
Risiken reduzieren.

Von den verbandsinternen Erklärungen unterscheiden sie sich jedoch
in dem wesentlichen Punkt, daß sie auf überregionaler Ebene nicht
einseitig, sondern zwischen den verschiedenen Berufsvertretungen
getroffen worden sind, deren Angehörige an den jeweiligen Arbeitsabläufen beteiligt sind. Sie stellen folglich einen Kompromiß
zwischen den widerstreitenden Interessen dar. Deshalb kommt ihnen
ein höheres Maß an Verbindlichkeit zu als den einseitigen verbandsinternen Erklärungen.

Westermann[32] räumt zwar ein, daß diese interdisziplinären Vereinbarungen rechtlich wertvolle Hinweise für die Beurteilung konkreter
Vorgänge leisten. Andererseits meint er jedoch, ohne dies eingehender zu belegen, daß deren Regelungsinhalte "wohl auch nicht überall
strikt befolgt" werden würden. Deshalb, sowie wegen ihrer fehlenden
unbedingten Bindungswirkung, seien sie weit davon entfernt, "in

[30] −Vereinbarungen zwischen den Fachgebieten Chirurgie und
Anästhesie über die Aufgabenabgrenzung und die Zusammenarbeit
in der Intensivmedizin, Anästh. Inform. 1970, 167.
−Empfehlungen zur Organisation der Anästhesie im Rahmen der
Neurochirurgie, Anästhesiologische Informationen 1971, 34.
−Vereinbarungen zwischen den Fachgebieten Urologie und
Anästhesie über die Aufgabenabgrenzung und die Zusammenarbeit
im operativen Bereich und in der Intensivmedizin, Anästhesio-
logische Informationen 1972, 219.
−Vereinbarungen zwischen dem Berufsverband Deutsche
Anästhesisten und dem Berufsverband der Deutschen Chirurgen
über die Zusammenarbeit bei der operativen Patientenversor-
gung, Medizinrecht, 1983, 21.
−Gemeinsame Stellungnahme zur Einrichtung zentraler Anästhe-
sieabteilungen, zur Doppelverantwortung des Operateurs ohne
Fachanästhesisten und Fortbildung der Chirurgen auf dem
Gebiet der Anästhesiologie, Chirurgische Informationen 1975,
349.
−Gemeinsame Empfehlung für die Fachgebiete Anästhesiologie und
Innere Medizin zur Organisation der Intensivmedizin am
Krankenhaus, Anästhesiologie und Intensivmedizin 1980, 166.
[31] Ratzel, 79.
[32] Westermann, NJW 1974, 577.

einer für den Juristen verläßlichen Weise gewissermaßen die lex
artis der Teamarbeit festzulegen".[33]

Gegen diese Argumentation spricht aber, daß es bei der Ermittlung
der ärztlichen Sorgfalt prinzipiell nicht darauf ankommt, ob der
eine oder andere Kollege des Verkehrskreises die interdisziplinär
gesetzten Maßstäbe beachtet oder nicht. Ausschlaggebend ist vielmehr der Maßstab der medizinischen Sorgfalt, nicht seine auf
Nachlässigkeit oder Eigensinn beruhende fehlende Beachtung.[34] Die
Einschätzung Westermanns macht weiter die von Seiten der Rechtsprechung[35] erhobenen Appelle, selbst die Problemlösung in die
Hand zu nehmen, nicht erklärlich, wenn diesen Regelungen dann aber
keine Bedeutung beizumessen sein sollte.

Desweiteren nehmen einzelne Entscheidungen des Bundesgerichtshofes[36] ausdrücklich auf die in interdisziplinären Abmachungen
getroffenen Vereinbarungen für die Ermittlung der Verantwortungsbereiche und den aus ihnen folgenden Verhaltensgeboten ausdrücklich
Bezug. Damit wird deutlich, daß ihnen auch von der höchstrichterlichen Rechtsprechung entscheidendes Gewicht beigemessen wird.[37]

Im übrigen verkennt Westermann die Motivation, die zur Existenz
dieser Vereinbarungen führte. Es handelt sich bei ihnen weder um
aus einer Laune heraus entstandene sachfremde Verhaltensmaßstäbe
noch um lebensfremde Überlegungen von Bürokraten. Vielmehr handelt
es sich bei ihnen um in pluralistischen Willensbildungsprozessen
errungene Resultate, an denen fachlich kompetente Persönlichkeiten,
Berufsverbände und Standesorganisationen mit unterschiedlicher
Interessenlage umfassend mitgewirkt haben. Sie beruhen nicht auf
rein theoretischen Überlegungen, sondern sie sind das Ergebnis
langjähriger praktischer Erfahrungen mit gefahrträchtigen Situationen aus der interdisziplinären Zusammenarbeit.[38] Sie stellen
deshalb in gleicher Weise, wie dies bereits für Gesetze und
autonome klinikinterne Anordnungen sowie Verfügungen der Fachauf-

---

[33] Westermann, NJW 1974, 577.
[34] Vgl. RGSt 67, 12, 23.
[35] Dunz (Bundesrichter), DMW 1974, 1542 ff.
[36] BGH NJW 1980, 650, 651 (Reithosenplastikfall)
[37] Vgl. auch Carstensen/Schreiber, Therapie und Recht,(1981), 167,
172.
[38] Vgl. hierzu auch die Einleitung zu der "Stellungnahme der
Arbeitsgemeinschaft Deutscher Schwesternverbände (ADS) zur
Vornahme von Injektionen, Infusionen, Transfusionen und Blutentnahmen durch das Krankenpflegepersonal", DMW 1980, 161.

sichtsbehörden festgestellt wurde, das Ergebnis einer auf langer Erfahrung und Überlegung beruhenden umfassenden Voraussicht möglicher Gefahren dar.[39]

Wird im Strafverfahren von dem Arzt behauptet, es würde sich bei dem in der interdisziplinären Absprache fixierten Verhaltensgebot um eine nicht mit den Sorgfaltsanforderungen der medizinischen Wissenschaft und Praxis für den konkreten Fall im Einklang stehende Regelung handeln, dann müßte es ihm ohne weiteres möglich sein, zu belegen, weshalb er in seinem Fall die konkreten interdiziplinären Abreden mit Recht für nicht verbindlich halten durfte. Die Appellfunktion zur Voraussicht besonderer arbeitsteiliger Gefahren, die von den interdisziplinären Absprachen ausgehen, darf er nicht ohne weiteres für unbeachtlich halten.

Will er von ihnen abweichen, so hat er sich sorgfältig zu überlegen, ob seine Vorgehensweise in gleichem Maß geeignet ist, den Intentionen der interdisziplinären Absprache gerecht zu werden. Bei Zweifeln oder Uneinigkeit über den Umfang des Verhaltensgebotes haben die Beteiligten des arbeitsteiligen Zusammenwirkens das Höchstmaß an Sorgfalt anzuwenden.[40] Dies bedeutet, der vorgesetzte Arzt hat, wenn der Maßstab für sein Verhaltensgebot unklar ist, dem umfassenderen Verhaltensgebot Rechnung zu tragen.[41] Den interdisziplinären Absprachen kommt daher bei der Ermittlung der lex artis im Rahmen ärztlicher Arbeitsteilung in der strafrechtlichen Praxis erhebliches Gewicht zu.[42]

In diesem Zusammenhang stellt sich die Frage, welchen Einfluß es auf die Bestimmung der fremdbezogenen Verhaltens- und Vorhersehbarkeitsgebote hat, wenn sich der in Rede stehende medizinische Arbeitsschritt zwar mit einer ausdrücklichen klinischen Anordnung beziehungsweise der gängigen klinischen Übung, nicht aber mit der interdisziplinären Absprache deckt. Wie dargestellt wurde, handelt es sich bei den interdisziplinären Absprachen um bundesweite, klinikübergreifend getroffene Regelungen. Sie sind das Ergebnis von umfassenden, im gesamten Bundesgebiet gesammelten Erfahrungen und

[39] Vgl. Jescheck, AT §55 II 1d; Lackner, §15 Anm. III 2a bb.
[40] RG HRR 1932, 1828; OLG Hamburg VersR 1954, 125, 126; BGHZ 8, 138, 140.
[41] RG JW 1923, 603 (Nr. 15); RGZ 163, 129, 134; Bohnert, JR 1982, 6, 11.
[42] Ebenso: Hahn, 39 f.

Einsichten, die sich zumeist erst in einem langwierigen Meinungs-
bildungsprozeß herauskristallisiert haben.

Die an der Klinik getroffenen Anordnungen und die dort gängigen
klinischen Übungen beruhen demgegenüber auf dem Verhalten und der
Routine von verhältnismäßig wenigen Personen. Die Fixierung der
dortigen Regelungen wird meist einseitig von der Klinikleitung
beziehungsweise dem jeweils vorstehenden Arzt erlassen. Angesichts
der sich aus dem formalisierten pluralistischen Meinungsbildungs-
prozeß ergebenden umfassenderen Berücksichtigung medizinisch relevanter Umstände, kommt den interdisziplinären Regelungen deshalb
grundsätzlich der Vorrang zu. Im übrigen befinden sich auch hier de
facto verschiedene Auffassungen – nämlich die der Klinik und die
interdisziplinär gesetzten Maßstäbe – in einem Meinungsstreit. Es
hat daher auch hier der Grundsatz zu gelten, daß der Arzt dann der
Auffassung mit dem Verhaltensgebot zu folgen hat, welche den
Beteiligten das Höchstmaß an Sorgfalt auferlegt.[43] Nur wenn im
konkreten Fall Umstände vorliegen, die es sachlich gerechtfertigt
erscheinen lassen, von den interdisziplinär gesetzten Verhaltens-
standards abzuweichen, kann das Verhalten, das mit den an der
Klinik üblichen Verhaltensmaßstäben im Einklang steht, als sorgfaltsgerecht anerkannt werden.

9.   **Zusammenfassung**

Zusammenfassend ist festzuhalten, daß – soweit für den vorstehenden
Arzt bezüglich der Mitarbeit ihm nachgeordneter Medizinalpersonen
ein spezifisches Verhaltensgebot besteht, ein Fehlverhalten generell in Rechnung zu stellen – für Überlegungen, ob der Vertrauensgrundsatz zu seinen Gunsten Anwendung finden könnte, keine
Möglichkeit und auch keine Notwendigkeit besteht.

Der Vertrauensgrundsatz als haftungsrestriktives Prinzip kann erst
überhaupt dort zum Tragen kommen, wo es prinzipiell berechtigt ist,
einem anderen Vertrauen entgegenbringen zu dürfen. Vertrauen in die
Sorgfältigkeit fremder Leistungen kann erst dort seinen Anfang
nehmen, wo die Pflicht zum Mißtrauen endet. Die Pflicht zum
Mißtrauen in die Arbeitsbeträge nachgeordneter Medizinalpersonen
ist dort begründet, wo für den vorstehenden Arzt Verhaltensgebote

---

[43] RG HRR 1932, 1828.

bestehen, die Fehlerhaftigkeit fremder Arbeitsbeiträge prinzipiell
- also ohne Ansehung der Person - in Rechnung zu stellen.

Der Richter, Staatsanwalt, aber auch der Vertreter des Nebenklägers, wird daher stets zunächst zu prüfen haben, ob es zur Tatzeit
an der Klinik ein bestimmtes Procedere gab, welches von dem
vorstehenden Arzt zu beachten war, das ihm das Verhaltensgebot
auferlegte, Fehlleistungen nachgeordneter Medizinalpersonen zu vermeiden. Ist dies zu bejahen, hat der Arzt sie aber mißachtet, so
hat er gegen ein für ihn verbindliches Verhaltensgebot, fremde
Sorgfaltswidrigkeiten in Rechnung zu stellen, verstoßen. Neben der
ihm nachgeordneten Medizinalperson trifft dann auch ihn der Fahrlässigkeitsvorwurf für den dem Patienten zugefügten Schaden. Der
Vertrauensgrundsatz findet unter diesen Umständen keine Anwendung.

II. Die Verantwortlickeit aufgrund allgemeiner Kriterien

Ergibt die Analyse der für den vorgesetzten Arzt aus Gesetz,
klinikinterner Anordnung, stillschweigender Übung, Verfügung der
Aufsichtsbehörde oder interdisziplinärer Absprachen sich herleitenden individuellen Verhaltensgebote keine Pflicht, Nachlässigkeiten
anderer Medizinalpersonen vorherzusehen, so ist damit noch nicht
abschließend ausgemacht, daß ihn insoweit keine Mitverantwortlichkeit für die den Patienten zugefügten Schäden trifft.[44]

Bereits Englisch[45] hat darauf hingewiesen, daß es neben der Erkennbarkeit aufgrund einer spezifischen Erkenntnisverschaffungspflicht,
eine solche aufgrund innerer Evidenz gebe.[46] Die konkreten Umstände
des Einzelfalls können derartig evidente Besonderheiten aufweisen,
daß sich dem Arzt aufgrund allgemeiner Lebenserfahrung die fremde
Fahrlässigkeit geradezu hätte aufdrängen müssen, und die damit
verbundenen schädlichen Folgen für ihn somit individuell vorseh-
bar waren.[47] Diese sich aus der allgemeinen Lebenserfahrung
herleitende Verantwortlichkeit ist letztlich das Ergebnis der
Fahrlässigkeitsstrafvorschriften selbst.[48] Denn diese machen es
jedermann zur Pflicht, sich in jeder Lage so zu verhalten, daß die

---

[44] Vgl. Bohnert, JR 1982, 6, 7 f.
[45] Englisch, Untersuchungen, 369 ff.
[46] Vgl. dazu auch: LK-Schroeder, §16 Rn. 138.
[47] Vgl. RGSt 19, 51, 53.
[48] Vgl. Schönke/Schröder/Cramer, §15 Rn. 215; Bockelmann, Das Strafrecht des Arztes, 39 ff.

Verletzung der durch §§ 222, 230 StGB geschützten Rechtsgüter Leib und Leben vermieden wird.[49] So folgt in gesetzlich nicht geregelten Verkehrskreisen, wie etwa dem Skilauf auf belebten Pisten, das Maß der Vorhersehbarkeit aus den Erfordernissen der konkreten Situation.[50]

Im Rahmen der medizinischen Arbeitsteilung können sich deshalb aus allgemeiner Lebenserfahrung für den vorgesetzten Arzt besondere Pflichten zur Vermeidung der spezifischen arbeitsteiligen Gefahren ergeben. Dort, wo die Aufspaltung medizinischer Behandlungsabläufe spezifische Gefahren zwangsläufig mit sich bringt, können sie für den übergeordneten Arzt besondere Verhaltensgebote begründen. Allgemeiner Lebenserfahrung nach ist es beispielsweise für einen vorstehenden Arzt, der bei einem seiner nachgeordneten Medizinalpersonen Atemalkoholgeruch wahrnimmt, vorhersehbar, daß diese Person in erhöhtem Maße Fehlleistungen bei der von ihr konkret zu erledigenden medizinischen Verrichtung begehen werde.

Bei einer derartigen Sachlage trifft ihn daher die Pflicht, Gegenmaßnahmen zur Vermeidung des Erfolgseintritts einzuleiten. Ein derartiges erkanntes fehlerhaftes Fremdverhalten ist mit dem Prinzip des erlaubten Risikos, von dem der Vertrauensgrundsatz ein Unterfall ist, nicht mehr zu vereinbaren.[51] Diese aus der allgemeinen Lebenserfahrung hergeleitete Vorhersehbarkeitspflicht läßt sich als allgemeine Vorhersehbarkeitspflicht definieren.

Allgemeiner Lebenserfahrung nach zeichnet sich die medizinische Arbeitsteilung durch spezifische arbeitsteilige Risiken aus. Deren Vorhersehbarkeit gebietet es dem vorstehenden Arzt, sich auf sie einzustellen und sie, soweit ihm dies zumutbar ist, zu vermeiden. Im folgenden sind diese spezifischen arbeitsteiligen Risiken zu ermitteln, sowie die sich aus ihnen ergebenden Konsequenzen für die jeweiligen Verhaltens- und Vorhersehbarkeitsgebote des vorgesetzten Arztes, darzustellen.

---

[49] Vgl. RGSt 19, 51, 53; Jescheck, AT §55 II 1d.
[50] BGHSt 3, 91, 95; OLG Köln NJW 1962, 1110, 1111; OLG Karlsruhe NJW 1964, 55, 56; Jescheck, AT §55 II 1d.
[51] Siehe oben..·

1.   **Allgemeine Voraussetzung**

a.   **Zulässige Aufspaltung der konkreten
medizinischen Behandlung**

Bevor im Einzelfall jedoch überhaupt zu der Frage vorgedrungen werden kann, unter welchen Voraussetzungen konkret arbeitsteilig ausgeführte Behandlungsabläufe nach Maßgabe des Vertrauensprinzips zu beurteilen sind, muß – quasi vor die Klammer gezogen – im Wege einer ex- ante- Betrachtung abgeklärt werden, ob die Aufspaltung des konkret in Frage stehenden Arbeitsprozesses überhaupt zulässig war.

Ohne Arbeitsteilung ist eine verantwortliche medizinische Versorgung nicht denkbar. Dies bedeutet aber nicht, daß jede mögliche Aufspaltung von medizinischen Behandlungsabläufen rechtlich zulässig ist. Die Zergliederung arbeitsteiliger Prozesse besitzt keinen Selbstzweck. Sie hat sich auszurichten an dem konkreten Nutzen, den sie für die medizinische Versorgung bringt. Der Entschluß, einen Arbeitsabschnitt aufzuspalten, hat sich vorweg immer leiten zu lassen von der Abwägung zwischen den mit der Aufspaltung erworbenen Vorteilen für die medizinische Versorgung und den damit verbundenen spezifischen Risiken.[1] Daher kann es vereinzelt durchaus Fälle geben, wo bereits die Aufspaltung des medizinischen Behandlungsablaufs unzulässig war und den Arzt schon deshalb die eigene strafrechtliche Verantwortlichkeit für die sich hieraus ergebenden Folgen trifft.

Dies ist beispielsweise bei der therapeutischen Anwendung von Zytostatika in der Tumortherapie nicht der Fall. Wegen der großen Wahrscheinlichkeit lebensbedrohlicher Komplikationen, die aus geringsten Fehlern bei der Dosierung entstehen können, hat die Applikation der Zytostatika generell nur von einer Medizinalperson allein zu erfolgen. Gleiches gilt etwa für die Vorbereitung und Überwachung eines großen Infusionsprogramms (Ernährung + Therapie), aber auch für die Ausarbeitung von Visitenberichten, Patientenkontroll- und Überwachungsbögen. Hier ist stets dafür Sorge zu tragen, daß die Arbeitsschritte während einer Schicht generell in den Händen ein und derselben Person bleiben, um verhängnisvolle Folgen aus etwaigen negativen oder positiven Kompetenzkonflikten von

---

[1]Engisch, Langenbecks Archiv für Chirurgie, Band 297 (1961), 236. 240.

vornherein auf das erlaubte Risiko zu reduzieren.

Sind einzelne Arbeitsprozesse per se ungeeignet für die weitere Aufspaltung oder ergibt die vorzunehmende Gefahren-Nutzen-Analyse, daß durch die Hinzufügung um die spezifisch arbeitsteiligen Risiken die Gefahr-Nutzen-Analyse sich insgesamt unvertretbar erhöht, so hat sie zu unterbleiben. Die vom vorstehenden Arzt veranlaßte oder praktizierte Zergliederung der medizinischen Verrichtung wäre dann prinzipiell unzulässig und daher sorgfaltswidrig. Auf den Vertrauensgrundsatz kann es dort nicht ankommen. Seine Verantwortlichkeit für die sich hieraus ereignenden Folgen sind ihm dann zuzurechnen, wenn die Vermeidung der Vermehrung der zusätzlichen Risiken gerade von der konkret eingetretenen Gefahr schützen wollte.

b. **Freisetzung zusätzlichen qualifizierten Arbeitspotentials durch die Aufspaltung**

Sinn und Zweck von Arbeitsteilung in vertikal strukturierten Prozessen ist es, den Arzt als höher qualifizierte Medizinalperson zumindest in Teilabschnitten von der Verrichtung solcher Arbeiten zu entlasten, die ebenso von einer weniger qualifizierten Medizinalperson selbständig erledigt werden können. Hierdurch soll es ihm ermöglicht werden, sich voll auf die seiner besonderen Qualifikation entsprechenden Aufgaben zu konzentrieren. Mit Hilfe der Arbeitsteilung soll also zusätzliches qualifiziertes Arbeitspotential freigesetzt werden. Die Zergliederung aus anderen nicht an diesem Ziel der Arbeitsteilung ausgerichteten Gründen ist unzulässig, da mit ihr die für die Arbeitsteilung typischen Gefahren unnötig geschaffen werden, ohne aber zusätzlichen Nutzen zu erzielen.

Werden an einer Klinik aus verwaltungstechnischen Gründen, etwa um Planstellen künstlich aufrechtzuerhalten, die durch technische oder organisatorische Veränderungen an sich entfallen könnten, einheitliche Arbeitsabläufe auf zwei gleichwertig qualifizierte Personen aufgeteilt, um das Personal auf eine gleiche Anzahl von Patienten zu verteilen, so ist dies nicht mit dem Sinn der Arbeitsteilung zu vereinbaren. Aus demselben Grund ist die Beteiligung von mehr Assistenzärzten oder nichtärztlichen Hilfspersonen aus Ausbildungsgründen – etwa an einer Operation – als medizinisch erforderlich ist,[2] grundsätzlich nicht zulässig.

Je mehr Personen an einem gemeinsamen Arbeitsprozeß gestaltend mitwirken, desto größer ist die Notwendigkeit, sich untereinander abzustimmen. Dies nimmt zusätzliche Energie in Anspruch, die für die Ausführung der eigentlichen Aufgabe nicht mehr zur Verfügung steht. Vom Standpunkt einer sach- und fachgerechten medizinischen Versorgung des Patienten ist es dann aber nicht zu verantworten, wenn diese Gefahren nicht durch entsprechenden Zuwachs an Nutzen adäquat kompensiert werden. Die Mitwirkung über das Maß der Notwendigkeit hinaus ist begrenzt nur für diejenigen Fälle zuzulassen, bei denen die zusätzlichen Medizinalpersonen nur rein zuschauend, nicht aber direkt oder indirekt, mitgestaltend an dem arbeitsteiligen Geschehen mitwirken.

2. **Besondere Voraussetzungen des Vertrauensgrundsatzes**
   —Vorliegen einer Vertrauensbasis—

Vertrauen ist erst begründet, wenn die Umstände, aus denen es abgeleitet wird, geeignet sind, ein bestimmtes gleichwertiges Verhalten künftig in Rechnung stellen zu dürfen. Es setzt vertrauenserweckende Stetigkeit voraus. Die Stetigkeit im Ablauf bestimmter arbeitsteiliger Vorgänge und Verhaltensweisen ist nur vorhanden, wo sich bereits mehrere, im wesentlichen gleichartige Vorgänge in ähnlich vergleichbarer Weise unter vergleichbaren Umständen ereignet haben, die begründeten Anlaß geben, daß dies auch für die künftige medizinische Zusammenarbeit gelten werde. Aus einem Ereignis allein läßt sich keine vertrauenserweckende Stetigkeit ermitteln.

Das gute arbeitsteilige Gelingen eines chirurgischen Eingriffs, aus dem Stand heraus mit einem neu zusammengesetzten Team, kann auf Zufall, Glück oder exzeptionell intensiver Aufmerksamkeit des leitenden Arztes beruhen, die ihm aber generell nicht zugemutet werden kann. Nur dann aber, wenn der konkrete künftige Fall unter die Kategorie des routinierten normalen Zusammenwirkens fällt, ist das Vertrauen auf eine reibungslose mithin sorgfältige Zusammenarbeit berechtigt.[3] Begründetes Vertrauen im Rahmen arbeitsteiligen

---

[2] — etwa um diesen so die Möglichkeit zu geben, die für ihre Prüfungen erforderlichen Nachweise praktischer Tätigkeit zu ermöglichen —
[3] Für den Bereich des Straßenverkehrs eingehend dazu: Kirschbaum, 151.

Zusammenwirkens kann also nur dort entstehen, wo eine Vertrauensbasis vorhanden ist.

Die Vertrauensbasis bildet sich aus zwei Hauptelementen. Zum einen
basiert sie auf den äußeren Umständen, unter denen der am arbeitsteiligen Prozeß Beteiligte mitzuwirken hat. Umgekehrt läßt sich
dies auch als das Fehlen vertrauenshindernder Umstände beschreiben.
Dies ist die – aus der Sicht des Vertrauensadressaten – objektive[4]
Vertrauensbasis (a.). Sie wird ergänzt durch eine subjektive
Komponente, die sich ausschließlich aus in der Person des Vertrauensadressaten liegenden Umständen ergibt. Zu der letztgenannten
Kategorie gehört insbesondere die umfassende fachliche Qualifikation des Vertrauensadressaten. Dies ist die subjektive Vertrauensbasis (b.).

a.   **Vorliegen der objektiven Vertrauensbasis**
          –Fehlen vertrauenshindernder Umstände–

Hinsichtlich der den Vertrauensgrundsatz bestimmenden objektiven
Vertrauensbasis besteht eine mit dem im Straßenverkehrsrecht geltenden Vertrauensgrundsatz insoweit vergleichbare Sachlage. Dort
ist der Vertrauensgrundsatz lediglich dann anwendbar, wenn normale
und ordnungsgemäße Verkehrsverhältnisse vorliegen.[5] Erst wenn diese
Prämisse erfüllt ist, darf der einzelne Kraftfahrer das verkehrsgerechte Verhalten der anderen Verkehrsteilnehmer erwarten.[6] Dies
wird per se nur dort toleriert, wo die äußeren[7] Umstände vertrauenserweckend sind. Sie sind es dann, wenn sie sich in den Grenzen
des herkömmlichen, üblichen Verkehrsgeschehens halten.[8]

In einem straßenverkehrsrechtlichen Fall, in dem die Seitenstreifen
einer Landstraße sich in einem für alle Verkehrsteilnehmer erkennbar nur schwer begehbaren Zustand befanden und deshalb davon
ausgegangen werden mußte, daß den Fußgängern deren Benutzung nicht
ohne weiteres zuzumuten war, hat der Bundesgerichtshof einem
Kraftfahrer ein Vertrauen, die Fußgänger würden dennoch nicht auf

---

[4]Dieser Begriff ist freilich angreifbar, weil er auch subjektive Kriterien, nämlich die des vertrauenden Arztes, umfaßt.
Da es sich aber um solche Faktoren handelt, die unabhängig von
der Befähigung des jeweiligen Vertrauensadressaten erfüllt
sein müssen, wird im weiteren – aus Gründen der Prägnanz – von
der objektiven Vertrauensbasis gesprochen.
[5]Mühlhaus/Janiszewski, §1 StVO Rn. 24.
[6]BGH Urt. v. 30.1.1958 –4StR 649/57– = GA 1959, 52;
Jagusch/Hentschel, §1 StVO, Rn. 24.
[7]Hervorhebung vom Verfasser.
[8]Vgl. BGH NJW 1955, 1487, 1488.

die Straße ausweichen, versagt. Ebenso hat er das Vertrauen bei
erkanntem oder offensichtlich erkennbarem Fehlverhalten des Vertrauensadressaten abgelehnt.[9] Bei demjenigen, der sich erkanntermaßen verkehrswidrig verhalte, sei mit weiteren Verkehrsverstößen
zu rechnen.[10]

Diese Entscheidungen wurden von der gemeinsamen Grundüberlegung
bestimmt, daß die positive Kenntnis oder die fahrlässige Unkenntnis
entweder von der besonderen Verkehrslage beziehungsweise fremder
Sorgfaltswidrigkeit die Anwendbarkeit des Vertrauensgrundsatzes
ausschließt. Ändern sich die *äußeren* Umstände, so besteht zunächst
kein begründeter Anlaß, daß diese Änderung ohne Einfluß auf die mit
den ursprünglichen vertrauensbildenden Umständen verknüpfte Zuversicht bleiben werde.

Dieser allgemeine Grundsatz hat in gleicher Weise im Bereich
medizinischer Arbeitsteilung zu gelten. Vertrauen kann gerade bei
medizinischer Zusammenarbeit lediglich dort entstehen, wo die für
das arbeitsteilige Zusammenwirken unabdingbaren Sorgfaltsmaßstäbe
beachtet werden. Folglich ist der Vertrauensgrundsatz nur dort
anzuwenden, wo ein sich im Rahmen des üblichen arbeitsteiligen
Zusammenwirkens haltender medizinischer Sachverhalt vorliegt.

Die objektive Vertrauensbasis ist vielschichtig. Die außerordentliche Effektivität medizinischer Arbeitsteilung wird erst möglich
durch das eingespielte reibungslose Zusammenwirken der einzelnen
Medizinalpersonen untereinander. Die alltägliche normale arbeitsteilige medizinische Routine kann in mehrfacher Weise vertrauens-
hindernd beeinträchtigt werden. Dies setzt zunächst als vertrauens-
erweckenden Umstand positiv voraus, daß der vorgesetzte Arzt nach
dem Maßstab allgemeiner Lebenserfahrung sich bezüglich der spezifisch arbeitsteiligen Gefahren selbst sorgfaltspflichtgemäß verhalten hat.

Weiter kann die konkret arbeitsteilig zu bewältigende Aufgabe als
solche, etwa ein chirurgischer Eingriff oder eine bestimmte diagnostische Maßnahme, die Beteiligten vor außerordentliche Probleme
stellen, die aus dem Rahmen des Alltäglichen herausfallen und ad

---

[9] BGH VM 1956, 8; OLG München, VRS 31, 329, 331; vgl. auch
Jagusch/Hentschel, §1 StVO Rn. 24 m.w.N.
[10] BGH VRS 5, 133, 134; 34, 356, 357; VersR 1964, 486.

hoc zu außergewöhnlichem Handeln zwingt. Neben der Versagung des Vertrauensgrundsatzes bei eigener Sorgfaltswidrigkeit erscheint schließlich die Zuversicht in die fehlerfreie Zusammenarbeit dort nicht berechtigt, wo der vorgesetzte Arzt positive Kenntnis vom unsorgfältigen Verhalten der ihm nachgeordneten Medizinalperson hat.[11] Erst wenn diese im folgenden zu untersuchenden Voraussetzungen für die normale routinierte medizinische Zusammenarbeit unverzichtbaren Prämissen erfüllt sind, liegt eine vertrauenserweckende objektive Basis vor, die den Weg zur Abklärung der subjektiven, in der Person des Vertrauensadressaten liegenden Umstände, eröffnet.

aa. **Kein Vertrauen bei eigener Sorgfaltswidrigkeit des Vertrauenden**

Das vertrauenserweckende routinierte arbeitsteilige Zusammenwirken wird entscheidend dadurch bestimmt, daß jeder, der am arbeitsteiligen Prozeß Beteiligten, die für jeweils maßgebenden spezifisch arbeitsteiligen Sorgfaltsgebote beachtet. Für den vorstehenden Arzt bedeutet dies, daß seine Erwartung, die anderen Beteiligten werden ihre Beiträge sorgfältig erbringen, erst und nur dann berechtigt ist, wenn er, in bezug auf den konkreten Fall, die für ihn bestehenden Sorgfaltsmaßstäbe selbst beachtet hat.

Wer sich selbst sorgfaltswidrig verhält, ist erst recht im Bereich arbeitsteilig strukturierten Zusammenarbeitens, wie in allen übrigen Fällen mehrheitlichen Zusammenwirkens, per se nicht schutzwürdig in dem Vertrauen, der durch seine Sorgfaltswidrigkeit in Gang gesetzte Geschehensverlauf werde durch die gesteigerte sorgfältige Vorgehensweise der anderen Beteiligten neutralisiert werden.[12]

[11] Jakobs, Zeitschrift für die gesamte Strafrechtswissenschaft, Band 89 (1977), 1, 14.
[12] Ganz herrschende Meinung. Vgl. BGHSt 9, 92, 93; 13, 168, 172; 17, 299, 302; BGH DAR 1954, 259, 260; BGH GA 1959, 52, 53; BHG VRS 33, 368; OLG Oldenburg VRS 32, 270, 273; Cramer, Straßenverkehrsrecht, §1 StVO Rn. 51; Jagusch/Hentschel, §1 StVO Rn. 22; Jakobs, AT 7/55; Jescheck, AT §55 I (FN 10); Kienapfel, AT 418; Kirschbaum, 118 f.; Krümpelmann, Festschrift für Lackner (1987) 292, 294. LK Schroeder, §16 Rn. 168, 174; Mühlhaus/Janiszeweski, §1 StVO Rn. 25; Schönke/Schröder/Cramer, §15 Rn. 212a; Stratenwerth, Festschrift für Eb. Schmidt (1961), 383, 393 f.; ders. AT Rn. 1161; Ulsenheimer, Arztstrafrecht in der Praxis, Rn. 167; Welzel, Lb. 133; Wessels, AT §15 II 3b; Wilhelm, 42, 57; die sämtlich im eigenen sorgfaltsgemäßen Verhalten die Grundprämisse für das Vertrauensprinzip sehen.

Lediglich Kamps[13] meint, wie bereits angesprochen,[14] der vorgesetzte Arzt sei, selbst wenn er "den Patienten durch Außerachtlassen der erforderlichen Sorgfalt in eine viktimogene Lage versetzt"
habe, im Rahmen einer arbeitsteilig organisierten Heilbehandlung
gleichwohl berechtigt, auf das ausgebildete Personal vertrauen zu
dürfen. Dieses "Organisationsvertrauen" wird von ihm primär als
Schlagwort verwendet.[15]

Die Auffassung vom Kamps ist abzulehnen. Sie führt zu untragbaren
Ergebnissen in der medizinischen Praxis, wenn jeder der Beteilig-
ten, ohne selbst sorgfaltsgerecht zu handeln, auf die fremde
Sorgfältigkeit vertrauen dürfte. Letztlich kann die Ansicht von
Kamps dazu führen, daß insgesamt keiner der Beteiligten sich im
Einzelfall faktisch mehr sorgfaltsgemäß verhält, weil er vermeint-
lich darauf vertraut, die übrigen Beteiligten werden seine Pflicht-
widrigkeit kompensieren.

Zudem verkennt Kamps, daß der Sinn von Arbeitsteilung in erster
Linie darin besteht, effektivere Arbeit zu leisten und nicht darin,
die eigene Sorgfalt außer aller Acht lassen zu dürfen. Sinn der
Aufspaltung medizinischer Behandlungsabläufe ist nur die medizinische Versorgung besser und sicherer zu gestalten, nicht aber die
Beteiligten von der Verantwortlichkeit für die sich aus ihren
Sorgfaltswidrigkeiten ergebenden Folgen zu dispensieren. Daß es
nicht selten dennoch zu Unklarheiten über die Verantwortlichkeiten
kommen kann, ist eine unliebsame Nebenerscheinung der Arbeitsteilung, aber kein beabsichtigter Effekt.

Bevor die Vertrauenswürdigkeit des Vertrauensadressaten überhaupt
eine maßgebende Rolle spielen kann, muß jedoch zunächst untersucht
werden, inwieweit im Hinblick auf das arbeitsteilige Zusammenwirken
ein Verschulden des vorstehenden Arztes denkbar ist.

Von den für ihn verbindlichen, spezifisch auf das arbeitsteilige
Zusammenwirken bezogenen Pflichten ist zunächst die Pflicht zur
sorgfältigen Organisation der in seinem Aufgabengebiet liegenden
medizinischen Behandlungsabläufe zu nennen.[16] ‹(1)› Unabhängig

---

[13] Kamps, 184.
[14] s.o. 43 f.
[15] Vgl. Kamps, 168, 180 f., 191 ff., 206, 221 f., 232 f., 272.
  Hierzu mit recht kritisch: Wilhelm, 42.
[16] Stratenwerth, Festschrift für Eb. Schmidt (1961) 383, 395 f.

davon ist der vorstehende Arzt im Rahmen der von ihm zu verantwortenden Organisationsstrukturen verpflichtet, die ihm assistierenden
Medizinalpersonen sorgfältig zu instruieren. <(2)> Schließlich wird
zu untersuchen sein, inwieweit für ihn Pflichten bestehen, die
Kommunikation mit den anderen Beteiligten von Fehlern freizuhal-
ten[17] <(3)>.

Zur Beachtung dieser spezifischen Verhaltensgebote ist er aus
zweierlei Gründen verpflichtet. Zum einen ist er derjenige, der mit
der Erteilung von Anordnungen die Initiative zu einer bestimmten
Tätigkeit der ihm nachgeordneten Medizinalperson ergreift. Zum
anderen hat er aufgrund seiner Organisations- und Leitungskompetenz
für den organisatorisch reibungslosen Ablauf der konkret zu leist-
enden medizinischen Behandlung zu sorgen. Erst wenn der vorstehende
Arzt die von ihm zu schaffenden Rahmenbedingungen für ein normales
routinemäßiges Zusammenwirken liefert, kann die generelle Möglichkeit, konkretes Vertrauen gegenüber einer bestimmten Medinzinalper-
son, näher in Betracht kommen. Begeht er bereits hier eine Sorgfaltswidrigkeit, aus der sich im Zusammenhang mit der Nachlässigkeit der nachgeordneten Kraft der Unrechtserfolg ursächlich
ergibt, so begründet dies seine Verantwortlichkeit. Der Vertrauensgrundsatz ist dann unanwendbar.

**(1)   Pflicht zur sorgfältigen Organisation
          des arbeitsteiligen Zusammenwirkens**

Allein die Zergliederung einzelner Arbeitsschritte, um dem Einzelnen die Möglichkeit der Konzentration auf das Spezialgebiet zu
ermöglichen, bewirkt noch nicht die für die Arbeitsteilung spezifischen großen Möglichkeiten der medizinischen Versorgung. Im
Gegenteil: von den isoliert erbrachten Arbeitsschritten kann, wenn
sie ohne Verstand zusammengefügt werden, eine besondere zusätzliche
Gefahr ausgehen, wenn erst im Einzelfall, kurz vor oder während der
zu bewältigenden Aufgabe, die Abklärung der Verantwortlichkeiten
erfolgt oder gar gänzlich unterbleibt. Denn zu diesem Zeitpunkt
sind die Beteiligten primär gefordert, sich voll auf ihre speziellen Fähigkeiten zu konzentrieren und nicht, insbesondere wenn
es um einen chirurgischen Eingriff geht, kostbare Zeit für die
Aufteilung aller Verantwortlichkeiten zu opfern.

---

[17] Vgl. Wastl, 243, 247.

Nur wenn der vorgesetzte Arzt aufgrund bestimmter Umstände davon ausgehen durfte, die andere Medizinalperson sei für die eigenverantwortliche Wahrnehmung eines bestimmten Arbeitsschrittes zuständig, darf er darauf vertrauen, nicht selbst in dieser Richtung noch weiter tätig werden zu müssen.

Hat der vorstehende Arzt gegen eine derartige Organisationspflicht verstoßen, so kann er sich nicht darauf berufen, auf das Ausbleiben der sich aus dem von ihm zu verantwortenden Organisationsmangel ergebenden Schädigung des Patienten vertraut zu haben.

Um die erforderliche Beherrschbarkeit und Berechenbarkeit im arbeitsteiligen Zusammenwirken zu ermöglichen, muß ihr Ablauf mithin planvoll und vorausschauend organisatorisch abgesichert sein.[18] Nur wenn der vorstehende Arzt für eine ordentliche Abstimmung der Aufgabengebiete zwischen sich und den ihm nachgeordneten Medizinalpersonen gesorgt hat, wird er von einem solchen reibungslosen Zusammenwirken prinzipiell ausgehen dürfen. Erst dann darf er sich bei der Erledigung von medizinischen Aufgaben im Einzelfall darauf beschränken, nicht erst viele Worte machen zu müssen, um abzuklären, wer was wann in welcher Weise zu tun oder zu unterlassen hat.[19]

(a)   Klar abgegrenzte Verantwortungsbereiche

Dies setzt zunächst voraus, daß die Verantwortungsbereiche klar und unmißverständlich voneinander abgegrenzt und bestimmten Medizinalpersonen zugewiesen sind.[20] Damit ist eine sach- und fachgerechte Abstimmung der einzelnen Arbeitsschritte aufeinander gemeint. So kann es generell erforderlich sein, bestimmte Arbeitstechniken wegen ihrer besonderen Komplikationsträchtigkeit, wie etwa Verwechslungen bei der Herstellung und Bereitlegung von Spritzen, stets von mehreren Personen kontrollieren zu lassen.[21]

Der vorgesetzte Arzt verfügt im Rahmen vertikal strukturierter Behandlungsabläufe sowohl über die größere Autorität als auch regelmäßig über die größere Sachkunde im Verhältnis zu den ihm nachgeordneten Medizinalpersonen. Dies beruht regelmäßig auf seiner

---

[18] Hopf, Arzt und Krankenhaus 1972, 55, 57; Baur, Arzt und Krankenhaus 1972, 90, 92.
[19] Vgl. Deutsch, Arztrecht und Arzneimittelrecht, Rn. 109.
[20] Weissauer, Der Anaesthesist, 1962, 239, 245.
[21] Deutsch, Arztrecht und Arzneimittelrecht, Rn. 109.

längeren Berufserfahrung und umfassenderen Ausbildung. Seine Vorgesetztenposition verleiht ihm nicht nur besondere Rechte, sondern
bürdet ihm auch spezifische Pflichten auf. Als Ausfluß seiner
Anordnungs- und Weisungskompetenz gegenüber den ihm nachgeordneten
Medizinalpersonen obliegt es ihm deshalb, für die klare Abgrenzung
der nachgeordneten Verantwortungsbereiche untereinander zu sorgen,
und die dazu erforderlichen organisatorischen Maßnahmen zu treffen.[22]

Ist diese Voraussetzung nicht erfüllt, besteht sowohl die Gefahr
von negativen und positiven Kompetenzkonflikten. Beide können
schwerwiegende Konsequenzen für das Wohl des Patienten haben. Ein
negativer Kompetenzkonflikt liegt dann vor, wenn keiner der Beteiligten des arbeitsteilig strukturierten Prozesses sich für einen
bestimmten Teilbereich verantwortlich hält.[23] Ein positiver Kompetenzkonflikt ist dann gegeben, wenn mehrere der am arbeitsteiligen
Prozeß Beteiligten sich in bezug auf denselben Arbeitsschritt für
zuständig halten.[24]

Wie er dies im einzelnen bewerkstelligt, bleibt letztlich ihm
allein überlassen. Dabei kann er sich – soweit vorhanden – auf
interdisziplinäre Absprachen oder klinikinterne Anordnungen unterstützend berufen. Entscheidend ist, daß er für die unmißverständliche Abgrenzung der Aufgaben – und Verantwortungsbereiche sorgt.
Liegt im konkreten Fall keine Grundlage vor, aus der die Aufgaben-
und Verantwortlichkeitsverteilung folgt, so kann der vorgesetzte
Arzt sich nicht darauf berufen, er habe darauf vertraut, die
nachgeordnete Medizinalperson werde eigenständig für die fehlerfreie Ausführung des konkreten Arbeitsschritts Sorge tragen.

Hat er die aus Kompetenzkonflikten folgende Gefahrenquelle nicht
durch die Erteilung klarer organisatorischer Vorgaben ausgeschaltet, und werden hierdurch bei dem Patienten Schädigungen verursacht, so ist er hierfür verantwortlich. Der Vertrauensgrundsatz

---

[22] Deutsch, Arztrecht und Arzneimittelrecht, Rn. 109.
[23] So etwa, wenn zwischen anordnenden Arzt und Schwester keine
Absprache darüber besteht, wer wie zu kontrollieren hat, ob
nach der Operation die verwendeten Mullkompressen vollzählig
sind.
[24] Dies ist beispielsweise dann der Fall, wenn mehrere Medizinalpersonen dem Patienten ein kreislaufstabilisierendes oder
beruhigendes Präparat verabreichen. Vgl. Eyrich, Der Chirurg
1980, 134, 138; Westermann, NJW 1974, 577, 581.

kann dann nicht haftungsrestriktiv herangezogen werden.

(b)   Pflicht zur Installation von Sicherungssystemen

Um die Einhaltung und Anwendung anerkannten Fachwissens sowie der sachlichen und organisatorischen Voraussetzungen für die hinreichende medizinische Behandlung zu gewährleisten, müssen die geeigneten Sicherungssysteme an der Klinik installiert werden.[25] Hierfür ist der leitende Arzt verantwortlich. Als Konsequenz aus seiner hierarchischen und fachlichen Beherrschungskompetenz hat er für die Installation und Beachtung von den der ärztlichen Kunst entsprechenden Sicherungssystemen zu sorgen.

Kommt es beispielsweise auf der Abteilung des Chefarztes zu einem tödlichen Bluttransfusionszwischenfall, weil der in den "Richtlinien zur Blutgruppenbestimmung und Bluttransfusion" vorgeschriebene ABO-Identitätstest (bed-side-Test) in seiner Abteilung generell nicht vorgenommen wird, so ist er hierfür strafrechtlich verantwortlich.[26] Er ist nicht berechtigt, davon auszugehen, die zu aktualisierenden medizinischen Standards werden seinen Mitarbeitern ohnehin bekannt sein und sie werden sich im übrigen selbst im Rahmen eigener Fortbildung mit den anerkannten Regeln der ärztlichen Kunst vertraut machen.[27] Erst Recht bei bedeutenden und folgenschweren Verrichtungen, wie sie die Bluttransfusion darstellt, hat er sich daher neben der reinen Instruktion auch über deren Kenntnisse und Durchführungsgewohnheiten regelmäßig zu vergewissern.[28] Die besondere Qualifikation der Beteiligten, zwischen denen eine klare Abgrenzung der Kompetenzbereiche zu regeln ist, spielt dabei keine von dieser Verpflichtung entbindende Rolle.

Dabei ist hinsichtlich ihrer Notwendigkeit und Intensität der Ausgestaltung der Sicherungssysteme danach zu unterscheiden, ob der fremde Arbeitsschritt mittelbar oder unmittelbar auf den Patienten einwirken soll. Je nachdem, welche Konstellation vorliegt, gestaltet sich die potentielle Beherrschbarkeit für den vorgesetzten Arzt in unterschiedlicher Weise. Demzufolge ergeben sich für ihn ver-

---

[25] BGH Urt. v.9.1.1986 –4StR 650/85– mitgeteilt von Bayer, Arzt und Krankenhaus 1986, 112 ff.
[26] BGH Urt. v. 9.1.1986 –4StR 650/85– mitgeteilt von Bayer, Arzt und Krankenhaus 1986, 112 ff.
[27] BGH Urt. v. 9.1.1986 –4StR 650/85– mitgeteilt von Bayer, Arzt und Krankenhaus 1986, 112 ff.
[28] Vgl. Ulsenheimer, Arztstrafrecht in der Praxis, Rn. 171.

schiedenartige Pflichten.

Zum einen kann, wie im Chloroformkurfall, der Behandlungsablauf so strukturiert sein, daß der fremde Arbeitsschritt direkt auf den Patienten einwirken soll, ohne daß der Arzt noch quasi als "Filter" dazwischentritt. Erteilt der Arzt der Schwester die Anordnung, wie sie selbständig eine Chloroformkur am Patienten in seiner Abwesenheit durchzuführen hat, oder soll sie selbständig die Durchführung einer Röntgenbestrahlung durchführen, so ist diese natürliche Filterfunktion nicht gegeben.

Dem Arzt fehlt dann generell die Möglichkeit, im Zeitpunkt der Verrichtung direkt auf den Behandlungsprozeß lenkend Einfluß zu nehmen. Der Schwerpunkt seiner Verhaltenspflichten liegt deshalb hier primär darin, dem fremden Verhalten zeitlich vorgelagerte Sicherungssysteme zu installieren, um von vornherein die typischen Fehlerquellen, die wegen seiner fehlenden Anwesenheit nicht von ihm unmittelbar ausgeschaltet werden können, auf anderem Weg zu eliminieren, um so die Gewähr zu geben, für eine dem medizinischen Standard entsprechende sach- und fachgerechte medizinische Versorgung.

Unter dieser Konstellation kann von ihm – wenn die eigenverantwortliche Durchführung durch nachgeordnete Medizinalpersonen für sich betrachtet zulässig ist, unter Berücksichtigung einer sinnvollen und zumutbaren medizinischen Versorgung, die zugleich den schutzwürdigen Interessen der Patienten gerecht wird – nicht verlangt werden, die Vorbereitung jedes konkreten Arbeitsschrittes zu kontrollieren. Letztlich wäre er ansonsten gehalten, den nachgeordneten Tätigkeiten faktisch doch beizuwohnen. Ein mit dem Sinn der Arbeitsteilung nicht zu vereinbarendes Ergebnis.

Hier wird der anordnende Arzt seinen arbeitsteilig spezifischen Verpflichtungen – abgesehen von den ihn für den Einzelfall zu treffenden Instruktions- und Kommunikationspflichten – erst dann erschöpfend gerecht, wenn er eine umfassend qualifizierten Hilfskraft einsetzt und geeignete Sicherungssysteme installiert hatte.

Hätte der Arzt im Chloroformkurfall einer hinreichend qualifizierten Medizinalperson unmißverständlich die richtigen Instruktionen erteilt, dann wären von ihm weitere Verhaltenspflichten nicht mehr zu fordern gewesen. Ereignet sich dann ein Zwischenfall, der auf Nachlässigkeit der Kraft beruht, so trifft den vorstehenden Arzt hierfür keine Verantwortlichkeit.

Handelt es sich aber um eine Verrichtung der nachgeordneten Kraft, die nicht unmittelbar, sondern nur über den Arzt an den Patienten gelangt,[29] wie etwa, wenn er sich eine Spritze oder ein Medikament aushändigen läßt, dann ist der Pflichtenkreis des anordnenden Arztes anders gelagert. Hier ist der Arzt, bevor der von der nachgeordneten Kraft geleistete Arbeitsbeitrag den Patienten erreicht, notwendigerweise dazwischengeschaltet. Zwischen dem Verhalten der Schwester und dem Einwirken auf den Patienten ist sein weiteres Verhalten geschaltet. Das fremde Verhalten wirkt dann nur auf den Patienten über sein eigenes Verhalten ein. Ihm stehen nun, anders als in der vorgenannten Konstellation, mehr unmittelbare Einwirkungsmöglichkeiten zur Seite. Demgemäß ist er hier tendenziell in geringerem Umfange verpflichtet, organisatorische Vorsorgemaßnahmen gegen Fehlleistungen zu ergreifen. Dagegen verstärkt sich seine Pflicht, selbst Sicherungsmaßstäbe unmittelbar zu beachten.

Es ist dann der anordnende Arzt, der den letzten, entscheidenden, direkt auf den Patienten einwirkenden Schritt ausführt. Unter diesen Umständen ist es mit Sinn und Zweck der Arbeitsteilung durchaus zu vereinbaren, von ihm persönlich zu verlangen, den einzelnen Arbeitsbeitrag der Schwester durch geeignete Sicherungsmaßnahmen auf seine Sorgfältigkeit zu verifizieren, wie eben etwa mit der durch einen kurzen Blick zu bewältigenden Ampullenkontrolle.

In diesen Fällen, wo der Arzt nach seiner Anordnung später noch einmal mit dem Ergebnis seiner Anordnung ohnehin notwendig in Kontakt kommt, bevor der angeordnete Arbeitsschritt direkt auf den Patienten einzuwirken beginnt, liegt der Schwerpunkt seiner Pflichten, neben der Auswahl einer umfassend qualifizierten Hilfskraft, auf der Kontrolle der Wertigkeit des übernommenen Arbeitsschrittes,

---

[29] Wie etwa im Cholin/Decholinfall, wo die von der Schwester herzurichtende Spritze vom Arzt zu applizieren war, ebenso im Novalgin/Novocainfall OLG Hamburg, VersR 1954, 125 = Der Krankenhausarzt 1954, 240, mitgeteilt auch von Perret, Arzthaftpflicht, 32.

bevor er ihn an den Patienten gelangen läßt.

Geht der Arzt hier etwa bei der Anordnung der Spritzenherrichtung ohne Sicherungsmaßnahmen vor, nimmt er aber später auch keine Kontrollmaßnahme vor, so liegt der Schwerpunkt seines Fehlverhaltens in der nicht vorgenommenen Kontrolle des ausgeführten Arbeitsschrittes vor der Einwirkung auf den Patienten.[30] In Fällen, wo er zeitlich vorher sich unsorgfältig verhalten hat, etwa weil er eine unklare Anordnung erteilt hat oder nicht auf sorgfältige Übermittlung der Information hingewirkt hat, beruht das erfolgsursächliche, den Fahrlässigkeitsvorwurf begründende Fehlverhalten, in der fehlenden nachfolgenden Kontrollmaßnahme. Das zeitlich vorgelagerte Fehlverhalten erhöht lediglich dann das Maß der Pflichtwidrigkeit. Es ist allein für die Strafzumessung im Rahmen von § 46 Abs. 2 StGB Bedeutung.

Legt die Medizinalperson ihm etwa eine mit Novalgin statt Novocain aufgezogene Spritze vor, obwohl der Arzt ihr etwas anderes diktiert hat, dann bleibt er dennoch zur Ampullenkontrolle verpflichtet. Dies Ergebnis mag im Vergleich zu den Pflichten des Arztes in der zuvor genannten Konstellation zunächst unbefriedigend erscheinen, weil hier der Arzt, wenn er unmittelbar den Arbeitsschritt übernimmt, scheinbar mehr zu unternehmen hat, um Schäden von dem Patienten abzuwenden. Dies beruht aber zum einen darauf, daß er im Rahmen des Möglichen und Zumutbaren verpflichtet ist, alles zu unternehmen, um die aus dem arbeitsteiligen Zusammenwirken drohenden Gefahren von dem Patienten abzuwenden. Zum anderen ist ihm, was die Beauftragung derartiger Arbeitsschritte anbelangt, im Hinblick auf ein etwaiges Auswahlverschulden, ein großzügiger Sorgfaltsmaß-

---

[30] Die nachgeordnete Kraft ist hierbei grundsätzlich entlastet. Werden keine Sicherungen bei der Anordnung installiert, so trifft sie kein Vorwurf. Denn hier hat der Arzt durch sein Verhalten die Ursache für Mißverständnisse gesetzt. Ihm, nicht der Schwester, obliegt die Verantwortlichkeit, geeignete Maßnahmen zu treffen, um Fehler zu vermeiden. Von der Schwester kann nicht verlangt werden, gegenüber dem Arzt Sicherungsmaßnahmen durchzusetzen. Hierzu besitzt sie nicht die institutionelle Autorität. Es wäre ein mit den praktischen Gegebenheiten des medizinischen Alltags nicht zu vereinbarendes Ergebnis, von ihr zu verlangen, wenn der Arzt ihr ohne Sicherungsmaßnahmen etwas diktiere, darauf zu bestehen, daß er ihr dies auch schriftlich gebe, beziehungsweise, daß möge er ihr aber noch abzeichnen. Nicht sie, sondern der Arzt ist es, der aufgrund seiner hervorgehobenen Position und überragenden Sachkunde alles zu veranlassen hat, um die geeigneten Maßnahmen zu ergreifen, die für die Vermeidung von arbeitsteiligen Gefahren erforderlich sind. Vgl. BGHSt 6, 282 f. (2. Leitsatz).

stab zuzubilligen.

Perret[31] wendet hiergegen ein, Sicherungsmaßnahmen, wie die Ampul-
lennachschau, ließen sich nicht in starre Regeln pressen. So seien
die Kontrollmaßnahmen an jeder Klinik anders. Keines der Sicherungssysteme sei zu 100% geeignet, Komplikationen auszuschalten.
Dies ist sicherlich zwar richtig, doch kann die Konsequenz hieraus
nicht sein, überhaupt kein Sicherungssystem anzuwenden, um sich zu
bemühen, prinzipiell vermeidbare Schäden vom Patienten abzuwenden.

Dabei läßt Perret jedoch außer Betracht, daß es in den von ihm
kritisierten Entscheidungen der Rechtsprechung[32] nicht so war, daß
die Ärzte zwar eigene Sicherungssysteme praktiziert hätten, die
erfolglos geblieben wären. Vielmehr zeichneten sie sich dadurch
aus, daß beispielsweise der Arzt im Cholin/Decholinfall, obwohl ihm
die klinikinterne Ampullenkontrolle und deren Sinn bekannt war,
überhaupt nichts unternahm, um die aus dem arbeitsteiligen Zusammenwirken drohenden Gefahren einzudämmen.

Ebenso verhielt es sich in dem Novocain/Novalginfall.[33] Dort wurde
sogar ausdrücklich durch eine Verfügung der kommunalen Aufsichtsbehörde die unmißverständliche Regelung, daß der Arzt durch die
Herrichtung der Spritzen seitens der Schwestern nicht von seiner
Pflicht zur Prüfung der Richtigkeit des angewandten Mittels befreit
werde. Auch hier mißachtete der Arzt die ihm seine Sorgfaltspflichten vorschreibende Dienstanweisung. Aus den übrigen von Perret
kritisierten Entscheidungen[34] ist ebenfalls nicht zu entnehmen, daß
die Verantwortlichen sich um andere geeignete Sicherungsmaßnahmen
bemüht hätten.

Die Argumentation Perrets, es erscheine gefahrvoll, ein bisher bis
auf wenige Einzelfälle versagendes übliches System durch kompli-
zierte starre Methoden ersetzen zu wollen,[35] ist daher nicht
überzeugend. Weshalb die Forderung der Rechtsprechung, geeignete

---

[31] Perret, Arzthaftpflicht, 33.
[32] LG Hamburg (Luminalfall), mitgeteilt von Schläger Münchener
Medizinische Wochenschrift 1937, 1358; BGHSt 6, 282 ff.
(Cholin/Decholinfall); OLG Hamburg (Novalgin/Novocain) VersR
1954, 125 f.
[33] OLG Hamburg VersR 1954, 125 f.
[34] Vgl. die Nachweise bei Perret 33 f.
[35] Perret, 33. Dem kann nur dort zugestimmt werden, wo der Arzt
tatsächlich ein an sich geeignetes Sicherungssystem praktiziert, das im zu beurteilenden Fall allerdings versagt hat.

Sicherungssysteme zu installieren, die zudem nur einen geringen Zeitaufwand erfordern und an anderen Einrichtungen die gängige Praxis bilden, vermag Perret nicht zu erklären.

Eberhard Schmidt[36] hält die Nichtabwendung der aus dem arbeitsteiligen Zusammenwirken drohenden Gefahren durch den leitenden Arzt ohne eingehendere Begründung nur dann für strafrechtlich relevant, wenn dieser die von einem Dritten vorgenommene Maßnahme hätte selbst vornehmen müssen oder aber, wenn er sie hätte kontrollieren können und müssen. Je wichtiger eine Behandlungsmaßnahme sei, desto mehr habe der Arzt die Pflicht, sie selbst durchzuführen. Wo Kontrolle nicht mehr möglich sei, entfalle eine Kontrollpflicht.[37] Maßgebend sei die Kenntnis vom Ausbildungsstand und der Zuverlässigkeit des Personals. So seien selbst geringe Maßnahmen, wie etwa das Fiebermessen, vom Arzt stichprobenweise nachzuprüfen, um einer etwaigen "Liederlichkeit" auf die Spur zu kommen.[38]

Die Auffassung von Schmidt ist uneinheitlich und in sich widersprüchlich. Einerseits schränkt er die Verantwortlichkeit des Arztes zu sehr ein. An anderer Stelle dagegen weitet er sie unzumutbar aus. Schmidt reduziert zunächst den Problembereich arbeitsteiliger medizinischer Zusammenarbeit auf Fälle, wo nur der Arzt selbst die Handlung hätte vornehmen dürfen. Hier liegt der Fahrlässigkeitsvorwurf erst in der unzulässigen Aufspaltung der medizinischen Behandlung. Auf die näheren Einzelheiten des Vertrauensgrundsatzes kommt es für ihn deshalb nicht mehr an. Wenn es bereits verboten war, die Arbeit auf andere zu übertragen, dann kann es im weiteren nicht mehr darauf ankommen, ob die Umstände, unter denen der nachgeordneten Medizinalperson die eigenverantwortliche Durchführung des Behandlungsschrittes zugetraut werden durfte, vertrauenerweckend waren oder nicht. Dagegen erweitert er auf der anderen Seite die Verantwortlichkeit des vorstehenden Arztes unzulässig, wenn er allein auf die faktische Kontrollmöglichkeit abstellt, um hieraus die Kontrollpflicht herzuleiten. Beide Abgrenzungskriterien lassen sich jedoch nicht miteinander in

---

[36] Eberhard Schmidt (bei Ponsold), 36 ff.
[37] Dies ist aber nichts Besonderes. Es handelt sich lediglich um das Prinzip, daß dem der Strafrechtsordnung unterworfenen Bürger ein ihm unmögliches Verhalten nicht abverlangt werden kann.
[38] Ähnlich Kohlhaas (bei Kuhns) I/852.

vollständige Übereinstimmung bringen.[39]

(c)   **Kein Vertrauen bei unzulässigem
                        ad–hoc–Zusammenwirken**

Die besondere Effizienz medizinischer Arbeitsteilung[40] beruht
entscheidend auf der erst durch planende Routine erworbenen Sicherheit in der Zusammenarbeit.[41] Die Abgrenzung der Verantwortungsbereiche hat der vorgesetzte Arzt daher nicht nur in fachlicher Weise
vorzunehmen, sondern er hat auch dafür Regelungen zu treffen, daß
in zeitlicher Hinsicht die Verantwortlichkeiten unter gleichquali-
fizierten Medizinalpersonen klar aufeinander abgestimmt sind. Es
darf keine behandlungsfreien Zeiten geben, in denen der Patient von
keiner Medizinalperson fachgerecht versorgt werden kann.

So hat der leitende Arzt die Pflicht, für einen reibungslosen
Bereitschaftsdienst und eine ständige Rufbereitschaft zu sorgen. Er
hat klare Einsatzpläne und unmißverständliche Vertretungsregelungen
zu erlassen.[42] Den plötzlichen Ausfall von einzelnen, zum Dienst
eingeteilten Mitarbeitern, muß er generell mit ins Kalkül ziehen
und deren Stellvertreter einplanen.

Weicht der konkrete Fall, aufgrund seiner Organisation und Planung
von dem bisher erprobten und bewährten Schema ab, so steht dies der
Bildung begründeten konkreten Vertrauens entgegen. Diese für die
medizinische Arbeitsteilung unentbehrliche Prämisse liegt insbesondere dann nicht vor, wenn ad hoc von dem vorstehenden Arzt an
dem arbeitsteilig strukturierten Prozeß vollkommen unbekannte oder
zwar bekannte, aber mit der wahrzunehmenden Aufgabe noch nicht
erprobte Medizinalpersonen herangezogen werden.[43] Eine tragfähige
Grundlage für ein Vertrauen auf die eingespielte sichere Routine
ist hier nicht gegeben.

---

[39] Siehe auch Kohlhaas, Deutsche Medizinische Wochenschrift 1959,
1491, 1494.
[40] Vgl hierzu: Siegrist, 76 ff.
[41] Bereits der 1. Strafsenat des Bundesgerichtshofs, BGH NJW
1955, 1487 f. sah in der fehlenden eingespielten Zusammenarbeit zwischen den einzelnen Beteiligten eines Operationsteams
eine spezifische Sorgfaltspflichten begründende Gefahr.
[42] Ebenso wohl auch Ulsenheimer, Arztstrafrecht in der Praxis,
Rn. 170. (die dortige Unklarheit dürfte auf ein rein redak-
tionelles Versehen zurückzuführen sein.)
[43] BHGSt 3, 91, 96: "Es wird festzustellen sein, wie lange und
wie genau der Angeklagte Dr. W. die Angeklagte O. beruflich
kannte..."

Mit unterschiedlicher strafrechtlicher Konsequenz ist dabei aber zu differenzieren, ob das ad-hoc-weise Zusammenwirken vital indiziert war oder nicht. Handelt es sich um eine nicht vital[44] indizierte Maßnahme,[45] so ist die ad-hoc- Zusammenarbeit wegen der mit ihr verbundenen drohenden zusätzlichen erheblichen Gefahren generell nicht vertrauenserweckend. Sie hat daher prinzipiell zu unterbleiben. Befand sich der Patient in einer gesundheitlichen Verfassung, die ein ad hoc Handeln nicht erforderte, dann hat die Behandlung zu unterbleiben. Die Behandlung darf erst dann ausgeführt werden, wenn die erforderlichen Mitarbeiter zur Verfügung stehen. Stehen diese nicht zur Verfügung, so hat er dafür zu sorgen, daß der Patient an eine entsprechend ausgestattete Klinik, Abteilung oder einen anderen Kollegen überwiesen wird.

Wenn der den Eingriff leitende Arzt in den konkreten arbeitsteiligen Prozeß eine neue Medizinalperson mit einsetzen will, die an sich geeignet ist, so darf er ihr erst dann Vertrauen auf die sorgfältige Erledigung der von ihr grundsätzlich eigenverantwortlich wahrzunehmenden Aufgaben entgegenbringen, wenn er sie aus eigener Erfahrung im arbeitsteiligen Miteinander hinreichend kennengelernt hat und sie sich bewährt hat. Auch die Hinzuziehung von an sich qualifizierter, aber eben nicht eingearbeiteter Medizinalpersonen, ist mithin ein vertrauenshindernder Umstand. Der vorstehende Arzt kann sich daher nicht auf den Vertrauensgrundsatz berufen, ohne daß es auf die Untersuchung der Qualifikation des oder der Mitwirkenden weiter entscheidend ankommt. Sobald der Arzt ohne Not den unberechenbaren Zufall mit in sein ärztliches Handeln einfließen läßt, obwohl er es in der Hand hatte, durch planendes Handeln derartige Imponderabilien auszuschalten, ist der Weg zur Bildung von Vertrauen nicht mehr eröffnet.

Dies ist an den im folgenden zu untersuchenden Steißbeinfistelfall[46] eingehender herauszuarbeiten. Ein im übrigen gesunder

---

[44] Beispielsweise bei aus rein diagnostischen Gründen vorgenommenen Eingriffen, wie der Exstirpation von Gewebe im Lymphknotenfall (BGH NJW 1984, 655 f.) zwecks histologischer Untersuchung, ohne daß akuter Handlungsbedarf bestand, ist regelmäßig nicht vital indiziert. Wenn hier im Vordergrund steht, dem auszubildenden Arzt die erstmalige Möglichkeit zu solch einem Eingriff einzuräumen, dann hat dies nur in Anwesenheit seines Ausbilders zu geschehen.
[45] Dies hat erst recht zu gelten, wenn es sich um einen ausschließlich kosmetischen indizierten Eingriff handelt.
[46] BGH NStZ 1983, 134 f.

Patient sollte während eines fünfminütigen "Routineeingriffs" an einer Steißbeinfistel unter Vollnarkose operiert werden. Der Eingriff sollte von dem leitenden Arzt der chirurgischen Abteilung vorgenommen werden. Dabei unterstützten ihn eine Assistenzärztin und eine Operationsschwester sowie der Anästhesiepfleger M.. Dieser hatte bereits an zahlreichen Operationen teilgenommen. Er sollte die Sauerstoffzufuhr überwachen und mit dem Daumen die Lidreflexe des Patienten kontrollieren.

Da es Schwierigkeiten mit der Lagerung und Ruhigstellung des Patienten gab, wurde unmittelbar vor Beginn des Eingriffs zusätzlich der Pfleger K. "zufällig"[47] hinzugezogen. Dieser war bisher nur in der Ambulanz tätig und dort als erfahren bekannt gewesen. Er sollte den Puls kontrollieren. Er gab in nicht mehr genau feststellbaren Zeiträumen Pulsfrequenzen an, ohne – wie es sonst üblich war – den Puls fortwährend laut zu zählen. Außerdem wurde er noch vor der Beendigung des Eingriffs zum Medikamentenschrank geschickt. Aus ungeklärten Gründen kam es zu einer Störung der Sauerstoffzufuhr, ohne daß dies von einem der Beteiligten während der Operation bemerkt wurde. Erst am Ende der Operation merkte der leitende Arzt eine Zyanose. Zu diesem Zeitpunkt stand der Puls bereits still. Rettungsmaßnahmen blieben erfolglos. Dreißig Minuten nach dem Ende des Eingriffs starb der Patient.

Die operative Behandlung der Steißbeinfistel war nicht vital indiziert. Die Behandlung hätte daher erst erfolgen dürfen, wenn die hierfür ausreichend qualifizierten Personen, sowie die erforderlichen technischen Voraussetzungen vorlagen. Diese für ein gutes arbeitsteiliges medizinisches Zusammenwirken unbedingt erforderliche sichere Routine erwächst aber erst aus dem routinierten, daß heißt, eingespielten Zusammenwirken der Beteiligten. Sie wird keineswegs bereits dadurch erreicht, daß der Eingriff als solcher ein "Routineeingriff"[48] ist. Der hier "zufällig" eingesetzte Pfleger war in das Operationsteam nicht integriert.

---

[47] So die ausdrücklichen tatrichterlichen Feststellungen, NStZ 1983, 134
[48] Die Bezeichnung einer Operation als "Routineeingriff" gibt keineswegs eine verläßliche Aussage über ihre Komplikationsträchtigkeit. Eine Appendektomie (Entfernung des Wurmfortsatzes/Blinddarmoperation) ist ein Routineeingriff, sie ist damit aber keineswegs generell nur wenig komplikationsträchtig.

Offensichtlich war dieser auch nicht mit der an sich üblichen Methode vertraut, den von ihm wahrgenommenen Pulsschlag laut zu zählen. Wenn dies ordnungsgemäß erfolgt wäre, hätte die mit der abnehmenden Pulzfrequenz einhergehende reduzierte Sauerstoffversorgung rechtzeitig erkannt, und vom Arzt entsprechende Gegenmaßnahmen ergriffen werden können, bevor es zu zyanotischen Zuständen kam. Der leitende Arzt hätte also den Eingriff nur vornehmen dürfen, wenn die Voraussetzung der sicheren und planvollen medizinischen Zusammenarbeit gewährleistet gewesen wären.

Liegt dagegen eine nicht vorhersehbare und deshalb nicht planend beherrschbare notstandsähnliche Notwendigkeit zum Handeln vor,[49] so ist der leitende Arzt für die aus dem ad-hoc-Eingriff mit einem nicht eingespielten Team sich realisierenden Gefahren strafrechtsdogmatisch aus einem anderen Grund von der strafrechtlichen Verfolgung befreit, ohne daß es des näheren Eingehens auf die Voraussetzungen des Vertrauensgrundsatzes bedarf. Das Heft des Handelns ist hier dem Arzt aus der Hand genommen. Es sind vielmehr die von ihm nicht zu vertretenden und nicht mit der an sich üblichen routinierten Sorgfalt zu beherrschenden außergewöhnlichen Umstände der Notsituation, die ihm diktieren, wie er zu handeln hat.

Er befindet sich deshalb in einer durch § 34 Satz 1 StGB gerechtfertigten Notstandslage, in der er lediglich das ihm in der Notsituation Mögliche mit dem ihm zur Verfügung stehenden Personal und technischen Hilfsmittel zum Wohle des Patienten zu leisten hat.[50] Eine derartige notstandsmäßige Situation vermag der Arzt nicht mit der ansonsten üblichen sicheren Routine zu beherrschen.[51] Sein Handeln mit einem ad-hoc-Team ist daher durch § 34 Satz 1 StGB gerechtfertigt, wenn er das ihm unter den konkreten Umständen Zumutbare leistet.

(d)   **Zwischenergebnis**

Zusammenfassend ist festzustellen, daß der vorstehende Arzt zu einer reibungslosen Organisation der einzelnen Arbeitsschritte verpflichtet ist. Er hat für eine klare Abgrenzung der Verantwort-

---

[49] – verursacht etwa durch Naturkatastrophen, Massenkarambolagen auf der Autobahn, Schiffs- und Flugzeugunglücken etc. mit einer Vielzahl von gleichzeitig zu behandelnden Patienten –
[50] Kamps, 170 f.
[51] Deutsch, Arztrecht und Arzneimittelrecht, Rn. 225, 227.

lichkeiten und deren unmißverständliche Zuweisung an einzelne Medizinalpersonen zu sorgen. Er hat im Rahmen des Zumutbaren geeignete Maßnahmen zu ergreifen, um für das sach- und fachgerechte Ineinandergreifen der einzelnen Tätigkeiten zu sorgen. Ungeklärte Fragen darf er nicht offen lassen.

Weiter hat er für die Installation und Beachtung von solchen Sicherungssystemen, wie etwa den ABO- Identitätstest, zu sorgen, welche die spezifisch arbeitsteiligen Gefahren auf das erlaubte Risiko reduzieren sollen.

Schließlich darf das arbeitsteilige medizinische Zusammenwirken grundsätzlich nicht ad hoc erfolgen, da dies mit dem Prinzip des planenden routinierten medizinischen Zusammenwirkens unvereinbar ist. Läßt der vorgesetze Arzt dennoch eine solche unkoordinierte Zusammenarbeit zu, so entgeht er der strafrechtlichen Verantwortung nur dann, wenn die Voraussetzungen von § 34 Satz 1 StGB vorliegen. Liegt eine Notstandslage im Sinne dieser Norm vor, so wirkt dies zwar rechtfertigend, jedoch nicht vertrauenserweckend.

(2)   Pflicht zur sorgfältigen Instruktion

Die arbeitsteilige Ausführung von medizinischen Aufgaben, sei es im
Bereich der Diagnose oder dem der Therapie, setzt notwendig die
Instruktion voraus, in welcher Weise die einzelne nachgeordnete
Medizinalperson ihren Verpflichtungen nachzukommen hat, wie sie
sich also innerhalb ihres Aufgabengebietes im Einzelfall genau zu
verhalten hat. Dabei handelt es sich, im Unterschied zu den
Organisationspflichten, die maßgebend durch die medizinischen Spe-
zifika geprägt werden, um die Beachtung von allgemeingültigen, von
den medizinischen Besonderheiten unabhängigen Sorgfaltsmaßstäben.[1]
Mißverständnisse sind überall möglich. Der Bereich des arbeitsteiligen Zusammenwirkens ist davon nicht ausgeschlossen. Gerade hier
können sich aus ihnen für den Patienten verhängnisvolle Folgen
ergeben, indem der anordnende Arzt entweder unrichtige oder
unvollständige Instruktionen erteilt.

Mit Recht weist Hahn[2] darauf hin, daß dieser Pflicht ein Stellenwert zukommt, der nicht deutlich genug hervorgehoben werden könne.
Die Unterweisung der Medizinalperson muß bestimmten, vom Einzelfall
abhängenden inhaltlichen Anforderungen entsprechen. Sie darf den
nachgeordneten Mitarbeiter nicht im unklaren lassen, was von ihm
genau verlangt wird.[3]

Dabei sind zwei Hauptarten von Instruktionen in der medizinischen
Praxis anzutreffen. Zunächst ist die allgemein bezogene Instruktion
zu nennen. Aus der hervorgehobenen Position des vorstehenden Arztes
in der klinischen Hierarchie, der mit ihr verbundenen größeren
Sachkunde und längeren Berufserfahrung besitzt er die Richtlinienkompetenz den gesamten Ablauf der medizinischen Versorgung lenkend
und behrrschend zu beeinflussen. Er ist verpflichtet, von diesen
ihm faktisch und institutionell eingeräumten Beherrschungsmöglichkeiten, zum Wohle und zum Schutze seiner Patienten Gebrauch zu
machen und seine Mitarbeiter über die einschlägigen Regeln der
medizinischen Wissenschaft, die nicht ohne weiteres Allgemeinwissen
sind, umfassend zu informieren.[4]

---

[1] Vgl. BGHSt 3, 91, 95 f.
[2] Hahn, 62.
[3] OLG Bremen NJW 1970, 1233 ff.; Hahn, 62.
[4] Vgl. Ulsenheimer, Arztstrafrecht in der Praxis, Rn. 171.

Der vorgesetzte Arzt hat allgemeine Informationen über die in
seiner Klinik, Abteilung oder Station zu beachtenden Sorgfaltsmaßstäbe in verbindlicher Weise zu erteilen. Damit eng verbunden ist
seine Verantwortung, daß die von ihm vermittelten Kenntnisse auch
beachtet werden. Die andere Instruktionspflichten auslösende Situation entsteht, wenn der Arzt im Hinblick auf bestimmte Einzelmaß-
nahmen von den ihm nachgeordneten Kräften ein bestimmtes Verhalten
anordnen will.

Zur Präzisierung der Instruktionspflicht ist der im folgenden zu
untersuchende Estilfall[5] in zweierlei Hinsicht von besonderer
Bedeutung. Eine Patientin wurde wegen eines gebrochenen Knöchels
der linken Hand an der Universitätsklinik behandelt. Die Assistenzärztin, die erst seit drei Monaten in der Ausbildung zum Facharzt
stand, injizierte ihr in die Ellenbeuge des linken Armes das
Kurznarkotikum "Estil". Dabei geriet die Nadel versehentlich durch
die Vene hindurch in die darunter liegende Arterie. Trotz sofort
eingeleiteter Gegenmaßnahmen waren bereits derart gravierende
Gefäß- und Gewebeschädigungen eingetreten, daß der linke Unterarm
amputiert werden mußte. Zehn Monate zuvor hatte sich an der Klinik
bereits ein gleichgelagerter Fall der versehentlichen interarter-
iellen Applikation von "Estil" mit den gleichen Folgen ereignet.
Die behandelnden Ärzte erkannten seinerzeit noch nicht[6] das Ausmaß
der mit der Injektion von "Estil" im Bereich der Ellenbeugenvene
verbundenen Gefahren.[7]

Drei Wochen vor dem zweiten Zwischenfall mit "Estil" hatte der
Chefarzt der Abteilung an einem internationalen Kongreß für Anästhesiologie teilgenommen. Dort erfuhr er, daß sich mehrfach Un-
glücksfälle bei Injektionen von "Estil" im Bereich der Ellenbeugenvene zugetragen hätten. Nach seiner Rückkehr berichtete er hierüber
aus Anlaß einer regelmäßig stattfindenden Assistentenbesprechung.
Die angeklagte Assistenzärztin war hierbei aber nicht anwesend.

[5] KG Berlin VersR. 1968, 286 ff.
[6] Aus der Entscheidung BGH VersR 1968, 280 f, der ein gleichgelagerter Zwischenfall mit "Estil" zugrunde lag, dessen Tatzeitpunkt (15.10.61) nur 14 Tage nach dem oben genannten
Estilfall (30.09.61) lag, geht hervor, daß die Herstellerfirma
von "Estil", in den Packungsbeilagen bereits seit April 1961
ausdrücklich darauf hinwies, eine intraarterielle Injektion
müsse "mit Sicherheit vermieden werden".
[7] Außerdem hatte ein Wissenschaftler in einer Fachzeitschrift
drei Wochen vor dem Tatzeitpunkt auf dieselben Gefahren
eindringlich hingewiesen.

Dabei äußerte der Chefarzt, in Zukunft solle bei der Injektion von "Estil" die "Ellenbeugenvene gemieden werden." Ein ausdrückliches Verbot erließ er aber nicht. Seine Äußerung wurden von den Assistenten auch nicht als strikte Anweisung verstanden, denn auch in Zukunft injizierten sie "Estil" in der bisher gewohnten Weise. In dem gegen die Assistenzärztin eingeleiteten Strafverfahren war ihr nicht nachzuweisen, daß sie durch Kollegen von der Äußerung des Chefarztes erfahren hatte.

Hier ist der Chefarzt seiner allgemeinen Instruktionspflicht sowohl in formeller als auch in inhaltlicher Hinsicht nicht ausreichend nachgekommen. In formeller Hinsicht reicht es nicht aus, daß er – unterstellt, die Anordnung ist präzise und unmißverständlich – nur einigen, nicht aber allen ihm nachgeordneten Medizinalpersonen, die erforderlichen Instruktionen erteilt. Er hat dafür Sorge zu tragen, daß alle ihm nachgeordneten Medizinalpersonen die sie angehenden Instruktionen erhalten, wenn er den medizinischen Standard innerhalb der von ihm zu verantwortenden organisatorischen Struktur abändern will.

Auf die bloße Vermutung, die anderen Mitarbeiter werden die Informationen schon von sich aus weitergeben, kann er sich nicht verlassen.[8] Er hat dafür zu sorgen, daß entweder bei der Besprechung alle ihm unterstehenden Medizinalpersonen anwesend sind,[9] welche die Information angeht oder aber er muß eine kompetente anwesende Person mit der Weitergabe an alle übrigen Mitarbeiter beauftragen.[10] Dieser Fall bestätigt zudem die hier vertretene Ansicht, daß der vorgesetzte Arzt am besten verfährt, wenn er seine allgemeinen Anordnungen, mit denen er auf die Beachtung bestimmter medizinischer Standards hinwirken will, schriftlich[11] erteilt. Ansonsten setzt er sich der Notwendigkeit aus, jeder der

---

[8] Vgl. KG Berlin VersR 1968, 286, 287.
[9] Dies wird praktisch kaum realisierbar sein, da an einer Klinik immer einzelne Mitarbeiter, sei es urlaubs-, krankheits- oder kongreßbedingt, abwesend sein werden.
[10] Das Kammergericht, VersR 1968, 286, 287, weist zutreffend darauf hin, dem Arzt sei der Fahrlässigkeitsvorwurf erst recht dann zu machen, wenn er nicht einmal dafür Sorge getragen hat, daß wenigstens die Medizinalpersonen, die er konkret für unzuverlässig hielt, mit Sicherheit von seiner "Anregung" Kenntnis erhalten.
[11] In zivilprozessualer Hinsicht ist dies auch beweisrechtlich von nicht zu unterschätzender Bedeutung, da der vorstehende Arzt so eher den sicheren Nachweis führen kann, seiner Instruktionspflicht sorgfältig nachgekommen zu sein.

ihm nachgeordneten instruktionsbedürftigen Medizinalpersonen quasi "hinterherlaufen" zu müssen, um seine Instruktionspflicht zu erfüllen.[12]

Desweiteren zeigt der vom Kammergericht entschiedene Estilfall deutlich, daß der Instruktionspflichtige seiner Pflicht in inhaltlicher Hinsicht nicht bereits mit der bloßen Mitteilung von Informationen gerecht wird. Er hat seine Instruktionen unmißverständlich zu geben. Der vorstehende Arzt darf die ihm nachgeordneten Medizinalpersonen nicht darüber im unklaren lassen, in welcher Weise seine Anordnungen zu verstehen sind und welche Sorgfaltsmaßstäbe er an seiner Klinik, Abteilung oder Station beachtet wissen will. Vage oder nebulöse Andeutungen, in allgemeine Erörterungen verhüllt, hat er zu unterlassen.

Er darf den ihm nachgeordneten Personen nicht die Entscheidung überlassen, was sie mit seiner Information anfangen sollen. Die ihm eingeräumte Anordnungs- und Weisungskompetenz gibt ihm nicht nur das Recht Anweisungen zu geben, sondern sie legt ihm zugleich die Pflicht auf, wenn er von ihr Gebrauch macht, daß er seine Absichten klar und deutlich zu erkennen gibt. Sinn und Zweck der ihm eingeräumten Richtlinienkompetenz ist es, für die Beachtung konkreter Sorgfaltsstandards den Kurs zu bestimmen. Er darf nur dann überhaupt darauf vertrauen, daß seinen Instruktionen unbedingt Folge geleistet werde, wenn er sie präzise und unmißverständlich erteilt hat. Aus falschverstandenem Bemühen um einen konzilianten Umgangston bei der Erteilung von Anordnungen läuft er Gefahr, der erforderlichen Sorgfalt nicht nachzukommen.

Mit der hier vom vorstehenden Arzt in der Assistentenbesprechung abgegebenen Erklärung, "Estil" solle in Zukunft bei der Applikation im Ellenbeugenvenenbereich gemieden werden, wird für einen verständigen Beteiligten des konkreten Verkehrskreises nicht hinreichend deutlich, was damit tatsächlich gemeint ist. Es kann sich dabei sowohl um eine bloße Information, einen gut gemeinten, aber unverbindlichen Rat oder eine schlichte Anregung handeln. Der

---

[12] Zudem ist dies ein effektives Mittel, die laufenden Anweisungen zu sammeln, um sie insgesamt den neuen Kollegen und Mitarbeitern zur Einsicht zu überlassen, damit sich diese zusätzlich über die aktuellen medizinischen Standards der Klinik, Station oder Abteilung ausreichend informieren können.

anordnende Arzt darf sich keinesfalls darauf verlassen, daß, wenn er ein Verbot aussprechen will, die Adressaten es bei einer derart unklaren Ausdrucksweise als solches erkennen und ihr Verhalten darauf einstellen werden.

Schließlich verletzt der vorstehende Arzt seine allgemeine Instruktionspflicht, wenn er zwar in formaler und inhaltlicher Weise einmal richtige Instruktionen erteilt hat, seitdem aber ein längerer Zeitraum verstrichen ist. Er hat beständig die menschlichen Schwächen und Nachlässigkeiten seiner Mitarbeiter mit ins Kalkül zu ziehen, die den Sinn seiner Anordnungen zu vereiteln drohen.

So ist an jeder Klinik damit zu rechnen, daß klare und unmißverständliche Anordnungen nach einiger Zeit nicht mehr ausreichend beachtet werden. Dies kann sowohl an der Personalfluktuation als auch an der fehlenden Einsicht in die Notwendigkeit der Anordnung liegen.[13] Zudem hat er bei neu hinzugekommenen Medizinalpersonen dafür zu sorgen, daß diese über die erforderlichen aktuellen Erkenntnisse verfügen. Unterstellt, die Assistenzärztin hätte erst einige Zeit nach der über die Gefahren von "Estil" informierenden Assistentenbesprechung ihren Dienst an der Klinik angetreten, so wäre der Chefarzt verpflichtet gewesen, dafür zu sorgen, daß auch sie die für ihr Aufgabengebiet notwendigen Instruktionen erhält, die zur Beachtung der an seiner Abteilung erforderlichen aktuellen Sorgfalt erforderlich sind.

Die gleichen Grundsätze gelten im wesentlichen auch für die andere Hauptform ärztlicher Instruktionen, nämlich der auf den medizinischen Einzelfall bezogenen konkreten Anordnung. Erteilt der Arzt der Schwester eine unrichtige oder unvollständige Anordnung, so ist er nicht schutzwürdig in seinem Vertrauen, diese werde schon wissen, wie sie sich zu verhalten habe.

---

[13] So wird jeder leitende Arzt die Problematik kennen, wie schwer es ist, beispielsweise dem männlichen Pflegepersonal verständlich zu machen und es beständig dazu anzuhalten, daß es grundsätzlich allein für das Waschen der männlichen Patienten zuständig ist. Meist reißt kurz nach der klaren und unmißverständlichen Anordnung bei ihnen wieder die Gewohnheit ein, dieser Aufgabenbereich sei auch von dem weiblichen Pflegepersonal mit wahrzunehmen. Kommt deswegen bei einem männlichen Patienten zu Dekubitalgeschwüren, so ist es durchaus möglich hierfür, neben dem zuständigen Pfleger selbst, den leitenden Arzt mit verantwortlich zu machen, wenn ihm die Nachlässigkeit des männlichen Pflegepersonals bekannt war und er keine regelmäßigen Kontrollen über die Befolgung seiner Anordnungen vorgenommen hatte.

So entschloß sich der Arzt im Perkainfall,[14] statt wie bisher Novokain- nunmehr Perkaintabletten für die örtliche Betäubung zu verwenden. Die Operationsschwester belehrte er darüber, die Tablette doppelt zu verdünnen, weil er von einer doppelten Wirkstoffkonzentration ausging. Das bestellte Perkain wies aber tatsächlich eine vierfache Wirkstoffkonzentration auf. Dem Arzt waren vorher das Probemittel und die Arzneimittelhinweise zugegangen. Durchgelesen hatte er sie jedoch nicht. Er darf sich nicht darauf verlassen, die Schwester werde von sich aus die erforderlichen Informationen einholen. Er ist es, der den Entschluß zur Anwendung des neuen Mittels gewählt hatte. Daher obliegt es ihm allein, sich umfassend über das einzusetzende Präparat zu informieren, um die damit verbundenen Gefahren einschätzen und beherrschen sowie die erforderlichen Informationen weitergeben zu können.

- **Zwischenergebnis**

Der vorgesetzte Arzt hat die Pflicht, seine Instruktion unmißverständlich zu erteilen, um hierauf beruhende Fehlleistungen auszuschließen. So ist er verpflichtet, möglichen Irrtümern vorzubeugen und gegebenenfalls schriftliche Einzelanordnungen zu erteilen.[15] Verspricht sich der Arzt bei der Anordnung der Medikation, gibt er eine falsche Dosierung, ein falsches Präparat oder unzutreffende Zeitintervalle bei der Applikation des Präparates an, so hat er keinen Grund darauf zu vertrauen, die mit der Durchführung seiner Anordnung beauftragte, ihm nachgeordnete Medizinalperson, werde seinen Fehler erkennen und durch gesteigerte Vorsicht von sich aus ungeschehen machen.[16]

Der vorstehende Arzt ist also verpflichtet, den nachgeordneten Kräften zur Erfüllung der aufgetragenen Aufgaben die notwendigen Instruktionen überhaupt und fehlerfrei zu erteilen. Hierzu gehören Hinweise über anatomische Besonderheiten,[17] verkleinerte ana-

---

[14] RG Urt. v. 6.6.1932 -3D324/32- Münchener Medizinische Wochenschrift 1932, 1139.
[15] BGHSt 6, 282, 285.
[16] Vgl. auch Schönke/Schröder/Cramer, §15 Rn. 215.
[17] Zum Beispiel über den variablen Verlauf von Blutgefäßen im Ellenbeugenbereich und der damit verbundenen Verwechselungsgefahr der Vene mit der Arterie, vgl. BGH VersR 1968, 276, 277 (Estilfall II.).

tomische Verhältnisse[18] oder dem Arzt etwa sonst bekannte Risiko-
dispositionen bei der Applikation von Spritzen in bestimmte Körper-
partien.[19] Ebenso hat er, wenn er neue Medikamente einsetzen will,
sich über deren Wirkstoffkonzentration zu vergewissern und die
hiermit hantierenden nachgeordneten Kräfte über die entsprechende
neue Handhabung aufzuklären.

Im Klinikbereich kann die Instruktionspflicht zum Teil durch
Dienstanweisungen und Dienstordnungen präzisiert und erfüllt werden.[20] Für die Mehrzahl der Fälle kann hierdurch die individuelle
Instruktionspflicht auf Null reduziert werden.[21] Ausnahmen sind
dort gegeben, wo die Erkenntnisse der medizinischen Wissenschaft
und Praxis eine neue Vorgehensweise vorschreiben und insoweit von
der bisherigen allgemeinen Dienstanweisung abweichen.

Die nach den gleichen Grundsätzen zu behandelnde individuelle
Instruktionspflicht[22] umfaßt, dafür Sorge zu tragen, daß die Informationen über besondere komplikationsträchtige Situationen den
nachgeordneten Kräften vermittelt werden.[23] Dies beinhaltet die
Informationspflicht über Wirkung und Kontraindikation von Arzneimitteln sowie das Verhalten bei möglichen Komplikationen,[24] ebenso
wie die Pflicht, bei Abänderung der Aufgabenfelder[25] das nachgeordnete Personal auf dessen geänderte Pflichten hinzuweisen.

---

[18] BGH VersR 1959, 760, 762 (Supronalfall): "Einer Krankenschwester, die damit beauftragt wird, intramuskuläre Injektionen
bei Kindern vorzunehmen, muß... für diese Aufgabe besondere
Anweisungen und Belehrungen erhalten". Vgl. auch Hahn, 62.
[19] BGH NJW 1980, 1903, 1904 (Neurogrisevitfall): "Soweit die
Häufung der Injektionen ... zu Schwierigkeiten bei der Auffin-
dung weiterer geeigneter Injektionstechniken führen könnte,
durfte die Beurteilung der Frage, was insoweit noch tragbar
ist, nicht einer nur für die bloße Einzelinjektion aufgrund
ihrer Ausbildung befähigten und zuständigen medizinischen
Hilfskraft überlassen bleiben...".
[20] Vgl. Brenner, Das Krankenhaus 1980, 153 ff., der dort über
Einzelheiten der Wiesbadener Kliniken berichtet.
[21] Vgl. Hahn, 63.
[22] Vgl. Brenner, Arzt und Recht, 77.
[23] BGH NJW 1951, 566 (Eubasinfall).
[24] Siehe dazu im einzelnen Hahn, 63 sowie die dort unter Fn. 245
gegebenen zahlreichen weiteren Nachweise.
[25] BGH NJW 1955, 1487, 1488 (Rouxhakenfall). Dort entschied sich
der Chirurg für die Verwendung kleinerer als der sonst
verwendeten Rouxhaken zum Spreizen der Operationswunde bei
einer Kaiserschnittentbindung. Diese Haken mußten aber anders
als die größeren Haken ständig von der Operationsschwester
festgehalten werden, um ein Abgleiten in das Operationsgebiet
zu verhindern. Folglich hätte der Arzt hier die Schwester zum
ständigen Festhalten ermahnen müssen.

(3) **Pflicht zur sorgfältigen Kommunikation**

Wenn nun der vorstehende Arzt zwar bei der speziellen Anordnung seiner Pflicht zur vollständigen und fehlerfreien Anleitung der ihm nachgeordneten Medizinalpersonen nachgekommen ist, so kann er damit aber noch nicht ohne weiteres von deren sorgfältiger Mitarbeit ausgehen. Neben der Abgabe der richtigen Informationen hat er zusätzlich dafür Sorge zu tragen, daß seine Informationen auch richtig verstanden werden. Mißverständnisse zwischen anordnendem Arzt und Anordnungsempfänger sind gerade im Bereich der medizinischen Versorgung besonders häufig anzutreffen, nicht zuletzt bedingt durch die extrem ausgeprägte Fachsprache, die mit dem allgemein üblichen Wort- und Sprachschatz nur noch begrenzt übereinstimmt. Kommunikationsfehler hat er daher durch geeignete und zumutbare Maßnahmen auszuschalten.[26]

Derartige Mißverständnisse lagen der Entscheidung des Bundesgerichtshofs im Chloroformkurfall zugrunde, der sich das Gericht mit den für den Patienten tödlichen Folgen einer durch Hörfehler verursachten Überdosierung zu befassen hatte.[27] Im Rahmen einer Bandwurmtherapie diktierte der Arzt der Schwester dem Patienten 0,3 g Calomel abends, 5 ccm Chloroform am nächsten Morgen durch die Duodenalsonde und eine halbe Stunde später 0,45 g Calomel zu geben. Diese notierte sich aber: 0,2 g Calomel, 50 ccm Chloroform, 0,3 g Calomel. Die Schwester verstand also keine der drei Einzelangaben richtig. Wenige Stunden nach der Applikation des Chloroforms starb der Patient an den Folgen der um das Zehnfache überhöhten Dosis von Chloroform.

Entgegen der Auffassung der Strafkammer hat der 5. Strafsenat des Bundesgerichtshofs die Auffassung vertreten,[28] es bedürfe nicht erst der ärztlichen Ausbildung, um zu erkennen, daß beim Diktieren Hör- und/oder Schreibfehler vorkommen können, aus denen, wenn es sich um ärztliche Verordnungen handele, die schwersten Folgen entstehen können. Von jedem Träger eines so verantwortungsvollen

---

[26] Vgl. Stratenwerth, Festschrift für Eb. Schmidt (1961), 383, 395. BGHSt 6, 282, 287, stellt mit Recht fest, daß diese Pflicht nicht durch die Zergliederung des Arbeitsprozesses aufgehoben werden kann, da "es hier gerade darum geht, diejenigen Gefahren auszuschalten, die erst durch die Verteilung der heilkundlichen Tätigkeit auf mehrere Personen hinzukommen".
[27] BGHSt 3, 91 ff. = NJW 1952, 1102 ff.
[28] BGHSt 3, 91, 95 f.

Berufes, wie es der des Arztes ist, sei zu verlangen, daß der anweisende Arzt eine derart einfache Überlegung selbständig anstelle und die geeigneten Gegenmaßnahmen ergreife. So habe der anordnende Arzt die Verordnung selbst zu lesen oder zumindest wiederholen zu lassen, wenn er sie schon nicht abzeichne oder selbst schriftlich erteile.[29]

Die gleiche Auffassung hat der 3. Strafsenat des Bundesgerichtshofs in dem Cholin/Decholinfall[30] vertreten. Dort wies der Arzt im Rahmen der Behandlung einer Gallenblasenentzündung die Schwester an, eine Mischspritze aus 10 ccm Protocid und 10 ccm Decholin vorzubereiten. Infolge eines Hörfehlers verstand diese aber die Anordnung nicht richtig und nahm an, sie solle eine Mischspritze aus Protocid und Cholin bereithalten. Daß Cholin, wie die Aufschrift auf den Ampullen ergab, nur zur Herstellung von Lösungen für die tropfenweise Infusion verwendet werden darf, erkannte sie nicht, da sie die Gebrauchsanweisung auf den Ampullen nicht durchlas. Die Fehldosierung führte schon nach der Injektion von 7 ccm zu einem schweren Kreislaufkollaps, an dem der Patient kurz darauf starb.

Mit der Sachrüge hat der Arzt sich in der Revision gegen den Vorwurf gewandt, er habe nicht an die Gefahr von Hörfehlern gedacht und deshalb die übliche Vorsorge unterlassen. Hierzu hat er die Ansicht vertreten, die Verordnung von Decholin sei bei einem so häufigen Krankheitsbild, wie einer Gallenblasenentzündung, alltäglich. Er hätte daher davon ausgehen dürfen, daß die Verordnung richtig verstanden und ausgeführt werde. Ein Verhören sei daher gar nicht denkbar.[31]

Dem hat der 3. Strafsenat, sich auf die Entscheidung des 5. Strafsenats im Chloroformkurfall stützend und diese ergänzend[32] entgegengehalten, daß die Gefahr von Kommunikationsfehlern vielfache Ursachen haben könne. Ihre Wurzeln könnten sowohl in nachlässiger Sprechweise, unaufmerksamen Zuhören, mundartlicher Ausdrucksweise und ähnlich klingenden Bezeichnungen bestehen. Daher

---

[29] BGHSt 3, 91, 96.
[30] BGHSt 6, 282, 285 = NJW 1954, 1536, 1538.
[31] Dies ist allerdings ein wenig überzeugender Einwand, denn der konkrete Sachverhalt zeigt gerade, daß so etwas durchaus vorkommen kann und nicht völlig unwahrscheinlich ist.
[32] BGHSt 6, 282, 286.

sei es nicht von ausschlaggebender Bedeutung, ob der anordnende
Arzt ein häufig verwandtes oder nur selten gebräuchliches Mittel
nennt. Diese Gefahr besteht dabei unabhängig vom Ausbildungsstand
des angewiesenen Personals, zumal jeden Tag neue, bis dahin
unbekannte Präparate mit häufig verwechselbaren Namen auf den
Arzneimittelmarkt kommen und benutzt werden.

Perret[33] lehnt diesen Maßstab als zu streng ab. Jahrelange Erfahrungen hätten eindeutig gezeigt, daß ohne besondere Sicherungsmaßnahmen auszukommen sei. Wiederholungen, Abzeichnungen, oder
ähnliche Sicherungsmaßnahmen seien grundsätzlich nicht zu verlangen. Nur dann, wenn es sich um von der Regel abweichende Verordnungen handeln würde oder die aufnehmende Schwester unerfahren sei,
seien sie ausnahmsweise hinzunehmen. Pauschal argumentierend führt
er aus, daß durch die Überspannungen von Sicherungsmaßnahmen sich
andere Gefahren, die von menschlichen Unzulänglichkeiten ausgehen,
erst einschleichen könnten, die bei der bisher üblichen und
ausreichenden Sorgfalt vermieden worden wären. Worin konkret diese
Gefahren bestünden, belegt Perret nicht.

Die von ihm getroffene Feststellung ist für die hier interessierende Frage nicht relevant, denn sie beruht auf einer nicht
bewiesenen Unterstellung. Weiter zeigt Perret nicht auf, weshalb
die vom Bundesgerichtshof geforderten Kontrollmechanismen eine
Überforderung darstellen würden. Überforderungen sind per se nicht
zulässig. Dies versteht sich von selbst. Dem Bundesgerichtshof ist
beizupflichten, wenn er es —erst recht angesichts der zu schützen-
den Interessen des Patienten— als nur sehr geringe Mühe[34] ansieht,
den Kontrollmechanismus zu beachten. Für die Wiederholung der
Anordnung, beziehungsweise die Abzeichnung der diktierten Anordnung, ist regelmäßig nur ein kurzer Augenblick von wenigen Sekunden

---

[33] Perret, Arzthaftpflicht, 32.
[34] BGHSt 3, 91, 95.

erforderlich.[35]

Das pauschale Argument, jahrelange Erfahrungen hätten "eindeutig" gezeigt, daß ohne diese Sicherungsmaßnahmen auszukommen sei, ist bereits angesichts der veröffentlichten Entscheidungen[36] nicht überzeugend.[37] Beachtenswert ist zudem, daß in den von Perret kritisierten Entscheidungen vom jeweiligen Arzt keines der üblichen und ihm auch bekannten Sicherungssysteme befolgt wurde.

Zwar wird man dem Arzt grundsätzlich konzedieren müssen, daß er selbst am besten wissen wird, welches Sicherungssystem angesichts der konkreten Umstände den besten Erfolg verspricht. Er hat also die Wahl unter mehreren gleichwertigen Sicherungssystemen, das ihm am effektivsten erscheinende auszuwählen. Versagt es dennoch, so kann ihm dies nicht vorgeworfen werden. Er ist dann zumindest im Hinblick auf den Grundsatz in "dubio pro reo" davon auszugehen, daß er dann das ihm Mögliche getan hat, um die spezifisch arbeitsteiligen Risiken in den Grenzen des erlaubten Risikos zu halten. Die sich dennoch ergebenden verhängnisvollen Konsequenzen stellen sich aus seiner Sicht im weiteren dann als schicksalhafte Entwicklung, nicht aber als ihm vorzuwerfendes strafrechtlich relevantes Unrecht dar. Der Arzt aber, der überhaupt nichts unternimmt, um eine erkannte Gefahr abzuwenden oder einzugrenzen, ist nicht berechtigt, später zu behaupten, daß an sich zu beachtende Sicherungssystem

[35] In diesem Zusammenhang ist darauf hinzuweisen, daß beispielsweise an manchen Kliniken aus Gründen der sparsamen Haushaltsführung Regelungen bestehen, nach denen die Schwester dem Wunsch des Patienten nach einer Flasche Mineralwasser nur dann nachkommen darf, wenn dies von den zuständigen schriftlich bestätigt wird. Wenn im konkret zu entscheidenden Fall an der Klinik derartige – aus rein wirtschaftlichen Erwägungen heraus praktizierte Kontrollmechanismen praktiziert werden, wird der Arzt im Strafverfahren nur schwer mit dem Einwand überzeugen können, die zur Vermeidung bekannter Risiken bestehenden Sicherungsmechanismen würden für ihn eine Überforderung darstellen.

[36] Vgl. BGHSt 3, 91 ff.; 6, 282 f.; OLG Hamburg VersR 1954, 125 f.: Novalgin mit Novocain verwechselt; OLG Köln, OLGSt §222 StGB Nr.1: Coffeinlösung zur Bilirubinbestimmung (Gallenfarbstoffuntersuchung/äußerlich) mit Coffeinlösung für eine fraktionierten Magenaushebung (innerlich) verwechselt; OLG Hamburg Münchener Medizinische Wochenschrift 1937, 1358, 7 ccm statt 0,7 ccm Luminal.

[37] Hierbei ist zusätzlich zu berücksichtigen, daß nicht alle Verwechselungen verhängnisvolle Konsequenzen haben. Weiter werden nicht alle Verwechselungen erkannt. Schließlich werden nicht alle ärztlicherseits erkannten Verwechselungen auch als solche publik werden. Bei den verbleibenden Fällen wird zumeist das Verfahren mangels Beweises gem. §170 Abs. 2 Satz 1 StPO oder wegen geringer Schuld gegen Auflage gem. §153a StPO eingestellt. De facto dürfte es sich bei den veröffentlichten Entscheidungen daher eher um die "Spitze des Eisbergs" von auf Verwechselungen beruhenden Schädigungen von Patienten handeln.

stelle eine Überforderung dar.[38]

Zudem führt die Auffassung von Perret zu unverantwortlichen Ergebnissen bei der Frage nach der Abwehr von Gefahren, wenn bereits die
rein abstrakte Möglichkeit eines krassen menschlichen Versagens,
trotz Beachtung von üblichen Sicherungssystemen, dazu herangezogen
werden könnte, um den ursächlichen Zusammenhang zwischen dem
Nichtstun des anordnenden Arztess und dem eingetretenen Mißerfolg in
Zweifel zu ziehen.[39]

Schulz[40] hält die vom Bundesgerichtshof gestellte Anforderung,
zumindest soweit es sich um bekannte Mittel handele, ebenfalls für
überspannt. Dort seien besondere Sicherungsmaßnahmen nicht zu
verlangen. Hiergegen sind mehrfache Bedenken zu erheben. Erstens
zeigen gerade die beiden soeben genannten Entscheidungen, daß auch
bei bekannten Präparaten Mißverständnisse entstehen können.[41] Zweitens ist es nicht so, wie bereits der Sachverhalt des Chlororform-
kurfalles[42] zeigt, daß sich der Fehler bei der Verwechselung von
Präparaten einschleicht, sondern auch bei der Überdosierung des an
sich richtigen Mittels.[43] Die Bekanntheit eines Präparates kann
daher kein entscheidend vertrauenserweckendes Indiz dafür sein, daß
verhängnisvolle Mißverständnisse entstehen können.

Drittens wird es der Arzt bei neuen beziehungsweise erstmals
verwendeten Medikamenten für selbstverständlich zu halten haben,

---

[38] Ebenso BGH Urt. v. 10.6.1958 −1StR 174/58− mitgeteilt von
Kohlhaas Deutsche Medizinische Wochenschrift 1959, 1491, 1493.
[39] Vgl. Kohlhaas, Deutsche Medizinische Wochenschrift 1959, 1491,
1494.
[40] Schulz, Medizinische Klinik 1959, 1212, 1214.
[41] Vgl. OLG Hamburg, Der Krankenhausarzt 1954, 240 ff. = VersR
1954, 125 ff.(Verwechselung von Novalgin statt Novocain). OLG
Hamburg, Münchener Medizinische Wochenschrift 1937, 1358
(Luminalfall).
[42] BGHSt 3, 91 ff.
[43] So etwa im Luminalfall, OLG Hamburg, mitgeteilt von Schläger,
Münchener Medizinische Wochenschrift, 1937, 1358 f.; Chloroformkurfall, BGHSt 3. 91 ff.; in beiden Fällen die angeordnete
Dosierung um das Zehnfache zu hoch von den Schwestern notiert
wurde. Ebenso gehört in diese Kathegorie der sich im Sommer
1990 an einer hamburgischen Klinik im Rahmen einer bei einem
nur wenige Monaten alten Kind zur Bekämpfung von Blutkrebs
durchgeführte Chemotherapie. Die spezielle Dosierung der
Zytostatika wurde aus einem Lehrbuch entnommen und mußte auf
die entsprechend geringe Körpergröße umgerechnet werden. Durch
ein Versehen wurde eine um eine Dezimalstelle zu hohe Dosis
errechnet.

bei den ersten Anordnungen besondere Sorgfalt zu üben.[44] Viertens ist das von Schulz für maßgebend gehaltene Unterscheidungskriterium, nämlich, ob es sich um "ein bekanntes Mittel" handelt, zu unbestimmt. Von ihm wird dies auch nicht näher erläutert. Sowohl die Umsatzzahlen am Arzneimittelmarkt, die Häufigkeit der Verordnung durch den Arzt, die Häufigkeit der Entgegennahme der Anordnung des gleichen Präparates durch die Schwester, kommen als Parameter zur Ermittlung des Bekanntheitsgrades in Betracht.

Dabei ist aber zu beachten, daß die Gefährlichkeit durch Mißverständnisse bei der Anordnung von Spritzen, Medikamenten etc. eben nicht nur in der Verwechselung der Mittel bestehen kann, sondern gerade auch in der Fehldosierung des an sich richtigen Präparates. Die von Schulz vorgeschlagene Differenzierung ist daher nicht geeignet, dem Arzt klare Vorgaben zu liefern, damit dieser weiß, wie er sich zu verhalten hat, um sich nicht dem Vorwurf fahrlässigen Verhaltens auszusetzen.

Den in dem vom Bundesgerichtshof im Chloroformkurfall[45] und Cholin/Decholinfall[46] aufgestellten Sorgfaltsanforderungen bei der Erteilung von Anordnungen, also dem Kommunikationsakt, ist daher im Ergebnis zuzustimmen. Zusätzliche Bedeutung erhalten sie dadurch, daß sie einer Entwicklung Rechnung tragen, die im Zeitpunkt der Entscheidung so nicht absehbar war. Seit Mitte der 60-iger Jahre wirken, insbesondere im Klinikbereich, zunehmend ausländische Medizinalpersonen mit. Mag auch deren fachliche Qualifikation unbestritten sein, so ändert dies doch nichts an dem deutlichen Risiko von auf Sprachschwierigkeiten beruhenden Mißverständnissen.

So war im Aspirationspneumoniefall[47] der beteiligte ausländische Assistenzarzt zum Zeitpunkt der Hauptverhandlung "der deutschen Sprache einigermaßen mächtig". In den Entscheidungsgründen wurde festgestellt: "Die Angeklagte hatte keine Gelegenheit, von dem Assistenzarzt ... weitere Einzelheiten zu erfahren oder dessen handschriftlichen schwer lesbaren Untersuchungsbefund durchzule-

---

[44] Wie etwa im Oxyzyanatpastillenfall, Münchener Medizinische Wochenschrift 1911, 2396 f., wo der Arzt der ihm assistierenden Hebamme ein für diese, wie ihm bekannt war, völlig neues Mittel mit der schlichten Bemerkung in die Hand gab, sie solle es ins Wasser geben.
[45] BGHSt 3, 91 ff.
[46] BGHSt 6, 282 ff.
[47] BGH MDR 1980, 155 f. = NJW 1980, 649 f.

sen." So wünschenswert die Beteiligung von fremdsprachigen Medizinalpersonen auch sein mag, sie kann nur dann zulässig sein, wenn
die durch Sprachschwierigkeiten möglichen Risiken ausgeschaltet
werden. Am sichersten ist dies daher in der vom Bundesgerichtshof
vorgeschlagenen Weise, nämlich wenn die Anordnungen schriftlich
erfolgen oder abgezeichnet werden.

–   Zwischenergebnis

Der Arzt ist somit auch verpflichtet, die aus der richtig erteilten, aber falsch verstandenen Instruktion drohenden Gefahren zu
beherrschen. Das Verhören auf Seiten des Anordnungsempfängers hat
er in Rechnung zu stellen und geeignete Maßnahmen zu ergreifen, um
möglichen Kommunikationsfehlern wirksam entgegenzuwirken. So hat
er, um auf Hörfehlern beruhende Mißverständnisse auszuschließen,
bei der Anordnung der Medikation oder der Herrichtung einer
Spritze, seine Weisungen entweder schriftlich zu erteilen beziehungsweise den nach Diktat niedergeschriebenen Text abzuzeichnen.

Nur in Notfallsituationen wird hiervon abgewichen werden dürfen.
Dann ist ausnahmsweise die bloße Anordnung auf Zuruf zulässig, wenn
die mündliche Wiederholung der Anordnung erfolgt ist.[48]

bb.   Zusammenfassung

Den Arzt treffen somit in bezug zu dem fremden Verhalten zahlreiche
eigene Sorgfaltspflichten. Waren für ihn aufgrund allgemeiner
Lebenserfahrung die sich aus den spezifisch arbeitsteiligen Risiken
sich entwickelnden Gefahren vorhersehbar, und unterließ er es, die
ihm zumutbaren geeigneten Gegenmaßnahmen zu ergreifen, so kann er
sich wegen diesen eigenen Verschuldens nicht auf das Vertrauensprinzip berufen.[49] Beruht der Unrechtserfolg ursächlich gerade auf
der Pflichtwidrigkeit, ist er hierfür strafrechtlich verantwortlich, ohne daß es auf das Vorliegen der subjektiven Vertrauensbasis
noch weiter ankommt.

---

[48] Vgl. auch Kohlhaas, Deutsche Medizinische Wochenschrift 1959,
1491, 1492.
[49] Vgl. auch Schönke/Schröder/Cramer, §15 Rn. 152; Stratenwerth,
Festschrift für Eb. Schmidt (1961), 383, 395.

b. **Die Voraussetzungen der
subjektiven Vertrauensbasis**

Neben den äußeren Rahmenbedingungen, unter denen verantwortungs-
volle medizinische Arbeitsteilung nur zulässig ist, hängt ihr gutes
Gelingen entscheidend von der Qualifikation der nachgeordneten
Medizinalperson ab. Letztlich geht es bei der Prüfung der als
subjektive Vertrauensbasis zu umschreibenden Kriterien um die
Frage, ob der vorstehende Arzt gerade diese ihm nachgeordnete
Kraft, die später versagt hat, für den konkreten medizinischen
Behandlungsschritt einsetzen durfte. Mithin geht es darum, inwie-
weit dem Arzt ein Verschulden bei der Auswahl der nachgeordneten
Kraft für die konkrete Aufgabe trifft.

Bevor aber auf diese Fragen in der strafrechtlichen Praxis eingegangen werden muß, hat der Richter vorab zu klären, ob dem
vorstehenden Arzt nicht bereits die Fehlleistung der Medizinalperson positiv bekannt gewesen ist. Denn bei positiver Kenntnis
fremder Fehlleistung ist das Vertrauen in die fehlerfreie Mitarbeit
nicht denkbar.

aa. **Kein Vertrauen bei positiver Kenntnis sorgfaltswidrigen Verhaltens des Vertrauensadressaten**

Als eine der wichtigsten Abweichungen von normalen mehrheitlichen
Zusammenwirken des im Straßenverkehrsrecht geltenden Vertrauensgrundsatzes wird allgemein[1] angesehen, daß der Vertrauende sich
dann nicht mehr auf das sorgfältige Verhalten eines anderen
verlassen darf, sobald er bei ihm ein verkehrswidriges Verhalten
erkennt. Der Kraftfahrzeugführer, der erkennt, daß der andere
Verkehrsteilnehmer seinen Wagen in Schlangenlinien lenkt, hat
keinerlei Grund, auf dessen weiteres verkehrsgerechtes Verhalten
vertrauen zu dürfen.

Erkennbar sorgfaltswidriges Verhalten ist auch im Bereich arbeitsteiligen medizinischen Zusammenwirkens in gleicher Weise ein vertrauenshindernder Umstand.[2] Hier kann jedoch nicht von eine Ausnahme vom Vertrauensgrundsatz gesprochen werden. Denn von seinem
Wortsinn her kann kein Vertrauen auf das sorgfältige Verhalten
anderer Person entstehen, wenn bereits das fehlerhafte Verhalten

---

[1] Vgl. Kirschbaum, 113 m.w.N.; BGHSt 12, 81, 83,; 30, 192, 194;
Martin, DAR 1964, 299, 304.
[2] Eingehend hierzu: Kohlhaas, Deutsche Medizinische Wochenschrift 1959, 1491, 1492 f.

offen zutage getreten ist.[3]

Im Zephirolfall[4] wollte ein Chirurg eine Operation durchführen. Seit etwa einem Jahr war ihm bekannt, daß die ihm jeweils assistierenden Operationsschwestern es sich – entgegen der früher bestehenden klinischen Übung – zwischenzeitig angewöhnt hatten, eine mit einer Zephirol-Stammlösung gefüllte Flasche mit auf den Nahttisch zu stellen, und daß diese Flasche mitunter auch auf den Instrumententisch gestellt wurde. Dort stand regelmäßig eine mit Novocain gefüllte Flasche. Beide Flaschen sahen sich zum Verwechseln ähnlich.[5]

Obwohl dem Chirurgen die hohe Verwechselungsgefahr bekannt war, schritt er gegen diese erkannte fremde Sorgfaltslosigkeit nicht ein. Während einer Operation injizierte er der Patientin eine von der Operationsschwester, statt der angeordneten Lösung, eine zu einem Drittel mit der Zephirol-Stammlösung aufgezogene Spritze. Die Patientin starb an den Folgen der Fehlinjektion.

Für den Chirurgen war von vornherein erkennbar, daß es sich bei der Gestaltung des im Wege der Arbeitsteilung vorzunehmenden Eingriffs um eine Aufgabe handelte, die nicht der normalen, an den Erkenntnissen der medizinischen Wissenschaft und Praxis ausgerichteten ärztlichen Routine, entsprach. Hier hätte er beim Erkennen der fremden Nachlässigkeit nicht untätig bleiben dürfen. Vielmehr wäre es seine Pflicht gewesen, von seiner Weisungskompetenz Gebrauch zu machen und dafür zu sorgen, daß Verwechselungen vermieden werden. Er ist zudem aufgrund seiner überragenden Sachkunde eher als die nachgeordneten Medizinalpersonen in der Lage, die drohenden Gefahren, die aus der Verwechselung der beiden Flaschen sich entwickeln können, vorherzusehen.

Um sich selbst, trotz der erkannten gefahrbringenden fremden Sorgfaltswidrigkeit, überhaupt auf die künftige einwandfreie Zusam-

---

[3]Vgl. Kirschbaum, 113; Ulsenheimer, Arztstrafrecht in der Praxis, Rn. 145.
[4]mitgeteilt von Kohlhaas, DMW 1959, 1491 f.; vgl. auch Kamps, 241 f.
[5]Hollmann/Hollmann, Deutsches Ärzteblatt 1980, 396, 400, weisen zutreffend auf die ebenso mögliche Gefährlichkeit hin, die aus dem Vorhandensein verschieden konfektionierter Präparate mit unterschiedlicher Wirkstoffkonzentration erwachsen kann und fordern deshalb, daß der Arzt das Arzneimittelsortiment überschaubar und dadurch unterscheidbar gestaltet.

menarbeit wieder verlassen zu dürfen, muß der "bösgläubige" Arzt geeignete Gegenmaßnahmen ergreifen. Im Zephirolfall hätte es daher zumindest einer ihm ohne weiteres zumutbaren ernsthaften Ermahnung der Hilfskräfte bedurft oder eines entsprechenden Hinweises an die Klinikleitung, um die Mißstände abzustellen. Zudem hätte er sich gezielt vergewissern müssen, daß das erkannte und beanstandete Fehlverhalten korrigiert wurde und nicht wieder auftritt.

– **Zwischenergebnis**

Erkennt der Arzt bei der ihm assistierenden Medizinalperson ein den arbeitsteiligen Erfolg gefährdendes Verhalten, dann ist für ein Vertrauen auf das gute Gelingen der Gesamtaufgabe generell keine vertrauensbegründende Basis vorhanden. Eine mögliche Einstellung, wie etwa, "dies ist ja nicht meine Angelegenheit", weil die nachgeordnete Hilfskraft organisatorisch aus einer anderen Station oder Abteilung stammt oder disziplinarisch einem anderen Arzt unterstellt ist und ähnliche Überlegungen, ist prinzipiell nicht zu tolerieren.

Schreitet der Arzt nicht gegen erkannte Mißstände ein, obwohl sich für ihn die außergewöhnliche Gefahrenlage abzeichnet, kann er sich nicht darauf berufen, im konkreten Fall vom Vorliegen eines routinemäßigen Zusammenwirkens ausgegangen zu sein.[6] Positive Kenntnis von der Sorgfaltswidrigkeit der nachgeordneten Medizinalperson schließt somit die Anwendbarkeit des Vertrauensgrundsatzes aus.

bb.   Hinreichende Qualifikation des Vertrauensadressaten

Die berechtigte Zuversicht des vorstehenden Arztes, daß eine bestimmte, ihm nachgeordnete Medizinalperson fähig ist, die ihr aufgetragene konkrete Aufgabe mit der erforderlichen Sorgfalt zu erledigen, setzt neben den bereits abgehandelten äußeren Umständen voraus, daß diese Person auch über die hinreichende Qualifikation verfügt.

(1)   Die theoretische Qualifikation (Wissen)

Mit der erforderlichen Sorgfalt kann nur derjenige handeln, der intellektuell in der Lage ist, sich Sorgen zu machen über die innerhalb seines Aufgabengebiets von ihm zu erledigenden Behand-

---

[6]Im Ergebnis ebenso Kamps, 242 f.

lungsschritte. Dies setzt zunächst voraus, daß der zur Sorge
Verpflichtete über das Wissen zur Beherrschung seiner Aufgaben
verfügt. Die hierfür unentbehrlichen Grundkenntnisse zur Beherrschung der eigenen Aufgaben werden generell während der Ausbildung
in den verschiedenen medizinischen Ausbildungsrichtungen, sei es in
der Ausbildung zum Arzt, Facharzt, zur Krankenpflegerin oder
Kinderkrankenschwester, zur Anästhesiepflegekraft etc., vermittelt.

Erst wenn der Mitarbeiter über das theoretische Rüstzeug verfügt,
kann es im weiteren darauf ankommen, ob er auch die übrigen
Voraussetzungen der Qualifikation besitzt. Ein Mitarbeiter, der
keine derartigen Anhaltspunkte aufweist, kann nicht Adressat von,
arbeitsteilig relevantem Vertrauen sein.

Bereits in seiner Entscheidung zum Chloroformkurfall hat der
Bundesgerichtshof darauf abgestellt, der Arzt dürfe im allgemeinen
davon ausgehen, daß andere geprüfte Medizinalpersonen diejenigen
Kenntnisse besitzen, die in der Prüfung nachzuweisen seien.[7] Der
Nachweis des erforderlichen Wissens wird regelmäßig belegt durch
die Urkunden über bestandene Examina und sonstige Prüfungen.

Um sich ein Bild von der Eignung der Medizinalperson machen zu
können, muß sich der verantwortliche Arzt bei ihrer Einstellung
über den generellen Ausbildumgsstand durch Einsicht der Zeugnisse
über die Abschlußprüfungen sowie der möglicherweise vorhandenen
Berufszeugnisse im Sinne von § 630 BGB verschaffen. Dabei hat er zu
berücksichtigen, inwieweit die bezeugte Tätigkeit mit der zu
betreuenden Tätigkeit übereinstimmt und aussagekräftig ist.[8] Im
Hinblick darauf, daß die letztgenannten Zeugnisse in der Regel
wohlwollend aus Rücksichtnahme auf das berufliche Fortkommen des
Arbeitnehmers abgefaßt werden, darf er sich auf sie nicht allein
verlassen. Insbesondere, wenn die Zeugnisse nur über eine kurze
Tätigkeitsdauer berichten oder wenn seit der Tätigkeit mehrere
Jahre verstrichen sind, kann der vorstehende Arzt hieraus kein
begründetes Vertrauen herleiten.

---

[7] BGHSt 3, 91, 96.
[8] Vgl. Kiser, VersR 1984, 213, 216.

Vom Ansatz her, ähnlich wie der Bundesgerichtshof,[9] meint
Weissauer,[10] es könne im allgemeinen davon ausgegangen werden, daß
geprüfte Medizinalpersonen die Kenntnisse besitzen, die in der
Prüfung nachzuweisen waren. Lediglich besondere Umstände, wie sie
etwa im Chloroformkurfall vorgelegen haben – wo sowohl der behandelnde Arzt als auch die seine Anordnung entgegennehmende Schwester[11] eine nur lückenhafte Ausbildung besaßen – könnten ausnahmsweise – zusätzlichen Anlaß zum Zweifeln an der Qualifikation
geben. Eine eigene Prüfungspflicht hält er nur insoweit für erforderlich, als Kenntnisse und Erfahrungen, die über den Prüfungsstoff
hinausgehen, für den Arbeitsprozeß erforderlich sein sollten.

Das Vertrauen allein aus dem Nachweis der abgelegten Prüfung
herzuleiten ist zu unbestimmt. Dies könnte nur dann zulässig sein,
wenn damit der sichere Nachweis über den für den arbeitsteilig zu
erledigenden Prozeß erforderlichen Wissensstand gegeben wäre. Hiergegen bestehen aber in mehrfacher Hinsicht Bedenken. Zum einen ist
das Bestehen einer Prüfung, gleich welcher Fachdisziplin, auch
immer von vielerlei unwägbaren Faktoren abhängig.

Die Ausbildung ist von der Natur der Sache her generalisierend
ausgelegt.[12] In ihr werden die Grundkenntnisse, das Rüstzeug für
spätere praktische Tätigkeiten, vermittelt. Wegen dieser generalisierenden Ausrichtung ist eine vollständige Anpassung auf die
späteren praktischen Bedürfnisse nicht möglich. Die medizinische
Ausbildung[13] kann nicht zu 100% leisten, was die Praxis von dem
Ausgebildeten später tatsächlich fordert.[14] Zu einem wesentlichen
Teil besteht ihr Sinn darin, ihn auf die späteren Aufgaben
vorzubereiten. Eine bedeutende Aufgabe der Ausbildung ist es, dem
Auszubildenden die berufspezifischen Einsichten zu vermitteln, die
er im späteren beruflichen Leben benötigt. Letztlich muß die

---

[9] BGHSt 3, 91, 96.
[10] Weissauer, Der Anaesthesist 1964, 385, 388 f.
[11] –dort waren sie bedingt durch die Umstände des 2. Weltkrieges–
[12] Vgl. Hanack, Deutsches Ärzteblatt 1959, 497, 499.
[13] Dies gilt im übrigen für Ausbildungen jeder Art.
[14] Vgl. Baur, Der Krankenhausarzt 1972, 90. 92.

Ausbildung insoweit fragmentarisch bleiben.[15]

Hanack weist für den Bereich der Ausbildung zur Krankenpflegerin darauf hin, daß die Ausbildungen zudem an den einzelnen Ausbildungseinrichtungen "zweifelsfrei"[16] differiert. Diese Aussage gilt für alle anderen Ausbildungsrichtungen in gleicher Weise. Das gute Bestehen der Prüfung hängt, neben der guten Vorbereitung, dem Erlernen des prüfungsrelevanten Stoffes, entscheidend von dem sicheren Geschick ab, dies schriftlich erfolgreich in den Prüfungsarbeiten umzusetzen. Von entscheidender Bedeutung sind zudem die "starken Nerven" des Prüflings in dem mündlichen Prüfungsteil. Diese für das Bestehen der Prüfung wichtigen Faktoren besagen aber noch nichts über seine praktische Einsetzbarkeit. Dies gilt erst recht, wenn zwischen der Ausbildungszeit und der Wahrnehmung neuer Aufgaben bereits geraume Zeit verstrichen ist.

In diesem Kontext spielt ein anderer, nicht weniger bedeutender Faktor eine entscheidende Rolle. Es ist dies die Tatsache, daß das zum Zeitpunkt der Prüfung vorhandene und sich im Prüfungsergebnis zugrunde gelegte Wissen,[17] nicht kontinuierlich auch auf gleichem Niveau vorhanden bleibt. So hat der Psychologe Ebbinghaus[18] in seinen Untersuchungen über die Gedächtnisleistungen festgestellt, daß die Reproduktionsfähigkeit von erlerntem Wissen maßgebend vom Zeitfaktor abhängig ist und nur innerhalb bestimmter Zeitabläufe noch vorhanden war. Er hat die Zeit ermittelt, die erforderlich war, einmal erlernte Texte nach Stunden oder Tagen wiederzuerlernen.[19] Sie bestätigen die schlichte Erfahrung, daß jede geprüfte Person im Verlaufe der Zeit nicht das zum Zeitpunkt der Prüfung einstmals vorhandene Wissen später ständig parat hat.

---

[15] So sehen die Anlagen 1 - 3 zur Ausbildungs- und Prüfungsordnung für die Berufe der Krankenpflege vom 16.10.1985 (BGBl I/1973 ff.) für die Ausbildung zur Krankenschwester/zum Krankenpfleger ca. 200 verschiedene Unterrichtsblöcke, die in 3.000 Stunden Ausbildung in Theorie und Praxis zu behandeln sind. (Für die Ausbildung zur Kinderkrankenpflegekraft: ca 180 Unterrichtsblöcke in ebenfalls 3.000 Stunden; für die Ausbildung zur Krankenpflegehilfskraft: ca. 70 Unterrichtsblöcke in 1.100 Unterrichtsstunden). Es würde eine mit den tatsächlichen Lebensverhältnissen nicht zu vereinbarende Annahme sein, zu meinen, dieses breitgefächerte Wissen werde im späteren beruflichen Alltag weiterhin und ständig parat sein.
[16] Hanack, Deutsches Ärzteblatt 1959, 497, 499.
[17] -die praktische Umsatzfähigkeit einmal unterstellt-
[18] Ebbinghaus, Abriß der Psychologie, 90 f.; ders., Über das Gedächtnis, 111.
[19] Ebbinghaus, Über das Gedächtnis, 111 f.

–   **Zwischenergebnis**

Zusammenfassend ist daher festzustellen, daß das Prüfungsergebnis,
wie es durch Zeugnis- und Examensurkunden belegt wird, allein nicht
die hinreichende Aussagekraft liefert, um die Voraussetzungen der
subjektiven Vertrauensbasis erfüllen zu können. Die theoretischen
Grundkenntnisse sind lediglich ein entscheidender, nicht aber der
allein maßgebende Faktor für die Einschätzung der Befähigung,
bestimmte Aufgaben wahrzunehmen.

(2)   Die praktische Qualifikation (Erfahrung)

Das theoretische Wissen, um bestimmte Arbeitsschritte im medizinischen Alltag auszuführen, und die ihm korrespondierende praktische Erfahrung darin sind zwei verschiedene Dinge.

Gerade die medizinische Versorgung zeichnet sich dadurch aus, daß
die fehlerfreien Arbeitsresultate weniger auf sogenannten "harten
Daten", also dem einmal erworbenen theoretischen Wissen beruhen.
Die Medizin ist in hohem Maße eine Wissenschaft der "weichen
Daten".[20] Bei ihr kommt es für die sorgfältige Ausübung der
einzelnen Handlungen daher nicht allein nur auf das erlernte
Wissen, sondern entscheidend auch auf die praktische Erfahrung der
Mitarbeiter an.

Für die Ausbildung der Krankenschwester hat Hanack[21] darauf hingewiesen, daß die Krankenpflege ein viel zu komplexes Gebilde ist,
als daß die Schwester sie allein durch ihre Ausbildung "perfekt"
erlernen könnte. Diese Aussage gilt für nahezu alle Formen medizinischer Tätigkeit,[22] insbesondere soweit sie die direkte Behandlung
des Patienten zur Aufgabe haben.[23] Hier kann theoretisch nicht
alles das vermittelt werden, was später praktisch erforderlich ist.

Dies gilt um so mehr, als die Anforderungen an den praktischen Teil
der Ausbildung örtlich durchaus differieren können. Die Ausbildung
kann gut oder schlecht, die praktische Erfahrung groß oder ge-

---

[20] Baur, Der Krankenhausarzt 1972, 90, 92.
[21] Hanack, Deutsches Ärzteblatt 1959, 497, 499.
[22] Vgl. Baur, Der Krankenhausarzt, 1972, 90, 92.
[23] Regelmäßig geringer ist die Diskrepanz zwischen Ausbildung und
Praxis etwa beim Beruf des medizinischen Laboranten, da die in
der Ausbildung erlernten und gehandhabten Arbeitsschritte,
nämlich die Analyseverfahren, identisch sind. Als weitere
Konstante kommt hinzu, daß die Leistung dieser Medizinalpersonen nicht direkt am Patienten erbracht wird.

ring,[24] der Intelligenzgrad, die Konzentrationsfähigkeit des Vertrauensadressaten unterschiedlich groß sein.[25] Die subjektive Vertrauensbasis setzt daher als weiteres die Vergewisserung des Arztes über die ausreichende praktische Qualifikation der von ihm eingesetzten nachgeordneten Medizinalperson voraus.

In dem bereits im Zusammenhang mit der Erörterung der Kommunikationsfehler angesprochenen Chloroformkurfall hat der Bundesgerichtshof Feststellungen darüber gefordert, wie lange und wie genau der anordnende Arzt die praktischen Fertigkeiten der Schwester kannte.[26] Dies ist, für sich betrachtet, durchaus zutreffend. Ob es dieser Feststellung angesichts der übrigen Feststellung noch bedurft hätte, erscheint fraglich. In jenem Fall hatte der Arzt einer Schwester mit der eigenständigen Durchführung einer Chloroformkur beauftragt. Diese war weder während ihrer Ausbildungszeit noch während ihrer späteren Tätigkeit jemals im Operationssaal tätig gewesen. Lediglich einmal hatte sie einer Blinddarmoperation nur beobachtend beigewohnt, die allerdings unter Äthernarkose durchgeführt wurde. Folglich war sie zuvor niemals mit Chloroform in praktische Berührung gekommen. Sie besaß also weder praktische Erfahrungen bezüglich der Verwendung von Chloroform im allgemeinen und daher erst recht keine hinsichtlich der Ausführung einer Chloroformkur im besonderen. Ihr konnte deshalb keinesfalls die eigenständige Ausführung einer derartigen Verrichtung aufgetragen werden.

Der vorstehende Arzt darf einer nachgeordneten Medizinalperson nur dann die selbständige Durchführung einer medizinischen Tätigkeit übertragen, wenn ihm positiv bekannt ist, daß sie auch über die praktische Seite der Qualifikation verfügt. So muß er sich durch Rücksprache mit einem Kollegen oder der Klinikleitung vergewissern, wer an der Klinik mit der Durchführung einer derartigen Verrichtung ausreichend vertraut ist. In Notfallsituationen, wo schnelles Handeln erforderlich ist, wird er es ausnahmsweise bei der gezielten Nachfrage, ob sie mit in der Durchführung der Verrichtung praktische Erfahrung hat, belassen dürfen. Seine Pflicht, sich der

---

[24] Dies sind Faktoren, auf die in der Rechtsprechung, insbesondere BGH NJW 1955, 1487, 1488, zwar allgemein, aber berechtigterweise abgestellt wird.
[25] Vgl. Hanack, Deutsches Ärzteblatt 1959, 497, 499.
[26] BGHSt 3, 91, 96 = NJW 1952, 1102, 1103.

spezifischen einschlägigen Qualifikation zu vergewissern, ist um so
größer, je gefahrträchtiger die selbständig wahrzunehmende Verrichtung ist. Auf keinen Fall aber darf er dies ohne nähere Anhaltspunkte bei den ihm nachgeordneten Medizinalpersonen einfach voraussetzen.

Da die Schwester im Chloroformkurfall tatsächlich über keinerlei
einschlägige Qualifikation in der Ausführung einer Chloroformkur
verfügte, bedeutet dies, daß der Arzt sich nicht um die Verschaffung der Kenntnisse über deren praktische Qualifikation bemüht
hatte. Denn wenn er seiner Pflicht entsprechend gehandelt hätte,
hätte er deren Unwissenheit erkennen müssen. Folglich hätte er sie
überhaupt nicht bei der eigenständigen Durchführung der Chloroformkur aus den Augen lassen dürfen. Dem Arzt kann der Vertrauensgrundsatz letztlich nur dort helfen, wo er sich erstens
Informationen über die Befähigung der hinzuzuziehenden Medizinalperson verschafft und diese zweitens positiv, also vertrauensbe-
gründend, sind.

Steht aber für das Gericht – wie im Chloroformkurfall – bereits
fest, daß der Mitarbeiter nicht die erforderliche Befähigung für
eine vertrauensbegründende Zusammenarbeit besaß, kann es auf die
Frage, die das Gericht in der genannten Entscheidung zur Ermittlung
der Pflichtwidrigkeit noch geklärt wissen wollte, nicht mehr
ankommen. Denn selbst wenn der anordnende Arzt die Schwester im
Chloroformkurfall länger beruflich gekannt hätte, so hätte er dann
auch um ihre spezifische Unfähigkeit hinsichtlich des Umganges mit
Chloroform gewußt, und sie nicht mit der eigenständigen Durchführung des Behandlungsschritts betreuen dürfen.

Diese unabdingbaren Kenntnisse durfte er im Chloroformkurfall erst
recht nicht unterstellen, da selbst die der Schwester übergeordnete
Oberschwester, von der sie die Präparate aus der Klinikapotheke

erhalten hatte, keine Erfahrung mit der Chloroformkur besaß.[27] Wenn der Arzt Kenntnis hatte, daß etwa die Stationsschwester keine Erfahrung mit einer bestimmten Verrichtung hat, so ist dies ein gravierendes Indiz dafür, daß ihr untergeordnete Medizinalpersonen, die der Arzt beauftragen will, nicht über mehr Kenntnisse und Fertigkeiten verfügen.

(a)   Kriterien zur näheren Bestimmung
                   der praktischen Qualifikation

Dies allein ist jedoch zu unbestimmt, um eine klare Aussage über das Ausmaß der zu fordernden manuellen Fertigkeiten des Vertrauensadressaten treffen zu können. Von Rechtsprechung[28] und Literatur[29] wurde bisher nur für einen Teilbereich arbeitsteiligen Zusammenwirkens, nämlich hinsichtlich des Einsatzes von noch in der Ausbildung stehender ärztlicher Mitarbeiter, eingehender thematisiert. Die dortigen Überlegungen besitzen jedoch eine gewisse Allgemeingültigkeit.

Zwar werden die in der Ausbildung stehenden ärztlichen Mitarbeiter mit der eigenständigen Wahrnehmung von grundlegend anderen Aufgaben betreut als die nichtärztlichen Mitarbeiter, doch steht dies der allgemeinen Übertragbarkeit der dort herausgearbeiteten Grundsätze auf die übrigen Konstellationen nicht entgegen. Denn dem typischerweise komplikationsträchtigeren ärztlichen Aufgabenbereich korreliert die spezifische, durch die akademische Ausbildung erworbene Befähigung zur Verrichtung dieser Aufgaben. Für die von den übrigen Mitarbeitern wahrzunehmenden nichtärztlichen Verrichtungen gilt dies im Verhältnis zu ihrer theoretischen Ausbildung ent-

---

[27] BGHSt 3, 91, 96 f. : Zudem sprach das Verhalten des Arztes, der es für erforderlich hielt, der Schwester eine "genaue Anweisung" darüber zu geben, wie die Duodenalsonde gelegt werden müßte, erheblich dafür, daß ihm deren praktische Unkenntnis bekannt war, und er mit der Möglichkeit gerechnet hatte, die Schwester habe eine solche Kur noch niemals durchgeführt. Vgl. auch BGH Medizinrecht 1984, 64, 65: Die " Unerfahrenheit ... konnte das Berufungsgericht ... bereits dem Umstand entnehmen, daß ... der ... Oberarzt erst zeigen mußte, wo die Injektion für die Lokalanästhesie und wo der Schnitt zu setzen waren. Ohne daß es auf die weitere Frage ankommt, ob der Erstbeklagte über die von einem geübten Chirurgen zu erwartende manuelle Geschicklichkeit verfügte, liegt es dann auf der Hand", daß sich der Oberarzt offenbar nicht über dessen vorhandenen theoretischen Kenntnisse vergewissert hatte, und dieser "vor der ihm übertragenen Operation mindestens nicht ausreichend eingewiesen und belehrt worden war."
[28] Vgl. BGHZ 88, 248 ff. = Medizinrecht 1984, 163 ff.
[29] Opderbecke/Weissauer, Anaesthesiologie und Intensivmedizin 1980, 4 ff. Deutsch, Langenbecks Archiv für Chirurgie, Band 355 (1981), 579, 580.

sprechend. Allgemein läßt sich daher sagen: Soweit jemand über die für sein Aufgabengebiet erforderlichen theoretischen Grundkenntnisse verfügt, ist die Frage, in welchem Umfang der Arzt auch die praktische Befähigung kennen muß, absolut gesehen, nach den gleichen Grundsätzen zu beurteilen.

Der vorgesetzte Arzt arbeitet nicht nur mit bereits voll ausgebildeten Kollegen zusammen. Ihm stehen auch noch in der Ausbildung befindliche Kollegen zur Seite. Hier befindet er sich zwischen Skylla und Charybdis. Einerseits hat er die bestmögliche medizinische Versorgung gegenüber dem Patienten zu gewährleisten. Er ist verpflichtet, daß immer der Standard eines durchschnittlich erfahrenen Facharztes garantiert ist. Der den Auszubildenen betreuende Arzt hat deshalb die Pflicht lenkend einzugreifen, wenn die Wahrung des medizinischen Standards dies erfordert.[30]

Andererseits hat er aber gleichzeitig dafür Sorge zu tragen, daß das erst noch auszubildende medizinische Personal am Patienten ausgebildet wird. Besonders problematisch ist dies im Bereich der eigenständigen Durchführung von chirurgischen Eingriffen, denn: "Operieren kann nur durch operieren gelernt werden."[31] Erst wenn der Auszubildende nach dem Prinzip "learning by doing" auch selbst diejenigen Handgriffe am Patienten ausübt, die er in seiner späteren beruflichen Tätigkeit eigenständig vorzunehmen hat, ist eine verantwortungsvolle qualifizierte medizinische Ausbildung möglich und eine spätere eigenständige Tätigkeit überhaupt verantwortbar.

Um die für die sachgerechte Ausbildung des medizinischen Nachwuches notwendige praktische Erfahrung auch dem Anfänger zu vermitteln, muß es daher auch Situationen geben, wo beispielsweise der operierende Arzt auf dem Operationsgebiet geringe oder vielleicht sogar gar keine Erfahrung hat. Der leitende Arzt hat deshalb die Pflicht, die innerhalb seines Verantwortungsbereiches zu erbringenden Arbeiten so zu organisieren, zu leiten und zu beaufsichtigen, daß stets eine ordnungsgemäße Krankenversorgung gewährleistet ist,[32] und der Patient nicht zusätzlichen Gefahren ausgesetzt

---

[30] Vgl. BGH NJW 1987, 1479, 1480, mit zust. Anm. Deutsch.
[31] So treffend Quaas, Anm. zu BGH Medizinrecht 1984, 64.
[32] Vgl. BGH NJW 1987, 1479, 1480; BHG Der Strafverteidiger 1988, 251, 252.

wird.[33]

Der ausbildende Arzt darf deshalb nur diejenigen Tätigkeiten zur
selbständigen Durchführung übertragen, die lediglich Kenntnisse
erfordern, über die der in der Ausbildung stehende Kollege nach-
weislich bereits verfügt. Solange dies nicht der Fall ist, hat er
sich über die vorgenommenen diagnostischen Resultate und therapeutischen Maßnahmen ständig zu informieren und die gewonnenen Informationen auszuwerten. Er hat hier selbst die Diagnose zu überprüfen
sowie unter Umständen darüber zu entscheiden, ob die vorgesehene
Therapie fortzusetzen ist oder ob sie, gegebenenfalls nach weiterer
diagnostischer Abklärung, nach seiner besseren medizinischen Kenntnis und Erfahrung geändert werden muß. Mit Aufgaben, die hierüber
hinausgehen, die etwa Spezialkenntnisse erfordern, dürfen auszubildende Kräfte dagegen erst nach ausreichender Unterweisung und
Einarbeitung betraut werden.

Je nach dem konkreten Umfang der Spezialkenntnisse und der spezifischen Verrichtung ist der Sorgfaltsmaßstab zur Überwachung der
Medizinalperson unterschiedlich. Mit den Fortschritten in der
Weiterbildung ist dem auszubildenden Arzt, wenn er sich als
zuverlässig erwiesen hat, schrittweise das Maß an Selbständigkeit
zuzubilligen. Folglich verringert sich automatisch die Intensität
der Überwachung und Kontrolle.[34] Je mehr die dem Arzt unterstellte
Kraft in der von ihr auszuführenden Aufgabe auch praktisch firm
wird, desto weniger intensiv muß er sie im Auge behalten.

Der vorstehende Arzt hat daher den in der Ausbildung stehenden Arzt
stufenweise an die später eigenständig auszuführende Operationsme-
thode heranzuführen. Bestehen irgendwelche Zweifel an dessen hin-
reichendem Ausbildungsstand, darf der Behandlungsschritt nur von
einem Facharzt ausgeführt werden. Vorrang hat hier das Wohl des
Patienten, seine Sicherheit und nicht eine bequemere Organisation
des Klinikdienstes oder die gewiß notwendige Verschaffung der
Gelegenheit für den Assistenzarzt zum Erwerb seiner Qualifikation
erforderliche Operationen auszuführen.[35]

[33] Rieger, Deutsche Medizinische Wochenschrift 1978, 13; ders.
1980, 113; Deutsch NJW 1984, 650, 651.
[34] Vgl. Rieger, Deutsche Medizinische Wochenschrift 1980, 113.
[35] Zustimmend Giesen, JZ 1984, 331 f.

162

Aus strafrechtlicher Sicht kann daher das für die subjektive Seite der Vertrauensbasis erforderliche Merkmal der praktischen Qualifikation nur dann bejaht werden, wenn der Auszubildende stufenweise an die eigenverantwortliche Wahrnehmung der von ihm durchzuführenden Verrichtung herangeführt worden ist. Dabei besitzen die im folgenden, in Anlehnung an Weissauer und Opderbecke[36] sowie Franzki[37] darzustellenden Grundsätze in gleicher Weise Geltung für die übrigen Bereiche arbeitsteiligen Zusammenwirkens im Bereich vertikaler Arbeitsteilung.

In der ersten Stufe ist die Mitwirkung des auszubildenden Arztes darauf beschränkt, der Durchführung von Behandlungsabschnitten, die von ihm später eigenständig erbracht werden sollen, schlicht beizuwohnen, um sie zu beobachten und sich die Vorgänge hierbei erläutern zu lassen. Auf der nächsten Stufe hat er zunächst als zweite und später als erste Assistenz an der gleichartigen Maßnahme mitzuwirken. In der sich anschließenden dritten Stufe darf er mit der Aufgabe des Operateurs betreut werden. Hierbei hat ihm aber – mit vertauschten Rollen – ein Facharzt – etwa der Chef- oder Oberarzt zu assistieren, um jederzeit Rat und Weisungen geben und beim Eintritt von Komplikationen den Eingriff weiterführen zu können.

Hat sich der Auszubildende bis hierhin als fähig erwiesen, so darf ihm erst auf der vierten Stufe die selbständige und eigenverantwortliche Durchführung des Eingriffs ohne Aufsicht überlassen werden. Es ist dann lediglich dafür Sorge zu tragen, daß ein Arzt in Rufbereitschaft steht, der helfend eingreifen kann, wenn es zu Komplikationen kommt. Die hier dargestellte Skala wird durch eine zweite Stufenleiter innerhalb der einzelnen Schritte verschränkt. In dieser ist der Anfänger wiederum schrittweise von dem einfachen, bis hin zu dem schwierigen Eingriffen der speziellen Operationsart, an die Erfordernisse der medizinischen Praxis heranzuführen.

---

[36] Opderbecke/Weissauer, Anaesthesiologie und Intensivmedizin 1980, 4 ff.
[37] Franzki, Medizinrecht 1984, 186 ff.

Diese Grundsätze sind an dem folgendem Fall[38] näher darzustellen. Eine Patientin litt seit längerer Zeit an Lymphknotenschwellungen. An der Universitäts-HNO-Klinik fand der Oberarzt beiderseits am Hals hinter dem Musculus sternocleidomastoideus[39] unter der Haut gut tastbare Lymphknoten, die rechts bis zu kirschgroß waren. Ein chirurgischer Eingriff war nicht vital indiziert. Zur Exstirpation eines der Lymphknoten, zwecks histologischer Untersuchung, wurde vom diensthabenden Oberarzt ein noch in der Facharztausbildung stehender Assistenzarzt eingeteilt. Dieser hatte eine derartige Operation am Halse noch nicht und vergleichbare Operationen in einem anderen Operationsgebiet (Kniegelenk) erst ein- oder zweimal vorgenommen.

Der Oberarzt zeigte ihm, wo die Injektion für die lokale Anästhesie zu setzen und wo der Schnitt zu führen sei. Den Eingriff führte der Assistenzarzt ohne Aufsicht aus. Hierbei erlitt die Patientin eine neurogene Schädigung des Musculus trapecius[40] rechts als Folge einer Schädigung des nervus accessorius[41] rechts.

Zu den Sorgfaltspflichten des den Eingriff ausführenden Arztes gehört, daß er, neben der von einem geübten Chirurgen zu erwartenden manuellen Geschicklichkeit, die anatomischen Verhältnisse im Operationsgebiet kennt und sie bei seiner Schnittführung beachtet.[42] Dem Oberarzt war bekannt, daß der Assistenzarzt eine Lympknotenexstirpation im Halsbereich bisher weder selbst durchgeführt noch einem solchen Eingriff beigewohnt hatte.

Der Vertrauensadressat besaß also nicht die erforderliche praktische Qualifikation zur Vornahme des Eingriffs. Ihm konnte daher kein entsprechendes Vertrauen in die sorgfältige eigenverantwortliche Durchführung der Operation entgegengebracht werden. Das Fehlen der praktischen Qualifikation des Vertrauensadressaten schließt den Vertrauensgrundsatz somit aus.

---

[38] In Anlehnung an BGHZ 88, 248 ff. Es handelt sich um eine zivilrechtliche Entscheidung, jedoch sind die dort herausgearbeiteten Grundsätze auch für die hier interessierende Problematik relevant.
[39] Kopfwender
[40] Kappenmuskel
[41] Hirnnerv
[42] Vgl. BGHZ 88, 248, 253.

Bei dem untergeordneten Arzt liegt der Fahrlässigkeitsvorwurf unter dem Aspekt des Übernahmeverschuldens vor.[43] Die Tatsache, daß er noch in der Ausbildung steht und möglicherweise über das erforderliche fachärztliche Wissen und Können noch nicht verfügt, entlastet ihn dann nicht, wenn er nach seinem Ausbildungs- und Wissensstand in der Lage war, zu erkennen, daß ihn der ohne Aufsicht vorzunehmende Eingriff überfordert und deshalb eine für den Patienten unzulässige zusätzliche Gefährdung darstellt.[44]

(b)   Zwischenergebnis

Der Vertrauensgrundsatz bei vertikaler Arbeitsteilung setzt als weiteres voraus, daß der Vertrauensadressat die erforderliche praktische Erfahrung zur sorgfältigen Erledigung der Verrichtung besitzt. Vertrauen ist ihm gegenüber deshalb nur berechtigt in positiver Kenntnis seines praktisch erprobten manuellen Geschicks. Befindet sich der Vertrauensadressat erst in der Ausbildung, so kann ihm begrenzt auf einzelne Verrichtungen stufenweise Vertrauen entgegenbracht werden.

Auf allgemeine Überlegungen, wie etwa, daß die erforderliche manuelle Geschicklichkeit schon vorliegen werde, darf er sich ohne "handfeste" Tatsachen nicht verlassen.[45] Dies gilt erst recht, wenn er neben der anordnenden Funktion der nachgeordneten Medizinalperson zusätzlich noch als Ausbilder gegenübersteht. Bevor der anordnende Arzt diese hinreichende Kenntnis von der praktischen Qualifikation des Mitarbeiters nicht hat, darf er ihn nicht bei der eigenständigen Durchführung von ärztlichen Hilfstätigkeiten aus den Augen lassen und sich nicht auf den Vertrauensgrundsatz berufen. Der Richter hat daher festzustellen, woher der Arzt seine Zuversicht zur Tatzeit hergeleitet hat, die ihm nachgeordnete Medizinalperson mit der selbständigen Erledigung der von ihr wahrzunehmenden

---

[43] Vgl. dazu bereits RGSt 67, 12, 20.
[44] Ulsenheimer Medizinrecht 1984, 161, 167; BGH Medizinrecht 1984, 64.
[45] OLG Hamburg, (Luminalinjektionsfall) Münchener Medizinische Wochenschrift 1937, 1359.

Verrichtung beauftragen zu dürfen.[46]

Für den sich auf den Vertrauensgrundsatz berufenden ausbildenden Arzt folgt hieraus, daß er den Auszubildenden so lange nicht vertrauensvoll mit Aufgaben einer höheren Stufe betreuen darf, bevor dieser nicht die vorherigen Stufen erfolgreich absolviert hat.[47] Gleiches gilt hinsichtlich der verschiedenen Schwierigkeitsgrade innerhalb der spezifischen Operationsart. Bevor der Auszubildende keinen einfachen und mittelschweren Eingriff derselben Operationsart vorgenommen hat, ist es sorgfaltswidrig, ihn mit schwierigeren Eingriffen zu betreuen. Vertrauen kann unter diesen Umständen nicht entstehen.

(3)   Die spezifische Qualifikation (Routine)

Das manuelle praktische Geschick allein reicht jedoch nicht aus, um die praktische Qualifikation zu belegen. Die in Strafverfahren vielfach pauschal vorgetragene Behauptung, die hinzugezogene Medizinalperson sei "eine gut eingearbeitete und als zuverlässig bekannte"[48] Hilfskraft, man kenne sie als "sorgfältig und gewissenhaft",[49] oder als "eine erfahrene"[50] Kraft, als "einen erfahrenen, insbesondere in der Ambulanz eingesetzten Pfleger"[51] ist dafür nicht ausreichend, weil sie zu unbestimmt ist.

Ein derartiger Rekurs kann nur dann erfolgreich sein, wenn eine hinreichende Vertrauensbasis vorliegt. Die Vertrauensbasis entsteht aber nur dort, wo es um ein solches Verhalten geht, daß von den Grundzügen her mit bereits früherem gleichgelagertem positiven Verhalten übereinstimmt.

---

[46] In eine äußerst prekäre Lage bringt sich der vorstehende Arzt wie im vom Kammergericht entschiedenen Estilfall, der mit dem Vortrag, die von ihm eingesetzte Medizinalperson sei eine "unzuverlässige Mitarbeiterin" meint die "Flucht nach vorn" antreten zu müssen. Sinn dieser Prozeßtaktik mag es gewesen sein, den Schwerpunkt des Mißgeschicks der nachgeordneten Kraft aufzubürden. Dann sieht er sich aber sogleich der Frage des Gerichts ausgesetzt, weshalb er so bedenkenlos war und meinte dieser unzuverlässigen Kraft wichtige Aufgaben zur selbständigen Erledigung dennoch übertragen zu dürfen. Vgl. KG VersR 1968, 286, 287.
[47] Ähnlich: Carstensen/Schreiber, Therapie und Recht, 1980, 167, 170.
[48] RG JW 1927, 2699, 2700.
[49] OLG Hamburg, (Luminalinjektionsfall) Münchener Medizinische Wochenschrift 1937, 1359.
[50] BGH VersR 1981, 131; ähnlich auch OLG Hamburg, Der Krankenhausarzt 1954, 240, 241: "erfahrene und bis dahin bewährte Krankenschwester."
[51] BGH NStZ 1983, 134 (Steißbeinfistelfall).

Nur wenn der Arzt die andere Person aufgrund bereits bisher selbständig erledigter Verrichtungen a_1, b_1, c_1, d_1,... als gewissenhaft, tüchtig und besonnen kennt, darf er mit gutem Grund darauf vertrauen, wenn er mit ihr nicht zwischenzeitig schlechte Erfahrungen hat machen müssen, daß dies auch bei der von ihr konkret wahrzunehmenden Aufgabe ... x_1, y_1 oder z_1 der Fall sein wird. Geht es aber um die Wahrnehmung eines Arbeitsschrittes, der bisher von ihr so nicht geleistet wurde, da er etwa der Gruppe $(A,B,C,D,...)$ oder $(a_2,\ b_2,\ c_2,\ d_2,...)$ angehört, so ist die Grundlage für eine Vertrauensbasis nicht vorhanden.[52]

Dabei kann es unterschiedliche Gründe für die Ausführung des neuen Arbeitsschrittes geben. Zum einen kann der neue Arbeitsschritt durch technische oder wissenschaftliche Erneuerungen erforderlich sein, so etwa, wenn ein überaltertes Röntgenverfahren durch ein neues Verfahren abgelöst wird. Andererseits kann auch die organisatorische Umstrukturierung der Arbeitsabschnitte die Wahrnehmung anderer oder neuer Aufgaben durch die nachgeordnete Person erfordern. Bei der Überprüfung der Eignung für den konkreten Arbeitsschritt darf sich der Arzt daher nicht auf die allgemeine Zuverlässigkeit und Sachkunde oder seine sonstigen bisher guten Erfahrungen allein verlassen, um auf deren fehlerfreie Mitwirkung vertrauen zu dürfen. Vielmehr muß er sich von deren spezifischer Zuverlässigkeit überzeugen.

Das Abstellen auf die spezifische Qualifikation des Vertrauensadressaten wirkt aber auch zugunsten des Vertrauenden. Wenn sich eine Krankenpflegekraft seit langer Zeit bei der Injektion intramuskulärer Spritzen als gewissenhaft, tüchtig und manuell geschickt erwiesen hat, und regelmäßige Kontrollen keinen Grund zu Beanstandungen gegeben haben, dann liegt in bezug auf diese Tätigkeit grundsätzlich eine tragfähige Vertrauensbasis vor. Sind ihr aber seit Beginn ihrer Anstellung mehrfach Fehler bei der Ausgabe von Medikamenten unterlaufen, dann hat der vorstehende Arzt sie insoweit gezielt im Auge zu behalten.

---

[52] Vgl. RG JW 1927, 2699, 2700 mit zustimmender Anmerkung Bohne; Exner, Festgabe für Frank (1930), 569, 578; Eberhard Schmidt, Der Arzt im Strafrecht, 193; Hanack, Deutsches Ärzteblatt 1959, 497, 501.

Unterläuft ihr nun erstmalig aus Nachlässigkeit bei der Applikation der Spritze ein folgenschwerer Fehler, so kann hieraus dem Arzt die Berufung auf den Vertrauensgrundsatz generell nicht verwehrt werden.[53] Die nicht ausreichende praktische Qualifikation bei der Ausgabe von Medikamenten disqualifiziert die Schwester nicht per se zum Setzen intramuskulärer Spritzen. Ansonsten würde dies auf eine im Strafrecht unzulässige Zurechnung der Verantwortlichkeit nach dem Gesichtspunkt der versari in re illicita führen.[54]

Die Forderung nach einer spezifischen praktischen Qualifikation klingt bereits in einer Entscheidung des Reichsgerichts[55] aus dem Jahre 1927 an. Dort hatte der Leiter eines Röntgeninstituts einer Assistentin die selbständige Handhabung des Röntgengeräts überlassen. Die Assistentin war seit mehr als 5 bis 6 Jahren als Röntgenassistentin, davon mehrere Jahre an der Universitätsfrauenklinik, tätig. Sie war "gut eingearbeitet, als zuverlässig bekannt" und hatte schon häufig Bestrahlungen vorgenommen. Der Arzt hatte bei einer Patientin die genau zu bestrahlende Stelle auf den Körper aufgezeichnet, die Einstellung des Bestrahlungsgeräts sowie die Bestrahlungszeit angeordnet und sich von der richtigen Einstellung des Geräts durch die Röntgenassistentin überzeugt. Da jedoch der Filter nicht eingelegt war, erlitt die Patientin mit schweren Gesundheitsschäden verbundene Verbrennungen.

Zutreffend hat das Reichsgericht darauf abgestellt, daß dem Röntgenarzt sowohl die große Bedeutung des Filtereinlegens zur Vermeidung von Verbrennungen, als auch die mit der Nichtausführung dieses spezifischen Arbeitsschrittes verbundene schwere Gesundheitsgefährdung bekannt waren. Deshalb hätte er nur dann darauf vertrauen dürfen, die Röntgenassistentin werde – ehe sie das Gerät einschalten werde – diesen wichtigen Handgriff auch tatsächlich ausführen, wenn er zuvor entweder die Filtereinlegung überwacht oder sie wenigstens auf die Notwendigkeit der Einlegung hingewiesen hätte.[56]

---

[53] Anders im Zivilrecht, vgl. LM Nr. 6(Fa) zu §831 BGB
[54] Wie es für das Zivilrecht etwa §848 BGB vorsieht.
[55] RG JW 1927, 2699 ff.
[56] Vgl. RG JW 1927, 2699, 2700.

Die Tatsache, daß die Röntgenassistentin schon häufig Bestrahlungen vorgenommen hatte und genau wußte, daß mit der Bestrahlung erst nach Einlegung des Filters begonnen werden durfte, reicht allein nicht aus, um das spezifische Vertrauen zu begründen, sie werde diesen Arbeitsschritt ohne ein weiteres Tätigwerden des Arztes von selbst vornehmen.[57] Wenn die Sorgfalt der den Apparat bedienenden Kraft der einzige Schutz vor dem Eintritt von Gefahren bildet, durfte dieser wichtige Handgriff ihr ohne Überwachung nur dann überlassen werden,[58] wenn sie in der selbständigen Handhabung bereits Übung und dabei die notwendige Umsicht und ruhige Sicherheit bewiesen hatte.[59]

Wie dabei sogar kleinste, zunächst unbedeutend erscheinende Veränderungen der von der nachgeordneten Medizinalperson wahrzunehmenden Arbeitsabläufe die ursprüngliche Vertrauensbasis aufheben können, ist anhand des im folgenden zu erörternden Oxyzyanatpastillenfalls[60] darzustellen.

Arzt und Hebamme wurden zu einer Entbindung gerufen. Während der Arzt die nötigen Vorbereitungen traf, gab er der schwerhörigen[61] Hebamme eine unverpackte und unbeschriftete, grünlich-blau aussehende Oxyzyanatpastille – einem hochgiftigen Desinfektionsmittel – mit der Weisung, sie in Wasser aufzulösen. Er wußte, daß sie bisher gewöhnt war, nur mit Lysol oder rotgefärbten Sublimatpastillen als Desinfektionsmittel umzugehen und ihr das neue Mittel unbekannt war. Die Hebamme verstand die Anordnung des Arztes dahingehend, sie solle die Pastille, die sie für ein Wehenmittel hielt, der Patientin mit etwas Wasser geben. Während der Arzt sich die Hände wusch, gab sie der Patientin das Wasser. Auf die Äußerung der Patientin, "ich kriege sie ja nicht hinunter",[62] fragte er die

---

[57] RG JW 1927, 2699, 2700 (rechte Spalte)
[58] Dabei hat das Reichsgericht ausdrücklich festgestellt, daß auch wenn die andere Arbeit, zu der der Arzt gerufen wurde, noch so dringend gewesen sein mag, dies ihn nicht von der Pflicht entbindet, die Einlegung des Filters zu kontrollieren.
[59] RG JW 1927, 2699, 2700.
[60] RG Urteil v. 8.11.1910, Münchener Medizinische Wochenschrift 1911, 2396 f., mit Besprechung von Küstner.
[61] Auf die Schwerhörigkeit, als besonderer die Qualifikation beeinträchtigender Umstand, kam es hier nicht an. Die Unklarheit zwischen Arzt und Hebamme beruhte nicht auf einem Mißverstehen, sondern auf der zwar richtig verstandenen, aber ungenauen Anordnung des Arztes.
[62] Ebermayer, 129, gibt die Feststellungen des Gerichts anders wieder. Demnach hätte die Patientin lediglich geäußert, sie könne "es" nicht hinunterschlucken.

Hebamme, ohne sich umzudrehen, warum sie der Patientin so viel
Wasser gebe. Kurz darauf verstarb die Patientin an den Folgen der
Vergiftung.

In erster Instanz wurde der Arzt wegen fahrlässiger Tötung verurteilt, weil er wußte, daß es sich um ein tödliches, bis dahin der
Hebamme völlig unbekanntes Gift gehandelt hat. Außerdem habe er
nicht besonders laut gesprochen, und daher damit rechnen müssen, von
der schwerhörigen Hebamme mißverstanden zu werden. Er hätte sie
daher entweder überwachen oder, wenn er dies nicht wollte, über die
Gefährlichkeit des Mittels aufklären müssen. Den Handlungsunwert
sah die Strafkammer darin, daß der anordnende Arzt weder das eine
noch das andere tat und sich auch nicht auf die Äußerung der
Patientin nach ihr umdrehte. Bei pflichtgemäßer Sorgfalt hätte er
die Möglichkeit voraussehen können, daß die Hebamme die ihr völlig
unbekannte Pastille für ein Wehenmittel halten und der Patientin
eingeben könnte. Im Ergebnis zu Recht, hat das Reichsgericht die
Ausführungen der Strafkammer zur Fahrlässigkeit und Vorhersehbarkeit bestätigt.

Lenckner[63] meint, hier habe der Arzt der Hebamme eine ganz
alltägliche Verordnung gegeben, bei der er sich nicht davon zu
überzeugen brauche, ob sie richtig verstanden worden[64] sei. Dies
habe insbesondere dann zu gelten, wenn er davon ausgehen durfte,
daß die hinzugezogene Hilfskraft den speziellen Krankheitsfall, die
übliche Behandlungsart sowie die Wirkungsweise des verordneten
Medikaments kenne.

Für die Frage, ob tatsächlich eine alltägliche Verrichtung vorliegt, sind aber die individuellen Umstände unter den Beteiligten
zu ermitteln. Von der Alltäglichkeit der Verrichtung kann aber nur
dann gesprochen werden, wenn die konkret abverlangte Verrichtung
von ihrem Inhalt her im wesentlichen identisch ist mit den bisher
geleisteten Arbeitsbeiträgen.

---

[63] Lenckner, Die Haftung des Arztes, 832.
[64] Aus den von Küstner, Münchener Medizinische Wochenschrift
1911, 2396 ff. mitgeteilten Sachverhalt geht nicht hervor, ob
dem Arzt die Schwerhörigkeit der Hebamme bekannt war. Wenn
dies der Fall gewesen wäre, so wäre er bei der Erteilung
seiner Anordnung – entgegen Lenckner – in besonderem Maße zur
Vorsicht aufgerufen gewesen.

Lenckner verkennt, daß der Hebamme das vom Arzt erstmals verwendete Mittel fremd, und ihm deren Unkenntnis bekannt war. Er
händigte ihr die Oxyzyanatpastille unverpackt und unbeschriftet
aus. Die Form oder Farbe des Mittels allein gibt aber generell
keinen Aufschluß über ihren Verwendungszweck[65] sowie die Art der
Anwendung. Da der Arzt die Hebamme nicht darüber aufklärte, zu
welchem Zweck das Mittel eingesetzt wird, durfte er nicht davon
ausgehen, die Hebamme werde schon wissen, daß es sich bei der
Pastille um ein hochgiftiges Desinfektionsmittel handelt.

Es lag daher für den Arzt erkennbar keine ganz alltägliche
Verordnung vor. Für ihn bestand mithin kein Grund, darauf vertrauen
zu dürfen, die Hebamme werde den ihr zufallenden Arbeitsbeitrag
allein einwandfrei beherrschen können, ohne daß er selbst noch mehr
zu leisten hätte, nämlich sie genau über die Handhabung des
Präparats aufklären zu müssen. Deshalb gebot ihm hier die allgemeine Lebenserfahrung, der Hebamme detaillierte Anweisungen zu
geben und sich dabei insbesondere nicht mehrdeutig zu verhalten, um
die hieraus drohenden Gefahren für die Patientin zu vermeiden.

Unzutreffend ist daher die gegen die Entscheidung des Reichsgerichts von Küstner[66] erhobene Kritik, der Arzt hätte nur dann
ausdrücklich auf die Gefährlichkeit aufmerksam machen müssen, wenn
er das neue Desinfektionsmittel einer Hausangestellten oder einer
sonstigen nicht sachkundigen gerade anwesenden Person ausgehändigt
hätte. Eine Hebamme, so meint er, wisse, daß Desinfektionsmittel
giftig seien und nicht eingenommen werden dürften.

Dabei übersieht er, daß es nicht darum geht, ob der Arzt darauf
vertrauen darf, die Hilfskraft werde über die generelle Giftigkeit
von Desinfektionsmitteln unterrichtet sein, sondern darum, woher er
sein Vertrauen nimmt, daß sie es ohne jeglichen Hinweis auch als
Desinfektionsmittel erkennen und sich entsprechend gewissenhaft
verhalten werde.[67]

---

[65] Nur ausnahmsweise, wie etwa bei Zäpfchen, läßt das Aussehen
des Präparats Rückschlüsse auf dessen Darreichungsart zu.
[66] Küstner, Münchener Medizinische Wochenschrift 1911, 2396 ff.
[67] ähnlich Ebermayer, 130, 131.

Engisch[68] meint ebenfalls, der Arzt hätte – "wenigstens unter
Umständen" – mit einem so abwegigen Verhalten der Hebamme nicht
rechnen müssen. Dabei kann offen bleiben, was er mit dieser
indifferenten Formulierung auszudrücken beabsichtigt. Jedenfalls
ignoriert er die entscheidende Tatsache, daß dem Arzt die Unkenntnis der Hebamme in bezug auf das neue Mittel bekannt war,[69] und er
sie eben über dessen Verwendungszweck und Anwendungsweise des
Präparats im unklaren gelassen hatte.

Der Arzt hat hier ohne Not durch die von ihm zu verantwortende
nachlässige und unklare, und daher unsorgfältige Abstimmung
zwischen den am arbeitsteiligen Prozeß Beteiligten, die Gefahr für
die Patientin von vornherein erhöht. Von einem abwegigen Verhalten
der Hebamme, um mit Engischs Worten zu sprechen, könnte im
Oxyzyanant-Fall lediglich dann die Rede sein, wenn der Arzt ein ihr
bekanntes Mittel, also entweder Sublimatpastillen oder Lysol, mit
der Bemerkung ausgehändigt hätte, sie in Wasser aufzulösen. Dann
allerdings hätte er sich mit Recht auf den Vertrauensgrundsatz
berufen können, ohne mehr unternehmen zu müssen.

– **Zwischenergebnis**

Es kann also den Arzt nicht bereits entlasten, wenn er sich darauf
beruft, mit der nachgeordneten Medizinalperson seit vielen Jahren
vertrauensvoll zusammengearbeitet zu haben, diese habe sich stets
als gewissenhaft, besonnen und tüchtig erwiesen. Nur spezifisches
praktisches Vertrauen ist für den Vertrauensgrundsatz von Bedeutung. Sobald sich das die Grundlage bisherigen Vertrauens bildende
Aufgabenfeld der nachgeordneten Kraft ändert, hat er zu beachten,
daß sein bisheriges Vertrauen keine unveränderte Gültigkeit
besitzt. Unterläßt er es, sich über die einwandfreie Arbeit der
Hilfskraft im neuen oder neu strukturierten Arbeitsprozeß die
notwendigen vertrauensbegründenden Informationen zu verschaffen, so
stützt er sein Vertrauen auf bloße Vermutungen, nicht aber auf eine
sachlich begründete Vertrauensbasis. Dieses spekulative Verhalten
ist mit dem Vertrauensprinzip nicht zu vereinbaren.[70]

---

[68] Engisch, Langenbecks Archiv für Chirurgie, Band 288 (1958),
573, 575.
[69] Hierauf weist Küstner, Münchener Medizinische Wochenschrift
1911, 2396 ausdrücklich hin.
[70] Vgl. auch OLG Düsseldorf, Deutsche Medizinische Wochenschrift,
1959, 689, 690.

(4)   Die charakterliche Qualifikation (Charakter)

Wenn auch von dem Vertrauensadressaten bekannt ist, daß er über das
notwendige theoretische Wissen sowie die spezifischen praktischen
Fertigkeiten für die selbständige Durchführung der konkreten Verrichtung verfügt, so sind aber damit noch nicht sämtliche Voraussetzungen der subjektiven Vertrauensbasis genannt. Von einer Medizinalperson, die zwar über die genannten Kenntnisse und Fähigkeiten verfügt, kann nicht ohne weiteres angenommen werden, daß sie
sich auch gemäß der ihr verfügbaren Einsichten verhalten werde.
Hinzukommen muß ein weiteres Element, das weder durch Ausbildung
noch praktische Erfahrung vermittelt werden kann. Es ist die
hinreichende charakterliche Eignung.[1]

Kant definiert in seiner *"Kritik der praktischen Vernunft"* den
Charakter, als die "praktische konsequente Denkungsart nach unveränderlichen Maximen" zu handeln.[2] Noch treffender hat er ihn an
anderer Stelle als "die Eigenschaft des Willens" umschrieben, "nach
welcher das Subjekt sich selbst an bestimmte praktische Prinzipien
bindet, die es sich durch seine eigene Vernunft unabänderlich
vorgeschrieben hat."[3] Bezogen auf die subjektive Vertrauensbasis
läßt sich die charakterliche Qualifikation somit als die praktisch
bewiesene, berechenbare, konsequente Verhaltensweise des Mitarbeiters definieren, die es rechtfertigt, von dessen gleichartigem
Verhalten auch künftig auszugehen.

Die charakterliche Einschätzung orientiert sich an der durch äußere
Umstände erkennbaren inneren Einstellung des Mitarbeiters, von dem
in der Ausbildung erworbenen Wissen und den gewonnenen praktischen
Erfahrungen für die ihm konkret aufgetragene Aufgabe auch tatsächlich praktischen Gebrauch zu machen. Freilich wird vom Arzt
nicht verlangt werden können, die einzelne Medizinalperson über
ihre charakterlichen Eignungen im Detail auszuforschen.

Die erforderlichen Informationen werden sich ihm aber regelmäßig
durch das allgemeine Verhalten der ihm nachgeordneten Medizinalpersonen zwangsläufig aufdrängen. Erfährt etwa der vorstehende Arzt,

---

[1]Vgl. BGH NJW 1978, 1681, 1682 = MDR 1978, 917
(Dammschnittfall); Deutsch, Langenbecks Archiv für Chirurgie,
Band 355 (1981), 579, 581.
[2]Kant, Kritik der praktischen Vernunft zweiter Teil, 288.
[3]Kant, Anthropologie in pragmatischer Hinsicht, 633.

daß einer der Assistenzärzte, ohne Arztkittel, bekleidet mit einem
Shetlandpullover, chirurgische Eingriffe durchführt,[4] dann ist dies
ein deutliches Zeichen dafür, daß der Assistenzarzt die zur
Vermeidung von Aspesis verbindlichen Sorgfaltsmaßstäbe in grober
Weise mißachtet.

Stellt der vorstehende Arzt eine derartige Sorglosigkeit fest, muß
sich ihm zugleich die Frage aufdrängen, ob nicht noch andere
Nachlässigkeiten bei der nachgeordneten Kraft vorliegen könnten.
Wenn er auch Nachlässigkeiten am Rande wahrnimmt,[5] darf er nicht
darauf vertrauen, daß dies der einzige Bereich oder ein Einzelfall
sei. Vielmehr hat er die ihm nachgeordnete Kraft gezielt im Auge zu
behalten und Mißstände auszuschalten.

Erst wenn feststeht, daß auch die hinreichende charakterliche
Eignung vorliegt, besteht für den Arzt Grund zu der Annahme, daß
sich der Vertrauensadressat auch künftig in ähnlich bewährter Form
verhalten werde. Lediglich die durch die Ermittlung der charakterlichen Qualifikation auszumachende Berechenbarkeit gibt verläßliche Auskunft darüber, ob sich der Vertrauensadressat auch in
Zukunft seinen Einsichten und Fähigkeiten entsprechend verhalten
werde.

Von hinreichender charakterlicher Qualifikation eines Mitarbeiters
im Rahmen des arbeitsteiligen medizinischen Zusammenwirkens kann
der vorstehende Arzt daher erst dann ausgehen, wenn er überhaupt
konkrete Anhaltspunkte dafür hat, anhand derer er auf die Gewissenhaftigkeit des Vertrauensadressaten schließen darf, und ihm dieser
positive Eindruck nicht zwischenzeitig durch die Kenntnis von
Nachlässigkeiten zerstört wurde.

(5)   **Positive Kenntnis des Vetrauenden von den
         Qualifikationen des Vertrauensadressaten**

Maßgebend für die Einschätzung der Qualifikation des Vertrauensadressaten ist grundsätzlich der Wissenshorizont des vorstehenden
Arztes. Er hat sich primär auf seine eigene unmittelbare Einschätzung des Mitarbeiters zu stützen. Ein Vertrauen vom Hörensagen ist
grundsätzlich nicht zu billigen. Erst wenn der Vertrauende den

---

[4]BGH NJW 1978, 1681, 1682.
[5]−wie etwa häufige Unpünktlichkeit, Nichterscheinen zum Dienst,
ungepflegtes Erscheinungsbild, Atemalkoholgeruch bei Dienst-
antritt−

Vertrauensadressaten selbst ausreichend in der täglichen Zusammenarbeit unmittelbar erlebt hat, ist er in der Lage, sich ein
fundiertes Urteil über dessen Qualifikation zu machen.

Nur ausnahmsweise wird er sich auf die Auskunft von Kollegen
stützen können. Dies ist etwa dann der Fall, wenn eine Krankenschwester von der einen Abteilung beziehungsweise Station in die
andere wechselt. Dort wird der neue vorstehende Arzt regelmäßig, je
nachdem wie lange die Schwester in der anderen Position tätig war,
von dem früheren vorgesetzten Kollegen die näheren Informationen
über Zuverlässigkeit, Gewissenhaftigkeit, etc. zur Ergänzung heran-
ziehen können. Wird ihm eine neue Mitarbeiterin bereits als
Spitzenkraft von einem erfahrenen Kollegen empfohlen, von dem er
weiß, daß dieser mit solchen Einschätzungen vorsichtig umgeht, dann
wird er ihr eher Vertrauen entgegenbringen dürfen, als wenn er sich
nur auf seine eigenen geringen Erfahrungen stützen wollte. Die
Vertrauenswürdigkeit kann also nur von kompetenter Seite beurteilt
werden. Informationen von nichtqualifizierten Personen können als
vertrauensbegründende Anhaltspunkte nicht verwertet werden.[6]

Hat etwa eine Hebamme, die während des gesamten Geburtsvorganges
die pathologischen Muster des Kardiotokogramms[7] (CTG-Wehenschrei-
ber) mit Spät-Dezelerationen[8] schuldhaft nicht bemerkt und wird
deshalb zu spät ärztliche Hilfe herbeigerufen, dann kommt es bei
der Beurteilung ihrer Qualifikation nicht darauf an, ob sie von den
Patienten als "gute, erfahrene und beliebte Hebamme" beschrieben
wird.[9] Die Patienten sind regelmäßig weder konstitutionell noch von
ihrem Ausbildungsstand her in der Lage, die Qualifikation der sie
behandelnden Medizinalpersonen einzuschätzen. Zudem lernen sie das
Personal meist nur während einer kurzen Zeit und in bezug auf ihre
spezielle Behandlung kennen.

---

[6]So aber das AG Weiden, Urteil v. 23.11.1981 −Ls 2 Js 5243/81−
mitgeteilt von Ulsenheimer, Arztstrafrecht in der Praxis, Rn.
185.
[7]Mit ihm wird in der Spätschwangerschaft die fetale Herz-
schlagfrequenz und gleichzeitig die Wehentätigkeit sowie
während der Geburt zur Überwachung des Feten und der frühzei-
tige Diagnostik der intrauterinen Hypoxie (zu geringer Sauerstoffversorgung der Gebärmutter). Vgl. Pschyrembel, Stichwort
"Karditokographie".
[8]Sogn. Type II Dip. Es handelt sich um den zeitlichen späteren
Beginn des Herzfrequenzabfalls nach Wehenanstieg. Als Ursache
kommt die akute Placentainsuffizienz in Betracht. Vgl.
Pschyrembel, Stichwort: "Wehenreaktionstypen".
[9]Vgl. AG Weiden Urt. v. 23.11. 1981

Deren Werteinschätzung ist lediglich insoweit maßgebend, als sie zusätzlich die unmittelbar eigene positive Einschätzung bestätigten und im übrigen von Seiten der Patienten keine Klagen über die Arbeits- und Verhaltensweise des Mitarbeiters bekannt sind. Entschieden anders ist dies aber, wenn vom Patienten über die Vorgehensweise des Mitarbeiters berechtigte Kritik geäußert wird oder sonstige Anzeichen mitgeteilt werden, die Anlaß zum Zweifel an der Qualifikation geben.

Ist der Arzt etwa unmittelbar dabei, wenn die Durchführung seiner Anordnung geschieht, so hat er außergewöhnliche Schmerzäußerungen des Patienten, die ein Indiz für eine fehlerhafte Vorgehensweise sein können, sehr wohl zu beachten. Bemerkt er etwa, daß der Patient – der von der nichtärztlichen Kraft ein Kurznarkotikum an der Radialseite des Handgelenks injiziert bekommt – ausdrücklich über einen brennenden Schmerz[10] klagt, dann hat er die Verrichtung genau im Auge zu behalten, bevor er sie weiter ausführen läßt.

Dies gilt auch dann, wenn etwa die Schwester die außergewöhnliche Schmerzäußerung mit der Bemerkung, sie "sehe kein Feuer", bagatellisiert. Denn der Arzt hat aufgrund seines überlegeneren Wissenshorizonts hinsichtlich der anatomischen Verhältnisse des gewählten Injektionsgebietes[11] und des speziell injizierten Stoffes – anders als die Patientin oder die Krankenschwester – die Gefahr einer versehentlichen intraarteriellen Injektion zu berücksichtigen.[12] Er darf sich nicht darauf verlassen, die Schwester werde gewisse Fragen aufgrund ihrer einschlägigen Erfahrung besser zu beurteilen vermögen als er selbst.[13]

c. **Fehlende Kenntnis verstrauenszerstörender besonderer Umstände**

Mit der Einstellung und Beschäftigung einer urspünglich in jeder Hinsicht qualifizierten Medizinalperson ist aber nicht generell ausgemacht, daß deren Befähigung auch für alle Zukunft fortbestehen

---

[10] Vgl. BGH VersR 1981, 131 ff. (Epontolinjektionsfall).
[11] An der Einstichstelle verläuft die arteria radialis superficialis, welche zusammen mit der Stammarterie den Daumen und die daumenwärtige Seite des Zeigefingers versorgt.
[12] Nicht entlasten kann es Arzt, wenn er sich darauf beruft, ein brennender Schmerz habe mitunter auch andere weniger gravierende Gründe. Dies entbindet ihn nicht von seiner Pflicht die konkrete Ursache zu ermitteln, zumal ein heftiges Brennen ein gewichtiger Hinweis auf eine intraarterielle Injektion ist.
[13] Vgl. BGH VersR 1981, 131.

werde. Es gibt keinen Erfahrungssatz, der besagt, daß eine sich zu einem bestimmten Zeitpunkt in einer bestimmten Weise vertrauenswürdig verhaltende Person dies auch künftig in gleicher Weise tun werde. Der Mensch ist kein statisch angelegtes Wesen. Er ist sowohl in der Lage, mit der Zeit seine vorhandenen Qualifikationen zu erweitern und zu festigen. Ebenso besteht aber auch die Gefahr, daß er aus Trägheit, Krankheit oder altersbedingt in bezug auf seine bisherigen Fähigkeiten in unzulässiger Weise nachläßt. Die einmal bestehende charakterliche Eignung muß also nicht zwingend für die Zukunft fortgelten. Neben dieser rein subjektiven Komponente kann die persönliche Leistungsbereitschaft oder Leistungsfähigkeit durch die besondere Situation, in der gehandelt werden muß, fraglich sein.

Von der Rechtsprechung wird dieses Phänomen unter anderem mit dem freilich recht ungenauen Begriff der "besonderen Umstände" umschrieben.[14] Der Lösungsansatz des 5. Strafsenates im Chloroformkurfall lautet hierzu schlicht: "Besondere Umstände können zu Ausnahmen führen."[15] Was er hierunter genau verstanden wissen will, läßt er offen. Im Chloroformkurfall subsumiert er jedenfalls, daß die Krankenschwester nur eine lückenhafte Ausbildung besaß, bei der sie nicht in praktischen Kontakt mit Chloroform gekommen sei.[16]

Im zwei Jahre später vom 3. Strafsenat entschiedenen Cholin/Decholinfall, wird hierunter eine an der Klinik bestehende, vom Arzt im konkreten Fall aber nicht beachtete Sicherheitsmaßnahme als besonderer Umstand aufgefaßt.[17] Zusätzlich zählt er hierzu den schlechten praktischen Erfahrungsstand[18] der Schwester auf dem Gebiet der Inneren Medizin und insbesondere, daß sie in der kurzen Zeit ihrer Tätigkeit an der Klinik[19] kaum zu solchen Verrichtungen herangezogen worden war, mit der sie der Arzt in dem zu entschei-

---

[14] Vgl. BGHSt 3, 91, 96; 6, 282, 287, NJW 1955, 1487 f., NJW 1980, 649, 650 wobei allerdings nicht unterschieden wird zwischen dem Fehlen positiver vertrauensbegründender Anhaltspunkte, wie etwa der praktischen Qualifikation (so im Chloroformkurfall BGHSt 3, 91, 96) und dem Vorliegen vertrauenszerstörender Umstände, wie beispielsweise, der Überarbeitung des Mitarbeiters(so im Rouxhakenfall, BGH NJW 1955, 1487, 1488).
[15] BGHSt 3, 91, 96.
[16] BGHSt 3, 91, 96 f.
[17] BGHSt 6, 282, 286 f.
[18] Über einen schlechten Ausbildungsstand der Krankenschwester sind der Entscheidung keine Angaben zu entnehmen.
[19] Die Schwester arbeitete zur Tatzeit erst seit zwei Monaten und drei Wochen an der Klinik.

denden Fall betraut hatte.[20]

Vollends unüberschaubar ist, welche Umstände im vom 1. Strafsenat entschiedenen Rouxhakenfall "besonders" sein sollen. Zunächst stellt das Gericht darauf ab, daß die Personen weit weniger aufeinander eingespielt waren, als es an Krankenhäusern unter fester ärztlicher Leitung der Fall zu sein pflege.[21] Dabei nennt er insbesondere den häufigen Wechsel des Operationspersonals, der Operationstechnik sowie des Inhalts und Umfangs der dem Hilfspersonal zugewiesenen Aufgaben. Außerdem zählte er hierzu die Tatsache, daß es für den die Schnittentbindung durchführenden Arzt der erste Eingriff dieser Art war.

Außerdem wird die erhöhte Kompliziertheit des Eingriffs[22] sowie die Tatsache, daß die Schwester weder eine vollwertige Ausbildung noch ausreichende Erfahrung besaß, und sie zudem "etwas unselbständig" war, insgesamt als dementsprechender besonderer Umstand angesehen. Schließlich wird noch mit hinzugezählt, daß zusätzlich eine extrem überarbeitete Schwester mitwirkte, der ihre Abspannung anzumerken war,[23] sowie der Arzt, entgegen der sonst üblichen Rouxhaken, kleinere Haken verwendet hatte.[24]

Die einzige Übereinstimmung zwischen den genannten drei Fällen besteht darin, daß die herangezogenen nichtärztlichen Hilfspersonen über keine einschlägigen praktischen Erfahrungen für die ihnen übertragenen Aufgabe besaßen. Zwischen dem Chloroformkur- und dem Cholin/Decholinfall besteht die zusätzliche Übereinstimmung, daß die Medizinalpersonen nur eine unvollkommene Ausbildung besaßen. Obwohl im Chloroformkurfall der 5. Strafsenat ausdrücklich auf die Feststellungen der Strafkammer abgestellt hatte, daß an der Klinik

---

[20] BGHSt 6, 282, 287.
[21] BGH NJW 1955, 1487 f.
[22] BGH NJW 1955, 1487, 1488: "...ein zusätzlicher Gefahrenumstand noch dadurch gegeben war, daß bei der Patientin die Nachgeburt dem Gebärmutterausgang vorlag."
[23] BGH NJW 1955, 1487, 1488: "Die an sich geschulte und zuverlässige Schwester G. war zur Tatzeit infolge Häufung der ihr übertragenen Aufgaben – sie war bei der Operation Instrumentenschwester, betreute als Stationsschwester eine mit mehreren Schwerkranken belegte Krankenabteilung und hatte in der Operationsnacht außerdem noch den Dienst einer Nachtschwester zu versehen – überlastet, was sich in einer gewissen Abspannung bemerkbar machte."
[24] Um Schädigungen des Bauchfelles besser vermeiden zu können, vgl. Kallfelz, 101, 102, der die standesrechtliche Entscheidung desselben Sachverhalts wiedergibt.

"eine nicht gerade vorbildliche Organisation"[25] geherrscht hatte,
hat er dies, im Unterschied zum 1. Strafsenat im Rouxhakenfall,
nicht als besonderen Umstand gewürdigt.

Mit der Verwendung des exzeptionell mehrdeutigen Begriffes der
"besonderen Umstände", hält sich der Bundesgerichtshof den Weg
frei, um den besonderen Belangen des Einzelfalls Rechnung tragende
Entscheidungen fällen zu können.[26] Letztlich stellt der vom Bundesgerichtshof propagierte Rekurs auf "die besonderen Umstände" des
Einzelfalles ein Instrument dar, das sich der Ermittlung allgemein-
verbindlicher Aussagen weitgehend entzieht.

Mit dem Gebot der materiellen (Einzelfall)-Gerechtigkeit mag dies
noch in Einklang zu bringen sein. Dem Bedürfnis nacch der durch
Klarheit in den verwendeten Rechtsbegriffen zu verwirklichenden
Rechtssicherheit wird damit aber nicht annähernd entsprochen.[27] Der
Begriff der "besonderen Umstände" ist daher mit äußerster Vorsicht
zu verwenden. Er darf nur dann herangezogen werden, wenn es sich um
solche Sachverhalte handelt, die nicht bereits in anderer Weise die
Beurteilung der Verantwortlichkeit oder Nichtverantwortlichkeit
ermöglichen.

So wurden vom 1. Strafsenat im Rouxhakenfall als besondere Umstände
Sachverhaltselemente mit zusammengefaßt, die methodisch dort nicht
hingehören. Die schlechte Ausbildung stellt einen Mangel in der
theoretischen Qualifikation dar. Die nicht ausreichende manuelle

---

[25] BGHSt 3, 91, 94. Der Vorwurf war berechtigt. Die Chefärztin
betrieb außerdem eine umfangreiche Praxis in Hannover. Sie
machte nur zweimal in der Woche Visite. Im übrigen ließ sie
sich fernmündlich über schwierige Fälle in ihrer Abteilung
unterrichten. Den Patienten hatte sie nicht untersucht. Den
die Chloroformkur anordnenden Arzt, der unter seiner unvoll-
kommenen Kriegsausbildung litt", hatte sie zu sämtlichen
Anordnungen innerhalb der inneren Abteilung ermächtigt, obwohl
ihr seine seine ungenügenden Qualifikation bekannt war. Bemerkenswert ist dabei, daß seinerzeit gegen die Chefärztin –
angesichts der von ihr zu verantwortenden "nicht gerade
vorbildlichen Organisation" Organisation" – offensichtlich
kein Ermittlungsverfahren durchgeführt worden ist.
[26] –deren Ergebnisse zum größten Teil durchaus zu billigen sind–
[27] Dies macht die von Ulsenheimer, Medizinrecht 1987. 207, 209,
mit Vehemenz beklagte strafrechtliche Praxis verständlich,
weshalb, letztlich nur knapp 5% der gegen Ärzte eingeleiteten
Strafverfahren zu einem Schuldspruch nach Durchführung der
Hauptverhandlung führen. Wenn die Gerichte um eine klarere
Hervorhebung der ihre Entscheidung tragenden Gründe durch-
ringen könnten, wäre es den Staatsanwaltschaften in weit
größerem Maße eher möglich manches Ermittlungsverfahren gegen
Ärzte gar nicht erst einzuleiten oder zumindest es aber weit
früher einzustellen und die beschuldigten Ärzte so von diesen
belasteten Wirkungen zu befreien.

Vertrautheit mit der konkret zu erledigenden Verrichtung ist ein
Mangel der praktischen Qualifikation. Die nachlässige Organisation
an der Klinik, die nicht klar voneinander abgegrenzten Verantwortungsbereiche, sind sämtlich Kriterien, die berechtigtes Vertrauen
per se gar nicht erst entstehen lassen. Mit den vertrauenszerstörenden besonderen Umständen hat dies nichts zu tun.

Wenn das arbeitsteilige Zusammenwirken schlecht oder vielleicht
sogar überhaupt nicht organisatorisch geregelt wurde, dann ist dies
für die Klinik kein besonderer vertrauenszerstörender Umstand,
sondern eine dort alltägliche schlechte Routine, bei der ein
berechtigtes Vertrauen in die reibungslose Zusammenarbeit zwischen
den Beteiligten überhaupt nicht erst entstehen konnte.

Das vom 3. Strafsenat im Cholin/Decholinfall als besonderer Umstand
gewürdigte Existieren einer bestimmten, vom Arzt ignorierten klinischen Übung, die auf Verwechselung beruhende Fehler ausschalten
sollte, ist kein erst über die besonderen Umstände des Einzelfalles
zu begründendes Verhaltensgebot. Vielmehr handelt es sich um ein
spezifisches Verhaltensgebot, bestimmte Gefahren generell in Rechnung zu stellen, also vorherzusehen. Die Verantwortlichkeit des
Arztes über den Umweg der "besonderen Umstände" herzuleiten, war
daher systematisch nicht angezeigt.

Unter den besonderen vertrauenszerstörenden Umständen sind daher
nur solche in der konkreten Situation oder in der Person des nachgeordneten Mitarbeiters begründete Anhaltspunkte zu verstehen,
deren Vorliegen für die sorgfältige Erledigung der von ihm im
Einzelfall wahrzunehmenden Aufgabe, nicht mehr die sichere Gewähr
geben. Unkorrektes Verhalten der nachgeordneten Kraft, auf-
tauchende Mißstände innerhalb der Klinik oder Praxis, welche der
vorstehende Arzt durch eigene Beobachtung oder durch Mitteilung[28]
Dritter erfährt, können daher die Pflicht begründen, sich des
weiteren Vorliegens der ursprünglich vertrauensbegründenden
Umstände zu vergewissern.

---

[28] Oft werden dem vorstehenden Arzt auch von den Patienten Klagen
über das Personal herangetragen. Diese hat er grundsätzlich
ernst zu nehmen und ihnen nachzugehen.

Maßgebend ist dabei die Erkennbarkeit dieser heraufziehenden besonderen Umstände, als für die arbeitsteilige Zusammenarbeit gefahrenträchtige Erscheinungen. Es sind solche Umstände, die sich in dem konkreten Fall ereignet haben und insoweit von dem bisherigen, an sich einwandfreien arbeitsteiligen Zusammenwirken abheben.[29] Hierzu zählen etwa Drogen-, Alkoholkonsum, Übermüdung, Überarbeitung,[30] krankheits- oder altersbedingtes Nachlassen der körperlichen oder geistigen Kräfte.[31] Ob der Mitarbeiter schuldhaft oder durch tragische Umstände nicht mehr in der Lage ist, seinen Aufgaben mit der erforderlichen Sorgfalt zu entsprechen, ist für die Pflicht des vorgesetzten Arztes, gegen die hieraus drohenden Gefahren vorzugehen, unerheblich.

Besondere Umstände liegen etwa dann vor, wenn eine der Schwestern bei der konkret übertragenen Verrichtung erkennbar abgelenkt ist, weil sie noch mit anderen Aufgaben beschäftigt ist[32] oder sie, für den Arzt erkennbar - wie im Rouxhakenfall[33] - durch Arbeitsüberlastung deutlich abgespannt ist. Gleiches hat zu gelten, wenn - wie im Chloroformkurfall - hinsichtlich der unaufmerksamen Schwester, die sämtliche der drei ihr erteilten Anordnungen mißverstand - die Konzentration durch Alkoholgenuß am Abend zuvor und durch zu kurzen Nachtschlaf herabgesetzt gewesen war, und der Arzt hiervon entweder wußte oder sogar vor der Erteilung der Anordnung noch Atemalkohol bei ihr wahrgenommen hat.[34]

---

[29] Vgl. Ulsenheimer, Arztstrafrecht in der Praxis, Rn. 183; Kamps. 184.
[30] Vgl. OLG München, Beschluß v. 20.12.1978 -1Ws 376/77- mitgeteilt von Ulsenheimer. Arztstrafrecht in der Praxis. Rn. 177: Der vorstehende Arzt teilt einen nachgeordneten Kollegen, der am Tage über 19 Stunden im Einsatz war, als nächtlichen Bereitschaftsarzt ein. Das OLG leitete hieraus die Verantwortlichkeit des den Dienst einteilenden Arztes für die aus der Übernächtigung des eingeteilten Arztes sich entwickelnden Schädigungen des Patienten her. Bestätigt von BGH NJW 1986, 776.
[31] Vgl. Kohlhaas (bei Kuhns), I/852; Hahn, 63 f.; Stratenwerth, Festschrift für Eb. Schmidt (1961), 383, 398; Weissauer, Der Anaesthesist 1962, 239 f.; Engisch, Langenbecks Archiv für Chirurgie, Band 288 (1958), 573, 582; Band 297 (1961), 237, 240.
[32] Vgl. Stratenwerth, Festschrift für Eb. Schmidt (1961), 383, 392, der freilich die jugendliche Unerfahrenheit mit hierzu rechnet. Diese ist jedoch der subjektiven Vertrauensbasis zuzuordnen ist.
[33] BGH NJW 1955, 1487, 1488.
[34] Ulsenheimer, Arztstrafrecht in der Praxis, Rn. 145.

Hier kann der vorgesetzte Arzt sich nicht auf das Prinzip der Eigenverantwortlichkeit des Mitarbeiters für die von diesem an sich selbständig und eigenverantwortlich wahrzunehmenden Aufgaben berufen. Aufgrund der besonderen vertrauenszerstörenden Umstände und der dem vorstehenden Arzt durch die organisatorische Struktur verliehenen Anordnungs- und Beherrschungsbefugnisse, tritt an die Stelle der prinzipiellen Eigenverantwortlichkeit jeder einzelnen Medizinalperson dann ausnahmsweise die Gesamtverantwortung des Arztes "für das Ganze der hier zum Wohle des Patienten entfalteten, in verschiedenen Händen liegenden ärztlichen Tätigkeit".[35]

---

[35] Ulsenheimer, Arztstrafrecht in der Praxis, Rn. 145.

d.   **Kein Vertrauen bei Verstoß**
                   gegen Überwachungspflichten?

Die Verantwortlichkeit des vorgesetzten Arztes, trotz fehlender Kenntnis vertrauenszerstörender Informationen, kann dann an Bedeutung gewinnen, wenn für ihn eine spezifische Erkenntnisverschaffungspflicht bestand, sich über die fortlaufende Eignung nachgeordneter Kräfte zu vergewissern. Es geht also um die Frage, inwieweit der Arzt verpflichtet ist, nachgeordnete Medizinalpersonen zu überwachen.

aa.   **Unter welchen Voraussetzungen liegt**
              ein Verstoß gegen Überwachungspflichten vor?

Die Beantwortung dieser Frage ist weit schwieriger als die Bestimmung der bisher genannten strafrechtlichen relevanten Pflichten. Der Grund hierfür besteht in dem außergewöhnlich schwierigen Nachweis der Kausalität zwischen Pflichtwidrigkeit und Erfolg.

bb.   **Herleitung der Überwachungspflicht**

Ein Verstoß gegen eine Erkenntnisverschaffungspflicht ist erst dann denkbar, wenn für den vorgesetzten Arzt überhaupt eine Überwachungspflicht besteht.

(1)   **Die Auffassung von Wilhelm**

Als Anknüpfungspunkt für die Konkretisierung der Überwachungspflicht des vorgesetzten Arztes rekuriert Wilhelm[1] allgemein auf § 831 BGB. Ausgehend von der freilich in materiellrechtlicher Hinsicht nicht zu leugnenden Parallelität zwischen der Verantwortlichkeit des Geschäftsherrn für das deliktische Verhalten seines Gehilfen und der hier interessierenden Problematik meint Wilhelm, es liege "auf der Hand, die bei der vertikalen Arbeitsteilung auftretenden strafrechtlichen Verantwortlichkeit analog der zu § 831 BGB entwickelten Grundsätze zu beantworten."[2] Diese Norm beruhe auf Rechtsgedanken und Motiven, die auch bei der Diskussion der ärztlichen Verantwortung bei Arbeitsteilung immer wieder, "sei es bewußt, sei es unbewußt, mal ausdrücklich, mal versteckt, zum Tragen" kämen.[3]

---

[1]Wilhelm, 107 f.
[2]Vgl. auch Wilhelm, Medizinrecht 1983, 45, 51; JURA 1985, 183, 187.
[3]Wilhelm, 107.

Sich mit den Tatbestandselementen[4] sowie den legislatorischen Hintergründen von § 831 BGB auseinandersetzend,[5] sieht sie hier normativ das gleiche Anliegen verwirklicht, wie es in dem von der Rechtslehre entwickelten und von der Rechtsprechung akzeptierten Vertrauensgrundsatz seinen Niederschlag gefunden habe.[6]

Dies ist, zumindest vom Ansatz her zwar richtig, aber nicht neu. Zutreffend weist Wilhelm darauf hin, daß der Geschäftsherr sich nur dann wirksam exkulpieren kann – auch wenn sich dies nicht explizit aus § 831 Abs. 1 Satz 2 BGB ergebe – wenn er den Nachweis führt, seinen Verrichtungsgehilfen ordentlich überwacht zu haben. Dabei scheint sie, zumindest unbewußt, das Dilemma erkannt zu haben, in das sie bei konsequenter Weiterführung ihrer Ausgangsüberlegung gelangt, wenn sie ausführt, daß der Rekurs auf § 831 BGB den Einwand provoziere, hierdurch wieder eine Pflicht zur kontinuierlichen Überwachung zu begründen, die man doch gerade nicht hätte haben wollen.[7] Dieses Ergebnis versucht sie in einer allerdings wenig überzeugenden Weise zu umgehen.

Zunächst meint Wilhelm, der Anwendungsbereich der aus § 831 BGB hergeleiteten Überwachungspflicht liege "vornehmlich" dort, wo der Verrichtungsgehilfe in einiger räumlicher Entfernung zum Geschäftsherrn und ohne mit diesem laufend in Kontakt zu stehen, tätig wird. Diese Fallgestaltung erklärt sie dann weiter als typisch für die vertikale medizinische Arbeitsteilung, welche sich "durch die Verbundenheit der Beteiligten im Team"[8] auszeichne, wo der weisungsberechtigte Vorgesetzte "wenn nicht ständig, dann doch sehr häufig mit den ihm untergebenen Personen nicht in "räumlicher Entfernung"[9] "zu tun" habe.

Schließlich unterstellt Wilhelm, die Überwachungspflicht werde im Zivilrecht erst durch besondere Umstände in der Person des Verrichtungsgehilfen ausgelöst, welche dem Geschäftsherrn Anlaß zur sorgfältigen Überwachung des Verrichtungsgehilfen hätten geben müssen. Fehlten diese, so hält sie eine Überwachungspflicht nicht für begründet. Woher sie diese Erkenntnisse schöpft, bleibt allerdings

---

[4] Wilhelm, 108.
[5] Wilhelm, 109 f.
[6] Wilhelm, 112.
[7] Wilhelm, 111.
[8] Wilhelm, 112.
[9] Wilhelm, 111 (vorletzter Satz).

184

unklar. Auf diesem Weg gelangt Wilhelm zu dem Ergebnis, daß für den vorstehenden Arzt grundsätzlich eine Überwachungspflicht nicht in Betracht komme.

Sowohl in methodischer Hinsicht als auch vom Ergebnis her ist die Auffassung von Wilhelm abzulehnen. Zunächst ist ihre Unterscheidung, es gebe im Bereich vertikaler medizinischer Arbeitsteilung "vornehmlich" nicht die Konstellation, wie sie § 831 BGB vorsehe, in zweierlei Hinsicht unzutreffend. Einerseits interpretiert sie den Anwendungsbereich einschränkend in einer Weise, die mit den tatsächlichen rechtlichen Gegebenheiten nicht in Einklang zu bringen ist.[10] Im Zivilrecht wird die Überwachungspflicht keineswegs nur auf diejenigen Fälle begrenzt, in denen der Geschäftsherr den Verrichtungsgehilfen aus den Augen läßt.[11]

Selbst unterstellt, dies wäre so, dann ist es aber im weiteren nicht mit den tatsächlichen Gegebenheiten arbeitsteiligen medizinischen Zusammenwirkens zu vereinbaren, wenn Wilhelm vorbringt, hier würden die Medizinalpersonen sich, "wenn nicht ständig, dann doch sehr häufig"[12] gegenseitig im Auge haben.[13] Strafrechtliche Fälle, wie der nun hinlänglich bekannte Chloroformkurfall[14] oder der Cholin/Decholinfall,[15] belegen, daß der Arzt keineswegs "vornehmlich" im Zeitpunkt der Ausführung der aufgetragenen Verrichtung durch die ihm nachgeordnete Medizinalpersonen in räumlicher Nähe zu sein pflegt.[16]

---

[10] So wird von BGH NJW 1978, 1681, expressis verbis zur Exkulpation bezüglich eines mit selbständigen ärztlichen Tätigkeiten betrauten Assistenzarzt, der konkrete Nachweis verlangt, weshalb der vorgesetzte Arzt nach pflichtgemäßer Prüfung und Überwachung annehmen durfte, daß der Assistenzarzt über das für seinen speziellen Aufgabenbereich benötigte Maß an Wissen vefügt. Vgl. auch Soergel/Zeuner, §831 BGB Rn. 46.
[11] Weder der Inhalt der Motive, Band II, 736 noch der Protokolle, Band II, 603 f. läßt eine solche restriktive Interpretation zu.
[12] Wilhelm, 112.
[13] Dies wird zudem durch die zahlreichen zivilrechtlichen Judizien zu §831 BGB bestätigt. Vgl. etwa BGH NJW 1951, 566 f.: 1959, 2302 f.; 1986, 776 f.; BGH VersR 1956, 714 f.; 1960, 371 f.; 1984, 1049 ff.; weitere umfangreiche Nachweise siehe bei Soergel/Zeuner, §831 BGB Rn. 45.
[14] BGHSt 3, 91 ff.
[15] BGHSt 6, 282 ff.
[16] Gleiches gilt etwa für die Sachverhalte, die den Entscheidungen RG JW 1927, 2699 ff. (Röntgenfilterfall); JW 1930, 1597 ff. (Diathermiefall); RG Münchener Medizinische Wochenschrift 1932, 1139 f. (Perkainfall); OLG Hamburg Münchener Medizinische Wochenschrift 1937, 1358 f.(Luminalfall); OLG Köln OLGSt §222 StGB Nr. 1 (Coffeinlösungsfall), zugrunde lagen.

Desweiteren ist die Ansicht Wilhelms unzutreffend, den Geschäftsherrn treffe aus § 831 BGB erst dann eine Pflicht zur Überwachung,
wenn er besonderen Anlaß zum Zweifeln an der Zuverlässigkeit des
Verrichtungsgehilfen habe.[17]

In der zivilrechtlichen Judikatur[18] ist gewohnheitsrechtlich allgemein anerkannt, daß der Geschäftsherr nicht nur verpflichtet ist,
bei der Auswahl des Verrichtungsgehilfen sorgfältig zu verfahren,
seine Eignung zu der fraglichen Verrichtung auf Grund von Zeugnis-
sen oder Erkundigungen zu prüfen und die Bestellung zu unterlassen,
wenn sich Zweifel an der Eignung ergeben. Vielmehr erstrecken sich
seine Pflichten auch dahin, Sorge dafür zu tragen und einzuschreiten, wenn sich nachträglich Zweifel an dessen Eignung herausstel-
len.[19] Deshalb hat er dafür zu sorgen, daß er von Fehlern und
Versäumnissen rechtzeitige Kenntnis erlangt.[20] Er ist also, und
hierüber besteht sowohl in der zivilrechtlichen Literatur[21] als
auch Judikatur[22] Übereinstimmung, wenn es sich um eine dauernde
Tätigkeit handelt, zu einer fortgesetzten Überwachung verpflichtet,
deren Art und Maß sich nach den gegebenen Möglichkeiten richtet.[23]

Die Überwachungspflicht setzt also nicht erst dann ein, wenn die
nachgeordnete Kraft Anlaß gibt, an ihren Fertigkeiten zu zweifeln.
Vielmehr besteht sie unabhängig davon. Wilhelm geht also von
unzutreffenden zivilrechtlichen Prämissen aus und gelangt daher,
zumindest soweit dies die Überwachungspflicht angeht, zu nicht
tragbaren Ergebnissen.[24]

Zudem ist ihre Argumentation nicht zutreffend, § 831 BGB sei nur
auf diejenigen Fälle vertikal arbeitsteiligen Zusammenwirkens
begrenzt, in denen Geschäftsherr und nachgeordnete Kraft nicht in

---

[17] Vgl. hierzu: Kamps, Ärzteblatt für Baden-Württemberg 1984,
Heft 9, IX, XXIII.
[18] BGHZ 8, 239, 243; RGRK/Steffen, §831 BGB Rn. 3 f., mit
zahlreichen weiteren Nachweisen auch aus der älteren Rechtsprechung.
[19] Larenz, Schuldrecht BT §73 VI.
[20] RGZ 78, 107, 109.
[21] Larenz, Schuldrecht BT, §73 VI; Medicus, Schuldrecht BT, §144
II 2a; Soergel/Zeuner, §831 BGB Rn. 45, insbesondere mit Hinweisen auf Entscheidungen, denen Fälle medizinischer Zusammenarbeit zugrunde lagen.
[22] BGH VersR 1960, 19, 21; 1963, 955, 956; 1966, 564.
[23] Vgl. RG JW 1938, 1651, 1652; BGH LM zu §831 BGB (Fc)Nr. 1;
(Fc)Nr. 5; (Fc)Nr. 7.
[24] Kamps, Ärzteblatt für Baden-Württemberg 1984, Heft 9, IX,
bezeichnet diese Aussage mit Recht, ohne jedoch ins Detail zu
gehen, explizit als "für Ärzte höchst gefährlich".

räumlich engem Kontakt zusammenarbeiten würden. § 831 BGB ist vielmehr aus der Sicht des Geschädigten zu sehen. Sinn und Zweck der Norm war es, diesen vor der für ihn beweisrechtlich typischen ungünstigen Lage bei Benennung und Beweis der den Fahrlässigkeits- vorwurf begründenden Tatsachen zu schützen, die sich für ihn aus der Unübersehbarkeit der internen Abläufe des Geschäftsherrn ergibt. Die mehr oder weniger enge räumliche Zusammenarbeit zwi- schen Geschäftsherrn und seinen nachgeordneten Kräften ist hierauf ohne Einfluß. Für den Geschädigten bleibt es so oder so gleich schwierig, den erforderlichen Nachweis über die anspruchs- und schadensbegründenden Umstände zu führen. Hierüber bestehen im Zivilrecht keine Meinungsverschiedenheiten.[25]

Im weiteren deutet Wilhelm mit der Verwendung des Wortes "vornehmlich" an, daß sie ihre restriktive Interpretation der Überwachungspflichten im Sinne von § 831 BGB offensichtlich selbst nicht abschließend verstanden wissen will. Zudem meint sie, medizi- nische Zusammenarbeit im Über-/Unterordnungsverhältnis zeichne sich gerade durch die Verbundenheit der Beteiligten im Team aus. Bei dem weisungsberechtigten Vorgesetzten, der, "wenn nicht ständig, dann doch sehr häufig" mit den ihm untergebenen Personen zu tun habe, könne die Überwachungspflicht deshalb nicht ins Gewicht fallen.[26]

Wenn sie in bezug auf die Überwachungspflichten als differen- zierenden Faktor die räumliche "Nähebeziehung" zwischen vorstehen- dem Arzt und nachgeordneten Kräften anspricht, dann wäre es nur folgerichtig gewesen, die sich hieraus ergebenden Konsequenzen darzustellen. Die generelle Häufigkeit - unterstellt, es gebe sie tatsächlich in dem "vornehmlichen" Ausmaß, wie es Wilhelm meint - kann methodisch nicht als tragfähige Grundlage für die rechtliche Bewertung von Fällen herangezogen werden, die hiervon die Ausnahme bilden. Wie Wilhelm diese beurteilt wissen will, bleibt letztlich unklar.

---

[25] Vgl. dazu BGH NJW 1959, 2302, 2303; BGH VersR 1960, 19, 21; 1960, 371, 372; Palandt/Thomas, §831 BGB Anm. 6 A b; insbeson- dere mit zahlreichen Nachweisen auf Entscheidungen mit medizi- nisch arbeitsteiligem Einschlag: Soergel/Zeuner, §831 BGB Rn. 46.
[26] Wilhelm, 112.

Insgesamt sind die Feststellungen Wilhelms zur Überwachungspflicht
gegenüber nachgeordneten Medizinalpersonen weder für die praktische
medizinische Arbeit noch für die forensische Praxis verwertbar, da
sie den zivilrechtlichen Anwendungsbereich von § 831 BGB unzutreffend begrenzt, die Anforderungen der Judikatur[27] an die Erfüllung
von Überwachungspflichten verkennt und schließlich innerhalb von
vertikal strukturierten medizinischen Arbeitsabläufen von der
falschen Prämisse ausgeht, es gebe dort nur Zusammenarbeit im
engeren räumlichen Zusammenhang.[28]

(2)   **Eigener Ansatz zur Herleitung**
            der Überwachungspflicht aus § 831 BGB

Mag man Wilhelms Intention der Haftungsrestriktion vom Ansatz noch
zustimmen, das von ihr propagierte Ergebnis dagegen kann einschließlich der gelieferten Begründung keineswegs überzeugen.
Wilhelm verkennt, obwohl sie sich vom Ausgangspunkt ihrer Überlegungen primär mit der strafrechtlichen Verantwortlichkeit des
Arztes auseinanderzusetzen beabsichtigt,[29] daß bei der Herleitung
der materiellen strafrechtlichen Pflichten des Arztes aus § 831 BGB
diese Norm – nicht zuletzt im Lichte ihrer prozeßrechtlichen,
insbesondere beweisrechtlichen Besonderheiten – sowie des gesetzgeberischen Grundes, gesehen werden muß.

Um die für den Geschädigten oben genannte beweisrechtliche Waffen-
ungleichheit zu vermeiden, geht das Gesetz bei der Haftung des
Geschäftsherrn nach § 831 BGB, zu seinen Gunsten von einer
widerlegbaren doppelten Vermutung aus.[30]

---

[27] Bedenklich ist allerdings, daß selbst dem 4. Strafsenat in der
Entscheidung zum Dynericfall (Der Strafverteidiger 1988, 251),
dieser offene Widerspruch der Ausführungen Wilhelms sowohl zur
ständigen strafrechtlichen als auch zivilrechtlichen Rechtsprechung übergangen wird. Stattdessen wird Wilhelm (45, 46),
zitiert mit dem Hinweis, daß eine Verantwortlichkeit des
Leitenden Arztes nicht in Betracht käme, "da sonst der
Grundsatz der horizontalen Arbeitsteilung ... aufgegeben"
würde.
[28] Ursache für die methodischen Ungereimtheiten Wilhelms ist, daß
sie es nicht für erforderlich hält (112), "gerichtliche Entscheidungen oder Stellungnahmen in der juristischen Literatur
zur Anwendung des §831 BGB im medizinischen Bereich heranzuziehen, da es ja gerade darum" gehe, "die im Verkehr erforderliche Sorgfalt im Lichte des Vertrauensgrundsatzes neu zu
bestimmen." Diese Vorgehensweise ist freilich bedenklich. Eine
nähere Auseinandersetzung mit diesen Quellen hätte aber sogleich offengelegt, daß die Prämissen von Wilhelm nicht
stimmen.
[29] Wilhelm, 2.
[30] Medicus, Schuldrecht BT §144 II 2a.

Einerseits wird dem Geschäftsherrn unterstellt, die Schadensursache schuldhaft selbst gesetzt zu haben, indem er bei Auswahl, Überwachung oder Anleitung nicht die im Verkehr erforderliche Sorgfalt beachtet hat. Andererseits wird unterstellt, daß zwischen dieser Sorgfaltsverletzung und dem durch den Verrichtungsgehilfen verschuldeten Schaden ein ursächlicher Zusammenhang besteht.[31]

Der Geschädigte braucht dem in Anspruch genommenen Geschäftsherrn nicht ein Verschulden nachzuweisen, sondern dieser muß sich gemäß § 831 Abs. 1 Satz 2 BGB exkulpieren, indem er sein fehlendes Verschulden beweist.[32] Prozessual handelt es sich mithin um einen gesetzlich geregelten Fall der Umkehrung der Beweislast.[33] Der legislatorische Grund[34] für diese prinzipielle beweisrechtliche Schlechterstellung des Geschäftsherrn beruht auf der Erwägung, daß er aus der Sicht des Geschädigten wegen der Unübersehbarkeit der internen Betriebsvorgänge regelmäßig eher in der Lage ist, die für den Vorwurf der Fahrlässigkeit maßgebenden internen Vorgänge aufzuklären und es deshalb gerecht sei, ihn mit dem Risiko der Unaufklärbarkeit der Schadensverursachung von vornherein zu belasten.[35] Zweifel über seine mögliche Fahrlässigkeit gehen also zu seinen Lasten.[36] Auf diese Weise soll die prinzipielle Ungleichheit der Waffen im zivilrechtlichen Verfahren ausgeglichen werden.[37]

Grundlegend anderer Art ist aber dagegen die beweisrechtliche Lage des Beschuldigten im Strafverfahren. Dort steht dem Arzt als Verfahrensbeteiligte primär[38] die Staatsanwaltschaft als staatliches Organ der Rechtspflege gegenüber. Diese befindet sich regelmäßig nicht in einer, dem Anspruchsteller des Zivilprozeß vergleichbaren, unterlegenen Stellung. Überlegungen der Waffengleichheit kommen hier nicht zum Tragen.

---

[31] RGZ 151, 296, 297; 157, 228, 233; BGHZ 8, 239, 243; 32, 53, 59; BGH VersR 1963, 955, 956; 1966, 564.
[32] Staudinger/Schäfer, §831 BGB Rn. 2.
[33] Larenz, Schuldrecht BT, §71 I d).
[34] Wie auch im Fall der Produkthaftung, vgl. Staudinger/Schäfer, §831 BGB Rn. 188.
[35] BGH NJW 1981, 699.
[36] Münchener Kommentar/Mertens, §831 BGB Rn. 58.
[37] Palandt/Thomas, §831 BGB Anm. 8.
[38] Die Rechte des Nebenklägers (§395 StPO) spielen hier eine nur untergeordnete Rolle.

Weit wichtiger ist aber ein anderer Grund, der zu einer entscheidend anderen Sicht der aus § 831 BGB hergeleiteten Pflichten für
den Bereich des Strafrechts zwingt. Es ist dies der elementare
strafprozessuale Grundsatz "in dubio pro reo".[39] Er bedeutet, daß
dem Angeklagten Strafe nur droht, wenn ihm sämtliche Tatsachen
nachgewiesen werden können, welche die gesetzlichen Merkmale der
Straftat ausfüllen.[40] Es ist mit dem Strafverfahrensrecht schlechthin unvereinbar, vom Angeklagten zu verlangen, seine fehlende
Schuld nachzuweisen. Vielmehr haben ihm die staatlichen Organe der
Rechtspflege sein Verschulden nachzuweisen. Der Arzt ist nicht
verpflichtet, zu beweisen, daß er sich nicht sorgfaltswidrig
verhalten hat.[41]

Die diffizile zivilrechtliche Kasuistik zur Frage der Überwachungspflicht des Arztes im Rahmen vertikaler Arbeitsteilung ist
daher für die strafrechtliche Problematik aus dem folgenden,
strafrechtsdogmatisch gänzlich anders gelagerten Grunde und in
anderem Umfang als Wilhelm dies zu erkennen gibt, nur begrenzt
verwertbar. Dabei gewinnen auch hier die gleichen Grundüberlegungen
zu den Verhaltensgeboten Bedeutung, deren Allgemeingültigkeit für
die Ermittlung von Sorgfaltspflichten bereits dargestellt wurden.

Dem vorgesetzten Arzt wird durch die Existenz von § 831 BGB sowie
der von der Judikatur[42] hieraus entwickelten und der Literatur[43]
befürworteten Überwachungspflicht das spezielle Verhaltensgebot
aufgegeben, sich um die Qualifikation ihm nachgeordneter Medizinalpersonen zu sorgen. Dieses Verhaltensgebot gibt ihm die Warnung
auf, die aus dem Fehlverhalten nachgeordneter Kräfte dem Patienten
drohenden Gefahren in Rechnung zu stellen und abzuwenden. Die aus
§ 831 BGB hergeleitete Überwachungspflicht stellt ein fremdes
Fehlverhalten signalisierendes Verhaltensgebot dar. Aus ihm folgt
die Vorhersehbarkeit, daß bei Nichterfüllung der Überwachungs-

---

[39] Vgl. dazu insbesondere: Karlsruher Kommentar/Pfeiffer, Einl.
Rn. 19 f.
[40] Vgl. dazu Roxin, Strafverfahrensrecht, §15 D, der diesen in
der Strafprozeßordnung nicht ausdrücklich formulierten Grundsatz aus §261 StPo herleitet. Richtiger wird wohl sein, ihn
aus §267 Abs. 1 Satz 1 StPO abzuleiten.
[41] Ulsenheimer, Medizinrecht 1984, 161, 165; 1987, 207, 213.
[42] Seit RGZ 78, 107, 109 ständige Rechtsprechung (anders noch RG
JW 1907, 674, Nr.9, RGZ 53, 53, 57), vgl. auch BGH VersR 1963,
955, 956; BGHZ 8, 239, 243.
[43] Vgl. Larenz, Schuldrecht BT §73 VI; Medicus, Schuldrecht BT
§144 II 2a.

pflicht mit dem sorgfaltswidrigem Verhalten nachgeordneter Kräfte gerechnet werden muß.

Strafrechtliche Relevanz erlangt dieses durch § 831 BGB normativ fixierte Verhaltensgebot allerdings nur insoweit, als gefragt werden kann, ob der vorgesetzte Arzt seiner Überwachungspflicht überhaupt nachgekommen ist. Es ist dann zu prüfen, ob die Schädigungen des Patienten mit Gewißheit entfallen wären, wenn der Arzt seiner Überwachungspflicht nachgekommen wäre.[44] Dies ist dann zu bejahen, wenn er ihr entweder überhaupt nicht oder extrem nachlässig nachgekommen ist und er bei sorgfältiger Überwachung die fremde Sorglosigkeit aller Wahrscheinlichkeit nach aber hätte erkennen können und abstellen müssen.

Unter die letztgenannte Kategorie fällt etwa der Fall, in welchem der Patient bei einem mit einem "elektrischen Skalpell" ausgeführten Eingriff infolge der von der Schwester unsachgemäß durchgeführten Lagerung, Verbrennungen erleidet.[45] Diese war zuletzt vom früheren Chefarzt dahin unterwiesen worden, wie die Patienten zu lagern waren, um zu verhindern, daß die Elektrode zu Verbrennungen führen kann. Zur Tatzeit waren seitdem aber mehr als 10 Jahre vergangen, ohne daß sie jemals daraufhin erneut von seinem Nachfolger überwacht wurde, ob sie die ihr aufgegebenen Sorgfaltsgebote auch tatsächlich uneingeschränkt beachtete.

In einem solchen krassen Fall der nachlässigen Erfüllung der Pflicht nachgeordnete Kräfte zu überwachen, spricht eine hohe Wahrscheinlichkeit dafür, daß die Kraft bei häufigerer Überwachung und hier dem Hinweis, bestimmte Formen der Lagerung zu vermeiden, um Verbrennungen auszuschließen, nicht die Schädigung des Patienten verursacht hätte.

---

[44] Hierin besteht ein weiterer bedeutsamer Unterschied zum Zivilrecht. Die zivilrechtliche Inanspruchnahme BGB setzt für die Haftung nach §831 BGB nicht voraus, daß sich im Schadensfall gerade derjenige Mangel eines Gehilfen ausgewirkt hat, den der Geschäftsherr bei sorgfältiger Auswahl oder Überwachung hätte erkennen können und abstellen müssen. Es genügt, daß durch seine Sorgfaltspflichtverletzung die abstrakte Gefahr von Fehlhandlungen des Gehilfen erhöht worden ist. §831 BGB verlangt somit keinen konkreten Pflichtwidrigkeitszusammenhang, vgl. Münchener Kommentar/Mertens, §831 BGB Rn. 55; Soergel/Zeuner, §831 BGB Rn. 8 (FN. 102); BGH NJW 1978, 1681, 1682 (Dammschnittfall).
[45] BGH VersR 1960, 371 f.

(3)   **Eigener Ansatz zur Präzisierung der straf-
        rechtlich relevanten Überwachungspflicht**

Was aber heißt nun aber rechtzeitige oder fortgesetzte Überwachung?
Die einschlägige zivilrechtliche Kasuistik ist nahezu unüberschaubar.[46] Allgemeingültige Aussagen lassen sich wegen der Vielfältig-
keit der unterschiedlich jeweils miteinander verknüpften Faktoren
nicht treffen. Überlegungen, wie etwa Art und Dauer des Beschäfti-
gungsverhältnisses,[47] Komplikationsdichte der Verrichtung,[48] intellektueller Stand des Verrichtungsgehilfen, sein Ausbildungsniveau,
spielen dort eine maßgebende Rolle zur Bestimmung der Zeitintervalle, innerhalb derer der Überwachungspflicht nachzukommen sei.
Konkrete Vorgaben werden jedoch in keiner der Entscheidungen
gegeben. Dem vorgesetzten Arzt wird einzelfallbezogen lediglich
pauschal der Vorwurf gemacht, seiner Überwachungspflicht nicht voll
genügt zu haben. Ab wann, also unter Beachtung welcher Zeitspannen,
ihm dieser Vorwurf nicht mehr gemacht werden kann, ist keiner
Entscheidung zu entnehmen.

Diese zur Beurteilung der zivilrechtlichen Überwachungspflicht
entwickelten, außerordentlich feinmaschigen Prämissen können wegen
der geschilderten divergierenden verfahrensrechtlichen Grundvoraus-
setzungen auf das materielle Strafrecht zum größten Teil nicht
übertragen werden. Ist der vorgesetzte Arzt seiner Überwachungspflicht überhaupt nachgekommen und besteht kein begründeter Anhalt
dafür, daß er dieser Pflicht in der oben beschriebenen Weise
außergewöhnlich schlecht entsprochen hat, dann hat der strafprozessuale Grundsatz "in dubio pro reo" zu seinen Gunsten Anwendung zu
finden. Dies bedeutet: Besteht Unklarheit darüber, ob er seiner
Überwachungspflicht nicht besser hätte nachkommen sollen, oder ob
er sich dabei überhaupt in einer Weise hätte verhalten müssen oder
können, die aller Gewißheit nach dazu geführt hätte, die Schädigung
des Patienten zu vermeiden, dann ist zu seinen Gunsten davon
auszugehen, daß kein hierfür ursächlicher Verstoß gegen die ihm
obliegende Überwachungspflicht vorliegt. Es fehlt mithin am Nachweis des Pflichtwidrigkeitszusammenhangs.

---

[46] Vgl. RGRK/Steffen, §831 BGB Rn. 38 ff., insbesondere mit
     zahlreichen Hinweisen auf Entscheidungen von Fällen vertikal
     stukturierter medizinischer Arbeitsteilung unter Rn. 45 f.
[47] Vgl. RGRK/Steffen, §831 BGB Rn. 38, mit zahlreichen Nachweisen
     aus der Rechtsprechung.
[48] BGH NJW 1975, 533, 535; BGHZ 68, 247, 248.

Hätte im oben genannten Fall der Elektrodenverbrennung der vorstehende Arzt etwa in vertretbaren zeitlichen Abständen[49] Überwachungen vorgenommen, so ist – wenn Zweifel darüber bestehen, ob er
dies nicht in kürzeren Intervallen hätte ausführen müssen, und
hierdurch möglicherweise dann die Schädigungen des Patienten hätten
vermieden werden können – zu seinen Gunsten davon auszugehen, daß
der Pflichtwidrigkeitszusammenhang nicht gegeben ist.[50]

Eine nähere Ausdifferenzierung dieser Problematik würde ansonsten
zu erheblichen, strafrechtspolitisch nicht vertretbaren Konsequenzen führen. Die Beantwortung der Frage, ob ein strafwürdiges
Verhalten vorliegt, würde von untragbaren und der Ärzteschaft nicht
mehr nachvollziehbaren Kriterien bestimmt werden, wenn fraglich
wäre, ob der vorgesetzte Arzt, wenn er in einem Fall seiner
strafrechtlich relevanten Überwachungspflicht in zeitlichen Abständen von beispielsweise einem Jahr noch genügt, in einem anderen
Fall, wo er sie erst alle zwei Jahre durchgeführt hat, dies dagegen
nicht mehr als ausreichend angesehen werden könne und somit ein
strafwürdiges Verhalten sei. Entscheidender Sinn und Zweck der
Strafrechtsjurisdiktion, aber auch der Strafrechtsjurisprudenz muß
es sein, klare Grenzziehungen der Strafbarkeit vorzugeben, um den
Verantwortung tragenden Ärzten nachvollziehbare und praktizierbare
Verhaltensvorgaben in die Hand zu geben.[51]

cc.   **Einschränkung der Überwachungspflicht
innerhalb vertikaler Arbeitsteilung**

Eine andere Beurteilung kommt der Frage nach der Überwachungspflicht des vorgesetzten Arztes dann aber zu, wenn er – und hier
dürfte weitgehend Übereinstimmung zu den Überlegungen von Wilhelm[52]
bestehen – wegen der Besonderheiten der Verrichtung, die nachgeordnete Kraft in seiner unmittelbaren Nähe hat und ihre Arbeitsbeiträge und deren Wertigkeit quasi automatisch wahrnimmt. Dies ist
hauptsächlich bei Operationen der Fall, wo ihm während der Opera-
tionsphase nachgeordneten Medizinalpersonen unmittelbar zur Seite

---

[49] Diese Frage wird regelmäßig vom Sachverständigen beantwortet
werden können.
[50] Eingehend zu dieser Problematik, gerade in arztrechtlicher
Hinsicht: Ulsenheimer in Festschrift für Weissauer (1986, 164,
167 ff.
[51] Ungenügend ist es, wenn etwa das Reichsgericht, Münchener
Medizinische Wochenschrift 1932, 1139, eine "allgemeine" Überwachung in "angemessenen Grenzen" fordert, ohne jedoch irgend-
ein konkretes begriffsbestimmendes Kriterium zu benennen.
[52] Wilhelm, 111 f.

stehen.

Der Bundesgerichthof hat in einem verkehrsrechtlichen Fall[53] den Kraftfahrzeughalter, der ständig von seinem Fahrer chauffiert wurde und hierbei keinerlei Sorgfaltswidrigkeiten wahrgenommen hatte, nicht für verpflichtet gehalten, diesen darüberhinaus zu belehren, anzuweisen und zu überwachen sowie Geschwindigkeitskontrollen vorzunehmen. Zur Begründung hat der Bundesgerichtshof ausgeführt, wenn bei den häufigen, nicht mehr als Überwachung empfundenen Mitfahrten des Halters ein Bedürfnis hierzu nicht hervorgetreten sei, könne es auch auf solche zusätzlichen Kontrollmaßnahmen nicht entscheidend ankommen.

Dies stellt eine allgemeingültige und auch hier zu berücksichtigende sinnvolle Begrenzung der Überwachungspflicht dar. Entscheidend ist, ob die unterstellte Überwachung ein von den bisherigen guten Erfahrungen des prinzipiell überwachungspflichtigen Arztes ein abweichendes Ergebnis erbracht hätte. Die Überwachungspflicht besitzt keinen Selbstzweck. Der Sinn, den vorstehenden Arzt für verpflichtet zu halten, sein Personal zu überwachen, besteht darin, ihm durch die Erfüllung dieser Pflicht generell zusätzliche Informationen zu verschaffen, die geeignet sind, Auskunft über ein möglicherweise sorgfaltswidriges Verhalten nachgeordneter Kräfte zu geben.

Würde die Erfüllung einer Überwachungspflicht aller Wahrscheinlichkeit nach aber kein anderes Ergebnis liefern, als die bisherigen positiven Einschätzungen, dann können sie dem grundsätzlich überwachungspflichtigen nicht auferlegt werden, da dies eine reine Förmelei wäre. Freilich kann dies nur dann gelten, wenn der Arzt bisher ausschließlich gute Erfahrungen gemacht hat.

Entgegen der Ansicht von Wilhelm kann aber nicht generell davon ausgegangen werden, daß eine derartig strukturierte Zusammenarbeit stets vorliegt. Hierzu muß das Gericht ausdrückliche Feststellungen treffen, wenn es eine Überwachungspflicht für entbehrlich hält. Umgekehrt hat es aber – wenn es die Verurteilung des Arztes auf die Verletzung seiner Überwachungspflichten stützen will – festzustellen, ob ein Normalfall des arbeitsteiligen Zusammenwirkens vor-

---

[53] BGH VersR 1966, 364, 365.

liegt, der zur Überwachung zwingt.

dd.   **Zwischenergebnis**

Als Zwischenergebnis ist somit festzuhalten, daß der Rückgriff auf
§ 831 Abs. 1 Satz 1 BGB zur Herleitung der Überwachungspflicht nur
eingeschränkt möglich ist. Schutzzweck dieser Norm ist es, durch
gehörige Auswahl und Überwachung von herangezogenen Arbeitskräften,
Schäden Dritter zu vermeiden. Für die Frage, ob er dieser Pflicht
entsprochen hat, kann die zivilrechtliche Judikatur und Dogmatik
nicht schlicht auf das materielle Strafrecht übertragen werden.

Entgegen der Auffassung von Wilhelm ist davon auszugehen, daß für
den vorgesetzten Arzt die Pflicht besteht, das ihm nachgeordnete
Personal fortlaufend zu überwachen. Die Überwachungspflicht entsteht nicht erst dann, wenn sich die nachgeordnete Medizinalperson
in vertrauenszerstörender Weise verhalten hat. Eine exakte Zeitspanne, innerhalb derer der Überwachungspflichtige seiner Überwachungspflicht nachzukommen hat, kann nicht exakt bestimmt werden.

Dem vorgesetzten Arzt kann im Hinblick auf den Pflichtwidrigkeitszusammenhang und den auch dort zu beachtenden Grundsatz "in dubio
pro reo", der Fahrlässigkeitsvorwurf wegen einer Überwachungs-
pflichtverletzung deshalb nur dann gemacht werden, wenn er ihr
überhaupt nicht oder exzeptionell schlecht nachgekommen ist. Dann
findet der Vertrauensgrundsatz keine Anwendung. Ansonsten gilt zu
seinen Gunsten, daß er der Pflicht entsprochen hat. In diesem Fall
kann er sich auf den Vertrauensgrundsatz berufen, wenn ihm auch im
übrigen kein spezifisch arbeitsteiliger Pflichtenverstoß trifft.

Liegt dagegen ein Fall vertikaler Arbeitsteilung vor, wo der
vorgesetzte Arzt den Arbeitsbeitrag der nachgeordneten Kraft und
deren positive Wertigkeit regelmäßig automatisch erfährt, dann ist
er nicht verpflichtet, zusätzliche Überwachungen vorzunehmen.

3.   **Zusammenfassung**

Der vorstehende Arzt kann in mehrfacher Weise aufgrund der Nichtbeachtung bestimmter sich aus allgemeiner Lebenserfahrung ergebenden Verhaltensgebote, für die Fehler nachgeordneter Medizinalpersonen verantwortlich sein. Dies ist dann der Fall, wenn er,
entgegen bestehender Erkenntnis- und Erfahrungssätze, die spezifisch arbeitsteiligen Risiken nicht verhindert, obwohl ihm dies

möglich und zumutbar war. Auf den Vertrauensgrundsatz kann er sich nur dann berufen, wenn er sich um die Beherrschung der spezifisch arbeitsteiligen Risiken bemüht hat.

III.   Gesamtergebnis

Die Verantwortlichkeit des Arztes innerhalb vertikal strukturierter Behandlungsabläufe für fahrlässiges Verhalten nachgeordneter Kräfte kommt aus zweierlei Gründen in Betracht. Einerseits aufgrund der Verletzung einer spezifischen Verhaltensregel, die ihm in bezug auf das fremde Verhalten ein bestimmtes Verhaltensgebot aufgibt. Liegt ein solches Verhaltensgebot vor, das ihn zum generellen Mißtrauen in die fremde Tätigkeit verpflichtet, dann findet der Vertrauensgrundsatz keine Anwendung.

Zum anderen kann sich schließlich seine Verantwortlichkeit aus der pflichtwidrigen Nichtverhinderung von – trotz allgemeiner Lebenserfahrung vorhersehbarer – spezifisch arbeitsteiliger Gefahren ergeben. Haftungsrestriktiv kann er sich auf den Vertrauensgrundsatz nur berufen, wenn er vom Vorliegen der objektiven und subjektiven Vertrauensbasis ausgehen durfte. Dies ist dann der Fall, wenn er sich mit seinem Verhalten darum bemüht hat, die durch die allgemeine Lebenserfahrung vorhersehbaren spezifisch arbeitsteiligen Gefahren in den Grenzen des erlaubten Risikos zu halten. Seine strafrechtliche Verantwortlichkeit ist dann begründet, wenn er den Vertrauensadressaten zur Mitarbeit herangezogen hat, obwohl entweder ein Element der objektiven oder der subjektiven Vertrauensbasis nicht gegeben war und der durch dessen Verhalten hervorgerufene Unrechtserfolg im Pflichtwidrigkeitszusammenhang zu diesem Mangel steht.

6. Teil:
Die Verantwortlichkeit des Arztes innerhalb
horizontal strukturierter Behandlungsabläufe

Die bei vertikal strukturierten Arbeitsabläufen gewonnenen Ergebnisse sind im folgenden auf ihre Übertragbarkeit für die übrigen
Arten medizinischer Arbeitsteilung zu untersuchen.

A.   **Strukturelle Unterschiede zur**
      vertikalen Arbeitsteilung

Wie bereits in der Einleitung angesprochen, wurden die großen
Erfolge sowohl in der Transplantationschirurgie als auch auf dem
Gebiet der Intensivmedizin erst möglich durch die Zergliederung der
zu erledigenden Aufgaben. Ohne die gleichzeitige interdisziplinäre
Zusammenarbeit vieler hochspezialisierter Fachärzte sind diese
Resultate nicht denkbar. Erst durch die Aufspaltung der zu bewälti-
genden Arbeit wird die außerordentliche Komplexität medizinischer
Behandlungsabläufe beherrschbar.

Durch diese notwendigerweise extreme Spezialisierung wird der
einzelne Arzt immer mehr in die Lage versetzt, seine eigenen
Aufgaben besser zu beherrschen. Jeder Arzt ist daher grundsätzlich
sein eigener Herr.[1] Im Hinblick auf das für den Fahrlässigkeitsvorwurf entscheidende Merkmal der Vorhersehbarkeit des Unrechts durch
die medizinische Behandlung als Ganzes nimmt aber zugleich seine
Fähigkeit ab, drohende Gefahren, die von den Arbeitsschritten der
Kollegen ausgehen können, vorherzusehen.[2]

Begründetes Vertrauen ist erst dort zulässig, wo die Beherrschbarkeit und das Beherrschenmüssen fremden Verhaltens endet. Diese
Grenze ist wegen der bedeutend geringeren Einflußmöglichkeiten in
bezug auf das fremde Verhalten im Bereich horizontaler Zusammenarbeit weit eher erreicht als im Bereich vertikaler Arbeitsteilung.
Wo das zumutbare Vorhersehenkönnen endet, muß das Vertrauen in die
sorgfältige Zusammenarbeit notwendigerweise eher einsetzen dürfen.

---

[1]Vgl. Rieger, Deutsche Medizinische Wochenschrift 1978, 769,
770.
[2]Vgl. Weissauer, Der Anaesthesist 1962, 239, 244.

Üblicherweise[3] wird dieser, nicht der vertikalen Struktur zugehörige Bereich als horizontale Arbeitsteilung definiert.[4] Kamps dagegen versteht unter horizontaler Arbeitsteilung lediglich das klinikinterne organisatorische Verhältnis zwischen gleichgeordneten Ärzten.[5] Jedoch räumt er ein, daß diese Struktur wegen des zugrundeliegenden Gleichordnungsprinzips durchaus vergleichbar mit der Stellung des Arztes zu den von ihm in Anspruch genommenen Hilfsbetrieben[6] und zu anderen freiberuflich tätigen Ärzten sei.[7]

Dabei wird aber nicht deutlich,[8] welche maßgebenden Unterschiede er hieraus herzuleiten beabsichtigt.[9] In anderem Zusammenhang betont er ausdrücklich, daß für die jeweils zuständigen Abteilungsleiter im Rahmen der abgegrenzten Tätigkeitsfelder untereinander "regelmäßig die gleichen Rechtsgrundsätze wie im Verhältnis der freiberuflich tätigen Ärzte zueinander"[10] zu gelten haben. Deshalb ist nicht einzusehen, aus welchem sachlichen Grund er begrifflich eine Unterscheidung vornimmt, wenn für die verschiedenen Kategorien im Ergebnis ohnehin keine differenzierenden Kriterien zur Bestimmung der Verantwortlickeit des Arztes herausgearbeitet werden.

Sämtlichen hierunter einzuordnenden Fällen ist gemein, daß die beteiligten Ärzte auf der horizontalen Ebene sich in partnerschaftlicher Gleichordnung gegenüberstehen.Der einzelne Mediziner besitzt hier nicht – gleich ob er zum Kollegen innerhalb derselben Klinik

---

[3] Ulsenheimer, Arztstrafrecht in der Praxis, Rn. Rn. 143; Wilheim, 4 f., 8, 92; diess. Medizinrecht 1983, 45, 46; BGH Der Strafverteidiger 1988, 251, 252.
[4] Ebenso wohl auch Weissauer, Münchener Medizinische Wochenschrift 1969, 1353, 1356.
[5] Kamps, 217.
[6] Unter dem freilich ungenauen Begriff "Hilfsbetrieb" ordnet Kamps (208) neben den Apotheken, Massageinstitutionen, bakteriologische und serologische Untersuchungsanstalten auch die Krankenhäuser ein. Letzteres kann nicht richtig sein. Wird der Patient an die Klinik überwiesen, weil der Arzt mit seinem Können am Ende ist, dann übernimmt die Klinik den Patienten endgültig. Sie nimmt damit dem einweisenden Arzt eine Last ab, aber sie hilft ihm nicht in dem Sinne unterstützend, wie dies beim Apotheker oder Masseur der Fall ist, wo der Arzt letztlich weiter den Patienten behandelt und lenkend und beherrschend auf den Behandlungsverlauf weiter Einfluß zu nehmen hat.
[7] Kamps, 221 f.
[8] Dies macht es durchaus verständlich, weshalb Wilheim, sich nicht mit den Einzellösungen von Kamps im Detail auseinandersetzt. Der vom Kamps, Ärzteblatt Baden-Württemberg 1984, IX, XXII hiergegen erhobene Vorwurf ist daher im Kern nicht berechtigt.
[9] Vgl. Kamps, 222.
[10] Kamps, 218.

tätig ist oder nicht – die Herrschaftsmacht, auf gleichgeordnete
Kollegen lenkend und den gesamten Behandlungsablauf allein
beherrschend, einzuwirken.[11] Er besitzt gegenüber gleichgeordneten
Mitarbeitern keine Anordnungs- und Weisungskompetenz.[12] Der fremd-
bezogene Pflichtenmaßstab des Arztes – also die sekundären Sorgfaltspflichten im Sinne Stratenwerths – besitzen hier daher prinzipiell einen deutlich geringeren Umfang, als im Rahmen vertikal
strukturierter Behandlungsabläufe.

Hinzu kommt die Tatsache, daß es ihm, ausgenommen der Fall, in dem
der Kollege derselben Fachrichtung angehört, regelmäßig an der
fachlichen Kompetenz fehlt, die Wertigkeit fremder Arbeitsschritte
gleichgeordneter Kollegen zu kontrollieren. Aus diesen Gründen
stehen ihm Aufsichts-, Kontroll- und Überwachungsbefugnisse fremder
gleichgeordneter Tätigkeiten nicht zu. Unabhängig davon würde dies
gerade bei eilbedürftigen, vital indizierten Behandlungsabläufen
vermehrte Gefahren für den Patienten mit sich bringen, wenn ihm
nicht effektive Hilfe zuteil wird, sondern die Medizinalpersonen
wertvolle, lebenswichtige und lebensentscheidende Zeit darauf verwenden würden, die jeweiligen Ergebnisse wechselseitig generell in
Frage zu stellen[13] und so ihre Kräfte zu zersplittern.[14]

Unter horizontaler medizinischer Arbeitsteilung sind daher sämtliche Fälle des mehrheitlichen Zusammenwirkens zu verstehen, die
durch fehlende Aufsichts- und Weisungsrechte sowie einer Gleichordnung unter den Beteiligten geprägt sind.[15]

Wegen der fehlenden Aufsichts-, Kontroll- und Überwachungskompetenz
und der hieraus folgenden fehlenden Beherrschungsmacht über fremdes
Verhalten,[16] trifft den Arzt im Rahmen horizontal strukturierter
medizinischer Behandlungsabläufe grundsätzlich keine Verantwortlichkeit für die Qualifikation anderer Arbeitskräfte und die
Qualität ihrer Leistungen.[17]

---

[11] Wilhelm, 92.
[12] Kamps, 217; Weissauer, Der Anaesthesist 1962, 237, 244,
m.w.N.; Deutsch, Arztrecht und Arzneimittelrecht, Rn. 130.
[13] BGH NJW 1980, 649, 650.
[14] Weissauer, Der Anaesthesist 1962, 239, 249; BGH NJW 1980, 649,
650.
[15] In diesem Sinne wohl auch Ulsenheimer, Arztstrafrecht in der
Praxis, Rn. 142 f.
[16] Vgl. Weissauer, Der Anaesthesist 1962, 239, 244.
[17] Vgl. Rieger, Deutsche Medizinische Wochenschrift 1978, 769,
770.

Aufgrund dieser freilich bedeutsamen Unterschiede zwischen vertika-
ler und horizontaler medizinischer Arbeitsteilung ist Wilhelm der
Auffassung, der Vertrauensgrundsatz käme auf horizontaler Ebene
uneingeschränkt zur Anwendung.[18] Sie meint, bei partnerschaftlicher
Gleichordnung der Beteiligten könne "man davon ausgehen," daß die
Beteiligten einen in etwa gleichen oder zumindest vergleichbaren
Wissens- und Qualifikationsstand haben. Weisungsbefugnisse oder gar
durch Delegation begründete Abhängigkeiten bestünden nicht.

Die fehlenden Aufsichts- und Weisungsbefugnisse vermögen allein
aber nicht eine derart weitgehende Interpretation des Vertrauensgrundsatzes für die horizontale Arbeitsteilung zu begründen.
Wilhelms Argumentation, man könne hier unter den Beteiligten von
einem gleichen oder zumindest vergleichbaren Wissens- und Qualifikationsstand ausgehen, wird den Tatsachen im medizinischen Alltag
nicht gerecht. Die Gleichordnung im Status bedeutet aber keineswegs, daß die Beteiligten über das gleiche fachliche Wissen
verfügen. Die Effektivität der Arbeitsteilung besteht gerade in der
Spezialisierung auf einzelne Wissensgebiete. Anästhesist und Chirurg besitzen einen gleichen Status. Ihr fachliches Wissen ist aber
keineswegs identisch.

Zwar verbietet die statusmäßige Gleichordnung es dem einen Arzt per
se Anordnungs-, Kontroll- oder Weisungsbefugnisse gegenüber dem ihm
gleichgeordneten Kollegen auszuüben. Es bedeutet aber nicht, wie
Wilhelm es ausdrückt, daß etwa der Anästhesist weder das gleiche
noch ein zumindest vergleichbares Wissen wie der Chirurg besitzt,
oder umgekehrt. Vielmehr haben sich die statusmäßig gleichwertigen
Kollegen in ihren Arbeitsschritten verantwortungsvoll aufeinander
abzustimmen, um so Schädigungen des Patienten zu vermeiden. Letztlich setzt sich Wilhelm zu ihren eigenen Ausführungen in Widerspruch, wenn sie an anderer Stelle ausführt, dem einzelnen Arzt sei
es wegen der verschiedenartigen Spezialisierung schwer möglich, die
faktische Qualifikation von Kollegen zu eruieren.[19]

Zudem verkennt Wilhelm, daß es nicht nur die eine Form horizontaler
Arbeitsteilung gibt. Wenn auch die für den Vertrauensgrundsatz im
Rahmen vertikaler Arbeitsteilung prägenden Kriterien fehlen, wie

---

[18] Wilhelm, 130, einschränkend allerdings 93.
[19] Wilhelm, 93.

etwa die Anordnungs-, Aufsichts- und Weisungsbefugnisse, so folgt hieraus nicht zwingend die uneingeschränkte Anwendbarkeit des Vertrauensgrundsatzes für die horizontale Arbeitsteilung.

Wilhelm legt dabei zu wenig Gewicht auf das diesen Kriterien korrespondierende Element, nämlich das der überragenden fachlichen Kompetenz eines an sich gleichgeordneten Kollegen. Wenn auch der eine Kollege dem anderen organisatorisch nicht übergeordnet, beziehungsweise untergeordnet ist, so wird auch für den Bereich der horizontalen Arbeitsteilung aus der Tatsache, daß er dem jeweils anderen Arzt fachlich über- beziehungsweise unterlegen ist, seine Verantwortlichkeit entscheidend beeinflußt.

Letztlich bestehen gegen das Ergebnis von Wilhelm noch aus einem anderen Grunde Bedenken. Obwohl sie sich vom Titel ihrer Arbeit her mit der Verantwortung bei Arbeitsteilung in der Medizin zu befassen vorgibt, beschränkt sie sich ausschließlich auf die Anwendbarkeit des Vertrauensgrundsatzes. Selbst mit der befriedigenden Klärung der Frage der Anwendbarkeit oder Nichtanwendbarkeit des Vertrauensgrundsatzes innerhalb medizinischer Arbeitsteilung, wäre keineswegs zugleich die Frage der Verantwortlichkeit für fremde Sorglosigkeiten abschließend beantwortet.

Wie bereits für die Verantwortlichkeit im Rahmen vertikaler Arbeitsteilung gezeigt wurde, gibt es Konstellationen, wo die Verantwortlichkeit in Betracht kommt, ohne daß es auf den Vertrauensgrundsatz überhaupt ankommt. Dies ist dann der Fall, wenn spezifische Verhaltensgebote existieren, fremde Nachlässigkeiten per se in Rechnung zu stellen. Gleiches hat auch für den Bereich der horizontalen Arbeitsteilung zu gelten. Existiert für einen Kollegen innerhalb horizontal strukturierter Arbeitsteilung das Verhaltensgebot, unabhängig von der Qualifikation des Kollegen bestimmte Arbeitsschritte zu überprüfen, bevor er sie mit dem eigenen ärztlichen Verhalten verbindet, dann kommt es auch hier auf ein Vertrauen irgendwelcher Art nicht an.

Im Fall der nicht rechtzeitig erkannten Zwillingsschwangerschaft[20] hatte der einweisende Facharzt für Frauenheilkunde und Geburtshilfe sich in einer Weise verhalten, die für den die Entbindung durch-

---

[20] BGH Der Strafverteidiger 1988, 251 f.

führenden Arzt nicht ohne weiteres vertrauenszerstörend war. Der Mutterpaß wies keine Anzeichen für dessen fehlerhaftes Verhalten auf. Es lagen für ihn keine Anhaltspunkte dafür vor, der Kollege habe die zwei Ultraschalluntersuchungen unsorgfältig durchgeführt. Aus dieser Richtung her gab es somit keine Anhaltspunkte, die ihm eine besondere zusätzliche pflichtbegründende Aufmerksamkeit gebot. Dessenungeachtet bestand aber für den Klinikarzt die verbindliche interne Anordnung, sich vor der Injektion von Methergin^R zu vergewissern, daß die Fruchthöhle leer war. Folglich kann die strafrechtliche Verantwortlichkeit des Arztes sehr wohl auch dort in Betracht kommen, wo er dem Kollegen durchaus vertrauen durfte.

Der Vertrauensgrundsatz ist zwar ein wichtiger Faktor bei der Bestimmung der Verantwortlichkeit. Er ist aber nicht das ausschließliche und abschließende Element für die Frage, ob ein strafwürdiges Verhalten im Zusammenspiel mit dem arbeitsteiligen Zusammenwirken mit anderen Medizinalpersonen vorliegt.

Die Applikation von Methergin^R ohne vorherige Abklärung der Frage, ob die Fruchthöhle leer war, verstieß somit gegen die klinikinterne Anweisung. Für den Fall ihrer Nichtbeachtung war dem die Entbindung leitenden Arzt vorhersehbar, welche Gefahren hieraus für ein sich noch im Mutterleib befindendes, ungeborenes Kind entstehen konnten. Auf ein Vertrauen auf die sorgfältige Vorarbeit des die Patientin während ihrer Schwangerschaft betreuenden Arztes, oder in die Untersuchungsergebnisse von den an der Klinik tätigen Kollegen kommt es dann in keinem Fall an. Aus dem arbeitsteiligen Zusammenwirken folgt dann kein Vertrauen, wenn eine hiervon unabhängig Pflicht besteht, bestimmte Arbeitsschritte auszuführen.

Das von Wilhelm vorgeschlagene pauschale Ergebnis, demzufolge der Vertrauensgrundsatz innerhalb der horizontal strukturierten Ebene uneingeschränkt zu gelten habe, vermag daher nicht zu befriedigen.[21]

---

[21] Hierin sieht Kamps, Ärzteblatt für Baden-Württemberg 1984, IX, XXIII, zutreffend eine für Ärzte höchst gefährliche Aussage.

**B.   Die Verantwortlichkeit innerhalb der
einzelnen Grundformen horizontaler Arbeitsteilung**

Die Frage der Anwendbarkeit des Vertrauensgrundsatzes kann vielmehr
erst anhand einer differenzierteren Analyse der besonderen Grund-
typen horizontaler Arbeitsteilung erfolgen. Den Prototypen horizontaler Arbeitsteilung stellt die interdisziplinäre Zusammenarbeit zwischen Chirurg und und Anästhesist dar. Neben dieser
gleichzeitigen intensiven Zusammenarbeit gibt es die zeitlich
aufeinander folgende Zusammenarbeit zwischen gleichrangigen Medizinalpersonen. Hier ist zunächst die Zusammenarbeit zwischen allgemein behandelnden Arzt und Facharzt zu nennen. Dies ist beispielsweise der Fall, wenn der Hausarzt seinen Patienten zur Erstellung
der Diagnose von Magenbeschwerden zwecks histologischer Untersuchung der Magenschleimhaut an einen Facharzt für Gastroenterolo-
gie überweist, oder er ihn röntgenologisch von einem Spezialisten
untersuchen läßt, um die dort gewonnenen und ihm vermittelten
Erkenntnisse in seinen Behandlungsplan mit einfließen zu lassen.

Daneben kann auch der Fall vorkommen, wo der ursprünglich behandelnde Arzt sich sowohl in diagnostischer als auch therapeutischer
Weise nicht mehr in der Lage sieht, den Patienten zu betreuen und
ihn deshalb an einen Facharzt überweist. Mit dieser Erscheinungsform arbeitsteiligen Zusammenwirkens eng verbunden ist die Zusammenarbeit zwischen freipraktizierendem Arzt und Krankenhausarzt.
Entschließt sich der freipraktizierende Arzt, seinen Patienten in
andere, fachlich kompetentere Hände zu geben, so kann es für die
weitere Behandlung mitunter von erheblicher Bedeutung sein, wie die
bisherige Diagnose und Therapie aussah. Dabei stellt sich die
Frage, inwieweit sich der Klinikarzt beziehungsweise der Facharzt,
auf die sorgfältigen Vorleistungen seines freipraktizierenden Kollegen verlassen darf. Schließlich ist ein durch Gleichrangigkeit
der beteiligten Ärzte geprägtes konsiliarisches Zusammenwirken
denkbar.

**I.   Die Verantwortlichkeit im Rahmen gleichzeitiger
interdisziplinärer Zusammenarbeit unter Fachärzten**

Die Ermittlung der Verantwortlichkeit des Arztes wird zunächst
dort problematisch, wo die Beteiligten gleichzeitig oder zumindest
sich zeitweise überschneidend mit der Behandlung des Patienten
befassen. Wie bereits erwähnt, stellt den Prototypen für diese Form

medizinischer Zusammenarbeit die Arbeit im Operationsteam zwischen
Chirurg und Anästhesist dar. Die Verantwortlichkeit dieser Beteiligten soll anhand des im folgenden zu untersuchenden Aspirationspneumoniefall[22] näher untersucht werden.

Der Assistenzarzt stellte bei der 18-jährigen Patientin eine akute,
möglicherweise schon perforierte Appendicitis[23] fest. Diese Diagnose teilte er der Anästhesistin fernmündlich mit und forderte sie
auf, zur Operation zu kommen.

Die Patientin war jedoch – was keiner der Beteiligten erkannt hatte
– zusätzlich an einer Darmlähmung erkrankt. Hierauf deuteten
mehrere Symptome hin.[24] Anamnese und Befund auf der Rückseite des
Krankenblattes waren insofern widersprüchlich, als dort festgestellt war, Darmgeräusche seien nicht vorhanden, was auf eine
Darmlähmung hindeutet, andererseits aber vermerkt war: "Winde
positiv", was eine normale Darmtätigkeit anzeigt. Bei der Information der Anästhesistin teilte der Assistenzarzt mit, die Patientin
sei nüchtern, und es gingen Winde ab. Vor Narkosebeginn waren daher
Magen und Darm mit mehreren Litern unverdauter Speisereste über-
füllt. Die Patientin hatte in der Nacht vor ihrer Einlieferung vier
Liter Sprudel und am Morgen etwa zwei Liter Kamillentee getrunken.
Die Anästhesistin sah die Patientin zum ersten Mal, als diese
bereits auf dem Operationstisch lag. Aus zeitlichen Gründen hatte
sie nicht mehr die Möglichkeit, von dem Assistenzarzt weitere
Details zu erfahren oder dessen ohnehin handschriftlichen, schwer
lesbaren Untersuchungsbefund durchzulesen.

Die ihr verbleibende Zeit nutzte die Anästhesistin, um die Patientin zu fragen, ob sie nüchtern sei. Auf ihr eindringliches
Nachfragen, ob die Patientin tatsächlich "heute wirklich nichts
gegessen und getrunken" habe, antwortete ihr diese, nichts gegessen
und am Vormittag nur "etwas Wasser getrunken" zu haben. Die
ungewöhnlich starke Flüssigkeitsaufnahme verschwieg die Patientin.
Als die Patientin auf weiteres Nachfragen erklärte, sie habe
"etwas" erbrochen, fand die Anästhesistin die ihr mitgeteilte

---

[22] In Anlehnung an BGH NJW 1980, 649 f.
[23] Blinddarmdurchbruch
[24] – wie Erbrechen, gespanntes Abdomen, fehlende Darmgeräusche,
überfüllter Magen, außergewöhnliches Durstgefühl, schlechter
Allgemeinzustand –

Diagnose, die auch der operierende Chirurg teilte, bestätigt und war überzeugt, die Patientin habe nur eine normale akute Blinddarmentzündung. Deshalb dachte sie nicht daran, eine Darmlähmung in Betracht zu ziehen und unterließ es, den Bauch abzutasten oder auf Darmgeräusche abzuhören. Bei der Einleitung der Narkose, vor Einführung des Tubus, erbrach die Patientin. Daraus entwickelte sich bei ihr eine Aspirationspneumonie, an deren Folgen sie zwei Tage später starb.

Der 1. Strafsenat des Bundesgerichtshofes[25] hat darauf abgestellt, daß der Tatrichter sich vorrangig mit der Frage auseinanderzusetzen habe, welches konkrete Maß an Sorgfalt von der Anästhesistin nach den konkreten sachlichen und persönlichen Verhältnissen gefordert werden konnte. Erst durch die Ermittlung konkreter Pflichtenkreise kann die Frage beantwortet werrden, ob eine dem einzelnen Arzt vorzuwerfende Sorgfaltswidrigkeit vorliegt. Demzufolge war danach zu fragen, welche Narkosevorbereitung die Anästhesistin in dem akut indizierten Fall treffen mußte. Dabei kam der Tatsache maßgebende Bedeutung zu, daß die Patientin zuvor sowohl von dem Assistenzarzt als auch von dem operierenden Chirurgen untersucht worden war und beide keine Anzeichen für eine Darmlähmung festgestellt beziehungsweise ihr diese nicht mitgeteilt hatten. Die im übrigen von ihr, unter den begrenzten zeitlichen Verhältnissen von der Patientin erfragten Symptome, deckten sich zudem mit den Festellungen ihrer Kollegen.

Regelmäßig ist der Anästhesist sowohl von seinem Berufsbild als auch von seinem Dienstvertrag her für die präoperative Versorgung des Patienten aus anästhesiologischer Sicht verantwortlich. Ihm obliegt es, das Narkoseverfahren zu bestimmen und die hiermit verbundenen besonderen jeweiligen Narkosevorbereitungen zu treffen. Hierzu gehört auch, sich von der Nüchternheit des Patienten zu überzeugen und bei nicht gegebener Nahrungskarenz von sechs bis acht Stunden die naheliegende Gefahr einer Aspiration zu vermeiden.

Demgegenüber hat der Chirurg im Einvernehmen mit dem Patienten darüber zu entscheiden, ob, wo und wann die Operation durchgeführt wird. Er hat dabei das Operationsrisiko und dabei zumindest auch

---

25 BGH NJW 1980, 649, 650.

das allgemeine Narkoserisiko mit ins Kalkül zu ziehen. Der sachliche Grund für diese "Primärkompetenz"[26] des Chirurgen besteht darin, daß der Patient in die Klinik kommt, um sich operieren und nicht in erster Linie, um sich narkotisieren zu lassen.

Die Anästhesistin war daher weder berechtigt noch verpflichtet, Anamnese und Diagnose des Chirurgen in Frage zu stellen. Als dem Chirurgen gleichwertig gegenüberstehende ärztliche Medizinalperson durfte sie sich deshalb, da sie sich innerhalb ihres Aufgabengebietes selbst sorgfaltsgerecht verhalten hatte, grundsätzlich auf die sorgfältige Mitarbeit des Kollegen innerhalb seiner Aufgaben- und Verantwortungsbereiche verlassen.

Mit Recht hat der 1. Strafsenat des Bundesgerichtshofes darauf hingewiesen, daß andernfalls jede Form der Zusammenarbeit im Operationssaal fragwürdig und mit zusätzlichen Risiken für den Patienten belastet wird, wenn Chirurg und Anästhesist ihre Kräfte zugunsten einer wechselseitigen Kontrolle zersplitterten.[27]

Die Anästhesistin durfte also grundsätzlich darauf vertrauen, daß der Chirurg die eigene Tätigkeit sachgemäß mit der ihrigen koordiniert, insbesondere die richtige Diagnose erstellt, auf die das Narkoseverfahren aufbaut, und sie rechtzeitig[28] und umfassend über die Anforderungen informiert, welche die vorgesehene Narkoseform stellen wird.[29]

Im Aspirationspneumoniefall hätte hierzu auch der Hinweis an die Anästhesistin gezählt, daß keine Darmgeräusche vorhanden sind, was auf eine Darmlähmung hindeutete und sie verpflichtet hätte, eine andere Narkoseform einzuleiten. Daß dies möglicherweise von seiten des Assistenzarztes und des operierenden Chirurgen in sorgfalts- widriger Weise nicht geschehen ist, kann der Anästhesistin nicht vorgeworfen werden. Dem Fahrlässigkeitsvorwurf wäre sie lediglich dann ausgesetzt, wenn sie erkannt hätte, daß der Chirurg innerhalb seines Aufgabengebietes einen Fehler begeht und sie in Kenntnis der hieraus drohenden, aber noch vermeidbaren Gefahren untätig geblie-

---

[26] Ulsenheimer, Medizinrecht 1984, 161, 166.
[27] BGH NJW 1980, 649, 650.
[28] Hierauf weist die Vereinbarung zwischen dem Berufsverband Deutscher Anästhesisten und dem Berufsverband der Deutschen Chirurgen, Medizinrecht 1984, 21 f.(sub I. Abs. 2), ausdrück- lich hin.
[29] BGH NJW 1980, 649, 650.

ben wäre.

Die Probleme interdisziplinärer Zusammenarbeit sind jedoch nicht auf die prä- und intraoperative Phase beschränkt. Auch in der postoperativen Phase kann die Verantwortlichkeit für jeden der Beteiligten weiterwirken.

So wurde im Reithosenplastikfall[30] eine 38 jährige Patientin nach einer annähernd siebenstündigen Operation in ansprechbarem Zustand auf die dem Chirurgen unterstehende "Intensivstation" gebracht. Dort versahen ein Assistenzarzt und eine Krankenschwester den Nachtdienst. Anordnungen für die postoperative Versorgung gab der Chirurg nicht. Die Anästhesistin hatte auf dem Anästhesie-Journal vermerkt: "Bitte sofort Dauerkatheter, Ausfuhr kontrollieren. Kreislauf! Für extreme Notfälle ist unbefundetes Blut da nur bei vitaler Indikation geben! Bitte genau aufschreiben, wieviel Blut aus den Dränagen gekommen ist!"

Die in der Nacht einsetzenden starken Nachblutungen wurden vom Nachtdienstpersonal nicht bemerkt, so daß die Patientin um die Mittagszeit des folgenden Tages nach einem erfolglos durchgeführten Rettungsversuch an einem Herz-Kreislauf-Versagen starb.

Die Strafkammer hat sowohl dem Chirurg als auch der Anästhesistin als Sorgfaltswidrigkeit angelastet, das Personal der "Intensivstation" nicht über die Operationsumstände und die akute Gefahr von Nachblutungen aufgeklärt sowie Anordnungen für die Versorgung des Patientin entweder überhaupt nicht oder unzureichend gegeben zu haben.

Der Anästhesistin warf sie vor, ihrer Nachsorgepflicht nicht ausreichend nachgekommen zu sein. Sie hätte den diensthabenden Arzt der Intensivstation aufklären und anweisen müssen. Insbesondere hätte sie ihn über die besonderen Operationsumstände und die akute Gefahrenlage durch Nachblutungen unterrichten müssen; spezielle Anordnungen seien in besonderen Fällen üblich gewesen, und die Angeklagte habe durch ihre - allerdings unzureichenden - Hinweise im Anästhesie-Journal gezeigt, daß sie sich verantwortlich gefühlt habe.

---

[30] BHG NJW 1980, 650 f. = MDR 1980, 155 f.

Unterstellt, dieser Ansatz wäre richtig, dann hätte sich der Tatrichter, da die Anästhesistin auf dem Anästhesie-Journal tatsächlich Anordnungen und Informationen über die postoperative Versorgung der Patientin erteilt hatte, sich mit der Frage auseinandersetzen müssen, weshalb diese unzureichend gewesen waren. Insbesondere hätte der Fahrlässigkeitsvorwurf nur dann aufrechterhalten werden können, wenn das Gericht zum einen diejenigen Informationen nachgewiesen hätte, welche die Anästhesistin in sorgfaltspflichtwidriger Weise nicht erteilt hatte, und zum anderen feststellt hätte, daß hierauf der Unrechtserfolg ursächlich beruht habe.[31]

Jedoch fehlen auch im weiteren konkrete Feststellungen, aus welchem Grunde die Anästhesistin zur Erledigung dieser spezifischen Aufgabe verpflichtet gewesen wäre. Diese Frage hätte auch hier, wie bereits im zuvor untersuchten Aspirationspneumoniefall festgestellt wurde, erst dann beantwortet werden können, wenn das Gericht zuvor eindeutig aufgeklärt hätte, in wessen Aufgaben- und Verantwortungsbereich es fällt, den Patienten in der postoperativen Phase vor den aus einem Entblutungsschock drohenden Gefahren zu schützen.

Aus der Tatsache allein, daß den Anästhesisten in der postoperativen Phase irgendwelche Verantwortlichkeiten treffen, kann nicht hergeleitet werden, daß ihn die Verantwortlichkeit für jeden innerhalb dieser Zeitspanne eintretenden Unrechtserfolg trifft. Mithin hätte festgestellt werden müssen, für welchen Beteiligten des Operationsteams überhaupt die Pflicht bestand, das Nachtdienstpersonal auf die Gefahr eines Entblutungsschocks hinzuweisen und zur ständigen Beobachtung der Patientin anzuhalten.

Entscheidend sind auch hier diejenigen Umstände zu ermitteln, aus denen sich die konkrete Verteilung der Verantwortlichkeiten im Grenzbereich der postoperativen Phase zwischen Chirurg und Anästhesist ergibt.[32]

Hierfür sind in erster Linie die an der jeweiligen Klinik verbindlichen Anordnungen über die Verteilung der Verantwortungsbereiche maßgebend. Ausnahmsweise darf von ihnen abgewichen werden, wenn die

---

[31] BGH NJW 1980, 650, 651.
[32] Zustimmend Ulsenheimer, Medizinrecht 1984, 161, 166.

Besonderheiten des konkreten Falles dies erfordern. Dies ist aber nur dann zulässig, wenn die Beteiligten sich hierüber ausdrücklich und unmißverständlich abgesprochen haben. Auf keinen Fall dürfen durch eine individuelle Absprache für die Behandlung des Patienten größere Gefahren entstehen, als dies unter Beachtung der generellen Klinikanordnung der Fall gewesen wäre. Fehlt eine solche klinikinterne Anordnung, so gelten subsidiär die von den beteiligten Berufsverbänden getroffenen Vereinbarungen.[33]

Diesen auf Bundesebene getroffenen Absprachen kommt – obgleich es keine Rechtsnormen sind – für die Ermittlung der Verantwortlichkeiten entscheidende Bedeutung zu. Es handelt sich bei ihnen um in pluralistischen Meinungsbildungsprozessen entstandene Ansichten verschiedener Berufsverbände, die auf Bundesebende miteinander in Einklang gebracht wurden. Auch sie stellen das Ergebnis geronnener Erfahrungen über die umfassene Voraussicht möglicher Gefahren dar, die im Falle ihrer Mißachtung zu erwarten sind.[34]

Nach der interdisziplinären Absprache[35] ist die Verantwortung des Anästhesisten in der postoperativen Phase darauf beschränkt, die von den postnarkotischen Wirkungen ausgehenden Gefahren bis zur Wiederherstellung der Vitalfunktionen zu beherrschen, soweit ihm der Krankenhausträger nicht weitergehende Aufgaben, wie zum Beispiel die organisatorische Leitung der Wachstation, übertragen hat.[36]

Nachbehandlungen und Nachuntersuchungen gehören nur dann zur Verantwortlichkeit des Anästhesisten, soweit sie im unmittelbaren Kontext zu dem Betäubungsverfahren stehen. Für Komplikationen, die aus dem chirurgischen Eingriff selbst folgen, wie etwa Nachblutungen, ist der Chirurg verantwortlich, der auch bei Überschneidungen, also dem Vorliegen positiver Kompetenzkonflikte, beziehungsweise bei Unklarheiten über die Abgrenzung der Verantwortlichkeiten, der primär Verantwortliche ist.

---

[33] BGH NJW 1980, 650, 651.
[34] Jescheck, AT §55 I; Bohnert, JR 1982, 6, 8; BGHSt 12, 75, 78.
[35] Sub V. Abs. 2, abgedruckt in: Medizinrecht 1984, 21 f.
[36] Vgl. BGH NJW 1980, 650, 651; Ulsenheimer, Medizinrecht 1984, 161, 166.

Da die Patientin nach dem Eingriff ansprechbar war, war im Zweifel davon auszugehen, daß die postnarkotischen Wirkungen beendet waren. Jedenfalls aber beruhten die Folgen, nämlich der Entblutungsschock, allein auf dem chirurgischen Eingriff.[37] Demnach war die Anästhesistin für die sich aus dem Eintritt von Nachblutungen ergebenden Schädigungen der Patientin nicht verantwortlich. Sie durfte, da sie mit der Herstellung der Vitalfunktionen ihren Verantwortlichkeiten erschöpfend nachgekommen war, darauf vertrauen, daß für die Versorgung der Patientin im übrigen – also außerhalb ihres Verantwortungsbereiches – ordnungsgemäß gesorgt werden würde.[36]

Die Verantwortlichkeit der Anästhesistin für den sich eindeutig aus außerhalb ihres eigenen Aufgabengebietes liegenden Umständen entwickelnden Unrechtserfolg, hätte daher nur dann in Betracht kommen können, wenn ihr hätte nachgewiesen werden können, daß sie positive Kenntnis von der Unfähigkeit des Nachtdienstpersonals gehabt hatte.[39]

– Zwischenergebnis

Innerhalb gleichzeitiger, oder sich zeitlich überschneidener ärztlicher Behandlungsabläufe bei interdisziplinärer Zusammenarbeit ist prinzipiell jeder Arzt – gleich, ob es sich um ein Verhalten in der prä-, intra- oder postoperativen Phase handelt – nur für die sich innerhalb seines spezifischen Aufgabengebietes entwickelnden drohenden Gefahren verantwortlich. Darüberhinaus gilt für ihn der Vertrauensgrundsatz, soweit ihm nicht durch klinische Anordnung oder ausdrücklicher spezieller Absprache zusätzliche Verantwortlichkeiten zugewiesen sind, oder er den Fehler der anderen Medizinalperson erkannt hatte und für ihn die hieraus drohenden Gefahren

---

[37] Anders mag dies sein, wenn der Patient durch die Nachwirkungen der Anästhesie noch do geschwächt ist, daß er den Blutverlust entweder nicht bemerkt beziehungsweise sich nicht benmerkbar machen kann. Feststellungen hierzu hat die Strafkammer aber nicht getroffen.

[38] Bemerkenswert ist, daß dieser Zwischenfall der Staatsanwaltschaft offensichtlich keinen Anlaß gab, gegen das Nachtdienstpersonal strafrechtlichen Ermittlungen zu führen. Die Entscheidung gibt hierüber keine Auskunft. Weshalb die Patientin operiert worden war, war dem Nachtdienstpersonal bekannt. Der unmißverständlichen Anordnung der Anästhesistin ("Ausfuhr kontrollieren. Kreislauf!") war zu entnehmen, daß regelmäßige Kontrollen der Patientin während des Nachtdienstes durchgeführt werden sollten. Hier hätte von der Staatsanwaltschaft die Frage geklärt werden müssen, weshalb dieser Anweisung vom Nachtdienstpersonal, insbesondere dem den ärztlichen Nachtdienst versehenden Assistenzarzt, nicht Folge geleistet wurde.

[39] Weissauer, Der Anästhesist und das Recht, 994, 996.

für den Patienten aufgrund allgemeiner Lebenserfahrung, vorhersehbar waren.

II. **Verantwortlichkeit im Verhältnis einweisender/überweisender Arzt und Klinik/Facharzt**

Neben dem gleichzeitigen oder sich zeitlich überschneidenden ärztlichen Zusammenwirken ist auch eine zeitlich nacheinander geschaltete ärztliche Zusammenarbeit denkbar. Gelangt ein Arzt mit dem ihm verfügbaren Wissen oder beherrschbaren Können an die Grenzen des für die Behandlung Erforderlichen, so ist er auf die Mitarbeit anderer Kollegen angewiesen. Ansonsten läuft er Gefahr – wegen der Übernahme medizinischer Aufgaben, denen er nicht gewachsen ist – sich aus dem Gesichtspunkt des Übernahmeverschuldens strafbar zu machen.[40] Er handelt deshalb nur dann sorgfaltsgemäß, wenn er den Patienten in kompetentere Hände überweist. Dies ist insbesondere dann der Fall, wo der ursprünglich behandelnde Arzt den Patienten an einen Facharzt überweist oder ihn gar in stationäre Behandlung in eine Klinik übergibt.[41] In beiden Fällen beendet er seine unmittelbare Behandlung des Patienten.

Die Verantwortlichkeit des Arztes ist zwar primär darauf gerichtet, durch seine unmittelbare Behandlung am Patienten diesem keinen Schaden zuzufügen. Mit der Realisierung der Arbeitsteilung hat sich aber gleichzeitig sein Verantwortungsbereich verändert.

1. **Die Verantwortlichkeit des einweisenden Arztes**

Gibt er den Patienten in andere Hände zur weiteren ärztlichen Behandlung, so sind seine bisher geleisteten Behandlungsbeiträge von dem medizinischen Gesamterfolg nicht isoliert zu sehen. Deshalb endet seine Verantwortlichkeit für die sich aus dem Zusammenspiel mit fremder Sorgfaltswidrigkeit ergebenden schädlichen Folgen erst, wenn er sich seinerseits sorgfaltsgemäß verhalten beziehungsweise eine etwaige Sorgfaltswidrigkeit sich nicht in dem beim Patienten eingetretenen Schaden realisiert hat.

---

[40] Ulsenheimer, Medizinrecht 1984, 161, 162; eingehend zur Problematik der Übernahmefahrlässigkeit: Burgstaller, 192 ff.
[41] Kamps, 218, ebenso wohl auch Ulsenheimer, Arztstrafrecht in der Praxis, der zwar einleitend unter Rn. 142 und 159 noch ausdrücklich zwischen der Zusammenarbeit zwischen Arzt für Allgemeinmedizin und Facharzt einerseits, und niedergelassenem Arzt und Krankenhausarzt andererseits differenziert, inhaltlich (vgl. Rn. 160 – 166) dann aber keine tragenden haftungsrestriktiven Unterschiede herausarbeitet.

Mit der letztgenannten Einschränkung sind vorweg solche Fälle
auszugrenzen, bei denen dem ursprünglich behandelnden Arzt ein an
sich durchaus folgenschwerer Fehler unterläuft, der Patient aber
durch einen unabhängig hiervon entstandenen anderen Fehler des
Kollegen Schaden nimmt. Unterläßt es der Hausarzt etwa, den
Kollegen auf eine bestimmte Arzneimittelunverträglichkeit hinzuweisen, verstirbt der Patient aber vorher an einem hiervon unabhängigen Mißgriff des Chirurgen, dann haben sich zwar beide Ärzte
sorgfaltswidrig verhalten. Der konkrete Erfolg ist aber nur dem
Chirurgen zuzurechnen. Den einweisenden Arzt trifft hier keine
Verantwortlichkeit für den konkret eingetretenen Unrechtserfolg.[42]

Die nähere Eingrenzung der hieraus für ihn resultierenden Pflichten
soll anhand des folgenden von Eyrich[43] mitgeteilten Falles untersucht werden.[44]

Ein 13 jähriger Patient wird im Verlaufe eines mehrwöchigen Klinik-
aufenthalts zu einer Probeexcision aus dem Oberschenkelknochen in
eine Spezialklinik verlegt. Nach dem Eingriff soll er wieder
zurückverlegt werden. Die Krankenakten behielt der einweisende
Arzt. Der Anästhesist erhielt keinerlei Informationen. In dem an
den Chirurgen gerichteten Brief war lediglich ein Hinweis auf die
Verdachtsdiagnose Osteomyelitis[45] oder Panvasculitis[46] enthalten.

Auf Anfrage der Klinikärzte teilte er mündlich nur mit, daß auch
ein Immundefekt diskutiert werde. Daß der Patient eine schwere
Lungenaffektion hinter sich hatte und eine Glomerulonephritis[47] zu
einer Hypertonie geführt hatte, die mit "Dociton^R" behandelt worden
war, teilte er nicht mit. Ferner bestand eine Lebervergrößerung. Im

---

[42] Weissauer, Münchener Medizinische Wochenschrift 1969, 1353,
1356.
[43] Eyrich, Der Chirurg 1980, 134, 135.
[44] Wie aus dem von Eyrich mitgeteilten Sachverhalt hervorgeht,
wurden Schäden vermieden, nachdem die angewiesenen Ärzte von
sich aus mehrfach Rücksprache mit der einweisenden Klinik
gehalten hatten. Der Fall macht aber deutlich, wie schleppend
und lückenhaft der Informationsfluß ablaufen, kann und welche
verhängnisvollen Folgen sich hieraus entwickeln können. Dies
gilt erst recht, wenn den Beteiligten nur wenig Zeit zur
Verfügung steht, um die einzelnen Arbeitsschritte exakt aufeinander abzustimmen.
[45] Knochenmarkentzündung
[46] Allgemeine Gefäßentzündung, die sämtliche Wandschichten
erfaßt.
[47] Sammelbezeichnung sehr verschiedenartiger, primär nicht
infektbedingter Nierenerkrankungen mit Entzündungsvorgängen in
den Nierenkörperchen, vgl. Pschyrembel, Stichwort: "Glomerulonephritis".

EKG waren noch erhebliche Rückbildungsstörungen vorhanden. Zusätzlich bestand ein röntgenologisch nachweisbarer Perikarderguß.[48] Der
Patient stand schließlich noch unter Cortison und war digitali-
siert. Um sämtliche dieser recht bedeutenden Informationen zu
erlangen, mußten erst die angewiesenen Ärzte die Initiative ergreifen.

Bei derart gravierenden Informationsdefiziten zwischen einweisendem
und angewiesenem Arzt kann für beide, wenn es hieraus zu Komplikationen für den Patienten kommt, der Fahrlässigkeitsvorwurf in
Betracht kommen.

Die ordnungsgemäße ärztliche Dokumentation ist ein wichtiges Hilfsmittel für die sach- und fachgerechte Behandlung des Patienten.[49]
Durch sie soll sowohl der behandelnde Arzt als auch alle mit- und
nachbehandelnden Ärzte über alle medizinisch relevanten Fakten
informiert werden. Sie ist zugleich ein Steuerungs- und Kontrollin-
strument des für die Behandlung Verantwortlichen im Rahmen des
arbeitsteiligen Zusammenwirkens.[50]

Der einweisende Arzt hat alles in seiner Macht stehende zu
unternehmen, um dem Wohl des Patienten zu dienen. Dies umfaßt
sowohl die Pflicht, ihm aus medizinischer Sicht zu helfen als auch
ihn vor den Risiken einer ungenügend vorbereiteten oder ausgeführten Behandlung zu schützen. Die Häufung unbekannter und gravierender Vorbefunde ist besonders komplikationsträchtig.[51] Die in der
medizinischen Wissenschaft von Lutz und Klose[52] durchgeführten
empirischen Untersuchungen haben ergeben, daß bei 73% der Fälle,
bei denen anästhesiologische Komplikationen auftraten, entscheidende Befunde fehlten. Sie stellten fest, daß ungenügende Vorunter-
suchungen und Vorbereitungen eine wesentliche Ursache für Zwischenfälle bilden.[53]

---

[48] Blutiger oder eitriger Erguß aus entzündetem Herzbeutel, vgl.
Pschyrembel, Stichwort: "Perikarderguß".
[49] Rieger, Lexikon des Arztrechts Rn. 571; Brenner, 203.
[50] Opderbecke/Weissauer, Medizinrecht 1984, 211, 212.
[51] Eyrich, Der Chirurg 1980, 134, 135.
[52] Lutz/Klose, Zeitschrift für allgemeine Medizin, 53, 719.
[53] Lutz/Klose, Anaesthesiologische Informationen 17, 342; Eyrich,
Der Chirurg 1980, 134, 138..

Um etwa die Narkose sorgfältig vorbereiten zu können, hat der Anästhesist eine umfassende Anamnese durchzuführen, damit er potentielle Komplikationen mit ins Kalkül ziehen kann. So muß er unter anderem Kenntnis von der laufenden Medikation haben, speziell über Digitalissubstanzen, Betablocker, Antihypertonica, Corticoide, aber auch über Diuretica[54] oder Abführmittel.[55] Das gleiche gilt für forcierte Darmspülungen und ähnliche therapeutische Behandlungen, da hierdurch zum Beispiel Störungen im Elektrolytehaushalt verursacht werden können.

Aus rein zeitlichen Gründen wird er meist aber auf die ihm von der überweisenden Stelle, sei es ein Hausarzt, Facharzt oder einer Klinik erstellte Allgemeinanamnese angewiesen sein. Er benötigt daher die Krankenakte, aus der er diese Informationen entnehmen kann. Die gesamten Krankenunterlagen sind erfahrungsgemäß um so umfangreicher und detaillierter je gravierender die Erkrankung ist und je länger der Patient sich bei dem einweisenden Arzt in Behandlung befand.

Da die Anamnese oft nur das Ergebnis der vorherigen spezifischen medizinischen Versorgung der überweisenden Stelle ist, muß sie der angewiesene Arzt zwar grundsätzlich durch Erhebung eigener fachspezifischer Befunde ergänzen. Hierzu gehören Fragen nach der Leistungsfähigkeit von Herz und Lunge, nach Unverträglichkeiten, Allergien, Stoffwechselstörungen sowie der eingeschränkten Funktion verschiedener Organsysteme.[56] Dies setzt aber voraus, daß der Patient überhaupt ansprechbar ist und darüberhinaus auch sonst von seinem Einschätzungsvermögen her in der Lage ist, derart detaillierte Angaben zu machen. Daher muß der angewiesene Arzt regelmäßig auf die Krankenakte zurückgreifen, um im Vergleich mit seinen Erhebungen die geeigneten Maßnahmen treffen zu können.

Der einweisende Arzt hat deshalb die Pflicht, sämtliche auf den aktuellen Fall[57] bezogenen verfügbaren Krankenunterlagen, dem oder den angewiesenen Kollegen auszuhändigen. Kommt es zu Komplikationen, die auf Informationsdefiziten beruhen, so trifft hierfür auch

---

[54] Stoffe, welche die Harnausscheidung steigern.
[55] Eyrich, Der Chirurg 1980, 134, 135 f.
[56] Eyrich, Der Chirurg 1980, 134, 136.
[57] Zutreffend weisen Carstensen/Schreiber, Therapie und Recht (1981), 167, 172 f, darauf hin, daß überalterte Befunde hierzu nicht gehören.

ihn grundsätzlich die Verantwortlichkeit. Er ist nicht schutzwürdig in seiner Erwartung, die Kollegen werden auch ohne seine Informationen auskommen.

Hat er die Krankenunterlagen mit übersandt, ist er aber nicht sicher, ob diese vollständig sind beziehungsweise, ob die Angaben stimmen oder hätte er wissen müssen, daß er unter Beachtung der Regeln der ärztlichen Kunst auch zu einer anderen Einschätzung des Falles hätte gelangen können, so hat er dies dem Kollegen unmißverständlich anzuzeigen. Berufliche Eitelkeiten sind nicht schutzwürdig, wo es um die Sicherheit des Patienten geht. Hier handelt er nur dann sorgfaltsgerecht, wenn er seinem Kollegen deutlich zu erkennen gibt, daß er sich seiner Einschätzung bezüglich der Anamnese,der Diagnose oder der bisherigen Therapie nicht sicher ist. Zu diesem Zweck reicht es beispielsweise aus, wenn er in den Krankenunterlagen hinter dem von ihm gefundenen Resultaten, denen er sich selbst aber nicht sicher ist, ein Fragezeichen setzt.

Hierdurch signalisiert er dem Kollegen in der Klinik oder dem Facharzt, in welchen Fällen dieser seine Behandlungsergebnisse kritisch zu werten hat. Unterläßt er dies aber, so ist für ihn erkennbar und somit vorhersehbar, daß der Kollege möglicherweise falsche diagnostische Ergebnisse in seine Behandlungsabläufe einfließen läßt und der Patient hierdurch Schaden erleiden kann.

Ob dem weiterbehandelnden Arzt hieraus ein höheres Maß an Pflichten in bezug auf eine kritische Kontrolle der Arbeiten des vorher behandelnden Kollegen erwachsen und die Verantwortlichkeit des erstbehandelnden Arztes endet beziehungsweise eingeschränkt wird, hängt maßgebend von dem Grund der Überweisung des Patienten ab.

Beendet der erstbehandelnde Arzt seine Arbeit, obwohl die zu bewältigende Aufgabe innerhalb seiner Fachdisziplin liegt, dann kann der weiterbehandelnde Arzt die bisherigen Arbeitsschritte nicht unkritisch zur Grundlage seiner Entscheidung machen. Denn mit der nicht erfolgreichen bisherigen Behandlung, die der Grund für die Überweisung ist, signalisiert er seinem Kollegen, daß möglicherweise die von ihm ermittelte Anamnese oder die gestellten Diagnosen nicht zutreffend sind. Im Kern liegt hier kein Fall des arbeitsteiligen Zusammenwirkens vor, da der weiterbehandelnde Arzt lediglich die gesamte Arbeit seines Kollegen nochmals zu erbringen hat.

Macht er dies dem Kollegen entweder ausdrücklich oder schlüssig hinreichend deutlich, dann darf der erstbehandelnde Arzt darauf vertrauen, daß der Kollege mit seinen bisherigen Arbeitsresultaten sorgfältig umgehen und diese nicht ungeprüft für die weitere Behandlung verwerten werde. Unter diesen Umständen trifft den Erstbehandelnden keine Verantwortlichkeit für das aus seinem bisherigen Verhalten sich ergebende Unrecht. Übernimmt der Kollege die Arbeitsergebnisse des erstbehandelnden Arztes ungeprüft, dann ist er hierfür allein verantwortlich.

Etwas anderes hat freilich dann zu gelten, wenn die Überweisung aus dem Grunde erfolgt, weil der erstbehandelnde Arzt an die Grenzen seiner Fachdisziplin gelangt ist, und nunmehr die Arbeit eines Spezialisten gefordert ist. Erst hier handelt es sich um einen reinen Fall arbeitsteiligen Zusammenwirkens.

Soweit der überweisende/einweisende Arzt es unterläßt zu signalisieren, sich seiner eigenen Ergebnisse nicht sicher zu sein (Klassifizierung als Verdachtsdiagnose) oder sonst zu erkennen gibt, daß die mitgeteilten Resultate möglicherweise nicht zutreffend sind, bleibt er für die sich aus seinem bisherigen sorgfaltswidrigen Verhalten für den Patienten sich entwickelnden schädlichen Folgen weiterhin zumindest mitverantwortlich. Dann findet für ihn der Vertrauensgrundsatz keine Anwendung.

Im Fall der nicht rechtzeitig entdeckten Zwillingsschwangerschaft[58] hatte der Facharzt für Frauenheilkunde und Geburtshilfe die Patientin zuvor mit dem ovulationsauslösenden Präparat "Dyneric^R" behandelt. Dieses Präparat erhöht die Wahrscheinlichkeit der Mehrlingsschwangerschaft um etwa das 4,8-fache also 480%. Der von ihm erstellte Mutterpaß, der den die Entbindung durchführenden Ärzten vorlag, ergab lediglich, daß von ihm zwei Ultraschalluntersuchungen durchgeführt worden waren. Die Behandlung mit "Dyneric" Behandlung wurde dagegen nicht erwähnt. In der Überschrift "Risikoschwangerschaft" war das Kästchen "nein" angekreuzt.

---

[58] BGH Der Strafverteidiger 1988, 251 f.

Aufgabe des die Mutter während der Schwangerschaft betreuenden Arztes ist es, im Wege der Schwangerenvorsorge, neben der Beratung der Patientin, die Schwangerschaft zu überwachen mit dem Ziel, Abweichungen vom normalen Schwangerschaftsverlauf frühzeitig zu erkennen, und Dauerschäden während oder nach der Schwangerschaft sowohl bei ihr als auch beim ungeborenen Leben zu vermeiden.[39] Zu diesem Zweck sollen die weiterbehandlenden Kollegen anhand des ausgefüllten Mutterpasses kurz, aber ausreichend über die bisherigen Behandlungsmaßnahmen umfassend informiert werden. Hierdurch soll vermieden werden, daß Fehler aus dem Zusammenwirken mit schädlichen Folgen für Mutter und das noch ungeborene Leben entstehen können.

Durch nachlässige Führung des Mutterpasses und den unsorgfältig durchgeführten Ultraschalluntersuchungen setzte er mit die entscheidende Ursache für die sich später entwickelnden schlimmen Folgen für das noch im Mutterleib befindliche Kind. Die hierauf beruhende nicht indizierte Applikation von "Methergin" war für ihn als Facharzt für Frauenheilkunde und Geburtshilfe auch vorhersehbar.

Für die eigenen von ihm sorgfaltswidrig geleisteten und fortwirkenden Arbeitsbeiträge bleibt er strafrechtlich verantwortlich, soweit er nicht dem Kollegen seine Unsicherheit signalisiert hat. Erst wenn er sich insoweit pflichtgemäß verhalten hat, findet für ihn im übrigen der Vertrauensgrundsatz Anwendung.

Hat er sich bisher gegenüber dem Patienten sorgfaltsgerecht verhalten, trifft ihn die Verantwortlichkeit für eine auf sorgfaltspflichtwidrigem Verhalten des Kollegen beruhende Schädigung des Patienten nur aus einem einzigen Grunde, nämlich dem Auswahlverschulden. Hat er erkannt oder hätte er erkennen müssen, daß der hinzugezogene Kollege nicht in der Lage war, für eine verantwortungsvolle Weiterbehandlung zu sorgen, dann trifft ihn für seine Auswahl der Fahrlässigkeitsvorwurf.

---

[39] Pschyrembel, Stichwort: "Schwangerenvorsorge".

– **Zwischenergebnis**

Der einweisende Arzt hat die Pflicht, seinen Kollegen umfassend über diejenigen Tatsachen zu informieren, die die für die Erledigung der angetragenen Aufgabe benötigt werden. Zu diesem Zweck hat er sämtliche, ihm verfügbaren Krankenunterlagen dem oder den angewiesenen Kollegen auszuhändigen. Zu einer selektiven Vorauswahl ist er nicht berechtigt. Was die angewiesenen Kollegen im einzelnen genau wissen müssen, vermag er nicht einzuschätzen. Regelmäßig wird er auch in der Lage sein, die Krankenakten aus den Händen zu geben. Wo dies im Ausnahmefall nicht möglich sein sollte, hat er Kopien anzufertigen oder auf sonstige Weise unbedingt dafür Sorge zu tragen, daß die für ihn erkennbar notwendigen Informationen den Kollegen erreichen. Kommt der Patient durch die Folgen der vom einweisenden Arzt sorgfaltswidrig zurückgehaltenen Informationen zu Schaden, dann ist der erstbehandelnde Arzt strafrechtlich hierfür verantwortlich. Signalisiert er allerdings dem nachbehandelnden Arzt, daß er sich bezüglich einzelner Arbeitsschritte nicht sicher ist, so erlischt insoweit seine Verantwortlichkeit.

2.   **Verantwortlichkeit des angewiesenen Arztes**

Aus den genannten Gründen muß der angewiesene Arzt sich umfassende Kenntnis von dem Gesundheitszustand des Patienten verschaffen. Hierzu zählen auch Informationen über Diagnosen, und in weit stärkerem Maße auch die bisher angewendeten und zum Teil noch fortwirkenden therapeutischen Maßnahmen. Hier handelt der weiterbehandelnde Arzt nur dann sorgfaltsgerecht, indem er die invasive Behandlung so lange ablehnt, bis er in der Lage ist, die sich aus seiner Behandlung ergebenden spezifischen Risiken abzuschätzen und insbesondere ihm die vorhandenen Unterlagen vorliegen. Wenn Eile geboten ist, hat er zumindest dafür zu sorgen, daß er sich telefonisch um Rücksprache mit dem einweisenden Arzt bemüht und sich die erforderlichen Informationen mitteilen läßt.

Vorher hat er keinen Grund, darauf vertrauen zu dürfen, den Patienten – ohne dessen medizinische Vorgeschichte abzuklären – fachgerecht versorgen zu können. Befindet die medizinische Vorgeschichte sich in der Klinik nicht bei den Patientenunterlagen, so ist dies ein erkennbarer äußerer Umstand, der von dem üblichen Ablauf des arbeitsteiligen Zusammenwirkens entscheidend abweicht und ein Fehlverhalten des einweisenden Kollegen signalisiert. Der Vertrauensgrundsatz kann dann keine Anwendung finden, da dem angewiesenen Arzt erkennbar war, daß das konkret arbeitsteilige Zusammenwirken von den normalen Verhältnissen abwich.

Demgegenüber meint das OLG Düsseldorf,[60] den weiterbehandelnden Arzt treffe keine Pflicht, die Vorbehandlungsunterlagen beizuziehen, da dies in der Praxis auf eine [61] Behinderung der laufenden Therapie hinauslaufen könne. Lediglich wenn die Kenntnisse der dort vermerkten Einzelheiten im Rahmen der Behandlung einer neuerlichen Erkrankung medizinisch notwendig sei, hält es eine Beiziehungspflicht für gegeben.

Der weiterbehandelnde Arzt kann jedoch erst nach Durchsicht der Krankenunterlagen einschätzen, ob er die dort enthaltenen Informationen benötigt oder nicht. Schreitet er zur Behandlung, ohne zu wissen, welche Vorarbeiten der Kollege erbracht hat, die zu den von ihm beabsichtigten Behandlungsschritten durchaus kontraindiziert sein können, so geht er ein zusätzliches Risiko ein, das mit einer sachgerechten medizinischen Behandlung des Patienten nicht zu vereinbaren ist.[62] Diese Argumentation des Gerichts überzeugt daher nicht.

Der Verstoß gegen die Beiziehungspflicht ist freilich nur dann für die strafrechtliche Verantwortlichkeit von Relevanz, wenn die ihm vermittelbaren Unterlagen bei tatsächlicher Kenntnis zu einem anderen Verhalten hätten zwingen müssen. Ist dies nicht der Fall oder zumindest zweifelhaft, dann ist davon auszugehen, daß es am Pflichtwidrigkeitszusammenhang fehlt, da der Unrechtserfolg auch bei rechtmäßigem Alternativverhalten aller Voraussicht nach eingetreten wäre. Eine weitere Einschränkung hat jedoch dann zu gelten, wenn dem weiterbehandelnden Arzt die Krankenunterlagen vorliegen, aber unvollständig sind und keine Anzeichen dafür

---

[60] OLG Düsseldorf Arztrecht 1987, 281, 282.
[61] Die Entscheidungsgründe sind allerdings widersprüchlich, einerseits setzt das Gericht sich mit der Frage auseinander, wann der weiterbehandelnde Arzt die Unterlagen beizuziehen habe, andererseits geht es aber darauf ein, unter welchen Umständen der ursprünglich behandelnde Arzt davon ausgehen müsse, daß der hinzugezogene Kollege auf die Krankenunterlagen angewiesen sei.
[62] Unkritisch: Ulsenheimer, Arztstrafrecht in der Praxis, 158, der die Entscheidung des OLG Düsseldorf unkommentiert wörtlich zitiert.

vorliegen, daß der einweisende Arzt Informationen "zurückgehalten" hat. Hier muß der Arzt davon ausgehen dürfen, daß der einweisende Kollege ihn umfassend und richtig informiert hat. Der Vertrauensgrundsatz findet für ihn insoweit folglich Anwendung.

In der bloßen formalen Einsicht in die Krankenakte erschöpft sich jedoch nicht die Pflicht des weiterbehandelnden Arztes. Inwieweit er die dort enthaltenen Ergebnisse ungeprüft zur Grundlage seiner eigenen Behandlungsabschnitte macht, hängt maßgebend von dem Grund der Überweisung des Patienten ab.

Hat der erstbehandelnde Arzt seine Behandlung abgebrochen, obwohl die zu bewältigende Aufgabe innerhalb seiner Fachdisziplin lag, dann kann der weiterbehandelnde Arzt die bisherigen Arbeitsschritte nicht unkritisch zur Grundlage seine Entscheidung machen. Eine erfolglose Therapie kann auf einer fehlerhaften Anamnese oder Diagnose beruhen. War die bisherige Behandlung erfolglos und dies der Grund für die Überweisung, so signalisiert der erstbehandelnde Arzt seinem Kollegen, daß seine bisherigen Arbeitsschritte fehlerhaft sein könnten.

Beendet der erstbehandelnde Arzt seine Arbeit jedoch, weil er an die Grenzen seiner Fachdisziplin gelangt, und nunmehr die Arbeit eines Spezialisten gefordert ist, dann darf der neue Arzt auf den Arbeitsschritten des Kollegen in größerem Umfang aufbauen. Soweit ihm der überweisende/einweisende Kollege nicht signalisiert, sich seiner eigenen Ergebnisse nicht sicher zu sein (Klassifizierung als Verdachtsdiagnose) oder er erkennt, daß die ihm mitgeteilten Ergebnisse nicht richtig sein können, findet für ihn der Vertrauensgrundsatz Anwendung.

Unabhängig davon endet das Vertrauen in die fremde sorgfältige Mitarbeit jedoch dort, wo entweder generell die spezifische Pflicht zum Mißtrauen besteht oder aber die erkennbar äußeren Umstände dem Arzt vertrauenszerstörende Informationen signalisierten, welche die für den Patienten drohenden Gefahren aus dem fremden Fehlverhalten vorhersehbar machten.[63]

---

[63] Carstensen, Langenbecks Archiv für Chirurgie, Band 355 (1981), 593, 594.

Für den weiterbehandelnden Arzt kann, unabhängig von den konkreten Umständen – insbesondere der Vertrauenswürdigkeit des vorbehandelnden Kollegen – eine spezifische Pflicht bestehen, einzelne seiner Arbeitsschritte zu wiederholen beziehungsweise zu überprüfen. Bisherige fremde Befunde, die wegen ihrer typischen hohen Fehlerhäufigkeit erhebliche Schädigungen des Patienten hervorrufen önnen, können es generell erfordern, sie stets zu wiederholen. Ebenso kann die Wiederholung geboten sein, weil sich Befunde mit dem Gesundheits- oder Krankheitszustand ändern können[64] und daher per se nur von kurzlebigem Aussagewert sind.

Existiert ein spezifisches Verhaltensgebot zur Wiederholung bestimmter Maßnahmen, wie etwa der "bed- side-Test"[65] oder der Pflicht zur routinemäßigen Wiedererhebung bestimmter Befunde, und unterläßt der weiterbehandelnde Arzt dies, weil er meint, sich auf die Vorarbeiten verlassen zu dürfen, dann folgt seine Verantwortlichkeit – allein aus dem sorgfaltswidrigem Verstoß gegen das spezifische Verhaltensgebot. Vom Prinzip her gilt insoweit nichts anderes als für den Bereich der vertikalen Arbeitsteilung.

Im Fall der nicht rechtzeitig erkannten Zwillingsschwangerschaft existierte – wie bereits im Zusammenhang mit der Darstellung der von Wilhelm vertretenen Lösungsansätze angesprochen wurde – an der Klinik die für den die Entbindung durchführenden Arzt verbindliche Anordnung, das die Verkürzung der Periode der Nachgeburt bewirkende Medikament Methergin[R] erst und nur dann zu injizieren, wenn Gewißheit bestand, daß die Fruchthöhle leer war. Aufgrund dieser klinikinternen Anordnung war der entbindende Arzt verpflichtet, ohne daß es hier auf die Einschätzung des die Schwangere während der Schwangerschaft betreuenden Kollegen ankam, die angeordnete Kontrolle vorzunehmen.

Für den angewiesenen Arzt bestand daher ein konkretes, ihm die Voraussicht bestimmter Gefahren gebietendes Verhaltensgebot. Dessen Nichtbeachtung signalisierte ihm die aus der nicht ordentlichen Untersuchung der Fruchthöhle drohenden Gefahren für ein noch im Mutterleib befindliches Kind.

---

[64] Carstensen/Schreiber, Therapie und Recht (1981), 167, 172.
[65] Vgl. BGH Arzt und Krankenhaus 1986, 112 f.

Selbst wenn eine derartige klinikinterne Regelung nicht bestanden
hätte, wäre ihm, wegen der für ihn erkennbaren äußeren Umstände,
der Fahrlässigkeitsvorwurf zu machen. Unmittelbar nach der Entbindung war die Bauchdecke der Schwangeren trotz der erfolgten Geburt
des ersten Kindes weiterhin gewölbt. Allein dieser Umstand hätte
ihm aufgrund des von einem Arzt, der einen derartigen Behandlungs-
abschnitt vornimmt, zu fordernden Wissensstandes signalisieren müssen, daß möglicherweise eine Mehrlingsschwangerschaft vorliegt. Es
lagen für den die Entbindung durchführenden Arzt unmittelbar nach
der Geburt des ersten Kindes somit deutliche Anzeichen vor, die ihm
eine Mehrlingsschwangerschaft hätten signalisieren müssen. Dies hat
erst recht dann zu gelten, wenn in dem Mutterpaß sogar der Hinweis
auf die Behandlung mit "Dyneric[R]" enthalten gewesen wäre.

Abschließend ist darauf einzugehen, wie die Verantwortlichkeit des
weiterbehandelnden Arztes zu bestimmen ist, wenn er unverschuldet
keine Zeit mehr hatte, die Krankenunterlagen beizuziehen beziehungsweise die vorliegenden Unterlagen sorgfältig auszuwerten.

Regelmäßig wird es sich dann um einen notfallindizierten Behandlungsschritt handeln. Hier darf sich der Arzt auf die ihm zumutbaren Maßnahmen beschränken, um seine Arbeit vorzubereiten und
durchführen zu können. Die strafrechtlichen Konsequenzen sind für
ihn dann grundlegend anders. Ungünstige Umstände, wie sie typischerweise bei Not- oder Katastrophenfällen vorliegen, können
Vorsichtsmaßnahmen ausschließen, die ansonsten geboten gewesen
wären.[66] Daher kann dem in einer derartigen Situation handelnden
Arzt, auch wenn die Gefahr ihres Mißlingens nahe lag, jedoch nicht
andere geeignetere Mittel zur Rettung des Patienten zur Verfügung
standen, der Vorwurf fahrlässigen Verhalten nicht gemacht werden.[67]
Hier ist der Eingriff gemäß § 34 Satz 1 StGB wegen der notstands-
ähnlichen Situation gerechtfertigt.

---

[66] Weissauer, Der Anästhesist und das Recht, 994, 998.
[67] Deutsch, Arztrecht und Arzneimittelrecht, Rn. 227; OLG
Düsseldorf VersR 1980, 535, 536.

–   **Zwischenergebnis**

Der hinzugezogene Arzt handelt bei der Durchführung invasiver Behandlungsabschnitte bezüglich der vom Kollegen vorher erbrachten Arbeitsschritte erst dann sorgfaltsgerecht, wenn er die Krankenunterlagen eingesehen hat. Liegen sie nicht vor, so hat er sich vorher zumindest (fern-)mündlich umfassend über die Vorerkenntnisse zu informieren. Erkennt er, daß die ihm mitgeteilten Angaben entweder nicht stimmen können oder mit seinen Einschätzungen nicht im Einklang stehen, so hat er keinen Grund, auf deren Richtigkeit vertrauen zu dürfen.

Bei einer notfallindizierten Behandlung ist sein Verhalten bei der Vornahme eines invasiven Eingriffs ohne vorherige Einsicht in die Krankenunterlagen beziehungsweise ohne Rücksprache mit dem einweisenden Kollegen, aus § 34 Satz 1 StGB gerechtfertigt, wenn anderenfalls größerer Schaden für den Patienten droht.

III.   **Die Verantwortlichkeit bei**
konsiliarer Zusammenarbeit

Schließlich kann ärztliches Zusammenwirken in der Weise auftreten, daß der Arzt sich die Erstellung der Diagnose oder die therapeutische Behandlung an sich zutraut, er jedoch hierfür einen oder mehrere Kollegen heranzieht. Es kommt dann eine konsiliarische Tätigkeit des hinzugezogenen Kollegen in Betracht. Bevor zur Verantwortlichkeit bei konsiliarer Zusammenarbeit Stellung genommen werden kann, ist zu klären, welche Formen mehrheitlichen ärztlichen Zusammenwirkens hierunter zu verstehen sind.

1.   **Abgrenzung zwischen**
konsiliarischer Tätigkeit und Konsilium

Das konsiliare Zusammenwirken ist zunächst abzugrenzen von dem Konsilium. Über die Bestimmung des mit der konsiliarischen Zusammenarbeit eng verbundenen Konsiliums besteht Uneinigkeit.

a.   **Die Verantwortlichkeit im Konsilium**

Vereinzelt[1] wird unter dem Konsilium die Hinzuziehung eines oder mehrerer Ärzte verstanden, welche über die zu stellende Diagnose und über den für die Behandlung des Kranken einzuschlagenden Weg gemeinsam beraten. Nach anderer Ansicht[2] wird das Konsilium enger definiert als die Besprechung zweier oder mehrer Ärzte nach vorausgehender gemeinsamer Untersuchung des Kranken zwecks Stellung der Diagnose oder Festlegung des Heilplanes. Wieder andere[3] gehen von einem Konsilium auch dann aus, wenn der behandelnde Arzt einen oder mehrere Ärzte zum Zwecke der Beratung oder zur Behandlung weiterer Erkrankungen hinzuzieht.

Gegen die letztgenannte Definition spricht, daß sie auch die Mitbehandlung umfassen würde. Bei der Mitbehandlung liegt aber für den hinzugezogenen Arzt eine normale eigenständige Behandlung vor, wie sie für den angewiesenen Arzt zutrifft. Das Konsilium ist insbesondere dann gegeben, wenn etwa an einer Klinik bei den Visiten mehrere Ärzte gemeinsam die Patienten untersuchen und eine gemeinsame Lösung des Falles erarbeiten.

---

[1] Grosse (bei Kuhns), I/ 177.
[2] Brück, Kommentar zur amtlichen Gebührenordnung, 80.
[3] Schmelcher (bei Kuhns), I/487.

Das Konsilium zeichnet sich durch die gleichzeitige gemeinsame
Zusammenarbeit zu demselben Zweck aus. Die Beteiligten können
Fachärzte verschiedener Fachdisziplinen sein, die im Konsilium das
"Für und Wider" eines bestimmten ärztlichen Behandlungsschrittes
diskutieren. Aus § 13 Abs. 6 der Berufsordnung geht hervor, daß die
beteiligten Ärzte bei Konsilien ihre Beratungen nicht in Anwesenheit des Patienten oder seiner Angehörigen abhalten sollen. Dabei
soll das Ergebnis der Beratung den Betroffenen nur von einem Arzt
mitgeteilt werden. Folglich kann das Konsilium nur in der gleichzeitigen Beratschlagung bestehen, gleich, ob zu diagnostischen oder
therapeutischen Zwecken.[4] Für die Verantwortlichkeit, von sich aus
dem Zusammenwirken im Konsilium ergebender Schädigungen des Patienten, gilt daher folgendes:

Visitieren mehrere Ärzte den Patienten im Konsilium, so trägt
grundsätzlich der vorgesetzte Arzt oder unter mehreren gleichgeor-
neteten Ärzten der primär für den Patienten verantwortliche Arzt
die Verantwortung. Die Endverantwortung des vorgesetzten Arztes
folgt aus seiner Anordnungs- und Weisungskompetenz. Unter gleichgeordneten Kollegen folgt die Verantwortlichkeit des primär behandelnden Arztes aus dem besonderen Vertrauensverhältnis zum Patienten. Aus dem letztgenannten Grunde hat er stärker als seine
Kollegen das "Für und Wider" der im Konsilium erlangten Entscheidungen abzuwägen. Dies wird verstärkt durch die Tatsache, daß er
den Patienten regelmäßig länger und umfassender kennt als seine
Kollegen, und er deshalb eher in der Lage ist, den Behandlungsablauf zu beherrschen.

Die übrigen Kollegen sind prinzipiell für die schädlichen Folgen,
die sich aus der gemeinsam getroffenen fehlerhaften Einschätzungen
ergeben, nicht verantwortlich. Als Ausnahme hiervon hat zu gelten,
daß einer der Kollegen für sich eine besondere überragende Sachkunde in dem zu beurteilenden Gebiet in Anspruch nimmt, die von den
Kollegen mit guten Gründen akzeptiert werden durfte.[5]

---

[4] Vgl. Andreas/Siegmund-Schultze, Der Krankenhausarzt 1979, 361,
362.
[5] Vgl. Schönke/Schröder/Cramer, §15 Rn. 158; Rieger, Deutsche
Medizinische Wochenschrift 1978, 769, 770; ders., Lexikon des
Arztrechts, Rn. 988.

b. **Die Verantwortlichkeit bei**
konsiliarischer Zusammenarbeit

Von der soeben untersuchten Verantwortlichkeit beim ärztlichen
Zusammenwirken im Konsilium ist deutlich die konsiliarische Hinzuziehung eines Kollegen zu unterscheiden.[6] Vom Wortsinn[7] her meint
der Begriff Konsiliarius den Arzt, der den Kollegen lediglich
beratend unterstützt, nicht aber denjenigen, der selbst einen
Eingriff am Patienten vornimmt, selbst wenn er ihn auch nur aus
diagnostischen Gründen vornimmt.[8]

Bei den von Ulsenheimer unter dem Begriff der konsiliarischen
Mitwirkung verstandenen Tätigkeiten wird der hinzugezogene Arzt in
weit größerem Umfang tätig.[9] Ulsenheimer nimmt dort im wesentlichen
Bezug auf eine Entscheidung des OLG Düsseldorf,[10] wo ein Radiologe
nach der Indikation des behandelnden Neurologen zur Erstellung
einer Vertebralis-Angiographie herangezogen wurde.

Ein hinzugezogener Arzt, der selbst am Patienten einen invasiven
Eingriff zur Erstellung einer eigenständigen Diagnose ausführt,
wird nicht nur beratend tätig. Er ist nach Maßgabe der ihm von dem
anweisenden Arzt gestellten Indikation eigenständig in seinem
Fachgebiet tätig und erbringt eine eigenständige und unmittelbare
Leistung an dem Patienten.

Von einer rein beratenden Tätigkeit kann hier nicht ausgegangen
werden. Die ist nur dann der Fall, wenn der Adressat der Information aus intellektueller Sicht in der Lage ist, mit dem Rat auch
etwas anzufangen. Erst recht fraglich ist dies, wenn die Beteiligten verschiedenen Fachrichtungen angehören. Der anweisende Arzt ist
hier auf die qualifizierte und spezialisierte Einschätzung des
Fachkollegen angewiesen. Regelmäßig ist er nicht in der Lage, das
Arbeitsergebnis des Fachkollegen umfassend und bis ins Detail
einschätzen zu können. Dies ist das Ergebnis der konsequenten
Fortführung der Prinzipien der medizinischen Arbeitsteilung und des
sich hieraus ergebenden Prinzips der Eigenverantwortlichkeit. Dabei
handelt es sich offensichtlich nur um eine unterschiedliche Wertung

---

[6] Vgl. Rieger, Lexikon des Arztrechts, Rn. 982.
[7] Vgl. Pschyrembel, Stichwort: "Konsiliarius".
[8] Dies scheinen Andreas/Siegmund-Schultze, Der Krankenhausarzt
1979, 361, 362, zu verkennen. Dort wird Konsilium und konsiliarische Tätigkeit im selben Kontext genannt.
[9] Vgl. Ulsenheimer, Arztstrafrecht in der Praxis, Rn. 159 ff.
[10] OLG Düsseldorf NJW 1984, 2636 f.

in begrifflicher Hinsicht, denn an anderer Stelle räumt Ulsenheimer zum Teil ein, daß der anfragende Arzt sich in einem solchen Fall dann auf die Ergebnisse des Facharztes verlassen dürfe.[11]

Daß das OLG Düsseldorf auch nicht in letzter Konsequenz von einer rein konsiliaren Zusammenarbeit der beteiligten Ärzte ausging, macht es deutlich, wenn es ausführt, die Einrichtung des Konsiliararztes trage den tatsächlichen Gegebenheiten des Praxis Rechnung; sie zeige, daß der primär behandelnde Arzt auf die Hilfe des Konsiliararztes, der über spezielle Techniken und Kenntnisse verfüge, angewiesen sei. Weiter führt es aus, letzterer habe die vom primär behandelnden Arzt gestellte Indikation grundsätzlich zu akzeptieren, es sei denn, ihm sei die Überprüfung der Frage überlassen worden, welche diagnostische Maßnahme in Betracht komme. Dies sind aber letztlich exakt diejenigen Überlegungen, die auch zwischen anweisendem und angewiesenen Arzt zu gelten haben. Im Kern besteht hier also kein Unterschied zu den Problemen der Verantwortlichkeit zwischen anweisenden und angewiesenem Arzt.

Ulsenheimer[12] meint, es sei zu berücksichtigen, ob die eingetretenen Komplikationen in das Fachgebiet des konsultierenden oder des konsultierten Arztes falle. Sei sie für den ersteren fachfremd, dann dürfe er auf den Rat des Kollegen vertrauen. Dem ist nur insoweit zuzustimmen, als die weiteren Arbeitsschritte des anfragenden Arztes noch innerhalb seiner Fachdisziplin liegen. Der Arzt, der den Rat eines Kollegen einer anderen Fachrichtung hinzuziehen will, weil die erforderliche Maßnahme außerhalb seiner Fachdisziplin liegt, hat richtigerweise den Patienten an diesen oder einen anderen fachlich versierten Kollegen zu überweisen. Anderenfalls trifft ihn der Vorwurf des Übernahmeverschuldens.[13] Aber auch hier kann dem kompetenteren, um Rat gefragten Arzt keine zusätzliche Verantwortung treffen.

Etwas anderes hat nur dann zu gelten, wenn der Hausarzt zur Abklärung des Krankheitsbildes den Patienten zum Röntgenologen schickt, damit dieser eine ausführliche röntgenologische Diagnose erstellt. Dabei handelt es sich aber nicht um einen Fall der

---

[11] Ulsenheimer, Arztstrafrecht in der Praxis, Rn. 165.
[12] Ulsenheimer, Arztstrafrecht in der Praxis, Rn. 165.
[13] Vgl. BGH VersR 1978, 1022, 1024; Bockelmann (bei Ponsold), 43; Laufs, Arztrecht Rn. 170.

konsiliarischen Tätigkeit im engeren Sinne, sondern der Mitbehandlung. Es kommen hier teilweise durchaus, aber eben nicht ausschließlich, Grundsätze zur Anwendung, die auch für das Verhältnis einweisender/angewiesener Arzt Bedeutung haben.

c.   Zwischenergebnis

Als Konsiliararzt im engeren Sinne ist daher lediglich derjenige Arzt zu verstehen, der nur mit seinem Rat mittelbar Einfluß auf den Behandlungsablauf nimmt. Dies schließt nicht aus, daß er sich den Patienten vorher einmal angesehen hat. Entscheidend ist, daß die Ergebnisse seines Verhaltens an den Patienten nur über den Willen des primär behandelnden Arztes einwirken. Nimmt er dagegen unmittelbar eigenständige auf den Patienten direkt einwirkende Maßnahmen[14] vor, seien sie diagnostischer oder therapeutischer Art, dann ist seine Mitwirkung nicht nur auf den Rat, also das konsiliarische Mitwirken, beschränkt. Vielmehr liegt ein Fall der Mitbehandlung vor, für den wieder das ursprünglich Gesagte zum Vertrauensgrundsatz innerhalb selbständiger Disziplinen gilt.

Wie man auch immer den Begriff des konsiliarischen Tätigwerden eines Kollegen auffassen will, so muß doch bei der Anwendung des Vertrauensgrundsatzes berücksichtigt werden, – wenn zwischen den zusammenarbeitenden Personen auch vom Status her an sich ein Verhältnis der Gleichordnung existiert – daß in fachlicher Hinsicht ein Überlegenheits-/Unterlegenheitsverhältnis besteht. Damit verbunden ist von maßgebender Bedeutung, inwieweit der mehr oder weniger fachlich versierte erstbehandelnde Arzt noch beherrschend Einfluß nehmen kann auf die Arbeitsbeiträge des oder der Kollegen. Dieser Differenzierung Rechnung tragend, müssen daher die folgenden Konstellationen auseinander gehalten werden.

aa.   Anfragender und hinzugezogener Arzt
gehören demselben Fachgebiet an

(1)   1. Konstellation

Der anfragende Arzt will sein eigenes, nicht aktuelles Fachwissen durch Auskunft bei einem Kollegen auffrischen. Der um Rat gebetene Kollege wirkt durch seinen Rat nicht unmittelbar, sondern erst über den anfragenden Arzt auf den Patienten ein. Der beratende Kollege kommt mit dem Patienten in keinen unmittelbaren Kontakt. Seinen

---

[14] – im folgenden als invasive Eingriffe bezeichnet –

228

Beitrag – sei er diagnostischer oder therapeutischer Art – leistet er allein, aufbauend auf den Informationen des anfragenden Kollegen.

Hierunter sind Fälle wie etwa der Salvarsanfall[15] zu verstehen. Dort beabsichtigte der Arzt eine Patientin mit "Salvarsan" zu behandeln. Da er eine solche Behandlung seit langer Zeit nicht mehr durchgeführt hatte, informierte er sich bei einem Kollegen nach der aktuellen Anwendung des Präparats. Dieser glaubte, der Anfragende wollte "Neosalvarsan" verwenden und nannte die dafür geltende Anwendungsform. Der Arzt verwendete aber das "Altsalvarsan", das weit stärker verdünnt werden muß. Die Patientin starb an den Folgen der zu starken Dosis.

Wird der behandelnde Arzt innerhalb seiner Fachrichtung tätig, so ist er verpflichtet, über das für die Behandlung erforderliche Wissen zu verfügen. Sieht er sich außerstande, eine sorgfältige Behandlung zu gewährleisten, dann ist es seine Pflicht, den Patienten in erfahrenere beziehungsweise spezialisiertere Hände zu übergeben.[16] Entschließt er sich, die Behandlung fortzuführen, obwohl ihm die notwendige Erfahrung fehlt, und holt er von einem Kollegen die erforderlichen Informationen ein, dann entbindet ihn dies in keinem Fall von der Verpflichtung ihrer kritischen eigenverantwortlichen Überprüfung.[17]

Ein Vertrauen in die fehlerfreie Mitwirkung des Kollegen ist nicht berechtigt. Dessen Mitteilung darf von ihm lediglich als Anregung verstanden werden, nicht aber als ein Fall, wo ihm die Verantwortung, welche Diagnose oder Therapie zu treffen ist, abgenommen wird. Der behandelnde Arzt, der innerhalb seines Fachbereiches tätig wird, ist verpflichtet, das zu seiner Fachdisziplin gehörende Wissen zu beherrschen.[18] Er ist es, an den sich der Patient gewandt hat, und der den Behandlungsablauf beherrschend und lenkend in den Händen zu halten hat. Folglich kann sich der Arzt nicht darauf berufen, den Informationen seines Kollegen derselben Fachrichtung vertraut zu haben.

[15] Mitgeteilt von Ebermayer, 136.
[16] Vgl. RGSt 50, 37, 45; BGH JR 1986, 248, 250.
[17] BGH Medizinrecht 1988, 143, 145.
[18] Laufs, Rn. 111, 338; Kohlhaas, 66 f.; Rieger, Lexikon des Arztrechts, Rn. 322.

Letztendlich handelt es sich hier auch nicht um einen Fall der Arbeitsteilung. Denn grundsätzlich ist der behandelnde Arzt verpflichtet, die innerhalb seines Aufgaben- und Verantwortungsbereiches zu erledigende Behandlung allein und eigenverantwortlich zu erbringen. Die Mitarbeit mehrerer Personen ist wegen der sich hieraus ergebenden spezifisch arbeitsteiligen Risiken auf das unbedingt erforderliche Mindestmaß zu beschränken. Zieht er zur Absicherung seiner eigenen medizinischen Einschätzungen einen Kollegen hinzu, so handelt es sich um einen Vorgang, mit dem er die bei ihm vorhandenen Wissensdefizite zu kompensieren versucht. Hiergegen ist prinzipiell nichts einzuwenden. Nur muß der Arzt wissen, daß er hierdurch in keiner Weise von seiner Verantwortung innerhalb seines Verantwortungsbereiches entbunden wird.[19] Die Informationen des Konsiliarius kann und darf er nur als Information verstehen, die er kritisch und umfassend auf ihre Verwertbarkeit für seine Behandlung zu überprüfen hat.

Der Konsiliarius hat hier keinerlei Einflußmöglichkeit auf den Ablauf der Behandlung. Er hat den Patienten weder gesehen noch liegen ihm irgendwelche verläßlichen Anhaltspunkte vor, auf die er seine Bewertungen stützen kann. Dies ist auch dem anfragenden Arzt bekannt. Der anfragende Arzt hat durch die Einschaltung des Kollegen in keiner Weise Teile von seiner Beherrschungsmacht über den Behandlungsablauf an den hinzugezogenen Kollegen abgegeben. Der hinzugezogene Arzt hat keinerlei Einflußmöglichkeit auf den Behandlungsablauf erlangt. Deshalb trifft ihn nicht die strafrechtliche Verantwortlichkeit für die sich aus seinem kollegialen Rat ergebenden Folgen.[20] Mithin gilt der Vertrauensgrundsatz für ihn uneingeschränkt. Im Salvarsanfall war daher lediglich der behandelnde Arzt für den Tod der Patientin verantwortlich.

(2) 2. Konstellation

Der hinzugezogene Arzt kommt mit dem Patienten in unmittelbaren Kontakt. Er sieht sich den Patienten lediglich an (einschließlich Befragen, Abhorchen, Abtasten, etc.) und gibt dem Kollegen einen Rat. Zu einem invasiven Eingriff am Körper kommt es nicht.

---

[19] Weissauer, Anästhesiologie und Intensivmedizin, 1980, 790; Ulsenheimer, Arztstrafrecht in der Praxis, Rn. 162.
[20] Zivilrechtlich wird er vor Schadensersatzansprüchen durch §676 BGB geschützt.

Anschließend soll der Patient vom anfragenden Arzt weiterbehandelt werden.

Für den anfragenden Arzt endet auch hier nicht die Verantwortlichkeit mit der Einschaltung eines Kollegen der gleichen Fachrichtung. Hier gilt das Gleiche wie in der 1. Konstellation. Daß der Kollege den Patienten gesehen hat, ist für die Einschätzung der Verantwortlichkeit des behandelnden Arztes ohne Relevanz. Er hat das innerhalb seines Fachgebietes notwendige Fachwissen prinzipiell selbst zu besitzen. Hierfür ist es ohne rechtliche Bedeutung, wenn er einen gleichgestellten Kollegen einschaltet. Innerhalb seines Aufgaben- und Verantwortungsbereiches ist er für die Folgen des von ihm angewandten Fachwissens verantwortlich. Woher er dieses Wissen hat, ist strafrechtlich ohne Bedeutung. Der Vertrauensgrundsatz gilt für ihn auch hier in keinem Fall.

Anders ist dies beim konsultierten Arzt. Im Unterschied zur vorherigen Konstellation verschafft er sich einen unmittelbaren Eindruck vom Patienten. Ihm werden faktische Beherrschungsmöglichkeiten eingeräumt, um Einfluß auf den Behandlungsablauf nehmen zu können. Gibt er ein Urteil ab, dann hat er hierfür auch einzustehen. Wenn er sich seiner Sache nicht sicher ist, so wird er von der Verantwortlichkeit nur dann frei, wenn er dies dem anfragenden Kollegen auch anzeigt. Gibt er sorgfaltswidrig dem Kollegen einen falschen Rat, dann ist er nicht schutzwürdig in seinem Vertrauen, der gleichgeordnete Kollege werde diesen Fehler schon erkennen und ungeschehen machen. Dieser hat durch die Hinzuziehung des gleichgestellten Kollegen gerade signalisiert, daß er sich seiner Sache nicht sicher ist.

(3)   **3. Konstellation**

Der hinzugezogene Arzt kommt mit den Patienten in unmittelbaren Kontakt. Er nimmt zur Erstellung einer Diagnose unmittelbar am Patienten einen invasiven Eingriff vor. Anschließend soll der Patient vom anfragenden Arzt weiterbehandelt werden.

Hier liegt keine konsiliarische Tätigkeit im engeren Sinne vor, denn durch eine derartig weitgehende Übernahme von medizinischen Behandlungsabläufen wird für den ursprünglich behandelnden Arzt ein entscheidender Teil der unmittelbaren Beherrschung des Behand-

lungsablaufs entäußert. Seine Verantwortlichkeit beschränkt sich
hier in erster Linie auf die Frage des Auswahlverschuldens. Ist ihm
bekannt, daß der Kollege bereits in der Vergangenheit unsorgfältig
gearbeitet hat, so ist er nicht schutzwürdig in seinem Vertrauen in
die sorgfältige Zusammenarbeit.

Zusätzlich kommt seine Verantwortlichkeit dort in Betracht, wo er
dem Kollegen zu einem bestimmten Verhalten veranlaßt, das medizinisch nicht indiziert ist, und der Patient trotz der sorgfältigen
Vorgehensweise des hinzugezogenen Arztes verletzt wird. Dies kann
beispielsweise der Fall sein, wenn dem ursprünglich behandelnden
Arzt bestimmte Diagnose- oder Behandlungsapparate fehlen, und er
den Kollegen um Durchführung einer mit spezifischen Risiken verbundenen Maßnahme ersucht, die tatsächlich aber (noch) nicht geboten
war. Dabei ist es für die Frage der strafrechtlichen Verantwortlichkeit ohne Bedeutung, ob es um einen diagnostischen oder
therapeutischen Behandlungsschritt geht.

Der hinzugezogene Kollege darf regelmäßig darauf vertrauen, daß der
von ihm vorzunehmende Eingriff vom Kollegen auf seine medizinische
Indikation nach den Regeln der ärztlichen Kunst sorgfältig erwogen
worden ist.

Der Vertrauensgrundsatz findet für ihn grundsätzlich Anwendung, es
sei denn, er hat erkannt, daß die Einschätzung des ihn ersuchenden
Kollegen falsch ist und es zu Komplikationen kommen kann. Hier
handelt er nur dann sorgfaltsgerecht, wenn er seine Bedenken
mitteilt beziehungsweise die Übernahme der Maßnahme ablehnt. Sollte
dagegen der anfragende Kollege ihm freie Hand gelassen haben, wie
die weitere Behandlung in diagnostischer oder therapeutischer
Hinsicht auszugestalten sei, dann ist er für die von ihm getroffenen Entscheidungen und die sich hieraus entwickelnden schädlichen
Folgen uneingeschränkt verantwortlich.[21] Letztlich handelt es sich
insoweit um einen reinen Fall der Mitbehandlung. Den ursprünglich
behandelnden Arzt trifft hier die Verantwortlichkeit allein aus dem
Gesichtspunkt des Auswahlverschuldens. Im übrigen kann er sich auf
den Vertrauensgrundsatz berufen.

---

[21] Wohl auch Ulsenheimer, Arztstrafrecht in der Praxis, Rn. 164

(4)   **Zwischenergebnis**

Als Zwischenergebnis ist festzuhalten, daß der Vertrauensgrundsatz bei konsiliarer Zusammenarbeit unter gleich qualifizierten Kollegen entscheidend durch die Tatsache determiniert wird, inwieweit konsultierender oder konsultierter Arzt jeweils Einfluß auf den konkreten Behandlungsablauf hatten, aus dem sich die Schädigungen des Patienten ergeben.

bb.   **Der hinzugezogene Kollege verfügt
über besondere fachliche Kompetenz**

Der Vertrauensgrundsatz erfährt tendenziell erst dort seine Berechtigung, wo der Vertrauende nicht in der Lage ist und auch nicht die Pflicht hat, dem anderen zu mißtrauen.[22] Zieht der bisher behandelnde Arzt einen spezialisierten Kollegen hinzu, so besitzt dieser per se die überragende Sachkunde. Durch die überragende Sachkompetenz des hinzugezogenen Arztes wird dem anfragenden Arzt die Beherrschungsmacht weitgehend genommen. Zwar bleibt es ihm unbenommen, zu entscheiden, in welche Hände er den Patienten zur Weiterbehandlung übergibt. Für wen auch er sich dabei entscheiden mag, letztlich bleibt er generell darauf angewiesen, die besondere Sachkunde des ihm fachlich überlegenen Kollegen in Anspruch nehmen zu müssen. Der anfragende Kollege ist folglich weit weniger in der Lage, die Wertigkeit der Arbeit seines spezialisierten Kollegen umfassend zu beurteilen. Diese Differenz in der Kompetenz rechtfertigt es, dem konsultierenden Arzt ein größeres Maß an Vertrauen zuzubilligen, als einem fachlich gleich versierten und qualifizierten Kollegen.

(1)   **1. Konstellation**
           < Wie (1.) 1. >

In der 1. Konstellation darf der anfragende Arzt die Arbeit des Kollegen übernehmen. Der Vertrauensgrundsatz gilt, bis auf die beiden Ausnahmen, daß ein Fall des Übernahmeverschuldens vorliegt, oder der anfragende Arzt dem Facharzt falsche Informationen gibt und dieser hieraus die für den Patienten verhängnisvollen Schlüsse zieht.

---

[22] Vgl. Carstensen, Langenbecks Archiv für Chirurgie, Band 355 (1981), 593, 594.

Der fachlich überlegenere Kollege, dem die richtigen Informationen mitgeteilt werden, der aber hieraus unzutreffende Schlüsse zieht, ist für die sich hieraus ergebenden Folgen verantwortlich. Er ist, da ihm der anfragende Kollege fachlich unterlegen ist, nicht schutzwürdig in seinem Vertrauen, dieser werde den Fehler schon bemerken und aus der Welt schaffen.

(2)   **2. Konstellation**
                         < Wie (I.) 1. >

In der 2. Konstellation hat der Kollege den Patienten gesehen und sich ein Urteil gebildet. Der anfragende Arzt darf grundsätzlich darauf vertrauen, daß die Informationen erschöpfend und somit ausreichend für die von ihm nunmehr gewählte Therapie sind. Hätte der untersuchende Facharzt eine eingehendere Untersuchung für geboten gehalten, dann hätte er den anfragenden Arzt hierauf, kraft seiner überragenden Sachkunde und des damit in Anspruch genommenen Vertrauensvorschusses, hinweisen müssen.

Die Verantwortlichkeit des anfragenden und weiterbehandelnden Arztes besteht in der fehlerfreien Übernahme des Diagnoseergebnisses. Zieht er aus der ihm mitgeteilten, aber falschen Diagnose – unterstellt, sie wäre zutreffend – die an sich richtigen Schlüsse, so findet für ihn das Vertrauensprinzip Anwendung.[23]

Im Unterschied zur vorgenannten Konstellation kann ihn hier selbst bezüglich einer etwaigen Fehlinformation des ihm fachlich überlegenen Spezialisten kein Fahrlässigkeitsvorwurf treffen. Selbst wenn er vorher eine unzutreffende Diagnose erstellt hätte, so darf er in diesem Fall darauf vertrauen, daß sein Kollege aufgrund seiner insoweit bestehenden besonderen fachlichen Überlegenheit und der ihm eingeräumten unmittelbaren faktischen Diagnosemöglichkeit dies erkennt und korrigiert.

Denn hier macht der anfragende Arzt durch die Einschaltung des spezialisierten Kollegen gerade deutlich, daß er sich seiner Sache nicht sicher ist, und er ihn um die Überprüfung seiner Einschätzungen ersucht. Dem hinzugezogenen spezialisierten Kollegen trifft daher die Pflicht, die übernommenen Arbeitsschritte des ihm zwar hierarchisch nicht untergeordneten aber fachlich unterlegenen Kol-

---

[23] Vgl. Rieger, Deutsche Medizinische Wochenschrift 1978, 769, 770.

legen zu verifizieren. Gibt der Arbeitsbeitrag des fachlich überlegenen Arztes für den fachlich unterlegenen Arzt keinen evidenten Anlaß zum Zweifeln, darf sich der letztere auf die fehlerfreie Mitarbeit verlassen.

Dies ist die einzige Ausnahme von dem das Vertrauensprinzip beherrschenden Grundgedanken, daß sich der selbst sorgfaltswidrig Verhaltende nicht auf das gesteigerte sorgfältige Mitwirken anderer Personen verlassen darf. Diese Ausnahme ist berechtigt, weil hier der sorgfaltswidrig Handelnde anfragende Arzt gerade durch seine Anfrage dem fachlich versierteren Kollegen seine Unerfahrenheit, Unsicherheit oder mangelndes Geschick signalisiert und ihn um kompetente Hilfe ersucht. Denn hier verhält er sich gerade nur dann sorgfaltsgemäß, wenn er sich erst fachlichen Rat verschafft bevor er zur Therapie schreitet, wenn er sich nicht dem Vorwurf des Übernahmeverschuldens aussetzen will.[24]

Der hinzugezogene Spezialist darf, wenn er seinerseits seine Arbeit sorgfältig erledigt hat, darauf vertrauen, daß der behandelnde Arzt mit diesen Informationen richtig umgehen wird.

(3)   **3. Konstellation**
                              < Wie (I.) 3. >

In der 3. Konstellation hat der hinzugezogene Arzt in intensiverer, nämlich invasiver Form seine diagnostische Tätigkeit wahrgenommen. Hier besteht zur vorherigen Konstellation ein insoweit beachtenswerter Unterschied, als eine dem anfragenden Arzt zurechenbare Schädigung des Patienten sich aus der mit dem diagnostischen Eingriff verbundenen Gefährlichkeit entwickelt, und dies für den anfragenden Arzt nicht aber für den Facharzt, vorhersehbar war. Dabei ist zu unterscheiden, von wem die Indikation zu dem konkreten diagnostischen Eingriff gestellt wurde.

Im Vertrebralis–Angiographiefall[25] stellte ein Facharzt für Neurologie die Indikation zur Durchführung einer vom hinzugezogenen Radiologen beim Patienten vorzunehmenden Vertebralis–Angiographie. Zuvor hatte er bei dem unter Kopfschmerzen leidenden Patienten mittels eines von ihm erstellten Computer–Tomogramms am Hinterkopf

---

[24] BGH VersR 1978, 1022, 1024; Bockelmann (bei Ponsold), 43.
[25] OLG Düsseldorf NJW 1984, 2636 ff.

eine hypodense[26] Zone festgestellt. Es bestand der Verdacht auf einen Kontusionsherd[27] beziehungsweise eine ischaemische Zone.[28] Da ein schweres Schädelbruchtrauma nicht anamnestisch bekannt war, erschien dem Neurologen eine Kontusion weniger wahrscheinlich. Zur weiteren Abklärung erwog er, zunächst abzuklären, ob eine Lues cerebri[29] vorlag. Danach sollte mittels einer hirnangiographischen Untersuchung eine Darstellung der Hirngefäße vorgenommen werden. Trotzdem wurde keine Untersuchung auf Lues cerebri durchgeführt, sondern der Patient sofort an einen Radiologen überwiesen. Dort erlitt er infolge einer Kontrastmittelunverträglichkeit schwere, insbesondere neurologische Schädigungen.[30]

Auch für den diagnostischen Eingriff ist das Prinzip des primum nihil nocere von grundsätzlicher Bedeutung.[31] Überflüssige oder für den Patienten schädliche diagnostische Eingriffe stellen generell einen ärztlichen Kunstfehler dar.[32] Bei jedem invasiven diagnostischen Eingriff muß daher eine strenge Indikationsstellung vorgegeben sein.[33] Der die Indikation stellende Arzt hat – selbst wenn die Gefahr dauernafter Schädigungen durch den indizierten Eingriff sehr gering sein sollten – dem stets uneingeschränkt Rechnung zu tragen.[34] Die Notwendigkeit und Zulässigkeit der konkreten Diagnoseart bestimmt sich im Einzelfall von den Bedürfnissen der Therapie her. Immer muß eine Abwägung vorgenommen werden, zwischen der diagnostischen Aussagefähigkeit, dem Aufklärungsbedürfnis, dem zu erwartenden therapeutischen Nutzen und den spezifischen Risiken für den Patienten.[35]

Eine mit größeren Risiken verbundene Diagnoseform ist deshalb nur dann angezeigt, wenn durch sie tatsächlich weitere sichere Erkenntnisse zur Behandlung des Patienten zu erwarten sind, und zugleich

---

[26] Mit diesem Fachterminus aus dem Bereich der Computer-Tomographie ist ein wenig dichter Bereich im Computer-Tomogram gemeint, vgl. Pschyrembel, Stichwort: "hypodens".
[27] Quetschung
[28] – mangelhaft durchblutete Zone –
[29] Auf Lues zurückzuführende entzündliche Veränderungen im Bereich der Hirn- beziehungsweise Rückenmarkhäute und Gefäße des Zentralnervensystems. Vgl. Pschyrembel, Stichwort: "Lues cerebrospinalis".
[30] Vgl. OLG Düsseldorf NJW 1984, 2636.
[31] Lilie, Deutsche Medizinische Wochenschrift 1985, 1906, 1907.
[32] Vgl. Uhlenbruck, NJW 1981, 1294, 1296.
[33] Vgl. OLG Düsseldorf VersR 1980, 171.
[34] OLG Düsseldorf NJW 1984, 2636, 2637.
[35] Uhlenbruck, NJW 1981, 1294, 1296; Lilie, Deutsche Medizinische Wochenschrift 1985, 1906, 1908.

die Aussicht besteht, daß aus diesen Erkenntnissen ein therapeutischer Nutzen gewonnen werden kann.[36] Der Tendenz hin zu einem rein
diagnostischen Perfektionismus gilt es vorzubeugen.[37]

Die Vertebralis–Angiographie konnte daher nur angezeigt sein, wenn
tatsächlich weitere sichere Erkenntnisse über die Ursache der
Kopfschmerzen des Patienten zu erwarten waren, und gleichzeitig
Aussicht bestand, daß aus diesen Erkenntnissen ein therapeutischer
Nutzen gewonnen werden konnte. Hier hatte der anfragende Neurologe
die vorrangige, weil weniger risikoreiche abzuklärende Frage, ob
eine Lues cerebri vorlag, jedoch nicht erst in Betracht gezogen.
Vielmehr ging er gleich zu dem gravierenderen diagnostischen Mittel
der Vertebralis–Angiographie über. Aus medizinischer Sicht bestand
jedoch keine zwingende Indikation zur Vornahme einer hirnangiographischen Untersuchung. Folglich hat der die Indikation stellende
Arzt sorgfaltswidrig gehandelt. Er kann sich auf den Vertrauensgrundsatz nicht berufen.

Der zur Erstellung der Diagnose nach einer bestimmten Diagnoseme-
thode angewiesene Arzt dagegen darf sich grundsätzlich darauf
verlassen, daß der ihn anweisende Kollege, sei er Chirurg, Neurologe oder Internist, bereits die erforderliche Risiko/Nutzen-
Abwägung nach den Regeln der ärztlichen Kunst vorgenommen und
bejaht hat.[38] Hierauf ist er regelmäßig angewiesen.

Zum einen ist eine weitere Prüfung regelmäßig nicht seine Aufgabe,
denn der überweisende Arzt kennt in der Regel den Patienten und
seine Krankheit aufgrund eigener Untersuchung und Behandlung besser
als er. Der ersuchte Kollege dagegen kennt den Patienten regelmäßig
nicht. Mit Recht wird darauf hingewiesen, daß es von fragwürdigem
Wert sei, wenn der hinzugezogene Arzt, der den Patienten zum
erstenmal sieht, und die ganze Problematik nicht im gleichen Maße
überschauen kann wie der behandelnde Arzt, der namentlich auch alle
psychologischen Seiten kenne, nochmals das ganze Risikoproblem
aufrollt.[39]

---

[36] BGH NJW 1979, 1933, 1934; Münchener Kommentar/Mertens, §823
BGB Rn. 387.
[37] OLG Düsseldorf NJW 1984, 2636.
[38] OLG Düsseldorf NJW 1984, 2636, 2637.
[39] OLG Düsseldorf NJW 1981, 2636, 2637.

Zum anderen ist der Konsiliararzt im allgemeinen nicht in der Lage, die oft sehr speziellen Fragestellungen aus den unterschiedlichsten medizinischen Fachgebieten übersehen und beherrschen zu können.[40] Etwas anderes gilt nur dann, wenn er besondere Gefährdungsmomente oder gar Kontraindikationen erkennt, die vom behandelnden Arzt nicht erkannt, falsch gedeutet oder nicht mitgeteilt wurden, wie etwa eine Kontrastmittelunverträglichkeit. Dann ist für ein berechtigtes Vertrauen in die sorgfältige Vorarbeit des die Indikation vorgebenden Kollegen kein Raum.[41]

Der Vertrauensgrundsatz findet für den behandelnden Arzt auch dann keine Anwendung, wenn er einen fremden Befund übernimmt, der erkennbar auf falschen Grundlagen basiert.[42] Die ist etwa dann der Fall, wenn bei einer Untersuchung des Urins auf Katecholamine[43] der erhöhte Wert vom Laborarzt mit einer Störung durch Pharmaka erklärt wird, deren Applikation mit Sicherheit auszuschließen war.[44]

Der anweisende Arzt, der den Kollegen um eine zutreffend indizierte gezielte bestimmte diagnostische Maßnahme ersucht, ist für dessen Fehler nicht mehr verantwortlich. Wäre im Fall der Vertebralis Angiographie die Indikation unter Verwendung eines bestimmten Kontrastmittels zu verantworten gewesen, verwendet der Röntgenologe aber ein gefährlicheres Kontrastmittel mit nur gleichem diagnostischen Wert, oder unterläuft ihm sonst ein Fehler bei der Erstellung der Hirnangiographie, dann trifft grundsätzlich allein ihn hierfür die Verantwortung.

Anders ist dies freilich dann, wenn dem zur Erstellung einer Diagnose hinzugezogenen Kollegen die Prüfung der Frage überlassen bleibt, welche invasive diagnostische Maßnahme in Betracht kommen soll. Entscheidet er sich für eine risikoreichere Diagnoseform, so handelt er nur dann sorgfaltsgerecht, wenn er sich mit dem anweisenden Kollegen zuvor ins Einvernehmen setzt.[45] In diesem Fall

---

[40] OLG Düsseldorf NJW 1984, 2636, 2637.
[41] Uhlenbruck, NJW 1981, 1294, 1296.
[42] Vgl. Carstensen, Langenbecks Archiv für Chirurgie, Band 355 (1981), 571, 573.
[43] Bezeichnung für die chemisch vom Brenzkatechin abgeleiteten biogenen Amine, wie beispielsweise Adrenalin, Noradrenalin, Dopamin oder synthetische Amine, wie Isoprenalin. Vgl. Pschyrembel, Stichwort: "Katecholamine".
[44] Vgl.auch Rieger, Deutsche Medizinische Wochenschrift 1978, 769, 770.
[45] Vgl. Ulsenheimer, Arztstrafrecht in der Praxis, Rn. 164.

trifft ihn die Verantwortlichkeit für die Risiko/Nutzen-Abwägung.

(4)   Zwischenergebnis

Hat der anfragende Arzt sich bisher sorgfältig verhalten, und erhält er nun vom Facharzt einen fehlerhaften Arbeitsbeitrag – etwa ein entweder falsch erstelltes oder ausgewertetes Röntgenbild – dann gilt folgendes: Die fachspezifische vom hinzugezogenen Kollegen geleistete Arbeit ist ein besonderes ärztliches Fachgebiet, das eine besondere Ausbildung erfordert.[46] Regelmäßig fehlt dem einweisenden Arzt deshalb die Möglichkeit, lenkend und beherrschend auf Art und Weise der Erstellung der röntgenologischen Untersuchung Einfluß zu nehmen.[47] Hierfür ist allein der Facharzt verantwortlich.[48] Diesen Arbeitsschritt kann er daher grundsätzlich für seine Behandlung übernehmen. Der Vertrauensgrundsatz kann hier für den erstbehandelnden Arzt prinzipiell Anwendung finden. Als Ausnahme gilt hiervon lediglich, daß ihm evidente Umstände, wie etwa eine unscharfe und nicht brauchbare Röntgenaufnahme, bekannt[49] waren, und ihm dies die unsorgfältige Vorgehensweise des Kollegen hätte signalisieren müssen.[50]

Als Ausnahme hiervon hat wiederum der Fall zu gelten, wo dem konsultierenden Kollegen die Unerfahrenheit oder Ungeschicklichkeit des konsultierten Kollegen bekannt ist.

2.   Ergebnis

Die besondere Sachkunde des hinzugezogenen Kollegen bewirkt also, daß für den ursprünglich behandelnden Arzt der Vertrauensgrundsatz in größerem Ausmaß Anwendung findet, da er wegen seiner fachlichen Unterlegenheit regelmäßig nicht die Möglichkeit hat, die fremde Arbeit zu bewerten. Kann und braucht er sie nicht zu bewerten, so ist er auch nicht verpflichtet, auf das innerhalb des übernommenen Arbeitsgebietes liegende Gefährdungspotential Einfluß zu nehmen. Insoweit kommt für ihn der Vertrauensgrundsatz zur Anwendung.

---

[46] Vgl. LG M-Gladbach VersR 1953, 488.
[47] Vgl. LG M-Gladbach VersR 1953, 488.
[48] Schönke/Schröder/Cramer, §15 Rn. 158.
[49] Schreiber, Langenbecks Archiv für Chirurgie, Band 355 (1981), 583, 584.
[50] Vgl. Rieger, Deutsche Medizinische Wochenschrift 1978, 769. 770.

Die ausschließliche Verantwortlichkeit des Konsiliararztes kommt nur dann in Betracht, wenn er kraft seiner besonderen Sachkunde eine Vertrauensposition innehat und andere sich deshalb auf ihn zu verlassen pflegten und regelmäßig auch verlassen dürfen.[51] Als Beispiel sei hier der Fall genannt, wo ein Arzt in Fachkreisen das berechtigte Renommee genießt, auf einem Spezialgebiet vielfältige Erfahrung gesammelt und besondere Kenntnisse erworben zu haben.[52] Seinen Kollegen gegenüber begründet dies die Erwartung, daß seine Beurteilungen, seine Behandlungsmethoden und Therapievorschläge wohlerwogen und fachlich fundiert sind und deshalb ohne neuerliche Diskussion oder kritische Prüfung aufgegriffen werden können.[53]

Nur in diesem Fall ist für den konsultierenden Arzt, soweit die eingeholte Auskunft Informationen betraf, die er zu Erledigung von medizinischen Behandlungsabläufen innerhalb seiner Fachrichtung benötigte, der Vertrauensgrundsatz uneingeschränkt anwendbar. Holt sich also ein allgemein behandelnder Arzt bei einer internistischen Koryphäe Rat, um einen Eingriff außerhalb seiner Fachrichtung durchzuführen, so trifft ihn der Fahrlässigkeitsvorwurf allein aus dem Aspekt des Übernahmeverschuldens.

C.   Gesamtergebnis

Zusammenfassend ist daher festzustellen, daß – entgegen der Auffassung von Wilhelm[54] – für den Arzt auch innerhalb horizontal strukturierter Behandlungsabläufe in vielfacher Form die eigene strafrechtliche Verantwortlichkeit in Betracht kommen kann für die sich erst aus dem Zusammenwirken mit dem Verhalten gleichgeordneter Kollegen ergebenden Schädigungen des Patienten.

---

[51] Vgl. Schönke/Schröder/Cramer, §15 Rn. 158; Rieger, Deutsche Medizinische Wochenschrift 1978, 769,770; ders., Lexikon des Arztrechts, Rn. 988.
[52] Vgl. Wilhelm, 94.
[53] Vgl. Rieger, Deutsche Medizinische Wochenschrift 1978, 769, 770.
[54] Wilhelm, 130.

7. Teil:

Die Verantwortlichkeit des Arztes
im Belegarztsystem

Die Verantwortlichkeit des Arztes allein nach der Frage zu ermitteln, ob ein Fall vertikaler oder horizontaler Arbeitsteilung vorliegt, läßt sich nicht überall konsequent durchführen. Denn zwischen beiden Formen existiert noch eine dritte Form, die ein Mischgebilde beider Strukturen darstellt. Es ist dies das Belegarztsystem.[1]

A.   Strukturelle Besonderheiten

Mitunter kann die Weiterbehandlung des Patienten organisatorische Weiterungen erfordern, insbesondere die stationäre Behandlung, ohne daß hierdurch der behandelnde Arzt in seiner Qualifikation überfordert wäre. Allein aus therapeutischen Gründen ist die ambulante Versorgung nicht zu verantworten. Das Belegarztsystem gibt ihm die Möglichkeit,[2] den Patienten unter Ausnutzung der Vorteile der klinischen Unterbringung, auch weiterhin zu behandeln. Er gibt ihn also nicht vollkommen aus den Händen, sondern läßt bestimmte, insbesondere pflegerische Tätigkeiten von nichtärztlichen Medizinalpersonen ausführen. Während lediglich der technisch-pflegerische Teil unter der Verantwortung des Krankenhausträgers steht,[3] unterliegt dem Belegarzt ausschließlich der ärztliche Bereich.

Dabei sind innerhalb des Belegarztsystems auch Mischformen möglich.[4] Unabhängig von der konkreten Ausgestaltung des Belegarztsystems stellt sich für den Belegarzt die Situation im wesentlichen aber gleich dar, da er auf jeden Fall nicht in den klinischen Betrieb fest integriert ist.[5] Der Belegarzt steht zum Träger des Krankenhauses in keiner arbeitsrechtlichen Beziehung. Grundlage seiner Tätigkeit an der Klinik ist ein regelmäßig, auf unbestimmte

---

[1] Die Tendenz zur Tätigkeit als Belegarzt ist gegenwärtig rückläufig. Nach Eichholz, 11, waren in der Bundesrepublik Anfang 1970 circa 6.000-7.000 Belegärzte tätig. Nach Franzki/Hansen, NJW 1990, 737, 738, schwankt die Zahl derzeit (1990) zwischen 5.000 und 5.700.
[2] Die rechtliche Möglichkeit ergibt sich aus § 368 g Abs. 6 Satz 2 RVO
[3] Vgl. Rieger, Lexikon des Arztrechts, Rn. 335; Brenner, Arzt und Recht, 262.
[4] So kann der Krankenhausträger den Typus des streng hierarchisch geprägten Anstaltskrankenhauses und des Belegkrankenhauses verbinden, indem er etwa in einem Anstaltskrankenhaus einzelne Abteilungen als Belegabteilungen führt oder einzelnen freipraktizierenden Ärzten die technischen und personellen Mittel zur Verfügung stellt.
[5] Eichholz, 5.

Zeit laufender Rahmenvertrag.[6] Dieser räumt ihm lediglich das Recht nicht aber die Pflicht ein, Patienten an der Klinik zu behandeln.[7] Er "pendelt" regelmäßig zwischen Praxis und Klinik,[8] wobei seine freipraktizierende Tätigkeit überwiegt.[9]

Auf seinem Fachgebiet steht ihm zwar gegenüber den auf der Station tätigen Ärzten, dem Krankenpflegepersonal und anderen Mitarbeitern das Weisungsrecht zu.[10] Jedoch vermag dies nicht zu kompensieren, daß ihm weitgehend die erst in der stetigen täglichen klinischen Zusammenarbeit erwerbbaren notwendigen Kenntnisse über die Befähigung der von ihm hinzugezogenen Medizinalpersonen – denen gegenüber er weisungsbefugt ist – fehlen.[11] Hierdurch ist er weit geringer "auf dem Laufenden" über die tatsächlichen personellen, technischen sowie organisatorischen Verhältnisse und Möglichkeiten an der Klinik auf die er für seine eigene Tätigkeit maßgebend mit zurückgreifen muß.

Im Belegarztsystem ist daher die Tätigkeit des Arztes primär in der Betreuung kleinerer Krankenhausabteilungen zulässig.[12] Dabei dominieren meist Fachrichtungen, in denen kleinere oder allenfalls mittlere Eingriffe ausgeführt werden, welche gewöhnlich außer einem Anästhesisten keine weiteren Ärzte anderer Fachrichtungen und auch kein größeres Operationsteam voraussetzen, und bei denen die Nachbehandlung in der Regel einen Verlauf nimmt, der nicht die ständige Anwesenheit eines Facharztes erfordert.[13]

Diese Schwächen wurden bereits Anfang dieses Jahrhunderts erkannt[14] und expressis verbis wurde die fehlende einheitliche Leitung in der ärztlichen Krankenversorgung bemängelt. Als beson-

---

[6] Deutsch, Arztrecht und Arzneimittelrecht, 47.
[7] Kohlhaas (bei Kuhns) I/1180; ders., Medizin und Recht, 65.
[8] Seine Präsenspflicht wird lediglich durch Art und Grad der Erkrankung des Patienten bestimmt, vgl. Schmelcher (bei Kuhns) I/196.
[9] Vgl. hierzu die Vereinbarung zwischen der Deutschen Krankenhausgesellschaft und der Kassenärztlichen Bundesvereinigung (sub A.2.), abgedruckt bei Eichholz, 184 ff.
[10] Vgl. Kohlhaas, Medizin und Recht, 147.
[11] Nach der zwischen der Deutschen Krankenhausgesellschaft und der Kassenärztlichen Bundesvereinigung getroffenen Vereinbarung (sub B.II.4.) hat sich der Belegarzt bei der Ausübung seiner Tätigkeit in die Organisation der Klinik einzuordnen und insbesondere die jeweilige Belegarztordnung zu beachten, die Bestandteil des Rahmenvertrages ist.
[12] Vgl. Franzki/Hansen, NJW 1990, 737, 738; Eichholz, 3.
[13] Vgl. Franzki/Hansen, NJW 1990, 737, 738.
[14] Erlaß des für Medizinalangelegenheiten zuständigen Ministers vom 22.11.1906, mitgeteilt von Schmelcher (bei Kuhns) I/190.

ders bedenklicher Mangel wurde festgestellt, das Krankenpflegepersonal "nicht einheitlich ausgebildet, vielmehr durch die verschiedenen Behandlungsmethoden und Anordnungen der Einzelnen[15] leicht
verwirrt und zum selbständigen Handeln dem Kranken gegenüber
verleitet wird."[16]

Fälle wie der Chloroformkurfall[17] oder der Rouxhakenfall[18] belegen,
daß diese Gefahren nach wie vor bestehen. In beiden Fällen wurden
als Hauptursachen für die sich realsierenden arbeitsteiligen Gefahren festgestellt, daß eine "nicht gerade vorbildliche Organisation" herrschte.[19] Im Rouxhakenfall wurden die Operationen zusätzlich dadurch erschwert, weil die mitwirkenden Personen weit weniger
aufeinander eingespielt waren, "als dies an Krankenhäusern unter
fester ärztlicher Leitung der Fall zu sein pflegt."[20] So wechselte
das Personal häufig, insbesondere der den Eingriff durchführende
Arzt. Hierdurch bedingt gab es weder eine Kontinuität in der
Operationstechnik noch in der organisatorischen Gestaltung. Ebenso
bestanden bezüglich der Zuweisung der Aufgaben an die medizinischen
Hilfspersonen sowie deren Behandlung, Anleitung, Überwachung und
der unterschiedlichen Verwendung der Instrumente für das Beleg-
arztkrankenhaus signifikante Schwächen.

Der Belegarzt kann sich wegen seiner nur "losen" Einbindung in den
gesamten klinischen Behandlungsablauf deshalb in weit geringerem
Umfang auf eine Vertrauensbasis stützen. Durch die ständige Inanspruchnahme derselben Medizinalpersonen durch andere freipraktizierende Kollegen darf er sich zudem nicht darauf verlassen, daß
die von ihm einmal praktizierten Standards auch weiterhin unverändert von den nichtärztlichen Medizinalpersonen beachtet werden,
zumal jeder Kollege seine "Besonderheiten" haben wird. Soweit diese

---

[15] Damit sind die Ärzte gemeint.
[16] Weiter heißt es dort:" Dadurch, daß die ärztliche Überwachung
und Anleitung des Pflegepersonals sich nicht auf einen Arzt
der Anstalt oder der Abteilung beschränkt, sondern es jedem
Arzte, der seine Kranken in das Krankenhaus legen will,
überlassen wird, seine Patienten auch nach der Aufnahme in der
Anstalt weiterzubehandeln, wird der Betrieb des Krankenhauses
wesentlich erschwert. Es leiden Reinlichkeit und Asepsis; bei
chirurgischen Fällen wird die Wundbehandlung gefährdet. Vor
allen Dingen aber fehlt es an einer Sicherheit dafür, daß die
Übertragung ansteckender Krankheiten in der wünschenswerten
Weise verhütet wird."
[17] BGHSt 3, 91 ff.
[18] BGH NJW 1955, 1487 f.
[19] BGHSt 3, 91, 94.
[20] BGH NJW 1955, 1487 f

sich in den Grenzen der Therapiefreiheit halten, hat er sie sogar hinzunehmen.

Das Belegarztsystem weist also gegenüber dem anstaltsmäßig betriebenen Krankenhaus nicht nur erhebliche grundsätzliche Unterschiede, sondern auch deutliche Nachteile auf.[21] Deshalb ist der von Kohlhaas[22] vorgenommenen Differenzierung zuzustimmen,[23] daß den Belegarzt, da er sich nicht auf ein sicher eingespieltes erfahrenes Team stützen kann, ihn bezüglich der von ihm eingesetzten nichtärztlichen Medizinalpersonen in weit stärkerem Umfange Sorgfaltspflichten treffen, um die spezifisch arbeitsteiligen Risiken auszuschließen.[24]

Der anordnende Belegarzt ist daher in höherem Maße als der am herkömmlichen Anstaltskrankenhaus fest angestellte und in die klinische Organisation integrierte Arzt verpflichtet, sich durch geeignete Auswahl-, Anleitungs-, Kontroll- und Überwachungsmaßnahmen der ihn unterstützenden Medizinalpersonen von deren hinreichender Befähigung zu überzeugen.

Zur Ergänzung dieser Pflicht hat er daher auch ständige Rücksprache mit den anderen am Belegkrankenhaus weiter tätigen Kollegen zu halten, um so laufend über die vorhandenen Leistungsstandards im Bilde zu sein. Ihn trifft also eine gesteigerte Pflicht, Fehlverhalten von ihm mit herangezogenen Medizinalpersonen in Rechnung zu stellen und entsprechende Vorsichtsmaßnahmen zu treffen.

Dieser gesteigerte Pflichtenmaßstab ist ihm auch zuzumuten. Wie erwähnt, handelt es sich bei den von ihm im Belegarztsystem erbrachten Leistungen regelmäßig um solche, die lediglich kleinere Ausschnitte aus der von ihm zu beherrschenden Fachrichtung darstel-

---

[21] Vgl. hierzu und im weiteren BGH NJW 1990, 2317, 2318 sowie Eichholz, 27. Der 1. Zivilsenat des Bundesgerichtshofes sah es dort als Verstoß gegen §3 UWG an, wenn eine Belegklinik durch die Art ihrer Werbung den irreführenden Eindruck erweckt, es handle sich um ein anstaltsmäßig betriebenes Krankenhaus.

[22] Kohlhaas, Medizin und Recht, 147.

[23] Kamps, 194, deutet an, daß eine Differenzierung erforderlich ist. Welche Schlußfolgerungen er hieraus ziehen will, bleibt allerdings unklar.

[24] Die Notwendigkeit einer differenzierenden Betrachtungsweise deutet auch Bockelmann (bei Ponsold) 44, an. "Besondere Vorsicht" sei geboten, "wenn der Arzt mit den Arbeitskräften eines Belegkrankenhauses zu tun hat, die nicht so aufeinander und nicht auf ihn eingespielt sind, wie die Assistenten und Krankenschwestern einer eigenen Klinik, mit denen der Arzt ständig zusammenwirkt." Worin genau der Unterschied besteht, gibt Bockelmann allerdings nicht zu erkennen.

len und für ihn deshalb verhältnismäßig weniger komplex und mithin leichter zu beherrschen sind.[25] Da zudem hierfür per se ein weit geringerer Personalaufwand erforderlich ist, ist der Kreis der Beteiligten überschaubarer als etwa bei den hochkomplizierten chirurgischen Eingriffen.

Schließlich liegt es für den konkreten Einzelfall regelmäßig im Belieben des freipraktizierenden Arztes, ob er seinen bisher ambulant von der Praxis aus betreuten Patienten auch stationär als Belegarzt weiterbehandeln will oder nicht. Er hat aber immer die Pflicht, zu prüfen, ob er auch für eine verantwortungsvolle stationäre Behandlung Sorge tragen kann. Wenn er erkennt, daß er selbst nicht die ausreichende Qualifikation besitzt, oder ihm nicht das notwendig qualifizierte Personal zur Verfügung steht, dann hat er nur die eine Wahl, nämlich den Patienten an eine Klinik zu überweisen.

Hiervon darf er nur dann absehen, wenn ein Notfall gegeben ist. Dann kommt es aber auf den Vertrauensgrundsatz nicht an. Vielmehr ist dann sein Verhalten durch § 34 StGB gerechtfertigt.

B.   **Ergebnis**

Die weniger straffe klinische Organisation sowie die fehlende stetige Kenntnis vom Qualifikationsniveau der anderen Beteiligten, wie sie durch die tagtägliche kontinuierliche Zusammenarbeit zwischen festangestelltem Arzt und den ihm nachgeordneten Medizinalpersonen der Fall ist, erfordert daher vom Belegarzt ein höheres Maß an Pflichten, dafür Sorge zu tragen, daß von fehlerhaften Arbeitsbeiträgen der von ihm hinzugezogenen Hilfskräfte dem Patienten keine zusätzlichen Gefahren drohen. Auf Stichproben darf er sich hier nicht verlassen. Nur wenn er bereit und in der Lage ist, die ihm assistierenden Kräfte beständig im Auge zu behalten, darf er mit diesen Personen zusammenarbeiten. Angesichts der oben für das Belegarztsystem geschilderten typischen Umstände, kommt der Vertrauensgrundsatz im Belegarztsystem daher grundsätzlich nicht, sondern nur im Ausnahmefall, zur Anwendung.

---

[25] Vgl.BGH NJW 1990, 2317, 2318; Eichholz, 12 f.; Franzki/Hansen, NJW 1990,737,738.

8. Teil:

Synopsis

Die herkömmliche Fahrlässigkeitsdogmatik ist nicht geeignet, um die Verantwortlichkeit des Arztes für das innerhalb arbeitsteilig strukturierter Behandlungsabläufe von anderen Medizinalpersonen hervorgerufene Erfolgsunrecht sinnvoll zu begrenzen.[1]

Die bisherigen Lösungsansätze in der Literatur sind nur zum Teil brauchbar.[2] Den Entscheidungen der höchstrichterlichen Rechtsprechung ist in den Ergebnissen zwar überwiegend zuzustimmen. Die Entscheidungsgründe dagegen geben nur äußerst geringen Aufschluß zur Ermittlung allgemeingültiger haftungsrestriktiver Prämissen.[3]

Mit Roxin ist primär darauf abzustellen, inwieweit der Arzt auf die Möglichkeit fremder Sorgfaltswidrigkeiten Rücksicht nehmen mußte.[4] Der Arzt kann bezüglich fremder Nachlässigkeiten nur dann verurteilt werden, wenn für ihn zur Tatzeit ein Verhaltensgebot bestand, ein derartiges Verhalten in Rechnung zu stellen. Dies ist dann der Fall, wenn entweder spezifische Verhaltensgebote[5] bestanden, die es ihm zur Pflicht auferlegten, das durch fremde Nachlässigkeiten hervorgerufene Erfolgsunrecht generell ins Kalkül zu ziehen oder dies für ihn aufgrund der individuellen Umstände nach allgemeiner Lebenserfahrung evident war.[6]

Derartige spezifische Pflichten, die dem Arzt per se zum Mißtrauen in die fremde Sorgfältigkeit und zur Durchführung entsprechender Gegenmaßnahmen verpflichten, können sich aus dem Gesetz,[7] ausdrücklicher Anordnung,[8] stillschweigender Übung,[9] Anordnungen der Aufsichtsbehörde[10] oder interdisziplinären Absprachen ergeben.[11] Besteht eine solche Pflicht zum generellen Mißtrauen in die fremde Sorgfältigkeit, dann kommt es auf den Vertrauensgrundsatz prinzipiell nicht an.[12]

---

[1] s.o. 29 f.
[2] s.o. 55
[3] s.o. 60
[4] s.o. 61 f.
[5] s.o. 93
[6] s.o. 113
[7] s.o. 94
[8] s.o. 97 ff.
[9] s.o. 101 ff.
[10] s.o. 105 ff.
[11] s.o. 108 ff.
[12] s.o. 112 f.

Erst im Rahmen der Herleitung der Verantwortlichkeit aus der sorglosen Nichtvoraussicht der aufgrund allgemeiner Lebenserfahrung evidenten spezifisch arbeitsteiligen Gefahren kommt der Vertrauensgrundsatz zum Tragen.[13]

Dieser zunächst von der Rechtsprechung im Straßenverkehrsrecht[14] verwendete Begriff des Vertrauensgrundsatzes – der einen Unterfall des den Sorgfaltsmaßstab bestimmenden Merkmals des erlaubten Risikos[15] darstellt – ist für die medizinische Arbeitsteilung nur äußerst eingeschränkt und unter grundlegenden Modifikationen verwertbar.[16]

Dabei ist innerhalb medizinischer Arbeitsteilung zu unterscheiden zwischen vertikaler und horizontaler Arbeitsteilung.[17] Prototyp vertikaler Arbeitsteilung ist das Verhältnis von Arzt und nachgeordneten Medizinalpersonen an der Klinik. Er wird entscheidend geprägt durch das für den Arzt mit Anordnungs-, Weisungs- und Aufsichtskompetenzen ausgestattete hierarchische Überordnungs-/Unterordnungsverhältnis.

Durch seine Vorgesetztenposition erlangt dieser, neben seiner fachlichen Überlegenheit und regelmäßig längeren Berufserfahrung die faktische institutionelle Beherrschungsmacht über den nachgeordneten medizinischen Behandlungsverlauf. Er verfügt also über ein weit größeres Beherrschungspotential als dies innerhalb der durch partnerschaftliche Gleichordnung geprägten horizontalen Arbeitsteilung der Fall wäre. Dieser Fähigkeit zur Beherrschung nachgeordneter Behandlungsabläufe korrespondiert die gesteigerte Pflicht, im Rahmen des Zumutbaren fremdes Fehlverhalten, das erst recht bei vertikaler medizinischer Arbeitsteilung generell möglich und somit vorhersehbar ist, auf das sozial erträgliche Maß zu reduzieren.

Vertrauen entsteht nicht von selbst. Vielmehr muß es erst erworben werden, um sich darauf berufen zu dürfen. Zu den Vorleistungen des vorgesetzten Arztes gehört daher, daß er sowohl die für ihn verbindlichen – ihn zum generellen Mißtrauen in fremde Sorgfältig-

---

[13] s.o. 115
[14] s.o. 66 ff.
[15] s.o. 63 f.
[16] s.o. 74 ff.
[17] s.o. 76 f.

keit anhaltenden – konkreten Verhaltensgebote beachtet als auch
seine Anordnungs-, Aufsichts- und Weisungskompetenzen gegenüber den
ihm nachgeordneten Medizinalpersonen einsetzt, um die nach allgemeiner Lebenserfahrung vorhersehbaren spezifisch arbeitsteiligen
Gefahren innerhalb der Grenzen des erlaubten Risikos zu halten.

Dem letztgenannten Verhaltensmaßstab wird der vorgesetzte Arzt nur
dann gerecht, wenn die in Frage stehende arbeitsteilig wahrgenommene medizinische Behandlung zur Tatzeit überhaupt aufgespalten
werden durfte und die Zusammenarbeit in positiver Kenntnis vertrauensbegründender Umstände sowie dem Nichtvorliegen vertrauenszerstörender Umstände erfolgte.

Zu diesen Pflichten zählt weiter das Verhaltensgebot, die Behandlungsabläufe organisatorisch planvoll auszugestalten. Der vorgesetzte Arzt hat für eine klare Abgrenzung der Kompetenzen und
unmißverständliche und lückenlose Zuweisung der Aufgaben unter den
Beteiligten zu sorgen, damit positive oder negative Kompetenzkonflikte vermieden werden.[18] Bekannte, erprobte und zumutbare Sicherungssysteme hat er einzusetzen, um die spezifisch arbeitsteiligen
Gefahren zu reduzieren.[19] Ad-hoc-Behandlungen darf er – bis auf
Notfälle – nicht vornehmen.[20]

Ein Vertrauen des Arztes in die sorgfältige Durchführung der von
ihm erteilten Anordnungen ist nur dann berechtigt, wenn er die
Instruktionen richtig erteilt und gegen die Vermeidung von Kommunikationsfehlern geeignete Vorkehrungen trifft. Anordnungen, etwa zur
Herrichtung von Spritzen oder zur Bereitstellung von Medikamenten,
hat er entweder nach Diktat abzuzeichnen, sich vorlesen zu lassen
oder selbst schriftlich zu erteilen.[21]

Die berechtigte Zuversicht in die sorgfältige Zusammenarbeit mit
einer bestimmten Medizinalperson setzt voraus, daß diese Person
auch über die hinreichende Qualifikation verfügt – also kein Fall
des Auswahlverschuldens vorliegt.[22] Neben dem theoretischen Wissen[23] muß sie spezifische praktische Erfahrungen zur Erledigung der

---

[18] s.o. 122 ff.
[19] s.o. 125 ff.
[20] s.o. 134 f.
[21] s.o. 141 f.
[22] s.o. 150
[23] s.o. 152

konkreten Verrichtung besitzen[24] und sich auch in charakterlicher Hinsicht bewährt haben.[25] Von diesen subjektiven Voraussetzungen muß der Arzt sich persönlich vergewissern. Ein Vertrauen vom "Hören-sagen" ist nicht vertrauenserweckend.[26]

Besitzt er positive Kenntnis von vertrauenszerstörenden Umständen, dann ist ein Vertrauen in die sorgfältige Zusammenarbeit nicht gegeben. Das Nichtabstellen erkannter Mängel ist sorgfaltspflicht-widrig.[27] Es begründet die Verantwortlichkeit, wenn der Unrechtser-folg auf dem Nichtverhindern dieser fremden Nachlässigkeit beruht.

Der vorgesetzte Arzt hat sich – als Ausfluß seiner Anordnungs- und Weisungskompetenz – fortlaufend von der Qualifikation der von ihm eingesetzten Medizinalpersonen zu vergewissern.[28] Die Verantwort-lichkeit für einen Verstoß gegen die Überwachungspflicht trifft ihn dann, wenn der für den konkreten Unrechtserfolg maßgebende Mangel bei sorgfältiger Erfüllung der Überwachungspflicht von ihm aller Voraussicht nach hätte erkannt und beseitigt werden müssen.[29] Die Überwachungspflicht besteht generell gegenüber jeder nachgeordneten Kraft. Sie wird nicht erst durch erkannte Nachlässigkeiten ausge-löst.[30] Dabei kann der vorstehende Arzt sich auf Stichproben beschränken. Feste Zeitvorgaben, innerhalb derer die Überwachungs-pflicht zu erfüllen ist, können aus strafrechtlicher Sicht nicht genannt werden. Bestehen Zweifel, ob der Mangel innerhalb kürzerer Überwachungsintervalle hätte festgestellt werden können, dann gilt der Grundsatz "in dubio pro reo".[31] Mangels nachweisbarem Pflicht-widrigkeitszusammenhang ist der Arzt dann freizusprechen.[32]

Lediglich wenn die Zusammenarbeit derart strukturiert ist, daß der Arzt notwendigerweise den Wert der fremden Arbeit stets aufgrund der unmittelbaren Zusammenarbeit erfährt und er ihn hierbei umfas-send einschätzen kann, ist eine zusätzliche Überwachung erprobter Medizinalpersonen nicht zu fordern.[33]

---

[24] s.o. 156
[25] s.o. 172
[26] s.o. 173
[27] s.o. 171
[28] s.o. 191 f.
[29] s.o. 202
[30] s.o. 194
[31] s.o. 191
[32] s.o. 192
[33] s.o. 192 f.

Das Vertrauensprinzip findet im Bereich der durch partnerschaftliche Gleichordnung und fehlende Anordnungs- und Weisungskompetenzen geprägten horizontalen Arbeitsteilung in größerem Umfange Anwendung. Dies bedeutet jedoch nicht, daß die Mitverantwortlichkeit für das primär vom Kollegen hervorgerufene Erfolgsunrecht generell entfällt.[34] Wenn auch hier das für die vertikale Arbeitsteilung tragende Element der durch die klinische Organisation verliehenen institutionellen Beherrschungsmacht fehlt, so kommt hier als differenzierender Faktor die besondere fachliche Befähigung fremdes Verhalten einschätzen und beherrschen zu können, maßgebend zum Tragen.

Dementsprechend ist die Verantwortlichkeit für fremde Arbeitsbeiträge dort nicht gegeben, wo dem Arzt erlaubtermaßen die Fähigkeit fehlt, die Arbeit von Kollegen auf ihren Wert einzuschätzen. Erlaubt ist eine derartige "Inkompetenz" dort, wo Ärzte verschiedener Fachrichtung, wie etwa Chirurg und Anästhesist, interdisziplinär zusammenarbeiten.[35]

Beruht der vom Kollegen hervorgerufene Unrechtserfolg nicht auf eigenen fehlerhaften Arbeitsbeiträgen, und hat der Arzt zur Tatzeit keine positive Kenntnis von einer konkreten fremden Sorgfaltswidrigkeit, so ist er strafrechtlich für Schädigungen des Patienten nicht verantwortlich.[36]

Überweist der Arzt den Patienten in eine Klinik oder an einen anderen Kollegen zur vollständigen weiteren Behandlung, dann ist seine Verantwortlichkeit grundsätzlich insoweit gegeben, als der Unrechtserfolg auf seinem fahrlässigen Vorverhalten beruht. Die Verantwortlichkeit entfällt dort, wo er dem Kollegen die mögliche Fehlerhaftigkeit der eigenen Arbeit signalisiert, und dieser noch Zeit zum Reagieren hat.[37]

Die Verantwortlichkeit wird auch hier entscheidend bestimmt von dem Maß des Beherrschenmüssens des Behandlungsverlaufs. Dabei ist vor allem danach zu differenzieren, inwieweit der Arzt in der Lage war, den fremden Arbeitsbeitrag auf seinen Wert einzuschätzen.[38]

---

[34] s.o. 201 f.
[35] s.o. 209
[36] s.o. 209 f.
[37] s.o. 217
[38] s.o. 215

Unter Kollegen der gleichen Fachrichtung ist er dazu in größerem Umfange verpflichtet als ein allgemein behandelnder Arzt, der einen Facharzt hinzuzieht.[39]

Die konsiliarische Einholung von Ratschlägen bei einem Kollegen derselben Fachrichtung entbindet den anfragenden Arzt nicht von der Verantwortlichkeit für die durch sein Verhalten sich hieraus entwickelnden Folgen.[40] Anders ist dies, wenn der Kollege besondere Sachkunde für sich in Anspruch nehmen kann und die Möglichkeit gehabt hat, sich unmittelbar ein umfassendes Urteil über den Patienten zu machen.[41] Je stärker dabei die fachliche Überlegenheit des mitwirkenden Kollegen in Erscheinung tritt, desto größer ist der Anwendungsbereich des Vertrauensgrundsatzes.

Die Zusammenarbeit im Belegarztsystem läßt sich weder der vertikalen noch der horizontalen Arbeitsteilung vollständig zuordnen. Der Arzt verfügt dort zwar formal über die Anordnungs-, Aufsichts- und Weisungskompetenz. Jedoch ist er nicht fest in den Bereich der klinischen Organisation integriert.[42] Wegen dieser nur losen Einbindung ist er weit weniger in der Lage, die Qualifikation der nachgeordneten Medizinalpersonen umfassend einschätzen zu können.[43]

Daher findet der Vertrauensgrundsatz innerhalb des Belegarztsystems nur äußerst eingeschränkt Anwendung.[44] Erst wenn der Belegarzt eine bestimmte, hinreichend qualifizierte Medizinalperson in spezifischer Weise als umfassend zuverlässig erlebt hat, und er es ausschließen konnte, daß bisherige positive Arbeitsresultate nicht durch anders strukturierte Behandlungsweisen von Kollegen konterkariert werden, kann er sich ausnahmsweise mit Erfolg auf das Vertrauensprinzip berufen.[45]

---

[39] s.o. 217
[40] s.o. 227 ff.
[41] s.o. 232 ff.
[42] s.o. 241 f.
[43] s.o. 243
[44] s.o. 244
[45] s.o. 244